人工智能与
人类未来丛书

AI量化之道
DeepSeek+Python
让量化交易插上翅膀

关东升 著

北京大学出版社
PEKING UNIVERSITY PRESS

内 容 简 介

本书从基础概念讲起，逐步深入到策略构建、数据处理、模型优化及风险管理等核心领域，详细介绍了 Python 在量化交易中的应用，包括语言基础、常用库（如 NumPy、Pandas）、数据可视化工具（如 Matplotlib、Seaborn），以及机器学习框架。这些内容可以帮助读者打下坚实的基础，从而能够顺利进入量化交易的实战阶段。

在量化交易策略方面，本书详细介绍了多种经典策略，如趋势跟踪、动量策略、海龟交易策略、套利策略等，并结合 DeepSeek 的智能分析功能，展示了如何优化这些策略以适应复杂多变的市场环境。此外，本书探讨了机器学习在量化交易中的应用，包括分类策略、回归策略及 LSTM 等前沿技术，并通过实战案例展示了如何利用这些技术预测市场走势。

本书的最后几章聚焦量化交易的高级应用，包括回测框架的搭建与优化、风险管理工具与方法，以及 AI 技术在量化交易中的未来发展方向。这些内容让读者不仅能够掌握量化交易的技术细节，更能深刻理解如何在实际交易中应用相关技术，以实现稳健的收益。

图书在版编目（CIP）数据

AI量化之道：DeepSeek+Python让量化交易插上翅膀 /
关东升著. ─ 北京：北京大学出版社，2025.6.
ISBN 978-7-301-36239-6

Ⅰ. F830.91-39

中国国家版本馆CIP数据核字第2025Q7A113号

书　　　名	AI量化之道：DeepSeek+Python让量化交易插上翅膀 AI LIANGHUA ZHI DAO：DeepSeek+Python RANG LIANGHUA JIAOYI CHASHANG CHIBANG
著作责任者	关东升　著
责任编辑	刘　云　刘羽昭
标准书号	ISBN 978-7-301-36239-6
出版发行	北京大学出版社
地　　　址	北京市海淀区成府路205号　100871
网　　　址	http://www.pup.cn　　新浪微博：@北京大学出版社
电子邮箱	编辑部 pup7@pup.cn　总编室 zpup@pup.cn
电　　　话	邮购部 010-62752015　发行部 010-62750672　编辑部 010-62570390
印　刷　者	北京鑫海金澳胶印有限公司
经　销　者	新华书店
	880毫米×1230毫米　16开本　25.75印张　567千字 2025年6月第1版　2025年6月第1次印刷
印　　　数	1-3500册
定　　　价	99.00 元

未经许可，不得以任何方式复制或抄袭本书之部分或全部内容。
版权所有，侵权必究
举报电话：010-62752024　电子邮箱：fd@pup.cn
图书如有印装质量问题，请与出版部联系，电话：010-62756370

夯实智能基石 共筑人类未来

推荐序

人工智能正在改变当今世界。从量子计算到基因编辑，从智慧城市到数字外交，人工智能不仅重塑着产业形态，还改变着人类文明的认知范式。在这场智能革命中，我们既要有仰望星空的战略眼光，也要具备脚踏实地的理论根基。北京大学出版社策划的"人工智能与人类未来丛书"，恰如及时春雨，无论是理论还是实践，都对这次社会变革有着深远影响。

该丛书最鲜明的特色在于其能"追本溯源"。当业界普遍沉迷于模型调参的即时效益时，《人工智能大模型数学基础》等基础著作系统梳理了线性代数、概率统计、微积分等人工智能相关的计算脉络，将卷积核的本质解构为张量空间变换，将损失函数还原为变分法的最优控制原理。这种将技术现象回归数学本质的阐释方式，不仅能让读者的认知框架更完整，还为未来的创新突破提供了可能。书中独创的"数学考古学"视角，能够带读者重走高斯、牛顿等先贤的思维轨迹，在微分流形中理解 Transformer 模型架构，在泛函空间里参悟大模型的涌现规律。

在实践维度，该丛书开创了"代码即理论"的创作范式。《人工智能大模型：动手训练大模型基础》等实战手册摒弃了概念堆砌，直接使用 PyTorch 框架下的 100 多个代码实例，将反向传播算法具象化为矩阵导数运算，使注意力机制可视化为概率图模型。在《DeepSeek 源码深度解析》中，作者团队细致剖析了国产大模型的核心架构设计，从分布式训练中的参数同步策略，到混合专家系统的动态路由机制，每个技术细节都配有工业级代码实现。这种"庖丁解牛"式的技术解密，使读者既能把握技术全貌，又能掌握关键模块的实现精髓。

该丛书着眼于中国乃至全世界人类的未来。当全球算力竞赛进入白热化阶段，《Python 大模型优化策略：理论与实践》系统梳理了模型压缩、量化训练、稀疏计算等关键技术，为突破"算力围墙"提供了方法论支撑。《DeepSeek 图解：大模型是怎样构建的》则使用大量的可视化图表，将万亿参数模型的训练过程转化为可理解的动力学系统，这种知识传播方式极大地降低了技术准入门槛。这些创新不仅呼应了"十四五"规划中关于人工智能底层技术突破的战略部署，还为构建自主可控的技术生态提供了人才储备。

作为人工智能发展的见证者和参与者,我非常高兴看到该丛书的三重突破:在学术层面构建了贯通数学基础与技术前沿的知识体系;在产业层面铺设了从理论创新到工程实践的转化桥梁;在战略层面响应了新时代科技自立自强的国家需求。该丛书既可作为高校培养复合型人工智能人才的立体化教材,又可成为产业界克服人工智能技术瓶颈的参考宝典,此外,还可成为现代公民了解人工智能的必要书目。

站在智能时代的关键路口,我们比任何时候都更需要这种兼具理论深度与实践智慧的启蒙之作。愿该丛书能点燃更多探索者的智慧火花,共同绘制人工智能赋能人类文明的美好蓝图。

于剑

北京交通大学人工智能研究院院长

交通数据分析与挖掘北京市重点实验室主任

中国人工智能学会副秘书长兼常务理事

中国计算机学会人工智能与模式识别专委会荣誉主任

在当今数字化浪潮席卷全球的时代，AI 正以前所未有的速度重塑着各个领域，尤其是金融领域。量化交易，作为金融与科技深度融合的结晶，正借助 AI 的力量迈向全新的高度。Python，凭借其简洁而强大的特性，已经成为量化交易领域不可或缺的工具。而 DeepSeek，作为一款前沿的 AI 驱动的智能分析平台，更是为量化交易注入了强大的动力，让交易者能够在复杂多变的市场中精准把握机会。

正是基于这样的背景，我们撰写了《AI 量化之道：DeepSeek+Python 让量化交易插上翅膀》一书。本书旨在为那些渴望在 AI 时代掌握量化交易核心技能的读者，提供一份全面、系统且实战性强的指南。我们希望通过本书，帮助读者深刻理解量化交易的本质，掌握 Python 编程在量化交易中的应用，并学会如何借助 DeepSeek 的强大功能，让量化交易策略更加高效、智能。

AI 技术的进步为量化交易策略的开发与优化提供了新的可能。DeepSeek 凭借其强大的数据处理与模式识别能力，在量化交易中展现出显著优势——从市场趋势预测到交易策略优化，DeepSeek 能够高效分析海量金融数据，辅助投资者制定更精准的决策。

本书将结合具体案例，探讨 DeepSeek 在量化交易中的应用，帮助读者理解如何利用这一工具提升策略性能与风险管理水平。

本书适合广泛的读者群体。对于量化交易的初学者，本书提供了从基础到高级的系统学习路径；对于有一定经验的交易者，本书则提供了利用 DeepSeek 和最新技术优化现有策略的实用建议。无论您是金融领域的专业人士，还是对量化交易充满热情的技术爱好者，本书都将为您打开一扇通往 AI 时代量化交易的大门。

在撰写本书的过程中，我们始终秉持着严谨、实用的原则，力求让内容既准确又易于理解。我们希望通过本书，激发读者对量化交易的兴趣，并帮助他们在这一充满挑战和机遇的领域中找到属于自己的成功之路。最后，我们衷心感谢所有支持本书的读者，希望本书能够成为您在 AI 时代量化交易旅程中的良师益友。

关东升

2025 年 2 月 2 日于齐齐哈尔市

本书附赠相关学习资源，读者可用手机微信扫描下方二维码，关注微信公众号，输入本书 77 页的资源下载码，获取下载地址及密码。

第1章

DeepSeek、Python 与量化交易概述 001

1.1 DeepSeek 介绍 002
1.1.1 DeepSeek 模型家族 002
1.1.2 DeepSeek 的优势 002
1.1.3 DeepSeek 的应用领域 003

1.2 如何使用 DeepSeek 004
1.2.1 使用网页版 DeepSeek 004
1.2.2 下载 DeepSeek 手机 App 006

1.3 Python 编程在量化交易中的重要性和优势 006

1.4 DeepSeek+Python 赋能量化交易 007

1.5 本章总结 008

第2章

量化交易 Python 语言基础 009

2.1 Python 解释器 010

2.2 IDE 011
2.2.1 安装 PyCharm 012
2.2.2 安装 Jupyter Notebook 015
2.2.3 启动 Jupyter Notebook 016

2.3 第一个 Python 程序 017
2.3.1 编写脚本文件运行第一个 Python 程序 017
2.3.2 使用 PyCharm 编写和运行 Python 程序 018
2.3.3 使用 Jupyter Notebook 编写和运行 Python 程序 020

2.4 Python 语法基础 022
2.4.1 标识符 022
2.4.2 关键字 022
2.4.3 变量 023
2.4.4 语句 023
2.4.5 代码块 024
2.4.6 模块 024

2.5 运算符 026
2.5.1 算术运算符 026
2.5.2 关系运算符 028
2.5.3 逻辑运算符 029
2.5.4 赋值运算符 029

2.6 数据类型 031
2.6.1 数字类型 031
2.6.2 列表 032
2.6.3 元组 034
2.6.4 集合 035
2.6.5 字典 035

2.7 字符串 036
2.7.1 字符串的创建 037
2.7.2 字符转义 038
2.7.3 字符串格式化 038
2.7.4 数字格式化 039

2.8 控制语句 040
2.8.1 分支语句 040
2.8.2 循环语句 042
2.8.3 跳转语句 043

2.9 函数 044
2.9.1 定义函数 044
2.9.2 调用函数 044
2.9.3 带参数的函数 045
2.9.4 带返回值的函数 045
2.9.5 默认参数 045
2.9.6 可变参数 045
2.9.7 lambda 函数 046

2.9.8　使用 filter() 和 map() 函数进行数据处理　046

2.10　类　048

2.10.1　实例变量和构造函数　048

2.10.2　实例方法　049

2.11　文件操作　050

2.12　异常处理　054

2.12.1　捕获异常　054

2.12.2　释放资源　055

2.13　多线程　057

2.13.1　创建线程　057

2.13.2　等待线程结束　058

2.14　本章总结　059

第 3 章

Python 量化基础工具库　060

3.1　NumPy　061

3.1.1　为什么选择 NumPy　061

3.1.2　安装 NumPy　061

3.2　创建数组　062

3.2.1　从 Python 列表创建一维数组　062

3.2.2　指定数组的数据类型　063

3.2.3　更多创建一维数组的方式　064

3.2.4　arange() 函数　065

3.2.5　等差数列与 linspace() 函数　066

3.2.6　等比数列与 logspace() 函数　067

3.3　二维数组　068

3.4　更多创建二维数组的方式　069

3.4.1　使用 ones() 函数　070

3.4.2　使用 zeros() 函数　070

3.4.3　使用 empty() 函数　070

3.4.4　使用 full() 函数　071

3.4.5　使用 identity() 函数　071

3.5　数组的属性　072

3.6　数组的轴　073

3.6.1　轴的概念　073

3.6.2　轴的应用　073

3.6.3　轴的应用示例　073

3.7　三维数组　074

3.7.1　三维数组的结构　074

3.7.2　创建三维数组　074

3.8　访问数组　075

3.8.1　索引访问　075

3.8.2　切片访问　076

3.8.3　布尔索引　078

3.8.4　花式索引　079

3.9　Pandas　080

3.9.1　为什么选择 Pandas　080

3.9.2　安装 Pandas　081

3.10　Series 数据结构　081

3.10.1　理解 Series 数据结构　081

3.10.2　创建 Series 对象　082

3.10.3　访问 Series 数据　084

3.10.4　通过切片访问 Series 数据　086

3.11　DataFrame 数据结构　087

3.12　访问 DataFrame 数据　090

3.12.1　列访问　090

3.12.2　行访问　091

3.12.3　切片访问　092

3.13　读写数据　094

3.13.1　读取 CSV 文件数据　095

3.13.2　实战案例 1：从 CSV 文件读取货币供应量数据　096

3.13.3　写入数据到 CSV 文件　098

3.13.4　实战案例 2：将银行账户交易记录写入 CSV 文件　098

3.13.5　读取 Excel 文件数据　099

3.13.6　实战案例 3：从 Excel 文件中读取货币供应量月度数据　100

3.13.7　读取数据库　101

3.13.8 实战案例 4：从数据库中读取银行账户交易记录数据　102

3.14 本章总结　104

第 4 章

量化交易 Python 语言基础　105

4.1 量化交易可视化库　106

4.2 使用 Matplotlib 绘制图表　107

  4.2.1 安装 Matplotlib　107

  4.2.2 图表基本构成要素　107

  4.2.3 绘制折线图　108

  4.2.4 绘制柱状图　110

  4.2.5 绘制饼图　111

  4.2.6 绘制散点图　113

4.3 使用 Seaborn 绘制图表　114

  4.3.1 Seaborn 内置数据集　116

  4.3.2 Seaborn 图表主题　118

  4.3.3 柱状图　119

  4.3.4 直方图　120

  4.3.5 箱线图　121

  4.3.6 小提琴图　123

  4.3.7 热力图　124

4.4 时间序列可视化　125

  4.4.1 实战案例 5：使用 Matplotlib 绘制英伟达股票历史成交量折线图　126

  4.4.2 实战案例 6：绘制英伟达股票 OHLC 折线图　129

  4.4.3 K 线图　131

  4.4.4 绘制 K 线图　132

  4.4.5 实战案例 7：绘制英伟达股票 K 线图　132

  4.4.6 实战案例 8：使用 Seaborn 绘制英伟达股票历史成交量折线图　135

4.5 本章总结　136

第 5 章

数据采集与分析　137

5.1 数据采集概述　138

  5.1.1 数据采集的基本步骤　138

  5.1.2 数据采集技术和工具　138

5.2 网页数据采集　139

  5.2.1 使用 urllib 爬取网页数据　139

  5.2.2 实战案例 9：爬取苹果股票数据　140

  5.2.3 解析数据　141

  5.2.4 使用 BeautifulSoup　142

  5.2.5 实战案例 10：解析苹果股票数据　142

  5.2.6 使用 Selenium 爬取网页数据　146

  5.2.7 实战案例 11：使用 Selenium 爬取中国石油股票数据　148

  5.2.8 实战案例 12：使用 Selenium 解析 HTML 数据　149

  5.2.9 借助 DeepSeek 爬取网页数据　151

5.3 API 调用采集数据　154

  5.3.1 常见的金融数据 API　155

  5.3.2 使用 Tushare API 采集数据　156

  5.3.3 实战案例 13：使用 Tushare API 获取中国石油股票数据　157

5.4 数据清洗　159

  5.4.1 实战案例 14：ABC 股票数据清洗　160

  5.4.2 处理股票数据类型不一致问题　163

  5.4.3 处理股票数据异常值　164

  5.4.4 DeepSeek 助力数据清洗　165

  5.4.5 实战案例 15：使用 DeepSeek 清洗特斯拉股票数据　166

5.5 统计分析　168

  5.5.1 DeepSeek 辅助统计分析　169

  5.5.2 相关性分析　169

  5.5.3 实战案例 16：股票行业相关性分析　170

  5.5.4 统计描述和摘要　172

5.5.5 实战案例 17：苹果股票数据统计描述和摘要分析　172

5.6 本章总结　175

第 6 章

量化交易基础　176

6.1 量化交易概述　177

6.2 金融市场和交易品种概述　177

6.3 技术分析和基本面分析基础　178

 6.3.1 技术分析　178

 6.3.2 基本面分析　179

6.4 量化交易策略概述　180

6.5 本章总结　181

第 7 章

DeepSeek 与量化交易结合　182

7.1 DeepSeek 辅助技术分析　183

 7.1.1 DeepSeek 在技术分析中的主要应用　183

 7.1.2 实战案例 18：利用 DeepSeek 对 000001.SZ 股票进行技术分析　184

7.2 DeepSeek 辅助基本面分析　186

 7.2.1 DeepSeek 在基本面分析中的应用　186

 7.2.2 实战案例 19：利用 DeepSeek 对某上市公司公告进行解析　187

7.3 DeepSeek 在市场情报分析中的应用　188

 7.3.1 实战案例 20：利用 DeepSeek 对"央行发布降息 25 个基点"消息进行分析　188

 7.3.2 实战案例 21：利用 DeepSeek 对"重大项目获得批复，股价大涨 20%"消息进行分析　189

7.4 DeepSeek 在交易决策支持中的应用　190

 7.4.1 实战案例 22：某科技型上市公司获大单，DeepSeek 提出交易决策建议　190

 7.4.2 实战案例 23：某新能源概念股获多项利好，DeepSeek 交易建议　191

7.5 使用 DeepSeek 进行市场预测和趋势识别　192

 7.5.1 实战案例 24：DeepSeek 预测某城市商业地产市场面临调整　192

 7.5.2 实战案例 25: DeepSeek 用于预测"新能源汽车补贴退坡"的影响　192

7.6 本章总结　193

第 8 章

趋势跟踪策略与 DeepSeek 智能增强　194

8.1 趋势跟踪策略概述　195

 8.1.1 趋势跟踪和交易决策中一些主要概念　195

 8.1.2 使用移动平均线进行分析　196

8.2 使用 DeepSeek 辅助趋势跟踪策略决策过程　197

8.3 实战案例 26：使用 DeepSeek 辅助移动平均线策略分析微软股票　198

 8.3.1 步骤 1：数据采集和加载数据　198

 8.3.2 步骤 2：计算移动平均线　200

 8.3.3 步骤 3：初始策略规则的制定　202

 8.3.4 步骤 4：生成买入和卖出信号　203

 8.3.5 步骤 5：DeepSeek 赋能模拟回测验证策略　204

 8.3.6 步骤 6：绘制 K 线图和信号　205

 8.3.7 步骤 7：DeepSeek 辅助优化策略　207

8.4 本章总结　210

第 9 章

动量策略与 DeepSeek 智能辅助决策　211

9.1　动量策略概述　212
9.1.1　动量策略中的一些主要概念　212
9.1.2　动量策略的优缺点　213

9.2　相对强弱指标　213

9.3　使用 DeepSeek 辅助动量策略决策　214

9.4　实战案例 27：使用 DeepSeek 辅助中国铝业股票价格和 RSI 交易信号分析　215
9.4.1　步骤 1：数据采集与预处理　216
9.4.2　步骤 2：计算 RSI　221
9.4.3　步骤 3：初始策略规则的制定　222
9.4.4　步骤 4：生成买入和卖出信号　223
9.4.5　步骤 5：绘制 RSI 曲线与交易信号　224
9.4.6　步骤 6：DeepSeek 赋能模拟回测验证策略　225
9.4.7　步骤 7：DeepSeek 辅助优化策略　227

9.5　本章总结　229

第 10 章

海龟交易策略　230

10.1　海龟交易策略的诞生与基础概念　231
10.1.1　海龟交易策略的起源故事　231
10.1.2　海龟交易策略的核心原则　231
10.1.3　海龟交易策略的一些主要概念　231
10.1.4　海龟交易策略的实施过程　232

10.2　使用 DeepSeek 辅助实施海龟交易策略　233

10.3　实战案例 28：借助 DeepSeek 推进海龟交易策略落地——以中国石油股票交易为例　234

10.3.1　步骤 1：数据获取和准备　234
10.3.2　步骤 2：封装海龟交易策略函数　238
10.3.3　步骤 3：回测策略　240
10.3.4　步骤 4：回测的可视化分析　241
10.3.5　步骤 5：DeepSeek 辅助优化策略　243

10.4　本章总结　246

第 11 章

借助 DeepSeek 构建与优化高频交易策略　247

11.1　高频交易策略概述　248
11.1.1　高频交易的特点　248
11.1.2　高频交易策略中的一些主要概念　248
11.1.3　实施高频交易策略　249
11.1.4　高频交易策略中常见的策略　249
11.1.5　高频交易策略的技术和设施层面问题　250

11.2　使用 DeepSeek 辅助实施高频交易策略　251

11.3　实战案例 29：利用 DeepSeek 辅助实施高频交易策略并优化股票投资回报——以比亚迪股票为例　252
11.3.1　步骤 1：DeepSeek 辅助制定策略　252
11.3.2　步骤 2：DeepSeek 辅助选择交易平台和技术手段　255
11.3.3　步骤 3：DeepSeek 辅助撰写交易算法　257

11.4　构建高频交易框架　260
11.4.1　高频交易框架的核心组件　260
11.4.2　高频交易框架的实现步骤　261
11.4.3　实战案例 30：基本高频交易框架实现　262

11.5 实战案例31：基于配对交易策略的高频交易实施过程 266

11.6 实战案例32：DeepSeek 辅助 HTF 框架下的动量策略——以苹果股票为例 269

11.7 DeepSeek 辅助实现其他编程语言的 BHTF 策略 273

11.8 本章总结 277

第12章

利用 DeepSeek 实施套利交易策略 278

12.1 套利策略概述 279

    12.1.1 套利策略的基本定义 279

    12.1.2 套利策略的类型 279

    12.1.3 套利策略中的一些主要概念 280

12.2 实施套利交易策略 280

12.3 使用 DeepSeek 辅助实施套利交易策略 281

12.4 套利交易策略案例分析 282

    12.4.1 实战案例33：股票 A 跨市场套利 282

    12.4.2 实战案例34：利用美元与欧元汇率差异套利 283

    12.4.3 实战案例35：同行业相对值套利策略 284

12.5 实战案例36：中国石化股票和中国石油股票配对交易套利 285

    12.5.1 步骤1：清洗数据 285

    12.5.2 步骤2：读取股票数据 286

    12.5.3 步骤3：两只股票的相关性分析 287

    12.5.4 步骤4：使用 DeepSeek 对相关性进行分析 288

    12.5.5 步骤5：回测股票历史数据 290

    12.5.6 步骤6：使用 DeepSeek 对回测结果进行分析 292

    12.5.7 步骤7：使用 DeepSeek 优化策略 293

12.6 本章总结 294

第13章

基于机器学习与 DeepSeek 优化的量化交易策略 295

13.1 机器学习策略中的一些主要概念 296

13.2 机器学习策略分类 296

13.3 分类策略 297

    13.3.1 Python 机器学习库 297

    13.3.2 机器学习策略实施过程 298

13.4 实战案例37：使用分类策略预测英伟达股票走势 300

    13.4.1 步骤1：数据准备和处理 300

    13.4.2 步骤2：模型训练 301

    13.4.3 步骤3：使用 DeepSeek 进行模型评估 303

    13.4.4 步骤4：使用 DeepSeek 进行模型优化 305

    13.4.5 步骤5：预测股票走势 312

13.5 实战案例38：使用回归策略预测英伟达股票走势 313

    13.5.1 步骤1：数据准备和处理 314

    13.5.2 步骤2：模型训练 314

    13.5.3 步骤3：预测股票走势 315

    13.5.4 步骤4：使用 DeepSeek 进行模型评估 317

    13.5.5 步骤5：使用 DeepSeek 进行模型优化 318

    13.5.6 步骤6：使用优化后的模型再次预测股票走势 320

13.6 实战案例 39：LSTM 预测比特币价格趋势　322
 13.6.1　步骤 1：加载和清洗数据　325
 13.6.2　步骤 2：模型训练　326
 13.6.3　步骤 3：可视化结果　328
 13.6.4　步骤 4：使用 DeepSeek 进行模型评估　329
 13.6.5　步骤 5：使用 DeepSeek 优化模型　330
 13.6.6　步骤 6：比特币价格预测　331

13.7　本章总结　334

第 14 章

量化交易回测框架与 DeepSeek 优化　335

14.1　再谈回测　336
 14.1.1　回测的基本流程　336
 14.1.2　常见回测框架　336

14.2　Backtrader 框架　336
 14.2.1　Backtrader 使用流程　337
 14.2.2　实战案例 40：使用 Backtrader 回测苹果股票的双均线策略　338
 14.2.3　DeepSeek 辅助优化 Backtrader 参数双均线策略　342

14.3　本章总结　345

第 15 章

利用 DeepSeek 提高量化交易的风险管理效能　346

15.1　风险管理工具和方法　347
 15.1.1　止损与止盈策略　347
 15.1.2　实战案例 41：基于移动平均线的固定止损+固定止盈策略　349
 15.1.3　实战案例 42：移动止损和移动止盈策略　352
 15.1.4　头寸管理　354
 15.1.5　实战案例 43：基于波动率的动态头寸管理策略——以特斯拉股票为例　354
 15.1.6　投资组合分散　358
 15.1.7　实战案例 44：股票与黄金的风险分散投资策略　359
 15.1.8　对冲策略　365
 15.1.9　实战案例 45：对冲策略——股票与债券的对冲组合　366

15.2　使用 DeepSeek 辅助量化交易风险管理　369
 15.2.1　风险识别　369
 15.2.2　实战案例 46：DeepSeek 智能监控应对市场动荡　370
 15.2.3　风险评估　371
 15.2.4　实战案例 47：基于 DeepSeek 的科技股投资组合的风险评估　372
 15.2.5　风险控制　373
 15.2.6　实战案例 48：应对银行业危机的风险控制　374

15.3　本章总结　375

第 16 章

AI+ 量化交易的未来：DeepSeek API 调用与 AI 智能体赋能　376

16.1　DeepSeek API 调用　377
 16.1.1　DeepSeek RESTful API 接口　377
 16.1.2　调用 DeepSeek API 接口的基本流程　377
 16.1.3　实战案例 49：调用 DeepSeek API 获取财经新闻简报　379
 16.1.4　实战案例 50：使用 Tushare API+DeepSeek API 分析股票数据简报　383

16.2　智能体在量化交易中的应用　386
 16.2.1　智能体介绍简报　386

16.2.2 扣子智能体平台　387

16.3　实战案例51：实现"财经新闻快报"智能体　388

16.3.1 步骤1：创建智能体　388

16.3.2 步骤2：创建工作流　390

16.3.3 步骤3：添加节点　391

16.3.4 步骤4：试运行　395

16.3.5 步骤5：发布　395

16.3.6 步骤6：实时测试　396

16.4　智能体与量化交易现状和未来发展　397

16.4.1 当前状况　398

16.4.2 未来展望　398

16.5　本章总结　398

第 1 章

DeepSeek、Python 与量化交易概述

在金融市场中,量化交易正借助技术的力量重塑投资格局。Python 凭借其强大的功能和易用性,成为量化交易的首选语言。与此同时,DeepSeek 作为一款先进的智能工具,通过其强大的模型和分析能力,为量化交易提供了新的动力。

本章将介绍 DeepSeek 的核心优势及其在量化交易中的应用,同时探讨 Python 在量化交易中的重要性,并展示二者结合后的强大潜力。通过本章内容,读者将初步了解量化交易的前沿技术和工具。

本章的主要内容

- ◆ DeepSeek 介绍
- ◆ 如何使用 DeepSeek
- ◆ Python 编程在量化交易中的重要性和优势
- ◆ DeepSeek+Python 赋能量化交易

1.1 DeepSeek介绍

DeepSeek是我国的一家人工智能公司，全称为"杭州深度求索人工智能基础技术研究有限公司"，成立于2023年，由梁文锋创办，并得到私募巨头幻方量化的控股支持。该公司的主要使命是研发开源的大语言模型（Large Language Model，LLM）及相关的基础技术，目标是推动人工通用智能（Artificial General Intelligence，AGI）的实现，并在全球范围内提升人工智能技术的发展水平。DeepSeek自主研发了一系列先进模型，如DeepSeek-V3、DeepSeek-R1等。

1.1.1 DeepSeek模型家族

DeepSeek公司研发了多种DeepSeek模型。DeepSeek模型以Transformer架构为基础，基于注意力机制，通过海量语料数据进行预训练，并通过监督微调、人类反馈的强化学习等技术进行对齐，以此构建形成深度神经网络，同时增加了审核、过滤等安全机制。

DeepSeek的主要模型及特点如下。

（1）DeepSeek-R1：一款拥有6710亿参数的推理模型，专注于复杂任务，特别是在数学和编程领域表现出色。据报道，其性能在某些基准测试中超过了OpenAI的o1模型。

（2）DeepSeek-V2：一款拥有2360亿参数的混合专家（Mixture of Experts，MoE）语言模型，支持最大128KB的上下文长度。DeepSeek-V2采用多头潜在注意力（Multi-Head Latent Attention，MLA）和DeepSeek MoE架构，显著提高了推理效率和训练经济性。

（3）DeepSeek-V3：一款拥有6710亿参数的MoE模型，支持最大128KB的上下文长度。在多项评测中，其性能超越了Qwen2.5-72B和Llama-3.1-405B等其他开源模型，并在性能上与GPT-4o和Claude-3.5-Sonnet等顶尖闭源模型相当。

（4）DeepSeek-R1-Distill：它是基于知识蒸馏技术，通过使用DeepSeek-R1生成的训练样本对Qwen、Llama等开源大模型进行微调训练后，得到的增强型模型。

DeepSeek的模型在性能和训练成本方面具有显著优势，推动了人工智能技术的发展。

> **提示：什么是知识蒸馏？**
> 在深度学习中，知识蒸馏是一种模型压缩技术，旨在将大型复杂模型（称为"教师模型"）的知识迁移到较小的模型（称为"学生模型"）中，从而在保持性能的同时，减少模型的参数量和计算复杂度。

1.1.2 DeepSeek的优势

DeepSeek的主要优势如下。

（1）开源与定制优势：DeepSeek的开源模型允许开发者自由使用、修改和传播代码，并可根据自身需求进行定制和优化，从而降低了开发成本，促进了社区的协作和创新，能快速适应市场变化并不断进步。

（2）推理与性能优势：例如，DeepSeek-V3采用混合专家架构，不仅推理速度快，可在数秒内完成复杂查询，而且多任务处理能力出色；DeepSeek-R1借助强化学习技术，在复杂逻辑推理方面表现突出，能快速解决数学难题、生成复杂编程代码。

（3）本地运行优势：DeepSeek Chat能在本地设备上出色地运行。用户无须依赖强大的云计算资源，在个人设备上即可使用，保障了隐私和数据安全。

（4）训练成本优势：以DeepSeek-V3为例，6710亿参数量的大模型在预训练阶段仅使用2048块图形处理单元（Graphics Processing Unit，GPU）训练2个月，仅花费557.6万美元，相比其他大模型，性价比极高。

（5）语言与生成优势：DeepSeek支持多种语言。例如，DeepSeek-V3支持多种语言的多类型文本实时翻译，其文本生成能力出色，生成内容逻辑清晰、语言流畅，可轻松撰写小说、诗歌、学术论文等。

1.1.3 DeepSeek的应用领域

DeepSeek 的主要应用领域如下。

（1）聊天机器人：DeepSeek能理解用户输入的自然语言，以自然流畅的方式与用户进行对话，可应用于日常闲聊、知识交流等场景，为用户提供信息和帮助，如飞书中的"迪普同学"。

（2）客户服务：DeepSeek可快速理解客户咨询的问题，准确提供相关的产品、服务信息或解决方案等。例如，深圳通客服系统在全面接入DeepSeek智能化升级后，能精准地解析用户的各类提问，并能自动处理超过80%的常规咨询。

（3）问答系统：DeepSeek凭借强大的自然语言处理和知识理解能力，能精准地理解用户的问题，快速给出准确的答案。例如，荆州市沙市区人民政府的门户网站推出的基于DeepSeek-V3的AI智能问答系统，能为市民提供政策咨询、办事流程等方面的解答。

（4）个人助手：DeepSeek可以帮助用户完成各种任务，如日程管理、信息查询、文本创作等。例如，飞书多维表格中可接入DeepSeek-R1模型，帮助用户批量完成创作、推理等工作。

（5）对话系统：DeepSeek在多轮对话场景中表现出色，能够根据上下文理解用户意图，持续进行有逻辑的对话，为用户提供连贯的交互体验，可应用于智能客服、智能音箱等多种设备和平台。

（6）新闻生成：DeepSeek能够根据给定的主题和关键信息，快速生成结构完整、内容丰富的新闻报道,帮助新闻媒体行业提高内容生产效率,如DeepSeek-V3可用于撰写新闻报道。

(7)故事生成:DeepSeek可以创作出情节丰富、富有创意的故事,为文学创作、影视剧本创作等提供灵感和素材,如利用DeepSeek批量生成短剧剧本。

(8)代码生成:DeepSeek-V3能够理解和生成代码,为开发者提供代码片段、解决编程问题等,从而提高编程效率。

1.2 如何使用DeepSeek

DeepSeek可以通过网页和手机App访问。

1.2.1 使用网页版DeepSeek

在浏览器的地址栏中输入"https://www.deepseek.com",进入DeepSeek官方网站,如图1-1所示。单击页面中的"开始对话"按钮,若已登录,即可免费与DeepSeek-V3对话。

图1-1 DeepSeek官方网站

若未登录,则会进入如图1-2所示的登录页面。若没有DeepSeek账号,则可以单击页面中的"立即注册"按钮进行新用户注册,并按照提示填写邮箱等信息完成注册。

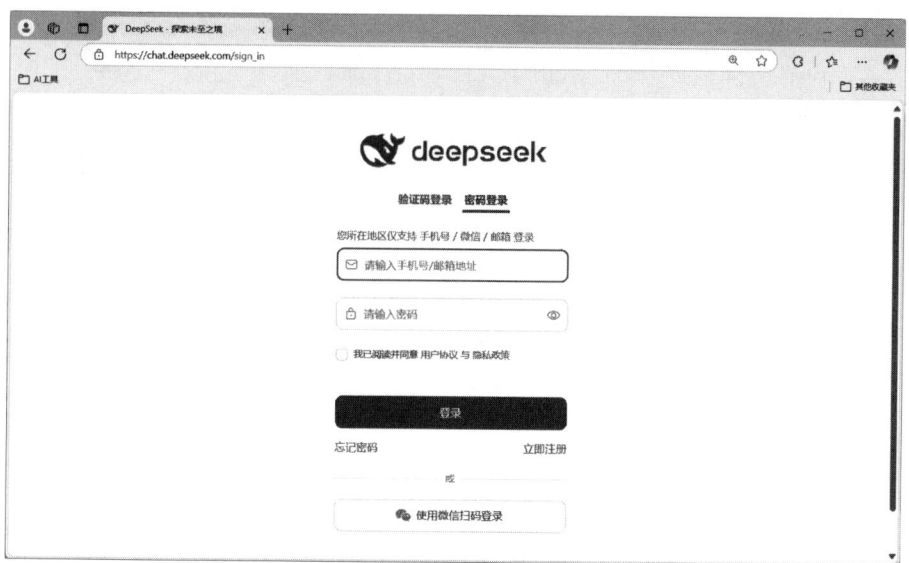

图 1-2　DeepSeek 登录页面

登录成功后，将进入如图 1-3 所示的 DeepSeek-V3 对话页面。

图 1-3　DeepSeek-V3 对话页面

DeepSeek 的具体使用步骤如下。

（1）选择功能模式：输入框下方有"深度思考（R1）"和"联网搜索"两个功能选项。若用户需要模型进行深度推理和复杂分析，可选择"深度思考（R1）"；若用户需要获取最新的网络信息，如查询当下热点事件、最新资讯等，则可选择"联网搜索"。

（2）获取并处理回复：用户发送指令后，等待DeepSeek生成回复内容。用户阅读回复内容时需仔细甄别，若结果符合预期，可结束对话；若结果不符合预期或需要进一步细化，则可补充信息或修改指令，对DeepSeek继续追问，进行多轮对话以达到满意的效果，如图1-4所示。

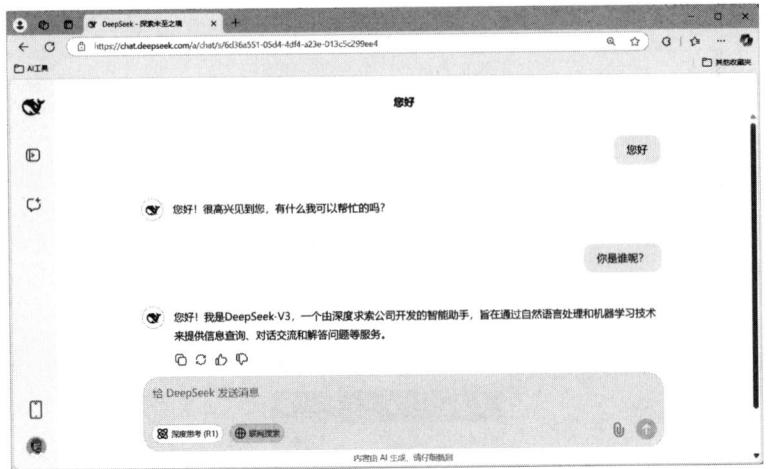

图 1-4 与 DeepSeek 对话

1.2.2 下载DeepSeek手机 App

若用户希望在手机上使用DeepSeek App，则在如图 1-1 所示的DeepSeek官方网站页面中，单击"获取手机 App"按钮，按照提示在手机应用商店中搜索并下载安装 DeepSeek 官方推出的免费 App 即可。

1.3 Python编程在量化交易中的重要性和优势

Python 作为一种高级编程语言，因其简洁性、易读性和强大的生态系统，在量化交易领域得到了广泛应用。以下是 Python 在量化交易中的重要性和优势。

1. 丰富的库

Python 中有众多的库。例如，NumPy 擅长数值计算，可快速处理金融数据，如计算股票收益率；Pandas 用于数据处理，能便捷地处理金融时间序列数据；Matplotlib 和 Seaborn 可将金融数据可视化，通过绘制股价图来辅助投资判断。

2. 跨平台

Python 能在 Windows、Linux、macOS 等操作系统中运行。量化交易系统需在不同环境下部署，Python 的跨平台特性让开发者无须为不同系统重写代码，从而提升了开发效率，并降低了开发成本。

3. 免费和开源

由于 Python 是免费且开源的，量化交易从业者可自由使用、修改和分享代码。开源社区的资源丰富，有利于技术交流与创新，降低了个人开发者和中小型机构的开发门槛。

4. 量化交易专用库

Python有多个量化交易专用库。例如，QuantLib提供金融工具和模型，助力构建复杂策略；Backtrader用于策略回测，能够评估策略表现；Zipline是量化交易平台，支持从多种数据源获取金融数据。

5. 强大的IDE支持与调试功能

Python有PyCharm、Jupyter Notebook等好用的集成开发环境（Integrated Development Environment，IDE）。其中，PyCharm的调试功能非常强，能快速定位错误；Jupyter Notebook能够以交互的方式展示代码和结果，便于开发量化交易策略，提高开发效率。

1.4 DeepSeek+Python赋能量化交易

DeepSeek结合Python在量化交易中的应用，为开发者和交易者提供了一种强大的工具，能够显著提升策略开发效率和交易决策的准确性。以下是DeepSeek与Python在量化交易中的具体应用和优势。

1. 策略开发与自动化交易

DeepSeek能够自动生成Python代码，帮助开发者和交易者快速开发量化交易策略。通过自然语言描述，DeepSeek可以生成复杂的交易逻辑，如基于波动率调整的网格交易策略。此外，结合Python的自动化能力，开发者和交易者可以实现从数据获取到交易执行的全流程自动化。

2. 数据处理与多维度分析

Python强大的数据处理库（如Pandas、NumPy）与DeepSeek的推理能力相结合，能够高效处理金融市场数据。开发者和交易者可以通过DeepSeek获取股票的波动率、市盈率、所属板块趋势等多维度数据，并通过Python进行进一步分析。这种多维度数据融合能够显著提升策略的有效性。

3. 策略回测与优化

DeepSeek与Python的结合支持快速回测和优化量化策略。开发者和交易者可以通过Python的Backtrader等库对DeepSeek生成的策略进行回测，并评估策略的稳定性和盈利能力。此外，

DeepSeek 可以根据回测结果提供优化建议，以帮助开发者和交易者调整策略参数。

4. 风险管理与交易执行

DeepSeek 能够帮助开发者和交易者设计风险控制模块，如设置止损和止盈条件、仓位管理等。结合 Python 的交易接口，开发者和交易者可以将策略部署到实盘，以实现自动化交易。

5. 零基础入门

对于没有编程基础的交易者，DeepSeek 结合 Python 的开发环境（如 Jupyter Notebook）能够显著降低入门门槛。例如，通过 DeepSeek 生成代码片段，交易者可以快速实现简单的量化策略，如均线交叉策略。

6. 实际案例与应用场景

（1）股票交易：DeepSeek可以分析股票大涨的逻辑，结合Python获取历史行情数据，并构建趋势策略。

（2）复杂策略生成：DeepSeek能够生成基于深度学习的交易模型，如长短期记忆网络（Long Short-Term Memory，LSTM），并通过Python进行训练和回测。

（3）多平台集成：DeepSeek结合Python可以与主流量化平台（如QMT）集成，实现从策略开发到实盘交易的无缝对接。

综上，DeepSeek 与 Python 的结合为量化交易提供了强大的技术支持，从策略开发、数据处理到风险管理，极大地提升了量化交易的效率和准确性。无论是零基础的交易者还是专业的开发者，都可以通过这种组合来实现高效的量化交易。

1.5 本章总结

本章介绍了 DeepSeek、Python 和量化交易的基础知识。DeepSeek 是一个强大的数据分析工具，适用于量化交易和市场分析，可通过网页版和手机 App 来使用。Python 因其高效性和丰富的库支持，成为量化交易中重要的编程语言。DeepSeek 与 Python 相结合，可以提升交易策略的开发和执行效率。

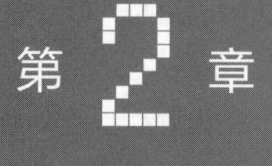

第 2 章 量化交易 Python 语言基础

Python 是量化交易中不可或缺的工具。本章将从零开始,介绍 Python 编程的基础知识,包括解释器、IDE、语法基础、数据类型、控制语句、函数和类等内容。通过本章的学习,读者将掌握 Python 的核心技能,为后续的量化交易实践做好准备。

本章的主要内容

- ◆ Python 解释器
- ◆ IDE
- ◆ 第一个 Python 程序
- ◆ Python 语法基础
- ◆ 运算符
- ◆ 数据类型
- ◆ 字符串
- ◆ 控制语句
- ◆ 函数
- ◆ 类
- ◆ 文件操作
- ◆ 异常处理
- ◆ 多线程

2.1 Python解释器

Python 解释器是执行 Python 代码的程序。它将 Python 源代码转换为机器可执行的指令。Python 语言经过多年发展，形成了多个官方及第三方实现的解释器版本，主要包括以下几种。

（1）CPython。它是 Python 官方提供的 Python 解释器。一般情况下所提到的 Python 就是指 CPython，CPython 是基于 C 语言编写的。它能够将源代码编译为字节码（Bytecode），类似于 Java 语言，然后由虚拟机执行。当再次执行相同源代码文件时，如果源代码文件没有被修改过，那么它会直接解释执行字节码文件，这样会加快程序的运行速度。

（2）PyPy。它是基于 Python 实现的 Python 解释器，速度比 CPython 快，但兼容性不如 CPython。

（3）Jython。它是基于 Java 实现的 Python 解释器，可以将 Python 代码编译为 Java 字节码，可以在 Java 虚拟机下运行。

（4）IronPython。它是基于 .NET 平台实现的 Python 解释器，可以使用 .NET Framework 链接库。

考虑到兼容性和一些其他性能，本书将 Python 官方提供的 CPython 作为 Python 开发环境。Python 官方提供的 CPython 有多个不同平台版本（如 Windows、Linux、Unix 和 macOS）。大部分 Linux、Unix 和 macOS 操作系统中都已经安装了 Python，只是版本有所不同。

下载 Python 的官网页面如图 2-1 所示，单击"Download Python 3.×××.××"按钮即可下载。

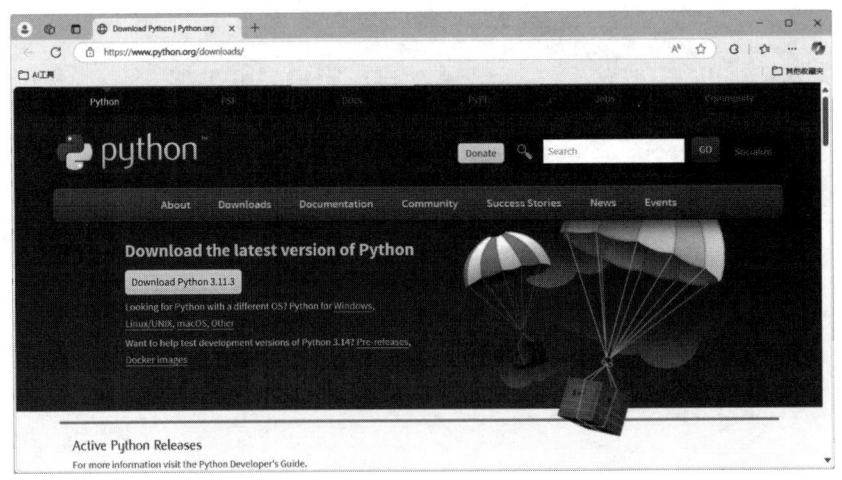

图 2-1　下载 Python

Python 安装文件下载完成后就可以安装了。双击安装文件，弹出如图 2-2 所示的对话框。勾选复选框"Add python.exe to PATH"可以将 Python 的安装路径添加到环境变量 PATH 中，这样就可以在任何文件夹下使用 Python 命令了。单击"Customize installation"按钮可以自定义安装。本例单击

"Install Now"按钮进行默认安装，安装结束后关闭对话框，即可完成安装。

图 2-2　安装对话框

2.2　IDE

在进行量化交易策略的开发和实施时，常用到一些 IDE，它们可以提供丰富的功能和便捷的开发体验，具体介绍如下。

（1）PyCharm：它是一款由 JetBrains 开发的 Python IDE，提供全面的代码编辑、调试和项目管理服务，支持代码自动完成、重构、单元测试等功能。PyCharm 专业版具有更多高级功能，如集成的科学计算和数据分析工具。

（2）Visual Studio Code：它是一个轻量级、跨平台的文本编辑器，支持多种编程语言，包括 Python。它具有丰富的插件生态系统，可以通过安装插件来扩展其功能，如 Python 扩展和 Jupyter 扩展，使其适用于量化交易策略开发。

（3）Jupyter Notebook 和 Jupyter Lab：它们是交互式的 Python 环境，可以在其中编写和运行 Python 代码，并且能够将代码、可视化内容和文档组合在一起。它们特别适用于探索性数据分析、快速原型开发和可视化量化交易策略。

（4）Spyder：它是专为科学计算和数据分析而设计的 Python IDE。它提供丰富的功能，如代码编辑器、变量查看器、对象检查器等，适用于量化交易策略的开发和调试。

2.2.1 安装 PyCharm

安装 PyCharm 之前，需要下载 PyCharm 安装文件。打开 JetBrains 官网，进入如图 2-3 所示的 PyCharm Professional（专业版）下载页面，单击"Download"按钮即可下载。需要注意的是，PyCharm 专业版可以免费试用 30 天，若使用超过 30 天，则需要购买软件许可（Licensekey）。

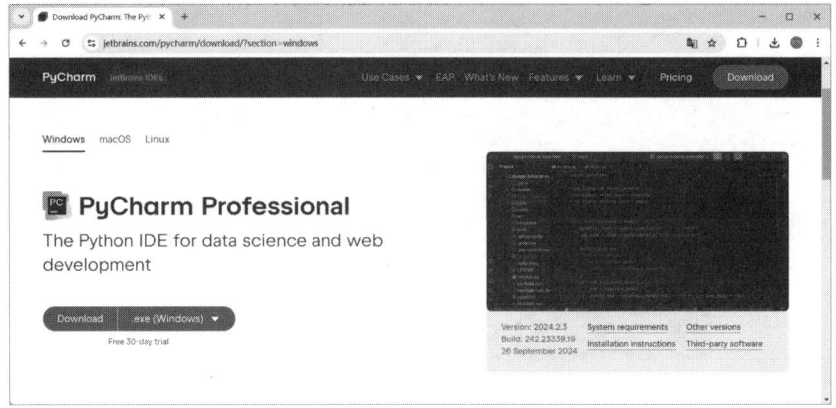

图 2-3　PyCharm 专业版

将页面下拉，可以看到如图 2-4 所示的 PyCharm Community（社区版），它是完全免费的。对于学习 Python 语言的读者来说，社区版已经可以满足需求了，单击"Download"按钮即可下载。

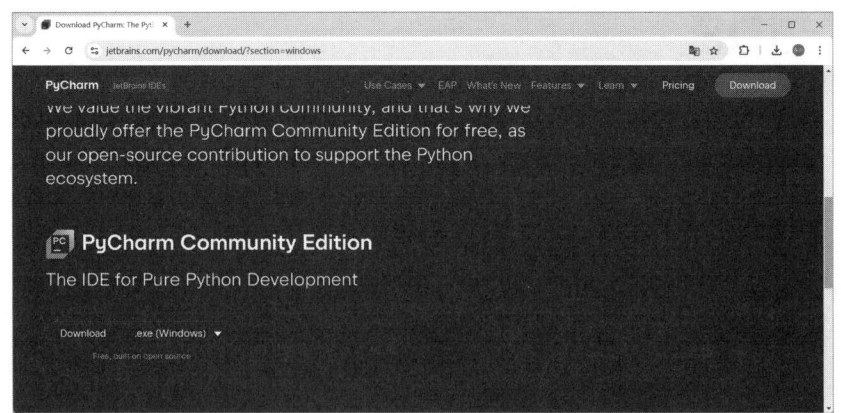

图 2-4　PyCharm 社区版

下载安装文件后即可安装，安装过程非常简单，这里不再赘述。

首次启动 PyCharm，需要根据个人偏好进行一些基本设置。设置完成后进入 PyCharm 欢迎界面，如图 2-5 所示，如果不喜欢默认的"Dark"主题，可以选择"Customize"选项卡，然后在"Theme"下拉列表中选择"Light"主题，如图 2-6 所示。

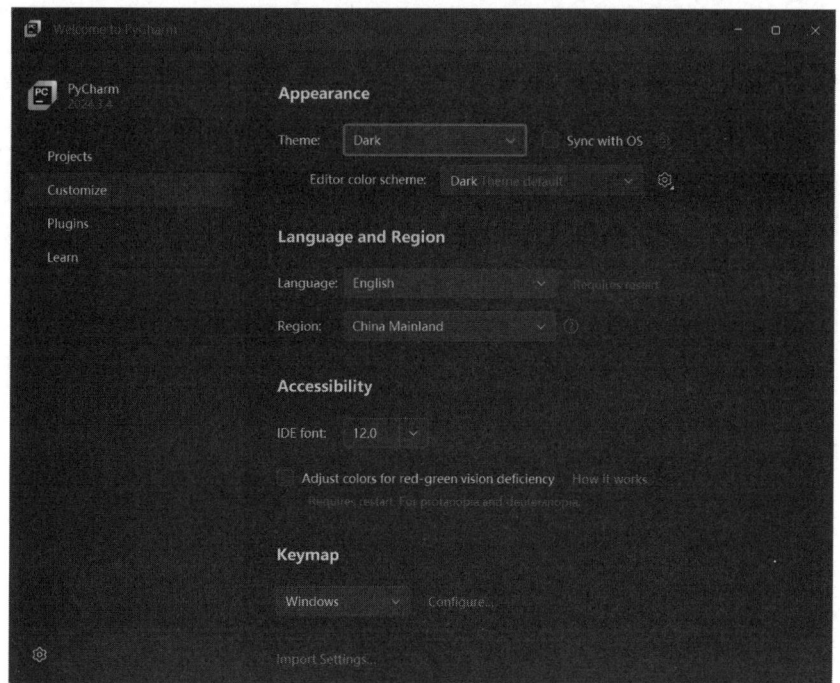

图 2-5　PyCharm 欢迎界面

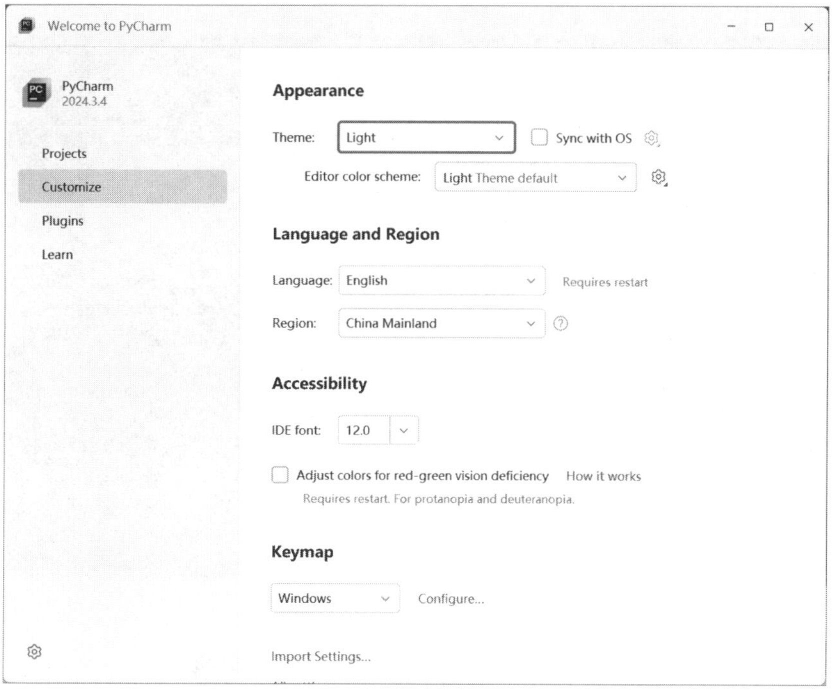

图 2-6　设置主题

为了使用 PyCharm 运行 Python 程序，我们需要设置解释器，具体过程如下。

在欢迎界面中单击 "Customize" → "Configure" 打开设置对话框，如图 2-7 所示。在设置对话框左侧选择 "Python Interpreter"（解释器）选项卡进入解释器配置界面，如图 2-8 所示。如果界面中的 "Python Interpreter" 没有设置，可以单击下拉按钮，在下拉列表中选择 Python 解释器；如果下拉列表中没有可以选择的 Python 解释器，可以单击右侧的"Add Interpreter"按钮，弹出如图 2-9 所示的添加 Python 解释器的对话框，选中"Select existing"单选按钮，在"Python path"下拉列表中选择系统中已经安装的 Python 解释器即可。

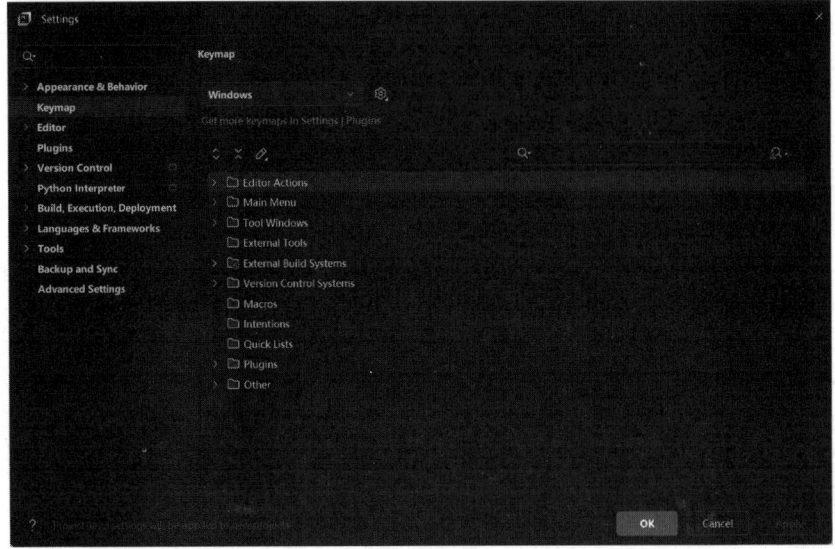

图 2-7　PyCharm 设置对话框

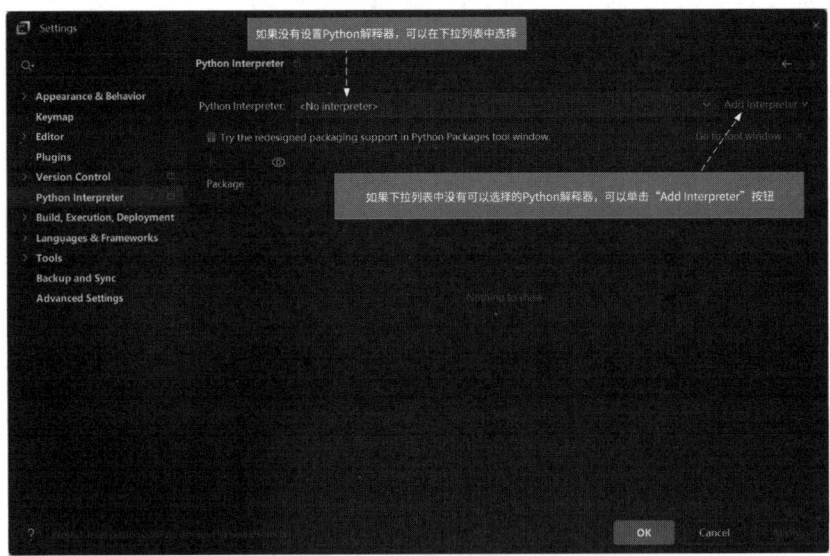

图 2-8　设置 Python 解释器

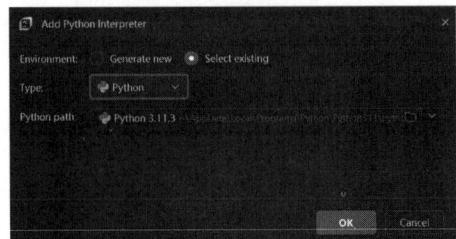

图 2-9　添加 Python 解释器

2.2.2 安装Jupyter Notebook

Jupyter Notebook 可以通过 Python 的包管理工具 pip 来安装。

pip 是 Python 的包管理工具，用于安装、升级和卸载 Python 包。以下是一些常用的 pip 指令。

（1）安装包：

```
pip install package_name
```

从 Python Package Index（PyPI）下载并安装指定名称的包。

（2）安装指定版本的包：

```
pip install package_name==version
```

使用 == 运算符可以安装指定版本的包。

（3）升级包：

```
pip install --upgrade package_name
```

检查已安装的包的最新版本，并进行升级。

（4）卸载包：

```
pip uninstall package_name
```

从系统中卸载指定名称的包。

（5）列出已安装的包：

```
pip list
```

列出当前 Python 环境中已安装的所有包及其版本。

（6）搜索包：

```
pip search search_term
```

在 PyPI 中搜索与指定搜索词相关的包。

（7）查看包的详细信息：

```
pip show package_name
```

显示指定包的详细信息，包括版本、作者、依赖关系等。

这些常用的 pip 指令可以帮助我们管理 Python 包和依赖项。我们可以在命令行中运行这些指令，确保已正确设置 Python 环境和 pip 命令的路径。

安装 Jupyter Notebook 可以通过 pip 完成，在命令行中输入以下命令即可。

```
pip install notebook
```

安装过程如图 2-10 所示。

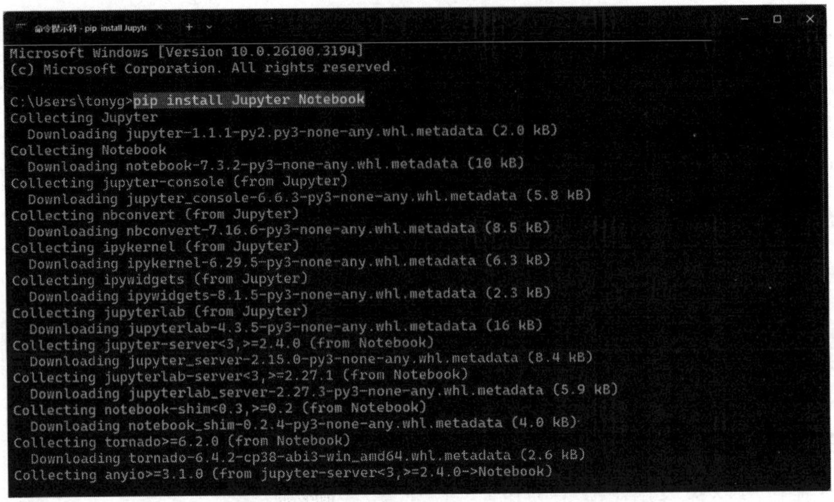

图 2-10　使用 pip 安装 Jupyter Notebook

2.2.3 启动 Jupyter Notebook

启动 Jupyter Notebook，可以按照以下步骤进行操作。

（1）打开终端（在 macOS 和 Linux 操作系统上）或命令提示符（在 Windows 操作系统上）。

（2）在终端或命令提示符中，输入以下命令并按 Enter 键。

`jupyter notebook`

这将启动 Jupyter Notebook 服务器，并在默认的 Web 浏览器中打开如图 2-11 所示的 Jupyter Notebook 主页。

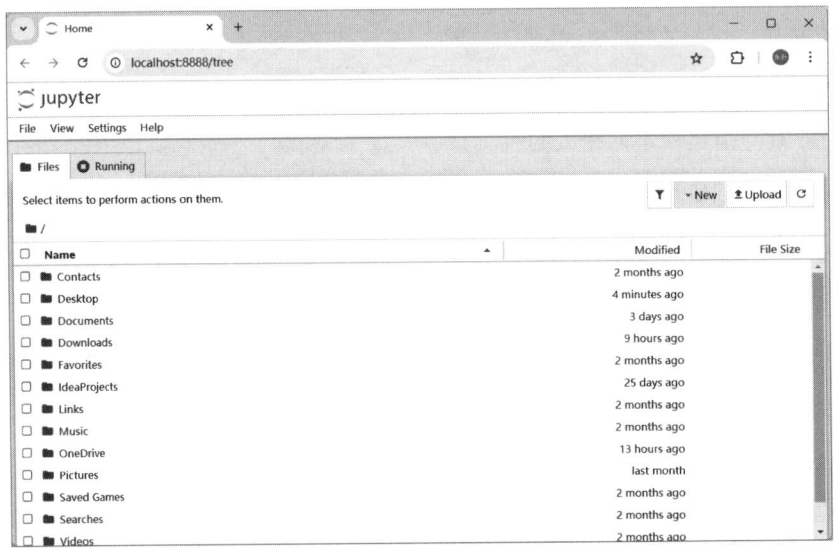

图 2-11　Jupyter Notebook 主页

在 Jupyter Notebook 主页中，我们可以浏览文件和文件夹、新建 Python 笔记本文件（.ipynb）或打开已有的笔记本文件。

单击一个 .ipynb 文件，就可以在 Jupyter Notebook 中打开它，并开始编写和执行代码。

> **注意：**
> Jupyter Notebook 在运行时会继续在终端或命令提示符中显示输出和日志信息。如果关闭了终端或命令提示符窗口，Jupyter Notebook 服务器也会停止运行。

如果希望在特定目录下启动 Jupyter Notebook，可以使用"cd"命令切换到该目录，然后执行"jupyter notebook"命令。图 2-12 所示是进入笔者的代码文件夹（E:\code），并启动 Jupyter Notebook。

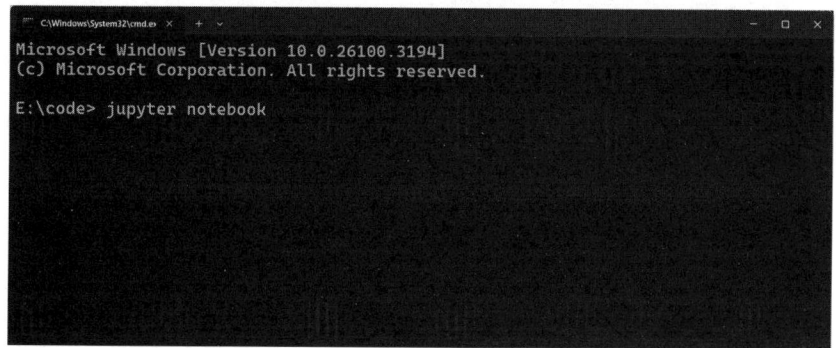

图 2-12　在特定目录下启动 Jupyter Notebook

2.3 第一个Python程序

"Hello World！"程序通常是我们学习编程语言的第一个示例程序。它展示了一个基本的输出语句，并且可以验证编程环境是否被正确配置。

Python 程序可以通过两种方式来运行：交互式解释器运行和脚本文件运行。交互式解释器运行适用于快速测试和交互式开发；脚本文件运行适用于执行完整的程序或可重复运行的脚本。读者可以根据自己的需求和代码的复杂度，选择合适的方式来运行 Python 程序。

2.3.1 编写脚本文件运行第一个Python程序

使用文本编辑工具编写如下程序代码。

```
print("Hello, World!")
```

笔者使用 Windows 操作系统中的"笔记本"应用程序来编写程序代码，如图 2-13 所示。

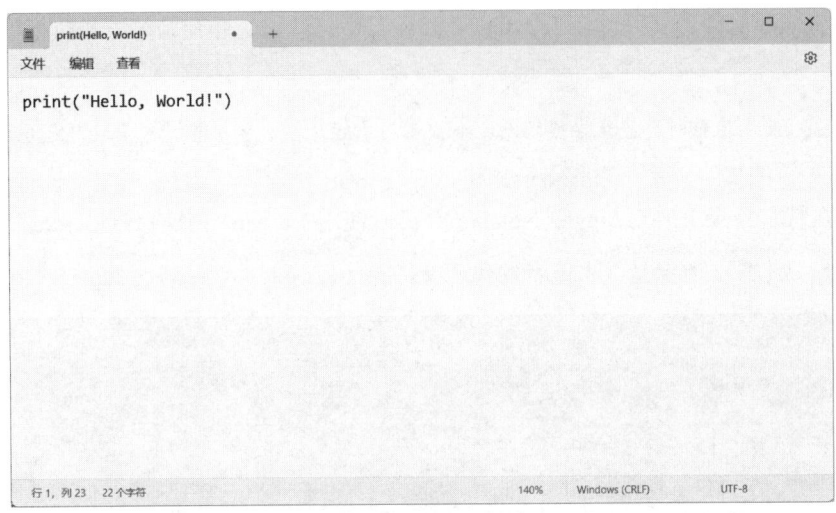

图 2-13 使用"笔记本"应用程序编写程序代码

保存文件为"hello.py","hello.py"就是脚本文件了,运行脚本文件需要 Python 解释器。我们可以通过在命令行中输入"python hello.py"来运行脚本文件,如图 2-14 所示。

图 2-14 运行脚本文件

2.3.2 使用PyCharm编写和运行Python程序

1. 创建项目

PyCharm 通过项目(Project)管理 Python 源代码文件,因此需要先创建一个 Python 项目,然后在项目中创建一个 Python 源代码文件。

在 PyCharm 中,创建 Python 项目并使用自定义 Python 解释器的步骤如下。

第 1 步,选择自定义环境。

在"New Project"(新建项目)窗口的左侧列表中,选择"Pure Python"作为项目类型。

在右侧"Interpreter type"选项中,选择"Custom environment"(自定义环境),这表示手动配置 Python 解释器,而非使用默认虚拟环境。

第 2 步,选择已有环境。

在"Environment"选项中,选择"Select existing"(选择已有环境),这表示使用系统中已安装的 Python 解释器，而不是新建虚拟环境或 Conda 环境。

第 3 步，指定 Python 解释器的安装路径。

在"Python path"选项中，单击路径选择框，选择 Python 解释器的安装路径。示例路径如图 2-15 所示。

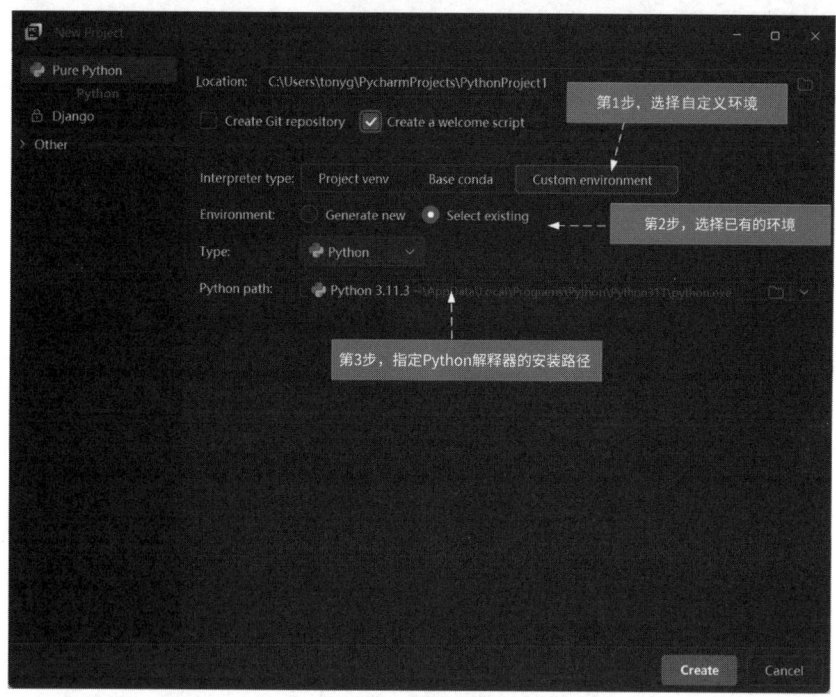

图 2-15　选择 Python 解释器的安装路径

选择完成后，单击"Create"按钮即可创建项目，如图 2-16 所示。

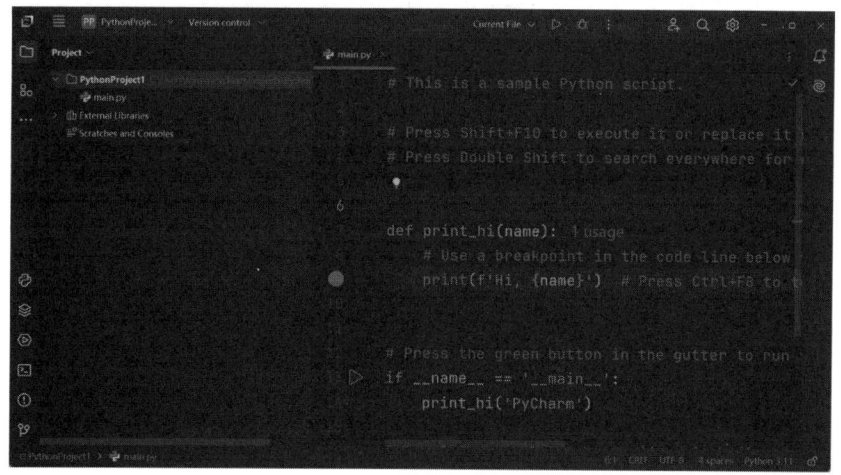

图 2-16　项目创建完成

2. 编写代码

编写代码时，先在代码窗口中删除生成的代码，然后进行编写，如图 2-17 所示。

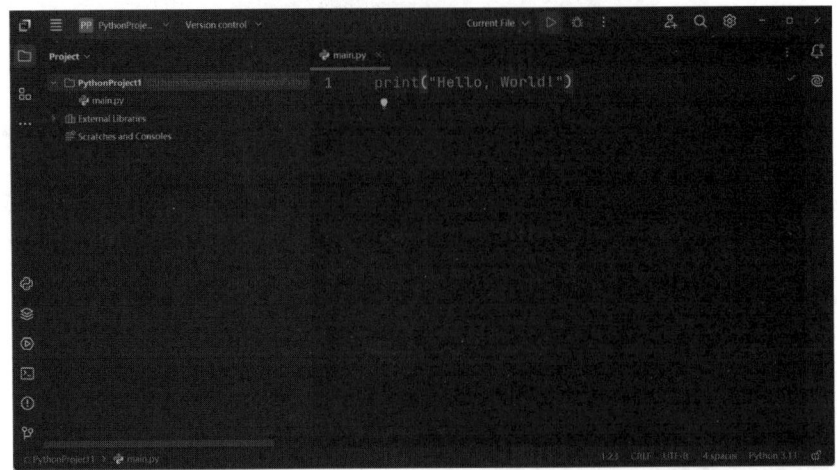

图 2-17　编写代码

3. 运行程序

代码编写完成后，我们就可以运行程序了。如果是第一次运行，需要在左侧的项目文件管理窗口中选择 main.py 文件并右击，在弹出的快捷菜单中选择"Run 'main'"，其运行结果如图 2-18 所示。下方的控制台窗口中会输出"Hello, World!"。

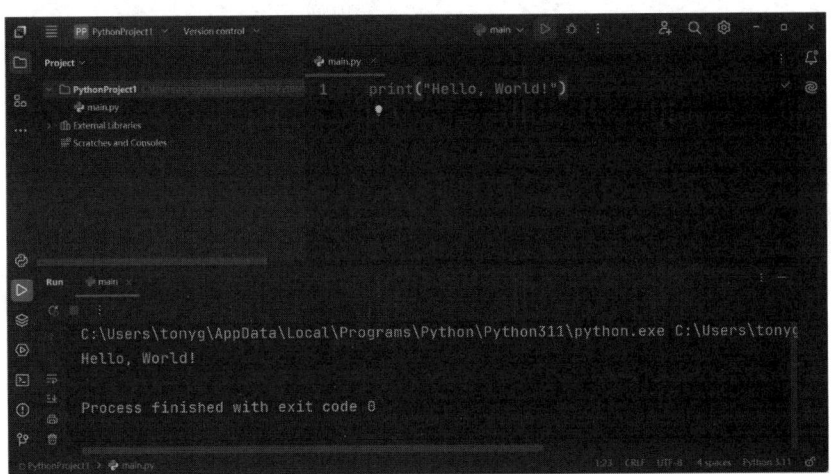

图 2-18　运行结果

2.3.3　使用 Jupyter Notebook 编写和运行 Python 程序

Jupyter Notebook 是一种交互式开发环境，使用 Jupyter Notebook 编写 Python 程序非常简单。以下是在 Jupyter Notebook 中编写 Python 程序的基本步骤。

（1）启动 Jupyter Notebook：在终端或命令提示符中输入"jupyter notebook"命令，启动 Jupyter Notebook 服务器，并在浏览器中打开 Jupyter Notebook 主页。

（2）创建新的 Jupyter Notebook 文件：在 Jupyter Notebook 主页中，依次单击"File"→"New"→

"Notebook"按钮，然后选择 Python 3 内核，即可创建一个新的 Jupyter Notebook 文件（扩展名为 .ipynb），如图 2-19 所示。

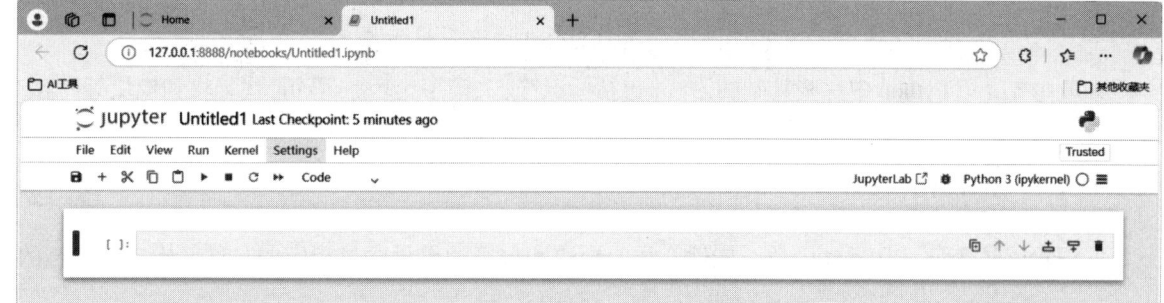

图 2-19　创建一个新的 Jupyter Notebook 文件

（3）在文件中编写和运行代码。

第 1 步，在单元格中输入 Python 代码，如 print("Hello World!")。

第 2 步，单击运行按钮或按组合键 Ctrl+Enter 执行代码。

第 3 步，代码运行后，Jupyter Notebook 会在单元格下方显示输出结果。本例中，输出结果为"Hello World!"，如图 2-20 所示。

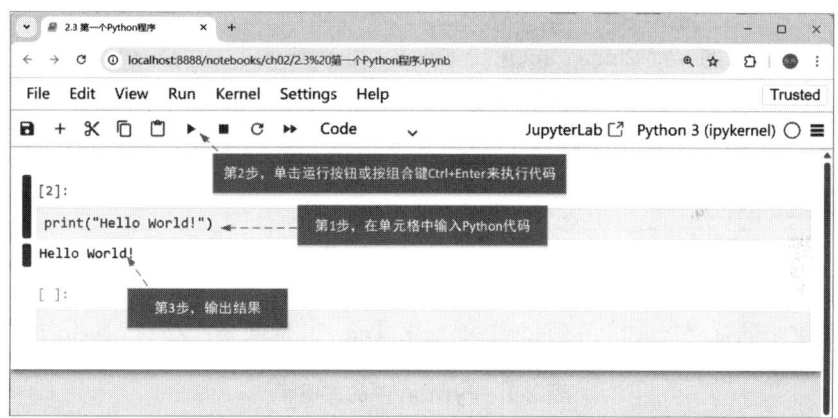

图 2-20　编写和运行代码

如果希望在 VS Code 中运行 Jupyter Notebook 文件，那么先双击打开该文件，然后单击单元格运行按钮即可，如图 2-21 所示。

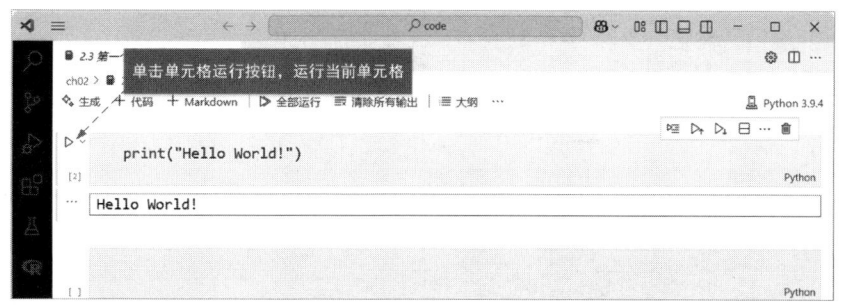

图 2-21　在 VS Code 中运行 Jupyter Notebook 文件

2.4 Python语法基础

本节主要介绍Python中一些基础的语法,包括标识符、关键字、变量、语句、代码块和模块等内容。

2.4.1 标识符

标识符就是变量、常量、函数、属性、类、模块和包等的由程序员指定的名称。构成标识符的字符均有一定的规则,Python语言中标识符的命名规则如下。

(1)区分大小写,如Myname与myname是两个不同的标识符。

(2)首字符可以是下划线"_"或字母,但不能是数字。

(3)除首字符外的其他字符,可以是下划线"_"、字母或数字。

(4)关键字不能作为标识符。

(5)Python内置函数不能作为标识符。

例如,身高、identifier、userName、User_Name、_sys_val等均为合法的标识符,注意中文"身高"命名的变量是合法的;而2mail、room#、$Name和class为非法的标识符,注意"#"和"$"不能构成标识符。

2.4.2 关键字

关键字是类似于标识符的保留字符序列,是语言本身定义好的。Python语言中有35个关键字,其中只有3个关键字的首字母大写,即False、None和True,其他的全部小写。具体内容如表2-1所示。

表2-1 Python中的关键字

关键字			
False	class	from	or
None	continue	global	pass
True	def	if	raise
and	del	import	return
as	elif	in	try
assert	else	is	while
async	except	lambda	with
await	finally	nonlocal	yield
break	for	not	

2.4.3 变量

在 Python 中声明变量时不需要指定它的数据类型，只需为标识符赋值即可，示例代码如下。

```python
# 声明变量并赋值
age = 25                    # 整数类型
name = "Alice"              # 字符串类型
height = 5.7                # 浮点数类型
is_student = True           # 布尔值类型

# 输出变量值
print("Age:", age)
print("Name:", name)
print("Height:", height)
print("Is student:", is_student)
```

代码解释如下。

在这个示例中，变量 age、name、height 和 is_student 都是在没有显式声明数据类型的情况下创建的，Python 会自动根据赋值的内容推断出变量的类型。

2.4.4 语句

Python 代码是由关键字、标识符、表达式和语句等内容组成的。其中，语句是代码的重要组成部分。语句关注代码的执行过程，如 if、for、while 等。在 Python 语言中，一行代码表示一条语句，语句结束可以加分号，也可以省略分号，示例代码如下。

```python
# 变量声明与赋值示例
greeting = "HelloWorld"      # 标识符 greeting 赋值为字符串 "HelloWorld"
student_score = 0.0;         # 赋值语句，student_score 的值为 0.0，分号可以省略    ①
age = 20                     # 赋值语句，age 的值为 20
# 多个变量的赋值
first_name = "张三"; last_name = "李四"   # 通过分号在同一行声明多个变量           ②
# 链式赋值语句
x = y = z = 10               # x、y 和 z 都被赋值为10                              ③
```

代码解释如下。

- 代码第①行声明了一个变量student_score，并赋值为0.0。这行代码的末尾有一个分号，虽然在Python中语句末尾的分号是可选的，但在同一行中写多个语句时，分号是不可省略的。

- 代码第②行是在同一行中使用分号将两个变量first_name和last_name分别赋值为"张三"和"李四"。

- 代码第③行是一种链式赋值，x、y和z都被赋值为10，这3个变量的值是相同的。

由此可见，变量的赋值与声明在 Python 中是非常灵活的，可以通过多种方式进行。

2.4.5 代码块

在 Python 中，代码块（Code Block）是由一组相同缩进级别的语句组成的，它们一起执行特定的任务。Python 使用缩进来标识代码块，而不是像其他编程语言那样使用大括号（{}）。代码块通常出现在控制结构（如 if、for、while 等）或函数、类的定义中。

1. 缩进的重要性

在 Python 中，缩进不仅增加了代码的可读性，而且标识了代码块的开始和结束。代码块中的所有语句必须使用相同的缩进级别。

2. 控制结构中的代码块

示例代码如下。

```python
# if 语句的代码块
x = 10
if x > 5:
    print("x 大于 5")  # 这是 if 语句的代码块
else:
    print("x 小于或等于 5")  # 这是 else 语句的代码块

# 循环中的代码块
for i in range(3):
    print(i)  # 这是 for 循环的代码块

# 函数中的代码块
# 定义函数并使用代码块
def greet(name):
    print("Hello, " + name)  # 这是 greet 函数的代码块
    print("Welcome to Python!")  # 这也是 greet 函数的代码块

greet("Alice")
```

示例代码输出结果如下。

```
x 大于 5
0
1
2
Hello, Alice
Welcome to Python!
```

提示：
　　一个缩进级别一般是一个制表符（Tab）或 4 个空格，考虑到不同的编辑器中制表符显示的宽度可能不同，大部分编程语言规范推荐使用 4 个空格作为一个缩进级别。

2.4.6 模块

在 Python 中，模块是一个以 .py 为扩展名的文件，是代码组织的基本单位。模块中可以包含变量、

常量、函数和类等元素，并可以在其他模块中访问这些元素。通过模块化设计，Python 实现了代码的重用性和可维护性。

下面通过示例来介绍如何创建和使用模块。

在与 Jupyter Notebook 文件同级的目录下，使用文本编辑工具（如记事本）创建一个名为 module1.py 的文件，并编写以下代码。

```
# module1.py
# 这是一个简单的模块，包含一个变量和两个函数
# 声明一个变量
message = "Hello from module1!"
# 声明一个函数
def greet(name):                                    ①
    return f"Hello, {name}!"
# 声明另一个函数
def add(a, b):                                      ②
    return a + b
```

代码解释如下。

代码第①行定义了一个 greet() 函数。这个函数接受一个参数 name，并返回一个字符串 "Hello,{name}!"。其中，{name} 是一个占位符，用来插入 greet() 函数传入的参数 name。举例来说，如果传入字符串 "Alice"，那么返回的结果将是"Hello, Alice!"。

代码第②行定义了一个 add() 函数。add() 函数接受两个参数 a 和 b，并返回它们的和。举例来说，如果 a = 3，b = 5，那么函数会返回 8。

创建模块：在与 Jupyter Notebook 文件同级的目录下创建 math_operations.py 文件，并将上述代码复制进去。该文件定义了一个常量 PI 和两个函数 area_of_circle()、add_numbers()。

在 Jupyter Notebook 中使用模块：使用 import 语句导入并使用 module1.py 中定义的元素，可以导入整个模块或只导入部分内容。

（1）导入整个模块中的内容，示例代码如下。

```
# 导入整个 module1 模块
import module1                                      ①

# 使用模块中的变量
print(module1.message)  # 输出 Hello from module1!   ②

# 使用模块中的函数
print(module1.greet("Alice"))  # 输出 Hello, Alice!  ③
print(module1.add(5, 3))  # 输出 8                   ④
```

代码解释如下。

代码第①行使用 import 语句导入了一个名为 module1 的模块。module1.py 文件中包含之前定义的变量和函数。通过这行代码，Python 可以访问 module1 模块中的所有内容（如变量、函数等）。导入模块后，我们可以使用 module1.< 元素名 > 来访问模块中的内容。

代码第②行通过 module1.message 访问 module1 模块中的 message 变量。

代码第③行调用了 module1 模块中的 greet() 函数，并传递了字符串 "Alice" 作为参数。

代码第④行调用了 module1 模块中的 add() 函数。

（2）导入模块中的部分内容，示例代码如下。

```
from module1 import greet, add
print(greet("Bob"))      # 输出 Hello, Bob!
print(add(10, 5))        # 输出 15
```

这里，我们通过 from module1 import greet, add 仅导入了 module1 中的 greet() 和 add() 两个函数，这样就不需要通过 module1.greet 或 module1.add 来调用函数了。

（3）导入模块并给元素起别名。

有时，为了避免命名冲突，或者为了让代码更加简洁，可以给导入的函数或变量指定别名。可以使用 as 关键字来给导入的元素起别名。

例如，给 greet() 函数和 add() 函数分别起别名为 say_hello 和 sum_numbers，示例代码如下。

```
import module1 as m
print(m.greet("Charlie"))    # 输出：Hello, Charlie!
```

2.5 运算符

运算符（也称为操作符）包括算术运算符、关系运算符、逻辑运算符、赋值运算符、位运算符和其他运算符。下面重点介绍算术运算符、关系运算符、逻辑运算符和赋值运算符。

2.5.1 算术运算符

Python 中的算术运算符用于组织整数类型和浮点数类型数据的算术运算。按照参加运算的操作数的不同，运算符可以分为一元运算符和二元运算符。Python 中的一元运算符有多个，但是一元算术运算符只有一个，即 -。- 是取反运算符，如 -a 是对 a 进行取反运算。二元算术运算符包括 +、-、*、/、%、** 和 //。这些运算符主要是对数字类型的数据进行操作，其中 + 和 * 可以用于对字符串、元组和列表等类型的数据进行操作。具体说明如表 2-2 所示。

表 2-2 二元算术运算符

运算符	名称	示例	说明
+	加	a + b	该运算符可用于数字、序列等类型的数据操作。对数字类型的数据来说，该运算符表示求和；对其他类型的数据来说，该运算符表示连接

续表

运算符	名称	示例	说明
-	减	a - b	求a减b的差
*	乘	a * b	该运算符可用于数字、序列等类型的数据操作。对数字类型的数据来说，该运算符表示求积；对其他类型的数据来说，该运算符表示连接
/	除	a / b	求a除以b的商
%	取余	a % b	求a除以b的余数
**	幂	a ** b	求a的b次幂
//	地板除	a // b	求不超过a除以b的商的最大整数

二元算术运算符的示例代码如下。

```
# 定义两个变量
a = 15
b = 4

# 加法
add_result = a + b
print(f"加法结果：{a} + {b} = {add_result}")   # 输出加法结果：19

# 减法
sub_result = a - b
print(f"减法结果：{a} - {b} = {sub_result}")   # 输出减法结果：11

# 乘法
mul_result = a * b
print(f"乘法结果：{a} * {b} = {mul_result}")   # 输出乘法结果：60

# 除法
div_result = a / b
print(f"除法结果：{a} / {b} = {div_result}")   # 输出除法结果：3.75

# 取余
mod_result = a % b
print(f"取余结果：{a} % {b} = {mod_result}")   # 输出取余结果：3

# 幂运算
pow_result = a ** b
print(f"幂运算结果：{a} ** {b} = {pow_result}")   # 输出幂运算结果：50625

# 地板除
floor_div_result = a // b
print(f"地板除结果：{a} // {b} = {floor_div_result}")   # 输出地板除结果：3
```

在上述代码中，所有输出语句均使用了 f-string（格式化字符串）进行格式化。例如，在完成加法、减法、乘法和除法运算后，使用 print(f"加法结果：{a} + {b} = {add_result}") 这样的形式输出结果，其中 f" 加法结果：{a} + {b} = {add_result}" 就是一个典型的 f-string。关于 f-string 的详细用法，将在 2.7.3 节中进一步介绍。

2.5.2 关系运算符

关系运算是比较两个表达式大小关系的运算,它的结果是布尔值类型数据,即 True 或 False。关系运算符有 6 种:==、!=、>、<、>= 和 <=,具体说明如表 2-3 所示。

表 2-3 关系运算符

运算符	名称	示例	说明
==	等于	a == b	a等于b时返回True,否则返回False。该运算符可以应用于基本数据类型和引用类型,当比较两个引用类型是否引用同一个对象时,这种比较往往没有实际意义
!=	不等于	a != b	与==相反
>	大于	a > b	a大于b时返回True,否则返回False
<	小于	a < b	a小于b时返回True,否则返回False
>=	大于或等于	a >= b	a大于或等于b时返回True,否则返回False
<=	小于或等于	a <= b	a小于或等于b时返回True,否则返回False

关系运算符的示例代码如下。

```python
# 定义两个变量
a = 10
b = 20

# 等于运算符
equal_result = (a == b)
print(f"{a} == {b} 的结果是:{equal_result}")  # 输出:False

# 不等于运算符
not_equal_result = (a != b)
print(f"{a} != {b} 的结果是:{not_equal_result}")  # 输出:True

# 大于运算符
greater_than_result = (a > b)
print(f"{a} > {b} 的结果是:{greater_than_result}")  # 输出:False

# 小于运算符
less_than_result = (a < b)
print(f"{a} < {b} 的结果是:{less_than_result}")  # 输出:True

# 大于或等于运算符
greater_than_or_equal_result = (a >= b)
print(f"{a} >= {b} 的结果是:{greater_than_or_equal_result}")  # 输出:False

# 小于或等于运算符
less_than_or_equal_result = (a <= b)
print(f"{a} <= {b} 的结果是:{less_than_or_equal_result}")  # 输出:True
```

2.5.3 逻辑运算符

逻辑运算是布尔值类型变量进行运算，其结果也是布尔值类型。逻辑运算符的具体说明如表2-4所示。

表 2-4 逻辑运算符

运算符	名称	示例	说明
not	逻辑非	not a	a为True时，结果为False；a为False时，结果为True
and	逻辑与	a and b	a、b全为True时，结果为True，否则为False
or	逻辑或	a or b	a、b全为False时，结果为False，否则为True

逻辑运算符的示例代码如下。

```python
# 定义两个变量
a = 10
b = 20

# and 运算符：两个条件都为 True 时，结果为 True
and_result = (a > 5 and b > 15)  # a > 5 和 b > 15 都成立
print(f"(a > 5 and b > 15) 的结果是：{and_result}")  # 输出：True

# or 运算符：至少一个条件为 True 时，结果为 True
or_result = (a > 5 or b < 15)  # a > 5 为 True, b < 15 为 False
print(f"(a > 5 or b < 15) 的结果是：{or_result}")  # 输出：True

# not 运算符：取反布尔值
not_result = not(a > 5)  # a > 5 为 True, not 取反后为 False
print(f"not(a > 5) 的结果是：{not_result}")  # 输出：False

# 组合使用 and、or 和 not
combined_result = (a > 5 and b > 15) or not(a == b)
print(f"组合运算 (a > 5 and b > 15) or not(a == b) 的结果是：{combined_result}")
# 输出：True
```

2.5.4 赋值运算符

赋值运算符只是一种简写，一般用于变量自身的变化，如a与其操作数进行运算后的结果再赋值给a。算术运算符和位运算符中的二元运算符都有对应的赋值运算符。赋值运算符的具体说明如表2-5所示。

表 2-5 赋值运算符

运算符	名称	示例	说明
+=	加赋值	a += b	等价于a = a + b
-=	减赋值	a -= b	等价于a = a - b

续表

运算符	名称	示例	说明
*=	乘赋值	a *= b	等价于a = a * b
/=	除赋值	a /= b	等价于a = a / b
%=	取余赋值	a %= b	等价于a = a % b
**=	幂赋值	a **= b	等价于a = a ** b
//=	地板除赋值	a //= b	等价于a = a // b

赋值运算符的示例代码如下。

```
# 初始化变量
x = 10
y = 5

# 基本赋值
x = 20
print(f"基本赋值：x = {x}")  # 输出：20

# 加赋值
x += y  # 等价于 x = x + y
print(f"加赋值：x += y -> x = {x}")  # 输出：25

# 减赋值
x -= y  # 等价于 x = x - y
print(f"减赋值：x -= y -> x = {x}")  # 输出：20

# 乘赋值
x *= y  # 等价于 x = x * y
print(f"乘赋值：x *= y -> x = {x}")  # 输出：100

# 除赋值
x /= y  # 等价于 x = x / y
print(f"除赋值：x /= y -> x = {x}")  # 输出：20.0

# 取余赋值
x %= y  # 等价于 x = x % y
print(f"取余赋值：x %= y -> x = {x}")  # 输出：4.0

# 幂赋值
x **= y  # 等价于 x = x ** y
print(f"幂赋值：x **= y -> x = {x}")  # 输出：1024.0

# 地板除赋值
x //= y  # 等价于 x = x // y
print(f"地板除赋值：x //= y -> x = {x}")  # 输出：4.0
```

2.6 数据类型

Python 支持多种数据类型，可以有效地表示不同类型的数据，主要包括数字类型、列表、元组、集合、字典和字符串。

2.6.1 数字类型

Python 中数字类型包括整数（int）、浮点数（float）、复数（complex）及布尔值（bool）。这些类型用于表示数值数据，并支持基本的数学运算。数字类型的变量直接存储数值数据，而不是对数据的引用。

1. 整数

在 Python 中，整数用于表示没有小数部分的数值，可以是正整数、负整数或零。Python 的整数没有固定的范围，整数的大小仅受计算机内存的限制，这使得 Python 可以处理非常大的整数。

示例代码如下。

```
a = 42              # 正整数
b = -7              # 负整数
c = 0               # 零
print(type(a))      # 输出 <class 'int'>
```

这段代码中的 type() 是 Python 中的一个内建函数，用于返回对象的类型。

2. 浮点数

浮点数主要用来存储小数数值。Python 只支持双精度浮点数，而且与本机相关。浮点数可以使用小数表示，也可以使用科学记数法表示。科学记数法会使用大写或小写的英文字母 e 表示 10 的指数，如 e2 表示 10^2。

示例代码如下。

```
a = 3.14            # 小数
b = 2.5e3           # 科学记数法表示 2.5 * 10^3
print(type(a))      # 输出 <class 'float'>
print(type(b))      # 输出 <class 'float'>
```

3. 复数

复数是数学中非常重要的概念，无论是在理论物理学中还是在电气工程实践中都经常使用。很多计算机语言不支持复数，而 Python 是支持复数的，这使得 Python 能够很好地进行科学计算。

示例代码如下。

```
a = 3 + 5j              # 复数, 3 为实部, 5 为虚部
b = 2 - 4j              # 复数, 2 为实部, -4 为虚部
print(type(a))          # 输出 <class 'complex'>
```

4. 布尔值

Python 中的布尔值用 bool 表示。bool 是 int 的子类，它只有两个值：True 和 False。注意：任何类型的数据都可以通过 bool() 函数转换为布尔值。那些被认为是"没有的""空的"值会被转换为 False，反之被转换为 True。例如，None（空对象）、False、0、0.0、0j（复数）、""（空字符串）、[]（空列表）、()（空元组）和 {}（空字典）这些值会被转换为 False。

```
a = True                # 布尔值 True
b = False               # 布尔值 False
c = bool(0)             # 0 转换为布尔值 False
d = bool(3)             # 非零值转换为布尔值 True
print(type(a))          # 输出 <class 'bool'>
print(type(b))          # 输出 <class 'bool'>
```

2.6.2 列表

在 Python 中，列表（list）是一种有序可变集合，允许存储多种类型的元素。列表是非常灵活且常用的数据类型，可以包含整数、字符串、浮点数，甚至其他列表。列表中的元素可以通过索引访问和修改，且支持多种操作，如添加、删除和排序等。

列表的特点如下。

（1）有序：列表中的元素按照插入顺序排列，可以通过索引来访问每个元素。

（2）可变：列表是可变类型，可以在创建后修改列表的内容，如添加、删除或更改元素。

（3）支持重复元素：列表允许存储重复的元素。

1. 创建列表

列表可以使用方括号"[]"来创建，元素之间用逗号","分隔。

示例代码如下。

```
# 创建一个整数列表
numbers = [1, 2, 3, 4, 5]
# 创建一个包含不同类型数据的列表
mixed = [1, "apple", 3.14, True]
```

2. 访问列表元素

列表中的元素可以通过索引来访问。索引是一个整数，表示元素在列表中的位置。索引分为以下两种。

（1）正索引（从 0 开始）：表示从列表的开头开始数，如图 2-22 所示。

0	1	2	3	4
10	20	30	40	50

图 2-22　正索引

（2）负索引（从 -1 开始）：表示从列表的末尾开始数，如图 2-23 所示。

-5	-4	-3	-2	-1
10	20	30	40	50

图 2-23　负索引

访问列表元素的示例代码如下。

```
numbers = [10, 20, 30, 40, 50]

# 正索引访问
print(numbers[0])    # 输出 10，因为正索引 0 表示第一个元素
print(numbers[1])    # 输出 20，因为正索引 1 表示第二个元素
print(numbers[2])    # 输出 30，因为正索引 2 表示第三个元素
print(numbers[3])    # 输出 40，因为正索引 3 表示第四个元素
print(numbers[4])    # 输出 50，因为正索引 4 表示第五个元素

# 负索引访问
print(numbers[-1])   # 输出 50，因为负索引 -1 表示最后一个元素
print(numbers[-2])   # 输出 40，因为负索引 -2 表示倒数第二个元素
print(numbers[-3])   # 输出 30，因为负索引 -3 表示倒数第三个元素
print(numbers[-4])   # 输出 20，因为负索引 -4 表示倒数第四个元素
print(numbers[-5])   # 输出 10，因为负索引 -5 表示倒数第五个元素，即第一个元素
```

代码解释如下。

（1）正索引：从0开始，表示从列表的开头开始数。例如，numbers[0]是第一个元素，numbers[1]是第二个元素，以此类推。

（2）负索引：从-1开始，表示从列表的末尾开始数。例如，numbers[-1]是最后一个元素，numbers[-2]是倒数第二个元素，以此类推。

可以同时使用正索引和负索引来灵活访问列表中的元素。

注意：

索引访问超出范围时，会抛出 IndexError 错误，如下代码所示。

```
my_list = [10, 20, 30]
print(my_list[5])    # 会抛出 IndexError，因为索引 5 超出了列表的范围
```

3. 列表切片

切片（Slicing）就是从列表中提取一个子列表，可以通过指定起始索引、结束索引和步长来实现。切片返回一个新的列表，不会修改原列表。切片运算符有以下两种形式。

（1）[start: end]：start是开始索引，end是结束索引。

（2）[start: end: step]：start是开始索引，end是结束索引，step是步长。步长是切片时获取元素

的间隔。步长可以为正整数，也可以为负整数。

> **注意：**
> 切下的切片包括 start 位置元素，但不包括 end 位置元素，start 和 end 都可以省略。

切片的示例代码如下。

```
numbers = [10, 20, 30, 40, 50]
# 基本切片
print(numbers[1:4])    # 输出 [20, 30, 40]，从索引 1 到索引 3（不包括索引 4）
# 起始索引为空，表示从开头开始
print(numbers[:3])     # 输出 [10, 20, 30]，从索引 0 到索引 2
# 结束索引为空，表示到末尾结束
print(numbers[2:])     # 输出 [30, 40, 50]，从索引 2 到末尾
# 步长切片
print(numbers[::2])    # 输出 [10, 30, 50]，每隔一个元素取一个
```

> **提示：**
> 步长与当次元素索引、下次元素索引之间的关系如下。
> 下次元素索引 = 当次元素索引 + 步长。

2.6.3 元组

在 Python 中，元组（Tuple）是一种用于存储多个元素的序列。元组与列表类似，也是用于存储多个元素的序列，不同之处在于，元组是不可变的，创建后无法修改其中的元素。元组使用圆括号"()"来创建。

示例代码如下。

```
# 创建元组
my_tuple = (10, 20, 30, 40, 50)
```

访问元组元素与访问列表元素类似，也是通过索引进行访问。正索引从 0 开始，负索引从 -1 开始。元组也支持切片操作，可以提取部分元素。

示例代码如下。

```
# 访问元组元素
print(my_tuple[0])    # 输出 10，元组的第一个元素
print(my_tuple[-1])   # 输出 50，元组的最后一个元素
# 元组切片
print(my_tuple[1:4])  # 输出 (20, 30, 40)
# 元组不可修改
# my_tuple[1] = 100   # 会抛出 TypeError 错误，因为元组不可修改
```

上述代码中需要注意的是，如果试图修改 my_tuple，会抛出 TypeError 错误，因为元组是不可变的。

> **提示：**
> 与列表相比，元组适用于存储不需要修改的元素，具有较高的访问速度，因此常作为数据的固定容器。

示例代码运行后，输出结果如下。

```
10
50
(20, 30, 40)
```

2.6.4 集合

集合（Set）是一种可迭代的、无序的、不能包含重复元素的数据结构。图 2-24 所示的是一个班级的集合，其中包含一些学生。这些学生是无序的，不能通过序号来访问，而且不能有重复。

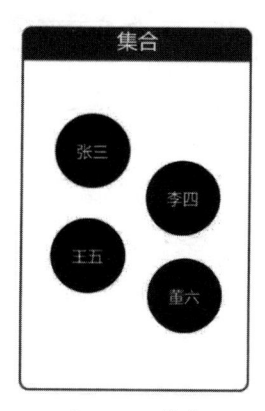

图 2-24　集合

提示：

列表和元组中的元素是有序的，可以重复出现；而集合中的元素是无序的，且不能包含重复元素。列表和元组强调元素的顺序；而集合则强调元素的唯一性。当不考虑顺序且没有重复元素时，列表、元组和集合可以互相替换。

创建集合有以下两种方法。

（1）使用大括号"{}"将元素括起来，元素之间用逗号","分隔。

（2）使用set()函数。

示例代码如下。

```
# 使用大括号创建集合
my_set = {1, 2, 3, 4, 5}
print(my_set)  # 输出：{1, 2, 3, 4, 5}

# 使用 set() 函数创建集合
another_set = set([1, 2, 3, 4, 5, 5])
print(another_set)  # 输出：{1, 2, 3, 4, 5}，重复的元素被自动去除
```

2.6.5 字典

字典（dict）是可迭代的、可变的数据结构，通过键来访问元素。字典的结构比较复杂，它是由两部分视图构成的，一个是键（key）视图，另一个是值（value）视图。键视图不能包含重复元素，而值视图可以。键和值是成对出现的。

图 2-25 所示的是字典结构的国家代号。键是国家代号，值是国家名称。

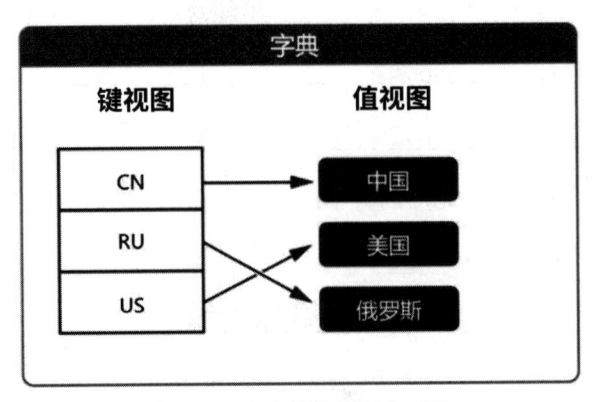

图 2-25　字典结构的国家代号

> **提示：**
> 字典可以通过键来快速访问值。就像查英文字典一样，键是要查的英文单词，而值是英文单词的翻译和解释等内容。有时，一个英文单词会对应多个翻译和解释，这与字典的特性相对应。

创建字典可以使用以下两种方法。

（1）使用大括号"{}"包裹键值对。

（2）使用dict()函数。

示例代码如下。

```
# 使用大括号创建字典
my_dict = {"name": "Alice", "age": 25, "city": "New York"}
print(my_dict)
# 使用 dict() 函数创建字典
another_dict = dict(name="Bob", age=30, city="Los Angeles")
print(another_dict)
```

示例代码运行后，输出结果如下。

```
{'name': 'Alice', 'age': 25, 'city': 'New York'}
{'name': 'Bob', 'age': 30, 'city': 'Los Angeles'}
```

2.7　字符串

在 Python 中，字符串（str）用于存储文本数据，是不可变的对象。字符串可以由字符、数字、符号等组成，并且支持多种操作，如切片、拼接和查找等。

2.7.1 字符串的创建

Python 中创建字符串有以下三种方法。

（1）普通字符串：使用单引号"'"或双引号"""将字符序列括起来。

（2）原始字符串（Raw String）：在字符串前加 r，特殊字符不会被转义。

（3）长字符串：使用三重单引号"'''"或三重双引号"""""表示多行文本。

示例代码如下。

```
# 普通字符串：使用单引号或双引号
str1 = 'Hello, Python!'                                          ①
str2 = "Welcome to Python programming."                          ②
print(str1)  # 输出：Hello, Python!
print(str2)  # 输出：Welcome to Python programming.
# 原始字符串：特殊字符不会被转义
path = r"C:\Users\Admin\Documents\file.txt"                      ③
print(path)  # 输出：C:\Users\Admin\Documents\file.txt
# 长字符串：用于表示多行文本
long_text = """Python is an easy-to-learn,                       ④
powerful programming language.
It has efficient high-level data structures."""                  ⑤
print(long_text)
```

代码解释如下。

代码第①行 str1 被赋值为 'Hello, Python!'，这是一个普通字符串，使用单引号"'"来创建。在 Python 中，单引号和双引号的作用相同，可以根据需要自由选择。该字符串包含的文本内容为"Hello, Python!"。

代码第②行 str2 被赋值为 "Welcome to Python programming."，这也是一个普通字符串，使用双引号"""来创建。该字符串包含的文本内容为 "Welcome to Python programming."。

代码第③行 path 被赋值为原始字符串 r"C:\Users\Admin\Documents\file.txt"。原始字符串前加上 r，表示字符串中的反斜线"\"不会被当作转义符处理，而是按字面意义输出。在 Windows 路径中，反斜线通常用于分隔目录，但在普通字符串中，它会被当作转义符（如 \n、\t 等）。通过前缀 r，原始字符串会保持反斜线的字面意义，直接输出路径 "C:\Users\Admin\Documents\file.txt"。

代码第④~⑤行定义了一个长字符串 long_text，使用三重双引号"""""来表示。三重引号可以用于定义多行字符串，其中的换行符和空格都会被保留。该字符串包含了多行文本。

示例代码运行后，输出结果如下。

```
Hello, Python!
Welcome to Python programming.
C:\Users\Admin\Documents\file.txt
Python is an easy-to-learn,
powerful programming language.
It has efficient high-level data structures.
```

2.7.2 字符转义

2.7.1 节对原始字符串的介绍中,涉及字符转义这一关键内容。接下来将对字符转义展开详细阐述。

在 Python 中,字符串用于存储和表示文本信息。但是,某些字符具有特殊含义,或者在键盘上无法直接输入。为了解决这些问题,Python 提供了转义字符(Escape Sequences),使用反斜线"\"来标识特殊字符,使其能够正确表示。

常用的转义符如表 2-6 所示。

表 2-6 常用的转义符

字符表示	Unicode编码	说明
\n	\u000a	换行符
\t	\u0009	水平制表符
\"	\u0022	双引号
\'	\u0027	单引号
\\	\u005c	反斜线

示例代码如下。

```
print("换行符:\nHello\nWorld")
print("水平制表符:\tPython")
print("双引号:\"Hello\"")
print("单引号:'Python'")
print("反斜线:C:\\Users\\Admin")
```

示例代码运行后,输出结果如下。

```
换行符:
Hello
World
水平制表符:Python
双引号:"Hello"
单引号:'Python'
反斜线:C:\Users\Admin
```

2.7.3 字符串格式化

在 Python 中,字符串格式化可以让字符串包含变量,并以特定的方式显示。Python 提供了多种字符串格式化方法,包括 str.format() 方法和 f-string。

1. 使用str.format()方法进行格式化

（1）基本语法。

使用 {} 作为占位符，format() 方法会按顺序填充这些占位符。

示例代码如下。

```
name = "Alice"
age = 25
formatted = "我的名字是 {}，我今年 {} 岁了。".format(name, age)
print(formatted)  # 输出：我的名字是 Alice，我今年 25 岁了。
```

（2）指定占位符的顺序。

format() 方法可以在 {} 内使用索引来指定变量的填充顺序。

示例代码如下。

```
formatted_index = "我今年 {1} 岁了，我的名字是 {0}。".format(name, age)
print(formatted_index)    # 输出：我今年 25 岁了，我的名字是 Alice。
```

（3）使用关键字参数。

我们可以给 format() 方法传递关键字参数，以提高可读性。

示例代码如下。

```
formatted_keyword = "我的名字是 {name}，我今年 {age} 岁了。".format(name=name, age=age)
print(formatted_keyword)   # 输出：我的名字是 Alice，我今年 25 岁了。
```

2. 使用f-string进行格式化

Python 3.6+ 开始支持 f-string，其语法更简洁，可读性更高。

示例代码如下。

```
formatted_fstring = f"我的名字是 {name}，我今年 {age} 岁了。"
print(formatted_fstring)  # 输出：我的名字是 Alice，我今年 25 岁了。
```

2.7.4 数字格式化

在 Python 中，数字格式化可以让数字按照指定的格式显示，如控制小数位数、用科学记数法表示、进行进制转换等。Python 中可以使用 str.format() 方法或 f-string 进行数字格式化。

1. 控制小数位数

{:.nf} 用于控制小数位数，其中 n 是小数位数。

示例代码如下。

```
num = 3.1415926
print("保留 2 位小数：{:.2f}".format(num))   # 输出：3.14
print(f"保留 3 位小数：{num:.3f}")   # 输出：3.142
```

2. 用科学记数法表示

使用 {:.ne} 可以将数字转换为用科学记数法表示的形式，其中 n 是小数位数。

示例代码如下。

```
large_num = 123456789
print("科学记数法表示：{:.2e}".format(large_num))    # 输出：1.23e+08
print(f"科学记数法表示：{large_num:.3e}")    # 输出：1.235e+08
```

3. 进行进制转换

Python 支持二进制、八进制和十六进制的数字格式化表示。

示例代码如下。

```
num = 255
print("二进制：{:b}".format(num))     # 输出：11111111
print("八进制：{:o}".format(num))     # 输出：377
print("十六进制：{:x}".format(num))   # 输出：ff（小写）
print("十六进制：{:X}".format(num))   # 输出：FF（大写）
```

示例代码运行后，输出结果如下。

```
二进制：11111111
八进制：377
十六进制：ff
十六进制：FF
```

2.8 控制语句

Python 程序通过控制语句来管理程序流，从而完成一定的任务。程序流是由若干个语句组成的。语句既可以是单一语句，也可以是复合语句。Python 中的控制语句有以下三类。

（1）分支语句：if。

（2）循环语句：for 和 while。

（3）跳转语句：break、continue 和 return。

2.8.1 分支语句

Python 中的分支语句只有 if 语句。if 语句有 if 结构、if-else 结构和 elif 结构三种。

1. if 结构

若条件为 True，则执行下面缩进的语句组，否则执行 if 语句后面的语句。if 结构的语法如下。

```
if 条件：
    语句组
```

if结构的示例代码如下。

```
age = 18
if age >= 18:
    print(" 你已经成年！")
```

在上面的示例中，当 age 大于或等于 18 时，条件 age >= 18 为 True，程序会执行 if 语句下面缩进的 print(" 你已经成年！") 语句。

示例代码运行后，输出结果如下。

你已经成年！

2. if-else结构

几乎所有的计算机语言都有 if-else 结构，而且格式基本相同。if-else 结构的语法如下。

```
if 条件：
    语句组1
else：
    语句组2
```

当程序执行到 if 语句时，先判断条件，若值为 True，则执行语句组 1，然后跳过 else 语句及语句组 2，继续执行后面的语句；若条件为 False，则忽略语句组 1 而直接执行语句组 2，然后继续执行后面的语句。

if-else 结构的示例代码如下。

```
age = 16
if age >= 18:
    print(" 你已经成年！")
else:
    print(" 你还未成年！")
```

在这个示例中，age 为 16，条件 age >= 18 为 False，所以会执行 else 语句下面缩进的 print(" 你还未成年！") 语句。

示例代码运行后，输出结果如下。

你还未成年！

3. elif结构

elif 结构是 if-else 结构的扩展，用于检查多个条件。它允许在多个条件之间进行选择，避免了多个 if-else 结构嵌套，使得代码更简洁和可读。elif 结构的语法如下。

```
if 条件1：
    语句组1
elif 条件2：
    语句组2
elif 条件3：
```

```
    语句组 3
    ...
elif 条件 n :
    语句组 n
else :
    语句组 n+1
```

可以看出，elif 结构实际上是 if-else 结构的多层嵌套。它明显的特点就是在多个分支中只执行一个语句组，而其他语句组都不执行。因此，这种结构可以用于有多种判断结果的情况。

elif 结构的示例代码如下。

```
score = 75
if score >= 90:
    print("成绩优秀！")
elif score >= 70:
    print("成绩良好！")
elif score >= 60:
    print("成绩及格！")
else:
    print("成绩不及格！")
```

示例代码运行后，输出结果如下。

```
成绩良好！
```

在这个示例中，score 为 75。程序会依次检查每个条件，具体如下。

（1）score >= 90 为 False，跳过。

（2）score >= 70 为 True，执行该条件下的语句 "print("成绩良好！")"。

2.8.2 循环语句

循环语句能够使程序代码重复执行。Python 支持 while 和 for 两种循环类型。

1. for 循环

for 循环通常用于遍历可迭代对象（如列表、元组、字符串、字典等）。它会依次访问可迭代对象中的每个元素，并执行指定的代码块。

for 循环的基本语法如下。

```
for element in iterable:
    # 执行代码块
```

for 循环的示例代码如下。

```
# 遍历列表
fruits = ["apple", "banana", "cherry"]
for fruit in fruits:
    print(fruit)
```

2. while 循环

while 循环会在给定的条件为 True 时反复执行代码块，直到条件为 False。

while 循环的基本语法结构如下。

```
while condition:
    # 执行代码块
```

while 循环的示例代码如下。

```
# 使用 while 循环打印 0 ~ 4 的数字
count = 0
while count < 5:
    print(count)
    count += 1
```

示例代码运行后，输出结果如下。

```
0
1
2
3
4
```

2.8.3 跳转语句

跳转语句能够改变程序的执行顺序，可以实现程序的跳转。Python 中有三种跳转语句：break、continue 和 return。本节先介绍 break 语句和 continue 语句。

1. break 语句

break 语句可用于 while 和 for 循环结构。它的作用是强行退出循环体，不再执行循环体中剩余的语句。

break 语句的示例代码如下。

```
# 遇到"banana"时退出循环
fruits = ["apple", "banana", "cherry"]
for fruit in fruits:
    if fruit == "banana":
        break
    print(fruit)
```

示例代码运行后，输出结果如下。

```
apple
```

2. continue 语句

continue 语句用于结束本次循环，跳过循环体中尚未执行的语句，接着进行终止条件的判断，以决定是否继续循环。

continue 语句的示例代码如下。

```
# 跳过 "banana"
fruits = ["apple", "banana", "cherry"]
for fruit in fruits:
    if fruit == "banana":
        continue
    print(fruit)
```

示例代码运行后,输出结果如下。

```
apple
cherry
```

2.9 函数

Python 语言中经常用到函数。有些基础的函数是官方提供的,称为内置函数(Built-in Functions, BIF);还有很多函数是自定义的,这些自定义的函数必须先定义后调用,也就是定义函数必须在调用函数之前,否则会发生错误。

2.9.1 定义函数

定义函数的语法如下。

```
def 函数名(参数列表):
    函数体
    return 返回值
```

在 Python 中定义函数时,关键字是 def,而函数名需要符合标识符的命名规范。多个参数列表之间可以用逗号","分隔,当然函数也可以没有参数。如果函数有返回数据,那么就需要在函数体的最后使用 return 语句将数据返回;如果没有返回数据,那么函数体中可以使用 return None 或省略 return 语句。

定义函数的示例代码如下。

```
def greet():
    """打印问候语"""
    print("Hello!")
```

2.9.2 调用函数

定义好函数后,可以通过函数名加括号的方式来调用函数。

示例代码如下。

```
greet()    # 调用 greet 函数, 输出 "Hello!"
```

2.9.3 带参数的函数

我们可以为函数定义一个或多个参数,通过传入不同的值来调用函数。示例代码如下。

```
def greet(name):
    print(f"Hello, {name}!")

greet("Alice")     # 输出: Hello, Alice!
greet("Bob")       # 输出: Hello, Bob!
```

2.9.4 带返回值的函数

函数可以通过 return 语句返回一个值,返回值可以是任何类型的数据。示例代码如下。

```
def add(a, b):
    return a + b

result = add(3, 5)
print(result)   # 输出: 8
```

2.9.5 默认参数

我们可以为函数的参数设置默认值。如果调用函数时没有传入值,则使用默认值。示例代码如下。

```
def greet(name="Guest"):
    print(f"Hello, {name}!")

greet()            # 输出: Hello, Guest!
greet("Alice")     # 输出: Hello, Alice!
```

2.9.6 可变参数

函数可以接受任意数量的参数,这些参数通过 *args 或 **kwargs 来传递。

(1)*args 用于接收非关键字的可变参数(以元组形式传入)。

(2)**kwargs 用于接收关键字的可变参数(以字典形式传入)。

示例代码如下。

```
# *args 示例
def print_numbers(*args):
    for num in args:
        print(num)
print_numbers(1, 2, 3, 4)   # 输出: 1 2 3 4

#**kwargs 示例
```

```
def print_info(**kwargs):
    for key, value in kwargs.items():
        print(f"{key}: {value}")

print_info(name="Alice", age=25)   # 输出: name: Alice   age: 25
```

示例代码运行后，输出结果如下。

```
1
2
3
4
name: Alice
age: 25
```

2.9.7 lambda函数

有时在使用函数时不需要给函数分配名字，这就是匿名函数。Python语言中匿名函数也称为lambda函数。声明lambda函数的语法如下。

```
lambda 参数列表 :  lambda 体
```

lambda是关键字声明，上述语法是一个lambda表达式。lambda参数列表与其他函数的参数列表是一样的，但不需要用小括号括起来。冒号后面是lambda体，lambda表达式的主要代码在此处编写，类似于函数体。

提示：

lambda体部分不能是一个代码块，也不能包含多条语句，只能有一条语句。语句会计算一个结果返回给lambda表达式，与函数不同的是，不需要使用return语句返回。与其他语言中的lambda表达式相比，Python中的lambda表达式只能进行一些简单的计算。

lambda函数的示例代码如下。

```
add = lambda x, y: x + y
print(add(3, 5))   # 输出: 8
```

2.9.8 使用filter()和map()函数进行数据处理

在Python中，filter()和map()是两个常用于函数式编程的内置函数，它们可以高效地处理可迭代对象中的数据。这两个函数分别提供了过滤和映射功能，能够帮助我们对数据进行精确的筛选和转换。

1. 过滤函数filter()

过滤操作使用filter()函数完成，它可以对可迭代对象的元素进行过滤。filter()函数的语法如下。

```
filter(function, iterable)
```

其中，参数 function 是一个函数，参数 iterable 是可迭代对象。当 filter() 函数被调用时，iterable 会被遍历，它的元素被逐一传入 function 函数，function 函数会返回布尔值。在 function 函数中编写过滤条件，若为 True 则元素被保留，若为 False 则元素被过滤。

下面通过一个示例来介绍 filter() 函数的使用，示例代码如下。

```python
# 定义一个函数，判断数字是否为偶数
def is_even(n):
    return n % 2 == 0

numbers = [1, 2, 3, 4, 5, 6, 7, 8, 9, 10]
filtered_numbers = filter(is_even, numbers)   # 过滤偶数
print(list(filtered_numbers))  # 输出：[2, 4, 6, 8, 10]
```

filter() 函数返回的是一个迭代器，我们通过 list() 将其转换为列表来查看结果。

为了使代码简洁，命名函数 is_even 可以通过 lambda 表达式来代替，代码如下。

```python
# 使用 lambda 表达式代替 is_even 函数
numbers = [1, 2, 3, 4, 5, 6, 7, 8, 9, 10]
filtered_numbers = filter(lambda x: x % 2 == 0, numbers)   # 过滤偶数
print(list(filtered_numbers))  # 输出：[2, 4, 6, 8, 10]
```

2. 映射函数 map()

映射操作使用 map() 函数完成，它可以对可迭代对象的元素进行变换。map() 函数的语法如下。

```python
map(function, iterable)
```

其中，参数 function 是一个函数；参数 iterable 是可迭代对象。当 map() 函数被调用时，iterable 会被遍历，它的元素被逐一传入 function 函数，在 function 函数中进行变换。

下面通过一个示例来介绍 map() 函数的使用，示例代码如下。

```python
# 定义一个函数，将每个数字加倍
def double(n):
    return n * 2

numbers = [1, 2, 3, 4, 5]
doubled_numbers = map(double, numbers)   # 将 double 函数应用到每个元素
print(list(doubled_numbers))  # 输出：[2, 4, 6, 8, 10]
```

为了使代码简洁，命名函数 double 可以通过 lambda 表达式来代替，代码如下。

```python
# 使用 lambda 表达式代替 double 函数
numbers = [1, 2, 3, 4, 5]
doubled_numbers = map(lambda x: x * 2, numbers)   # 使用 lambda 加倍每个元素
print(list(doubled_numbers))  # 输出：[2, 4, 6, 8, 10]
```

3. 组合使用 filter() 和 map() 函数

filter() 和 map() 函数可以组合使用，实现复杂的数据处理。例如，我们可以先使用 filter() 函数筛选符合条件的数据，然后使用 map() 函数对这些数据进行转换，示例代码如下。

```
# 先筛选出偶数，然后将偶数乘以 2
numbers = [1, 2, 3, 4, 5, 6, 7, 8, 9, 10]
even_numbers = filter(lambda x: x % 2 == 0, numbers)  # 过滤偶数
doubled_even_numbers = map(lambda x: x * 2, even_numbers)  # 偶数乘以 2
print(list(doubled_even_numbers))  # 输出: [4, 8, 12, 16, 20]
```

这两个函数是 Python 中进行数据处理时非常高效和常用的工具，尤其适用于需要对大规模数据进行筛选、转换的场景。

2.10 类

在面向对象编程中，类是用于定义对象结构的模板。通过类，我们可以创建具有特定属性和行为的对象。类定义了一组属性（数据）和方法（功能），这些属性和方法被称为类的成员。在 Python 中，定义类的语法如下。

```
class 类名 [ ( 父类 ) ] :
    类体
```

其中，class 是定义类的关键字；类名是自定义的，但自定义类名必须是合法的标识符；父类可以省略声明，表示直接继承 object 类。

定义 Car 类的代码如下。

```
class Car:
    """ 表示一辆汽车的类 """
    pass  # 使用 pass 语句表示类体暂时为空
```

上述代码使用 class 关键字定义了 Car 类，它继承了 object 类。object 类是所有类的根类。在 Python 中，任何一个类都直接或间接继承 object 类，所以 (object 类) 部分代码可以省略。

此外，类体中目前是空的，使用 pass 语句表示这里没有具体的实现。pass 语句是一种占位符，用于保持代码结构的完整性，以后可以添加属性和方法。

2.10.1 实例变量和构造函数

实例变量是属于类的每个实例（对象）的变量，用于存储对象的特定状态。每个实例都有自己的实例变量值，互不影响。

- 创建：实例变量通常在构造函数中定义，通过 self 关键字进行初始化。
- 作用：实例变量存储对象的属性，如一个 Car 类可能由 color（颜色）和 model（型号）作为实例变量。

示例代码如下。

```python
class Car:
    def __init__(self, color, model):
        self.color = color   # 实例变量
        self.model = model   # 实例变量

# 创建 Car 类的实例
my_car = Car("blue", "Honda")
print(my_car.model)   # 输出: Honda
```

构造函数是一种特殊的方法，用于初始化对象的实例变量。它通常被命名为 __init__，在创建对象时自动调用。

- 参数：构造函数可以接受参数，用于为实例变量赋值。
- 作用：构造函数确保在创建对象时，实例变量具有有效的初始值。

2.10.2 实例方法

实例方法是属于类的实例（对象）的方法，可以访问和操作实例的属性（实例变量）。实例方法在类的定义中定义，并以 self 作为第一个参数，以便在方法内部引用实例的属性和其他方法。实例方法通常用于定义对象的行为。

实例方法的示例代码如下。

```python
class Car:
    def __init__(self, make, model, year):
        self.make = make                  # 实例变量，汽车制造商
        self.model = model                # 实例变量，汽车型号
        self.year = year                  # 实例变量，汽车年份
        self.odometer_reading = 0         # 实例变量，里程表读数

    def describe_car(self):
        """描述汽车的基本信息"""
        return f"{self.year} {self.make} {self.model}"

    def read_odometer(self):
        """显示汽车的里程表读数"""
        return f"这辆汽车的里程表读数为 {self.odometer_reading} 公里。"

    def update_odometer(self, kilometrang):
        """将里程表读数更新为指定的值"""
        if kilometrange >= self.odometer_reading:   # 确保不减少里程表读数
            self.odometer_reading = kilometrange
        else:
            print("不能回滚里程表读数！")

# 创建 Car 类的实例
my_car = Car("丰田", "卡罗拉", 2020)

# 调用实例方法
print(my_car.describe_car())     # 输出：2020 丰田 卡罗拉
print(my_car.read_odometer())    # 输出：这辆汽车的里程表读数为 0 公里。
```

```
# 更新里程表读数
my_car.update_odometer(15000)
print(my_car.read_odometer())    # 输出：这辆汽车的里程表读数为 15000 公里。

# 尝试回滚里程表读数
my_car.update_odometer(10000)    # 输出：不能回滚里程表读数！
```

上述代码的运行结果如下。

```
2020 丰田 卡罗拉
这辆汽车的里程表读数为 0 公里。
这辆汽车的里程表读数为 15000 公里。
不能回滚里程表读数！
```

2.11 文件操作

程序经常需要访问文件，进行读取文件信息或写入信息到文件等操作。Python中对文件的读写是通过文件对象（file object）实现的。Python中的文件对象也称为类似文件对象（file-like object）或流（stream）。文件对象可以是实际的磁盘文件，也可以是其他存储或通信设备，如内存缓冲区、网络、键盘和控制台等。本节先介绍文件的读写操作。

文件的读写操作是通过文件对象来实现的。通过文件对象，我们可以读写文本文件和二进制文件。

1. 打开文件

在读写文件之前，我们可以通过open函数来打开文件。open函数是Python的内置函数，会返回文件对象。它屏蔽了创建文件对象的细节，使创建文件对象变得简单。open函数的语法格式如下。

```
open(file, mode='r', buffering=-1, encoding=None, errors=None, newline=None, closefd=True, opener=None)
```

open函数共有8个参数。其中，参数file和mode极为常用，而其他参数一般情况下很少使用。下面重点介绍file和mode两个参数的含义。

（1）file：file是要打开的文件，可以是字符串或整数。如果file是用字符串表示的文件名，那么文件名可以是相对当前目录的路径，也可以是绝对路径；如果file是用整数表示的文件描述符，那么文件描述符指向一个已经打开的文件。

（2）mode：mode用来设置文件打开模式。文件打开模式用字符串表示。最基本的文件打开模式如表2-7所示。

表 2-7 文件打开模式

字符串	说明
r	只读模式（默认）
w	写入模式，会覆盖已经存在的文件
x	独占创建模式，若文件不存在，则创建并以写入模式打开；若文件存在，则抛出异常 FileExistsError
a	追加模式，若文件存在，则写入内容追加到文件末尾
b	二进制模式
t	文本模式（默认）
+	更新模式

表 2-7 中，b 和 t 是文件类型模式，如果是二进制文件，那么需要设置 rb、wb、xb、ab；如果是文本文件，那么需要设置 rt、wt、xt、at。因为 t 是默认模式，所以可以省略为 r、w、x、a。

+ 必须与 r、w、x、a 组合使用来设置文件为读写模式，对于文本文件可以使用 r+、w+、x+、a+，对于二进制文件可以使用 rb+、wb+、xb+、ab+。

提示：

r+、w+、a+ 的区别：r+ 表示打开文件时，若文件不存在则抛出异常；w+ 表示打开文件时，若文件不存在则创建文件，若文件存在则清除文件内容；a+ 类似于 w+，表示打开文件时，若文件不存在则创建文件，若文件存在则在文件末尾追加。

示例代码如下。

```
# 打开文件 example.txt，以 w+ 模式写入，编码为 utf-8
fobj = open('example.txt', 'w+', encoding='utf-8')                    ①
fobj.write(' 大家好 ')                                                  ②
fobj.close()  # 关闭文件，确保数据写入完成
# 定义文件路径
fname1 = r'C:\Users\tonyg\OneDrive\ 书 \...\ch2\example.txt'           ③

# 以 a+ 模式打开文件（若文件不存在则创建文件），以 utf-8 编码追加内容
fobj = open(fname1, 'a+', encoding='utf-8')                           ④
fobj.write(' 你好！ ')   # 追加内容                                     ⑤
fobj.close()  # 关闭文件，确保追加的内容保存完成                          ⑥
```

代码解释如下。

代码第①行以 w+ 模式打开 example.txt 文件，并指定编码为 utf-8。

代码第②行向文件中写入字符串 ' 大家好 '。

代码第③行定义了文件路径，并使用原始字符串避免了反斜线转义问题。

代码第④行以 a+ 模式打开指定路径的文件，并指定编码为 utf-8。

代码第⑤行向文件末尾追加字符串 ' 你好！ '。

代码第⑥行关闭文件。

2. 关闭文件

使用 open 函数打开文件后，若不再使用文件，则应该调用文件对象的 close 函数来关闭文件。由于文件的操作往往会抛出异常，为了保证文件操作无论是正常结束还是异常结束都能够关闭文件，我们可以使用 with as 代码块进行自动资源管理。

示例代码如下。

```
# 打开文件 example.txt, 以 a+ 模式进行追加操作, 编码为 utf-8
fobj = open('example.txt', 'a+', encoding='utf-8')                      ①
fobj.write('大家好! ')    # 向文件追加内容
fobj.close()    # 关闭文件, 确保数据写入完成                              ②

# 使用 with 语句进行自动资源管理, 避免显式调用 fobj.close()
with open('example.txt', 'a+', encoding='utf-8') as fobj:                ③
    fobj.write('大家好! ')   # 向文件追加内容
# 'with' 语句块结束后, fobj 自动关闭文件, 无须显式调用 fobj.close()
```

代码解释如下。

代码第①行通过 a+ 模式打开 example.txt 文件，并指定编码为 utf-8。

代码第②行关闭文件。

代码第③行使用 with as 打开文件，这种方式会自动管理文件的打开和关闭。程序执行完 with 代码块后，Python 会自动关闭文件。

3. 文本文件读写

文本文件读写的单位是字符，而且字符是有编码的。文本文件读写的主要方法有以下几种。

（1）read(size=-1)：从文件中读取字符串，size限制最多读取的字符数。size=-1表示没有限制，读取全部内容。

（2）readline(size=-1)：读取到换行符或文件末尾并返回单行字符串，若已经到文件末尾，则返回一个空字符串。size限制读取的字符数，当size=-1时没有限制。

（3）readlines()：读取文件数据到一个字符串列表中，并且每个行数据都是列表的一个元素。

（4）write(s)：将字符串s写入文件，并返回写入的字符数。

（5）writelines(lines)：向文件中写入一个列表，并且不添加行分隔符，因此通常为每一行末尾提供行分隔符。

（6）flush()：刷新并写入缓冲区，数据会被写入文件中。

下面通过文件复制示例熟悉一下文本文件的读写操作，代码如下。

```
# 定义源文件和目标文件路径
source_file_path = 'source.txt'
destination_file_path = 'destination.txt'
```

```python
# 逐行读取源文件并写入目标文件
with open(source_file_path, 'r', encoding='utf-8') as source_file:
    with open(destination_file_path, 'w', encoding='utf-8') as dest_file:
        # 逐行读取文件内容
        line_count = 0  # 用于记录已复制的行数
        for line in source_file:
            # 将每一行写入目标文件
            dest_file.write(line)
            line_count += 1
            # 显示复制进度
            print(f" 已复制 {line_count} 行 ")
print(f" 文件复制完成，共复制了 {line_count} 行! ")
```

这段代码的功能是将一个文本文件的内容逐行复制到另一个文本文件，并且在复制过程中实时显示已复制的行数。

4. 二进制文件读写

二进制文件读写的单位是字节，不需要考虑编码的问题。二进制文件读写的主要方法如下。

（1）read(size=-1)：从文件中读取字节，size限制最多读取的字节数，若size=-1则读取全部字节。

（2）readline(size=-1)：从文件中读取并返回一行字节，size限制读取的字节数，当size=-1时没有限制。

（3）readlines()：读取文件数据到一个字节列表中，每个行数据都是列表的一个元素。

（4）write(b)：写入b字节，并返回写入的字节数。

（5）writelines(lines)：向文件中写入一个字节列表，并不添加行分隔符，因此通常为每一行末尾提供行分隔符。

下面通过文件复制示例熟悉一下二进制文件的读写操作，代码如下。

```python
# 读取二进制文件并写入另一个二进制文件
source_file_path = '溢出.png'  # 源文件路径
destination_file_path = '溢出 - 副本.png'  # 目标文件路径

# 以二进制模式打开源文件读取
with open(source_file_path, 'rb') as source_file:
    # 以二进制模式打开目标文件写入
    with open(destination_file_path, 'wb') as dest_file:
        # 读取源文件的内容并写入目标文件
        file_content = source_file.read()
        dest_file.write(file_content)

print(f" 文件复制完成：从 {source_file_path} 复制到 {destination_file_path}")
```

上面这段代码的功能是将一个二进制文件的内容从源文件复制到目标文件。这段代码适用于图片、音频、视频等二进制文件的复制。

2.12 异常处理

为了增强程序的健壮性，编写计算机程序需要考虑如何处理异常情况。Python 提供了异常处理机制。

2.12.1 捕获异常

捕获异常是通过 try-except 语句实现的。最基本的 try-except 语句的语法如下。

```
try :
    <可能会抛出异常的语句>
except [异常类型] :
    <处理异常>
```

（1）try代码块：try代码块中包含执行过程中可能会抛出异常的语句。

（2）except代码块：每个try代码块可以伴随一个或多个except代码块，用于处理try代码块中所有可能抛出的异常。except代码块中若省略异常类型，即不指定具体异常，则会捕获所有类型的异常；如果指定具体异常类型，则会捕获该类型异常，以及它的子类型异常。示例代码如下。

```python
try:
    num1 = int(input("请输入数字："))
    result = 10 / num1
except:
    print("发生了错误！")
```

代码运行时，若输入 0 则运行结果如下。

```
请输入数字： 0
发生了错误！
```

在示例中，except 代码块不指定异常类型，捕获所有异常类型。但是，不推荐使用这种方式，因为它会隐藏错误的具体类型，不利于调试和定位问题。

修改示例代码如下。

```python
try:
    num1 = int(input("请输入第一个数字："))
    num2 = int(input("请输入第二个数字："))
    result = num1 / num2   # 可能会发生除零错误
except ZeroDivisionError as e:                                    ①
    # 捕获除零错误
    print("错误：除数不能为零！")
except ValueError as e:                                           ②
    # 捕获无效输入（无法转换为数字的错误）
    print("错误：请输入有效的数字！")
except Exception as e:                                            ③
    # 捕获其他类型的异常
    print(f"发生了一个意外的错误: {e}")
    print("程序执行完毕。")
```

代码解释如下。

代码第①行用于捕获 ZeroDivisionError 异常。当用户输入的第二个数字为零时，程序会抛出该异常。

代码第②行用于捕获 ValueError 异常。当用户输入的值（如字母、符号等）无法转换为整数时，程序会抛出该异常。

代码第③行用于捕获其他类型的异常。

2.12.2 释放资源

有时 try-except 语句会占用一些资源，如打开文件、网络连接、打开数据库连接和使用数据结果集等。这些资源不能通过 Python 的垃圾收集器来回收，而是需要由用户释放。为了确保这些资源能够被释放，我们可以使用 finally 代码块或 with as 代码块进行自动资源管理。

1. finally代码块

try-except 语句后面可以跟一个 finally 代码块。try-except-finally 语句的语法如下。

```
try:
    <可能会抛出异常的语句>
except [异常类型1] :
    <处理异常>
except [异常类型2] :
    <处理异常>
...
except [异常类型n] :
    <处理异常>
finally:
    <释放资源>
```

无论是 try 正常结束还是 except 异常结束都会执行 finally 代码块，如图 2-26 所示。

图 2-26 finally 代码块流程

使用 finally 代码块的示例代码如下。

```
try:
    # 试图打开文件
    file = open('example.txt', 'r')
    # 读取文件内容
    content = file.read()                                    ①
    print(content)
except Exception as e:                                       ②
    print(f"发生了异常：{e}")
finally:                                                     ③
    # 无论是否发生异常，都执行文件关闭操作
    file.close()
    print("资源已释放（文件已关闭）。")
```

代码解释如下。

代码第①行 file.read() 语句读取 example.txt 文件的全部内容，并存储在 content 变量中。

代码第②行 except 代码块用于捕获异常，并防止程序因错误而崩溃。Exception 是 Python 中所有异常的基类，因此 except Exception as e: 能捕获所有异常，并将异常信息存储在变量 e 中。

代码第③行 finally 代码块的作用是确保无论 try 代码块是否发生异常，finally 代码块中的代码都会执行。这里 file.close() 语句用于关闭文件，确保释放资源。

2. with as代码块

使用 finally 代码块释放资源虽然可使代码"健壮"，但程序比较复杂，这样的程序代码难以维护。为此，Python 提供了 with as 代码块来帮助自动释放资源。with as 代码块可以替代 finally 代码块，优化代码结构，提高代码可读性。with as 提供了一个代码块，在 as 后面声明一个资源变量，当 with as 代码块结束之后自动释放资源。

示例代码如下。

```
with open('example.txt', 'r', encoding='utf-8') as file:     ①
    content = file.read()
    print(content)
```

代码解释如下。

代码第①行使用的是 with as 代码块。with 语句后面的 open(filename) 语句可以创建资源对象，随后赋值给 as 后面的 file 变量。with as 代码块中包含与资源对象相关的代码，完成后即可自动释放资源。采用 with as 代码块实现自动资源管理后不再需要 finally 代码块，也不需要自己释放这些资源。

2.13 多线程

多线程是一种并发编程的方式，它允许程序同时执行多个线程，并且每个线程可以独立执行不同的任务。在量化交易中，多线程可以用于同时处理多个任务，如数据获取、策略执行、订单管理等，以提高系统的效率和响应性。

2.13.1 创建线程

创建一个可执行的线程需要以下两个要素。

（1）线程对象：通过threading.Thread类实例化线程。

（2）线程目标函数：定义线程要执行的任务函数。

线程对象是 threading 模块线程类 Thread 所创建的对象。

创建线程 Thread 对象时，可以通过 Thread 构造函数将一个自定义函数传递给它。Thread 类构造函数语法如下。

threading.Thread(target=None, name=None, args=())

threading.Thread 的几个重要参数说明如下。

（1）target（可选）：指定线程体函数或可调用对象，即线程启动后要执行的函数。默认值为None。

（2）name（可选）：指定线程的名称，默认值为None。系统会自动分配唯一的名称。

（3）args（可选）：指定线程体函数或可调用对象的参数，以元组形式传递。默认值为()，表示无参数。

上述参数可以将线程体函数（或可调用对象）和相应的参数传递给线程对象，使线程在启动后执行指定的函数或方法。

下面看一个具体示例，代码如下。

```
import threading
import time

# 定义线程执行的任务
def print_numbers():                                              ①
    for i in range(5):
        time.sleep(1)    # 模拟耗时操作                            ②
        print(i)

# 创建线程
thread = threading.Thread(target=print_numbers)                   ③

# 启动线程
```

```
thread.start()                                                                    ④

# 主线程继续执行其他任务
for j in range(5, 10):
    time.sleep(1)
    print(j)
```

代码解释如下。

代码第①行定义了子线程的任务函数 print_numbers，循环打印 0~4，每次循环休眠 1S。

代码第②行 time.sleep(1) 让线程暂停 1S，释放 CPU 资源。

代码第③行 Thread 类创建线程对象，通过 target 参数指定要执行的函数。

代码第④行 thread.start() 方法启动子线程，使其进入就绪状态，由操作系统调度执行。

示例代码运行后，输出结果如下。

```
50
1
6
72
3
8
94
```

2.13.2 等待线程结束

在多线程编程中，join() 方法可以用来等待线程结束。调用 thread.join() 会使主线程（或调用 join() 方法的线程）暂停，直到被调用的线程执行完毕。这样可以确保在主线程继续执行之前，所有子线程的任务已经完成。

示例代码如下。

```
import threading
import time

def print_numbers():
    for i in range(5):
        time.sleep(1)
        print(i)

# 创建线程
thread = threading.Thread(target=print_numbers)

# 启动线程
thread.start()
# 主线程等待子线程结束
thread.join()                                                                     ①

print("子线程已完成，主线程继续执行")
```

代码解释如下。

代码第①行表示 thread.join() 使主线程等待子线程执行完成后再继续往下执行。这意味着主线程会在子线程完成（打印完所有数字）之前被阻塞，直到子线程的任务执行完毕。

示例代码运行后，输出结果如下。

```
0
1
2
3
4
子线程已完成，主线程继续执行
```

2.14 本章总结

本章介绍了 Python 编程的基础知识，包括解释器和 IDE 的使用、基本语法、运算符、数据类型、控制语句、函数、类、文件操作和多线程等内容。通过这些基础内容，读者可以快速掌握 Python 编程的核心技能，为后续的量化交易策略开发和数据分析做好准备。

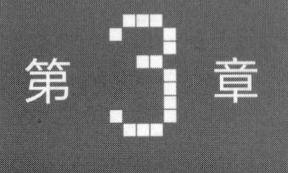

第 3 章 Python 量化基础工具库

在量化交易中，数据可视化是洞察市场规律、验证策略效果的关键环节。通过直观的图表，交易者能够快速理解复杂数据背后的逻辑，从而做出更明智的决策。

本章将介绍量化交易中常用的可视化库，包括 Matplotlib 和 Seaborn。我们将从基础图表绘制入手，逐步深入到时间序列可视化、K 线图绘制等高级主题。通过丰富的案例，读者将学会如何将数据转化为有说服力的可视化图表，为量化交易策略的开发和优化提供有力支持。

本章的主要内容

- ◆ NumPy
- ◆ 创建数组
- ◆ 二维数组
- ◆ 更多创建二维数组的方式
- ◆ 数组的属性
- ◆ 数组的轴
- ◆ 三维数组
- ◆ 访问数组
- ◆ Pandas
- ◆ Series 数据结构
- ◆ DataFrame 数据结构
- ◆ 访问 DataFrame 数据
- ◆ 读写数据

3.1 NumPy

NumPy（Numerical Python 的缩写）是一个开源的 Python 数据分析和科学计算库。NumPy 是 Pandas（数据分析库）、SciPy（科学计算库）和 Matplotlib（绘图库）的基础。

3.1.1 为什么选择NumPy

选择 NumPy 的原因如下。

（1）简洁、易读的代码：Python 是一种简洁、易读的编程语言；而 NumPy 通过提供向量化操作和广播机制，使代码更加简洁、易读，可以提高代码的可读性和可维护性，并减少编程错误的可能性。

（2）底层速度快：NumPy 底层使用 C 语言实现，通过优化的数组操作和算法，提供了高性能的计算能力。相比纯 Python 代码，使用 NumPy 进行数值计算通常更快，特别是在处理大规模数据集时。

（3）高效的数据结构：NumPy 提供了多维数组（ndarray）对象。相比 Python 内置的数据结构（如列表），它在存储和访问数据方面更高效。NumPy 的数组操作和切片操作比传统的迭代操作更快，这对于处理大量数据和执行复杂计算任务非常重要。

（4）高维度数组与矩阵运算：NumPy 针对高维度数组和矩阵运算进行了优化。它提供丰富的数学函数和运算符，支持常见的线性代数操作、数组的逻辑运算、元素级别的数学运算等。这使 NumPy 成为进行科学计算、数据分析和建模的理想工具。

（5）丰富的数学函数：NumPy 提供了大量的数学函数，包括基本的算术运算函数、三角函数、指数函数、对数函数、统计函数等。这些函数对于处理数组中的元素、进行数值计算和科学计算非常有用，使得数据分析和科学计算变得更加方便和高效。

总的来说，选择 NumPy 的主要原因是它提供了高性能的数据容器和数值运算能力，通过底层优化实现了快速的数组操作。

同时，NumPy 与其他科学计算库无缝整合，构建了一个完整的科学计算环境。这使 NumPy 成为 Python 数据分析和科学计算的核心工具之一。

3.1.2 安装NumPy

安装 NumPy 可以使用 pip 工具，在命令行中输入以下命令。

```
pip install numpy
```

安装 NumPy 的过程如图 3-1 所示。

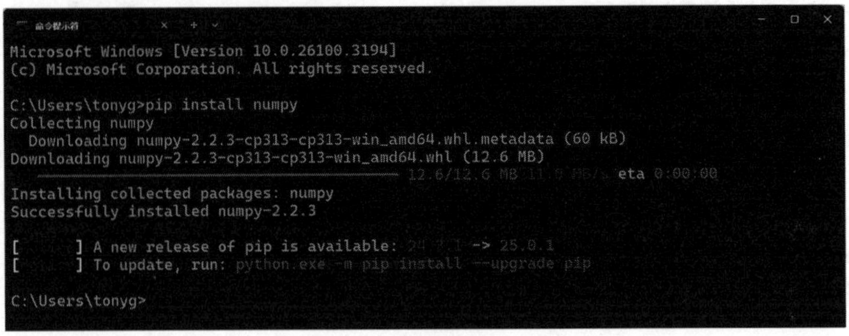

图 3-1　安装 NumPy 过程

3.2　创建数组

NumPy 中最重要的数据结构是多维数组，它是一系列同类型数据的集合，下标索引从 0 开始。ndarray 中的每个元素在内存中都有相同大小的存储区域。

3.2.1　从Python列表创建一维数组

ndarray 可以创建多维数组对象，本节我们先介绍一维数组。

NumPy 提供了多种方式来创建一维数组，下面介绍从 Python 列表创建一维数组。

创建一维数组最直接的方式是使用 np.array() 函数将 Python 列表转换为 NumPy 数组。这种方式适用于将已有的 Python 数据转换为可进行高效计算的 NumPy 数组。

示例代码如下。

```python
import numpy as np                                          ①
# 定义一个 Python 列表
python_list = [1, 2, 3, 4, 5]
# 使用 np.array() 函数将列表转换为一维数组
one_d_array = np.array(python_list)                         ②
print("从 Python 列表创建的一维数组:", one_d_array)
```

代码解释如下。

代码第①行导入 Numpy。

代码第②行通过 array() 函数创建 ndarray 对象，其中参数的类型有 Python 列表和 Python 元组。

> 提示：
> Jupyter Notebook 是交互式的 Python IDE 工具，打印变量可以不使用 print() 函数，而且 Jupyter Notebook

非常适合直接输出 NumPy 数组对象。在 Jupyter Notebook 中，打印输出上述示例代码中的 one_d_array 数组，如图 3-2 所示。

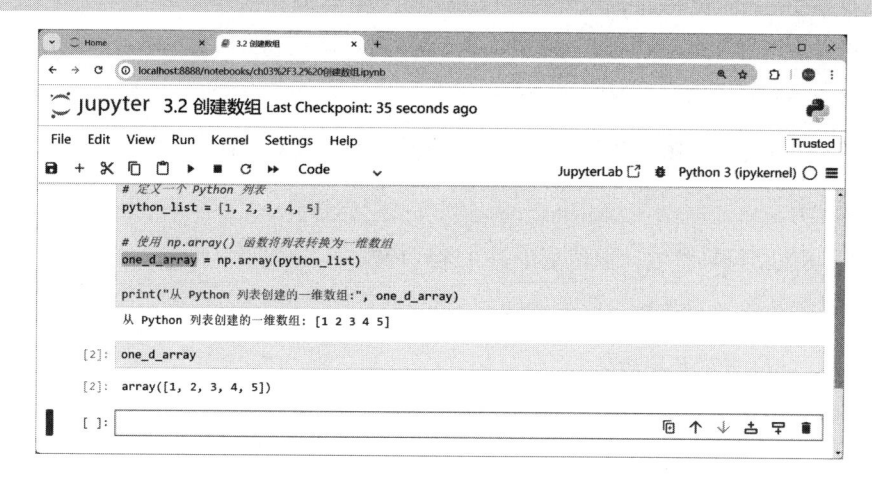

图 3-2　在 Jupyter Notebook 中输出 NumPy 数组

注意：
NumPy 数组与 Python 列表的主要区别为，NumPy 数组只能保存相同类型的数据，而 Python 列表可以保存任何类型的数据。

3.2.2 指定数组的数据类型

创建 NumPy 数组时，可以指定数组的数据类型（dtype）。NumPy 提供了多种数据类型选项，如 int32、float64 等，以适应不同的需求。指定 dtype 参数可以确保数组使用需要的数据类型。

示例代码如下。

```python
import numpy as np

# 创建整数类型的数组
int_arr = np.array([1, 2, 3], dtype=np.int32)
print("整数类型数组:", int_arr)
print("数组数据类型:", int_arr.dtype)

# 创建浮点数类型的数组
float_arr = np.array([1.1, 2.2, 3.3], dtype=np.float64)
print("浮点数类型数组:", float_arr)
print("数组数据类型:", float_arr.dtype)

# 创建布尔值类型的数组
bool_arr = np.array([True, False, True], dtype=np.bool_)
print("布尔值类型数组:", bool_arr)
print("数组数据类型:", bool_arr.dtype)
```

上述代码中，np.int32 表示 32 位整数类型，这种类型的整数占用 4 字节的内存空间；np.float64 表示 64 位浮点数类型，也就是双精度浮点数，占用 8 字节的内存空间；np.bool_ 表示布尔值类型，用于存储 True 值或 False 值。

示例代码运行后，输出结果如下。

```
整数类型数组：[1 2 3]
数组数据类型：int32
浮点数类型数组：[1.1 2.2 3.3]
数组数据类型：float64
布尔值类型数组：[ True False  True]
数组数据类型：bool
```

NumPy 支持多种数据类型，以下是一些常见的数据类型及其用途。

（1）整数类型。

- np.int8：8位有符号整数，取值范围是-128到127。

- np.uint8：8位无符号整数，取值范围是0到255。

- np.int16：16位有符号整数。

- np.uint16：16位无符号整数。

- np.int32：32位有符号整数。

- np.uint32：32位无符号整数。

- np.int64：64位有符号整数。

- np.uint64：64位无符号整数。

（2）浮点数类型。

- np.float16：16位半精度浮点数。

- np.float32：32位单精度浮点数。

- np.float64：64位双精度浮点数，是最常用的浮点数类型。

（3）布尔值类型。

- np.bool_：用于存储True值或False值。

（4）字符串类型。

- np.str_：用于存储文本数据。

3.2.3 更多创建一维数组的方式

使用 array() 函数将 Python 内置的列表或元组转换为 NumPy 数组对象，这样操作的效率不高。为此，NumPy 提供了很多创建数组的函数：arange() 函数、linspace() 函数和 logspace() 函数。

> 提示：
> 科学计算中会遇到标量、向量、矩阵和张量等概念，具体说明如下。
> （1）标量（Scalar）：标量是最基本的数学对象，它表示一个单独的数值，没有方向或大小。标量只有一个数值，可以是实数或复数，如温度、时间、价格等。标量通常用小写字母表示，如 a、b、c 等。
> （2）向量（Vector）：向量是由一组有序排列的标量组成的对象。它具有方向和大小，并且可以表示为空间中的一条有向线段。向量通常用加粗的小写字母表示，如 v、w、x 等。向量可以是一维的列向量或二维的行向量，具体取决于表示方式。

（3）矩阵（Matrix）：矩阵是由一组按照二维表格形式排列的标量组成的对象。它具有行和列，并且可以表示为一个矩形的数学对象。矩阵通常用大写字母表示，如 A、B、C 等。矩阵的元素可以是实数或复数。

（4）张量（Tensor）：张量是一个多维数组，可以看作标量、向量和矩阵的推广。它是具有更高维度的数学对象，可以具有任意数量的维度。张量通常用大写字母表示，如 T、S、R 等。在机器学习和深度学习领域，张量常用于表示多维数据，如图像数据、文本数据等。

3.2.4 arange()函数

NumPy 中的 arange() 函数用于创建数值范围并返回数组对象，其功能与 Python 内置的 range() 函数类似。arange() 函数的语法格式如下。

numpy.arange([start,]stop, [step,] dtype=None)

参数说明如下。

（1）start 表示开始值，可以省略，默认值为 0，包含开始值。

（2）stop 表示终止值，但不包含终止值。

（3）step 表示步长，默认值为 1。

（4）dtype 表示数组元素类型。

注意：

start ≤ 数组元素 < stop，step 可以为负数，也可以创建为递减序列。

使用 arange() 函数的示例代码如下。

```
import numpy as np
# 创建一个包含从 0 到 9 的整数的一维数组
a = np.arange(10)                                              ①
print(a)
# 创建一个从 3 到 18(不包含18)，步长为 3 的数组
b = np.arange(3, 18, 3)                                        ②
print(b)
# 创建一个从 10 到 -11(不包含-11)，步长为 -4 的数组
c = np.arange(10, -11, -4)                                     ③
print(c)
# 创建一个从 2 到 -9(不包含-9)，步长为 -2，数据类型为 float 的数组
d = np.arange(2, -9, -2, dtype=float)                          ④
print(d)
# 输出数组 d 的数据类型
print(d.dtype)
```

代码解释如下。

代码第①行使用 arange() 函数创建一个包含从 0 到 9 的整数的一维数组。arange() 函数的参数表示数组的起始值（默认为 0）、终止值（此处为 10，不包含 10），以及步长（默认值为 1）。

代码第②行使用 arange() 函数创建一个从 3 到 18（不包含 18），步长为 3 的数组。即数组中的元素是 [3, 6, 9, 12, 15]。

代码第③行使用 arange() 函数创建一个从 10 到 -11（不包含 -11），步长为 -4 的数组。即数组

中的元素是 [10, 6, 2, -2, -6, -10]。

代码第④行使用 arange() 函数创建一个从 2 到 -9（不包含 -9），步长为 -2，数据类型为浮点数的数组。即数组中的元素是 [2., 0., -2., -4., -6., -8.]。

示例代码运行后，输出结果如下。

```
[0 1 2 3 4 5 6 7 8 9]
[ 3  6  9 12 15]
[ 10   6   2  -2  -6 -10]
[ 2.  0. -2. -4. -6. -8.]
float64
```

3.2.5 等差数列与linspace()函数

linspace() 函数用于创建等差数列，其语法如下。

numpy.linspace(start, stop, num=50, endpoint=True, retstep=False, dtype=None)

参数说明如下。

（1）start：起始值，表示数组的第一个元素。

（2）stop：终止值，表示数组的最后一个元素。

（3）num：要生成的元素个数，默认为50。

（4）endpoint：布尔值，控制是否包含终止值。若为True（默认值），则结果数组包含终止值；若为False，则结果数组不包含终止值。

（5）retstep：布尔值，控制是否返回步长信息。若为False（默认值），则只返回数组；若为True，则返回一个元组，其中包含数组和步长信息。

（6）dtype：可选参数，指定结果数组的数据类型。

使用 linspace() 函数的示例代码如下。

```
import numpy as np
# 创建一个包含从 0 到 10 的 5 个等间距的数（包含 10）
a = np.linspace(0, 10, 5)                                        ①
print("生成的等差数列 a:", a)
# 创建一个包含从 0 到 10 的 6 个等间距的数（不包含 10）
b = np.linspace(0, 10, 6, endpoint=False)                        ②
print("生成的等差数列 b:", b)
# 创建一个包含从 0 到 10 的 6 个等间距的数，并返回步长
c, step = np.linspace(0, 10, 6, retstep=True)e                   ③
print("生成的等差数列 c:", c)
print("步长:", step)
```

代码解释如下。

代码第①行表示生成一个从 0 到 10 的等差数列，并且总共有 5 个数。默认情况下，linspace() 函数会包含终止值 10。

代码第②行表示生成从 0 到 10（不包含 10）的 6 个等间距的数。endpoint=False 参数表示生成

的序列不包含终止值 10。

代码第③行表示创建从 0 到 10 的等差数列，并且返回数列和步长两个值。retstep=True 参数使函数返回生成的数组和步长。

示例代码运行后，输出结果如下。

```
生成的等差数列 a: [ 0.    2.5  5.    7.5 10. ]
生成的等差数列 b: [0.        1.66666667 3.33333333 5.        6.66666667 8.33333333]
生成的等差数列 c: [ 0.  2.  4.  6.  8. 10.]
步长：2.0
```

3.2.6 等比数列与logspace()函数

logspace() 函数是 NumPy 提供的一个用来生成等比数列（对数空间数列）的方法。与 linspace() 函数生成的等差数列不同，logspace() 函数生成的数列在对数尺度上是均匀的。其语法如下。

numpy.logspace(start, stop, num=50, endpoint=True, base=10.0, dtype=None)

参数说明如下。

（1）start：起始值，表示对数刻度的最小值。

（2）stop：终止值，表示对数刻度的最大值。

（3）num：要生成的元素个数，默认为50。

（4）endpoint：布尔值，控制是否包含终止值。若为True（默认值），则结果数组包含终止值；若为False，则结果数组不包含终止值。

（5）base：对数的底数，默认为10.0。

（6）dtype：可选参数，指定结果数组的数据类型。

使用 logspace() 函数的示例代码如下。

```
import numpy as np

# 创建一个等比数列，从 10^0 到 10^3, 共生成 4 个数
a = np.logspace(0, 3, num=4)                          ①
print("生成的等比数列 a:", a)
# 创建一个等比数列，从 2^1 到 2^5, 共生成 5 个数
b = np.logspace(1, 5, num=5, base=2)                  ②
print("生成的等比数列 b:", b)
```

代码解释如下。

代码第①行使用 logspace() 函数创建了一个以对数刻度均匀分布的一维数组。起始值为 10 的 0 次方（1），终止值为 10 的 3 次方（1000），共生成 4 个数。

代码第②行生成了从 2 的 1 次方（2）到 2 的 5 次方（32）的等比数列，共 5 个数。参数 base=2 指定底数为 2，而不是默认的底数 10。这意味着数列的每个元素是 2 的幂次方。

示例代码运行后，输出结果如下。

```
生成的等比数列 a: [ 1. 10. 100. 1000.]
生成的等比数列 b: [ 2. 4. 8. 16. 32.]
```

3.3 二维数组

二维数组是具有两个维度的数组，也称为矩阵。图 3-3 所示的是一个二维数组。

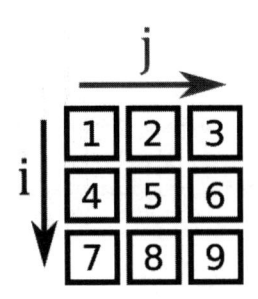

图 3-3　二维数组

在 NumPy 中，二维数组可以看作由多个一维数组组成的数组，类似于矩阵的形式。二维数组的创建和操作是 NumPy 的基本功能之一。二维数组被广泛应用于科学计算、数据处理等领域。

创建二维数组可以通过多种方式，以下是一些常见的方式。

1. 使用列表嵌套

我们可以使用 Python 的列表嵌套来创建二维数组。每个内部列表表示矩阵的一行。

使用列表嵌套创建二维数组的示例代码如下。

```
import numpy as np

# 创建一个二维数组，形状为 2*3
two_d_array = np.array([[1, 2, 3], [4, 5, 6]])
print("二维数组: \n", two_d_array)
```

上述代码通过嵌套的 Python 列表（[[1,2,3],[4,5,6]]）来创建一个 2 行 3 列的二维数组。

示例代码运行后，输出结果如下。

```
二维数组:
[[1 2 3]
 [4 5 6]]
```

提示：

数组的形状（Shape）指的是一个数组的维度或大小，描述了数组在每个维度上的元素个数。对于多维数组，形状可以告诉我们数组在各个维度上的结构。

对于一维数组,形状只包含一个数,表示数组的元素个数。

对于二维数组,形状包含两个数,分别表示行数和列数。二维数组的形状 (2, 3) 表示数组有 2 行和 3 列。

对于三维数组,形状包含三个数,分别表示层数、行数和列数。

对于更多维的数组,形状的表示可以此类推。

2. 使用 reshape() 函数

在 NumPy 中,reshape() 函数可以用来改变数组的形状(即改变数组的维度)。它返回一个具有新形状的数组,但不改变原始数组的内容。需要注意的是,新形状的数组的元素个数必须与原始数组保持一致,否则会引发错误。

> **提示:**
> 数组的 shape 属性返回数组的形状。它是一个元组,如形状 (3,3) 表示数组有 3 行和 3 列。

使用 reshape() 函数创建二维数组的示例代码如下。

```python
import numpy as np
# 创建一个包含 9 个元素的一维数组
arr = np.arange(9)
print("原始数组:", arr)

# 将一维数组转换为 3 行 3 列的二维数组
reshaped_arr = arr.reshape(3, 3)
print("重塑后的数组:\n", reshaped_arr)
```

示例代码运行后,输出结果如下。

```
原始数组: [0 1 2 3 4 5 6 7 8]
重塑后的数组:
[[0 1 2]
 [3 4 5]
 [6 7 8]]
```

3.4 更多创建二维数组的方式

在 NumPy 中,除了之前提到的创建二维数组的方式,还有一些其他函数可以用来创建二维数组。一些常用的函数有 ones() 函数、zeros() 函数、empty() 函数、full() 函数和 identity() 函数。

3.4.1 使用ones()函数

ones() 函数可以根据指定的形状和数据类型生成全为 1 的数组，其语法如下。

```
numpy.ones(shape, dtype=None)
```

使用 ones() 函数的示例代码如下。

```
# 创建一个 2*3 的单位数组
arr4 = np.ones((2, 3))
print(arr4)
```

示例代码运行后，输出的结果如下。

```
[[1. 1. 1.]
 [1. 1. 1.]]
```

3.4.2 使用zeros()函数

zeros() 函数可以根据指定的形状和数据类型生成全为 0 的数组，其语法如下。

```
numpy.zeros(shape, dtype=float)
```

使用 zeros() 函数的示例代码如下。

```
# 创建一个 3*4 的全零数组
arr3 = np.zeros((3, 4))
print(arr3)
```

示例代码运行后，输出的结果如下。

```
[[0. 0. 0. 0.]
 [0. 0. 0. 0.]
 [0. 0. 0. 0.]]
```

3.4.3 使用empty()函数

empty() 函数可以根据指定的形状和数据类型生成数组，但数组中的值不会被初始化。其语法如下。

```
numpy.empty(shape, dtype=float)
```

使用 empty() 函数的示例代码如下。

```
# 创建一个 2*3 的空数组
arr5 = np.empty((2, 3))
print(arr5)
# 输出包含随机未初始化的值
```

提示：

使用 empty() 函数创建的数组会分配未初始化的内存空间，其元素值是内存中的残留数据（可能是任意数值），每次运行结果不确定。

3.4.4 使用full()函数

full() 函数可以根据指定的形状和数据类型生成数组，并用指定数组填充。其语法如下。

```
numpy.full(shape, fill_value, dtype=None)
```

使用 full() 函数的示例代码如下。

```
import numpy as np
# 创建一个包含 5 个 7 的一维数组
array5 = np.full(5, 7)
print("使用 np.full() 创建的一维数组:", array5)
```

示例代码运行后，输出结果如下。

```
使用 np.full() 创建的一维数组：[7 7 7 7 7]
```

3.4.5 使用identity()函数

identity() 函数可以创建单位矩阵，即对角线上的元素为1.0，其他元素为0.0。其语法如下。

```
numpy.identity(n, dtype=None)
```

图 3-4 所示的是一个 3 阶单位矩阵。

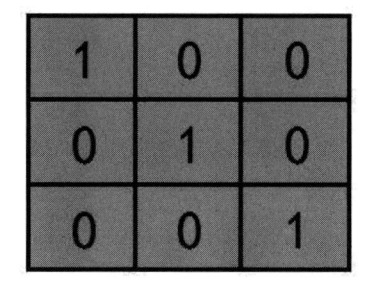

图 3-4 3 阶单位矩阵

使用 identity() 函数的示例代码如下。

```
import numpy as np                  # 创建一个 4*4 的单位矩阵
ix = np.identity(4)                 # identity_matr 生成 4*4 单位矩阵
print("生成的 4*4 单位矩阵: \n", identity_matrix)
```

示例代码运行后，输出结果如下。

```
生成的 4*4 单位矩阵:
[[1. 0. 0. 0.]
 [0. 1. 0. 0.]
 [0. 0. 1. 0.]
 [0. 0. 0. 1.]]
```

3.5 数组的属性

在 NumPy 中，数组对象具有许多属性，这些属性可以提供有关数组的信息。以下是一些常用的数组属性。

（1）ndim：数组的维度数。

（2）shape：数组的形状，即每个维度的大小。

（3）size：数组中元素的总数。

（4）dtype：数组中元素的数据类型。

（5）itemsize：数组中每个元素的字节大小。

（6）nbytes：数组占用的总字节数。

以下是一个示例，展示了如何使用这些属性。

```python
import numpy as np

# 创建一个 3*4 的二维数组，元素为从 1 到 12 的整数
arr = np.array([[1, 2, 3, 4],
                [5, 6, 7, 8],
                [9, 10, 11, 12]])

# 输出数组的维度数
print("ndim:", arr.ndim)  # 输出：2
# 输出数组的形状
print("shape:", arr.shape)  # 输出：(3, 4)
# 输出数组的元素总数
print("size:", arr.size)  # 输出：12
# 输出数组中元素的数据类型
print("dtype:", arr.dtype)  # 输出：int64（根据系统可能有所不同）
# 输出数组中每个元素的字节大小
print("itemsize:", arr.itemsize)  # 输出：8（根据系统可能有所不同）
# 输出数组占用的总字节数
print("nbytes:", arr.nbytes)  # 输出：96（12个元素，每个占8字节）
```

示例代码运行后，输出结果如下。

```
ndim: 2
shape: (3, 4)
size: 12
dtype: int64
itemsize: 8
nbytes: 96
```

3.6 数组的轴

在 NumPy 中，数组的轴（Axis）是一个非常重要的概念。它能够帮助我们理解如何在多维数组中进行操作。轴代表数组的不同维度。理解轴有助于我们在进行数组操作时，指定沿哪个维度来执行计算。

3.6.1 轴的概念

轴表示数组的维度。在 NumPy 中，轴的编号从 0 开始。0 表示第一个维度（通常是行），1 表示第二个维度（通常是列），以此类推。

对于一维数组，只有一个轴（轴 0），这个轴表示数组的元素。

对于二维数组，轴 0 表示行，轴 1 表示列。

对于三维数组，轴 0 表示深度（第一个维度），轴 1 表示行，轴 2 表示列。

3.6.2 轴的应用

当对多维数组进行操作时，我们通常需要指定沿哪个轴进行计算。例如，求和、求平均值、求最小值和求最大值等操作都可以沿着指定的轴进行。

3.6.3 轴的应用示例

例如，我们有一个矩阵。

```
mport numpy as np
# 创建一个 2*3 的二维数组
arr = np.array([[1, 2, 3],
                [4, 5, 6]])
```

我们需要沿着不同的轴进行操作。

（1）沿轴 0（行方向）操作：沿着行方向进行操作，这意味着对每一列进行操作。求列的和的示例代码如下。

```
# 沿轴 0 计算每列的和
sum_axis_0 = np.sum(arr, axis=0)
print(" 沿轴 0 计算列和 :", sum_axis_0)
```

示例代码运行后，输出结果如下。

```
轴 0 计算列和：[5 7 9]
```

（2）沿轴 1（列方向）操作：沿着列方向进行操作，这意味着对每一行进行操作。求行的和的示例代码如下。

```
# 沿轴 1 计算每行的和
sum_axis_1 = np.sum(arr, axis=1)
print("沿轴 1 计算行和:", sum_axis_1)
```

示例代码运行后,输出结果如下。

```
沿轴 1 计算行和: [6 15]
```

3.7 三维数组

在 NumPy 中,三维数组是具有三维结构的数组,可以理解为一个由二维数组组成的数组。它的每一层可以看作一个二维数组,而每个二维数组中的元素又可以看作一维数组。

3.7.1 三维数组的结构

三维数组具有以下 3 个轴。

（1）轴 0：表示深度或层数（即矩阵的层级数）。

（2）轴 1：表示行。

（3）轴 2：表示列。

对于三维数组,每个元素是由 3 个索引来指定的：arr[深度 , 行 , 列]。

3.7.2 创建三维数组

三维数组可以通过以下方式来创建,示例代码如下。

```
import numpy as np
# 创建一个 2*3*4 的三维数组
arr = np.array([[[1, 2, 3, 4], [5, 6, 7, 8], [9, 10, 11, 12]],
                [[13, 14, 15, 16], [17, 18, 19, 20], [21, 22, 23, 24]]])
print(arr)
```

示例代码运行后,输出结果如下。

```
[[[ 1  2  3  4]
  [ 5  6  7  8]
  [ 9 10 11 12]]

 [[13 14 15 16]
  [17 18 19 20]
  [21 22 23 24]]]
```

这里创建的是一个 2×3×4 的三维数组。其中，2 表示有 2 层，3 表示每层有 3 行，4 表示每行有 4 列。

3.8 访问数组

在 NumPy 中，数组元素的访问方式非常灵活，可以通过索引和切片来获取数据。对于不同维度的数组，访问的方式有所不同。下面将详细介绍如何访问 NumPy 数组中的元素，特别是如何处理一维数组、二维数组及三维数组。

3.8.1 索引访问

1. 一维数组索引访问

一维数组索引访问与 Python 内置序列类型索引访问相同，都是使用中括号和下标（[index]）来实现。

一维数组索引访问的示例代码如下。

```
import numpy as np
# 创建一维数组
arr = np.array([10, 20, 30, 40, 50])
# 访问第一个元素（索引从 0 开始）
print(arr[0])  # 输出 10
# 访问最后一个元素
print(arr[-1])  # 输出 50
```

2. 二维数组索引访问

对于二维数组，可以使用两个索引来访问元素：第一个索引表示行，第二个索引表示列。

二维数组索引访问的示例代码如下。

```
import numpy as np
# 创建二维数组
arr = np.array([[1, 2, 3], [4, 5, 6], [7, 8, 9]])
# 访问第一行第二列的元素
print(arr[0, 1])  # 输出 2
# 访问第二行第三列的元素
print(arr[1, 2])  # 输出 6
# 访问第一行的所有元素
print(arr[0, :])  # 输出 [1 2 3]
# 访问所有行的第二列的元素
print(arr[:, 1])  # 输出 [2 5 8]
```

示例代码运行后,输出结果如下。

```
2
6
[1 2 3]
[2 5 8]
```

3. 三维数组索引访问

对于三维数组,可以使用三个索引来访问元素:第一个表示深度(层数),第二个表示行,第三个表示列。

三维数组索引访问的示例代码如下。

```
import numpy as np
# 创建三维数组
arr = np.array([[[1, 2, 3], [4, 5, 6]], [[7, 8, 9], [10, 11, 12]]])
# 访问第一层第一行第二列的元素
print(arr[0, 0, 1])        # 输出 2
# 访问第二层的所有元素
print(arr[1, :, :])        # 输出 [[ 7  8  9]
                           #      [10 11 12]]
# 访问所有层的第一行第三列的元素
print(arr[:, 0, 2])        # 输出 [ 3  9]
```

示例代码运行后,输出结果如下。

```
2
[[ 7  8  9]
 [10 11 12]]
[3 9]
```

3.8.2 切片访问

切片是一种在数组中访问连续元素范围的方法。在 NumPy 中,我们可以使用切片来访问数组的子集。

1. 一维数组切片访问

一维数组的切片操作与 Python 内置序列的切片操作相同。切片有以下两种形式。

(1)[start:end]。start 是开始索引,end 是结束索引。

(2)[start:end:step]。start 是开始索引,end 是结束索引,step 是步长。步长是切片时获取元素的间隔。步长可以为正整数,也可以为负整数。

> **注意:**
> 切片包括 start 位置元素,但不包括 end 位置元素,start 和 end 都可以省略。

一维数组切片访问的示例代码如下。

```
import numpy as np
```

```python
# 创建一维数组
arr = np.array([10, 20, 30, 40, 50, 60, 70, 80, 90])
# 提取数组中从索引 2 到索引 6（不包括 6）的元素
print(arr[2:6])  # 输出 [30 40 50 60]
# 提取数组中的前五个元素
print(arr[:5])   # 输出 [10 20 30 40 50]
# 提取数组中从索引 4 到结尾的元素
print(arr[4:])   # 输出 [50 60 70 80 90]
# 使用步长提取元素，每间隔一个取一个元素
print(arr[::2])  # 输出 [10 30 50 70 90]
# 提取数组中最后三个元素
print(arr[-3:])  # 输出 [70 80 90]
# 提取数组中从索引 -6 到索引 -2（不包括 -2）的元素
print(arr[-6:-2])  # 输出 [40 50 60 70]
```

示例代码运行后，输出结果如下。

```
[30 40 50 60]
[10 20 30 40 50]
[50 60 70 80 90]
[10 30 50 70 90]
[70 80 90]
[40 50 60 70]
```

2. 二维数组切片访问

二维数组切片访问是指通过切片操作来获取二维数组的子集。多维数组切片访问使用逗号分隔的切片表达式来指定每个轴上的切片范围。多维数组切片访问表达式的语法如下。

```
array[row_start:row_stop, col_start:col_stop]
```

参数说明如下。

（1）row_start:row_stop：选择的行范围（不包含row_stop）。

（2）col_start:col_stop：选择的列范围（不包含col_stop）。

如果省略 row_start 或 col_start，那么默认从 0 开始；如果省略 row_stop 或 col_stop，那么默认到数组的最后一行或最后一列结束。

二维数组切片访问的示例代码如下。

```python
import numpy as np

# 创建一个 4*5 的二维数组
arr = np.array([
    [ 1,  2,  3,  4,  5],
    [ 6,  7,  8,  9, 10],
    [11, 12, 13, 14, 15],
    [16, 17, 18, 19, 20]
    ])

# 提取 1~3 行（索引 1 到索引 3）和 2~4 列（索引 2 到索引 4）的子矩阵
sub_arr1 = arr[1:3, 2:4]                                     ①
print("提取子矩阵:\n", sub_arr1)

# 提取第二行的所有元素
```

```
row_2 = arr[1, :]                                    ②
print("第二行:\n", row_2)

# 提取所有行的第三列
col_3 = arr[:, 2]                                    ③
print("第三列:\n", col_3)

# 提取最后两行的最后三列
sub_arr2 = arr[-2:, -3:]                             ④
print("最后两行的最后三列:\n", sub_arr2)
```

代码解释如下。

代码第①行提取子矩阵。这里的行索引范围为 1:3，索引从 0 开始，因此实际选取的是第二行和第三行；同时列索引范围为 2:4，实际选取的是第三列和第四列。

代码第②行提取第二行。索引 1 表示第二行，冒号 ":" 表示选择该行的所有列，因此返回第二行的所有元素。

代码第③行提取第三列。冒号 ":" 表示选择所有行，而索引 2 表示选择第三列，因此返回所有行中的第三列元素。

代码第④行提取最后两行的最后三列。索引 -2 表示从倒数第二行开始到最后一行（即选择最后两行），而索引 -3 表示从倒数第三列开始到最后一列（即选择最后三列）。

示例代码运行后，输出结果如下。

```
提取子矩阵：
[[ 8  9]
 [13 14]]
第二行：
[ 6  7  8  9 10]
第三列：
[ 3  8 13 18]
最后两行最后三列：
[[13 14 15]
 [18 19 20]]
```

3.8.3 布尔索引

布尔索引通过条件表达式来生成布尔数组（True 或 False），并使用布尔数组作为索引来选择符合条件的元素。

示例 1：一维数组布尔索引，示例代码如下。

```
# 创建一维数组
arr = np.array([10, 20, 30, 40, 50])
# 创建一个布尔条件，选择大于 30 的元素
condition = arr > 30
# 使用布尔索引提取符合条件的元素
print(arr[condition])    # 输出：[40 50]
```

示例 2：二维数组布尔索引，示例代码如下。

```
# 创建二维数组
arr2d = np.array([[1, 2, 3], [4, 5, 6], [7, 8, 9]])
# 选择大于 5 的元素
print(arr2d[arr2d > 5])  # 输出：[6 7 8 9]
```

3.8.4 花式索引

花式索引是 NumPy 中一种强大的索引方式，它允许通过传入整数列表或整数数组来选择特定位置的元素，而不仅仅局限于连续的切片。使用花式索引时，可以以任意顺序提取多个元素，甚至可以重复索引。

使用花式索引的一般步骤如下。

（1）创建一个整数列表或整数数组，指定要选择的元素的索引。

（2）将整数列表或整数数组作为索引应用于原始数组，以获取相应的元素或子集。

1. 一维数组花式索引

对于一维数组，花式索引可以通过整数列表或整数数组来选择多个指定位置的元素。示例代码如下。

```
# 创建一维数组
arr = np.array([10, 20, 30, 40, 50, 60, 70, 80, 90])
# 选择索引位置为 0、2、4 的元素
result = arr[[0, 2, 4]]
print("花式索引结果：", result)
```

上述代码中将 [0,2,4] 作为花式索引应用到 arr 上，从而选择数组中索引为 0、2、4 的元素。

2. 二维数组花式索引

对于二维数组，花式索引可以用于选择多个行、多个列，甚至同时选择指定的行和列。示例代码如下。

```
# 创建二维数组
arr2d = np.array([[1, 2, 3], [4, 5, 6], [7, 8, 9]])
# 选择所有列的第一行和第三行
result = arr2d[[0, 2], :]
print("选择多行的结果：\n", result)

# 选择所有行的第二列和第三列
result2 = arr2d[:, [1, 2]]
print("选择多列的结果：\n", result2)
```

示例代码运行后，输出结果如下。

```
选择多行的结果：
[[1 2 3]
 [7 8 9]]
选择多列的结果：
[[2 3]
```

```
[5 6]
[8 9]]
```

3.9 Pandas

Pandas 是一个开源的数据分析和数据处理库，它建立在 NumPy 之上，为 Python 提供了高效、灵活、易用的数据结构和数据分析工具。

Pandas 的主要数据结构是两个核心对象：Series 和 DataFrame。

（1）Series 是一个一维标记数组，可以存储任意类型的数据，并且具有与之相关的索引。它类似于带标签的数组或字典，可以通过索引来访问和操作数据。

（2）DataFrame 是一个二维表格，可以存储多种类型的数据，并且具有行索引和列索引。它类似于电子表格或关系型数据库中的表格，具有丰富的数据操作和处理功能。

3.9.1 为什么选择Pandas

选择 Pandas 的原因如下。

（1）Python 能够写出易读、整洁且缺陷较少的代码：Pandas 提供了简洁且一致的应用程序编程接口（Application Programming Interface，API），使得数据处理和分析的代码易读性较高。它的设计目标是提供简洁的语法和函数，以降低代码的复杂性和减少错误。

（2）快速高效的 Series 和 DataFrame：Pandas 核心的数据结构是 Series 和 DataFrame，它们能够高效地存储和处理数据。Series 适用于一维数据，而 DataFrame 适用于二维表格数据。它们提供了丰富的功能和灵活的操作方式。

（3）基于 NumPy 和 C 语言实现的高性能：Pandas 的数据结构底层基于 NumPy 数组，而 NumPy 底层是用 C 语言实现的，因此 Pandas 具有高性能和快速计算能力。

（4）支持多种数据格式的加载：Pandas 可以加载来自不同格式文件（如 CSV、Excel、SQL 数据库等）的数据，方便地将数据加载到内存中进行处理和分析。

（5）处理数据对齐和缺失数据：Pandas 具有灵活的数据对齐和处理缺失数据的功能。它能够自动对齐不同索引的数据，并提供了多种方法来处理缺失数据。

3.9.2 安装Pandas

安装 Pandas 可以使用 pip 工具，在命令行中输入以下命令来实现。

```
pip install pandas
```

安装 Pandas 的过程如图 3-5 所示。

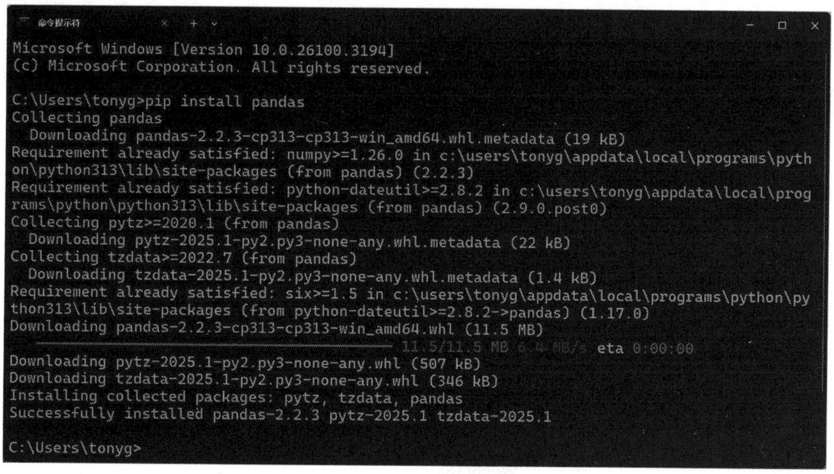

图 3-5 安装 Pandas 的过程

3.10 Series数据结构

Series 是 Pandas 中的一种基本数据结构。它类似于一维数组或列向量，可以存储不同类型的数据，并且每个数据都与一个标签（索引）相关联。

3.10.1 理解Series数据结构

Series 是一个一维的、带标签的数组。与传统的 NumPy 数组不同，Series 除了拥有数据部分，还拥有一个索引部分，可以为每个数据点指定一个标签。这使得 Series 在数据分析和处理中更加灵活和方便。

如图 3-6 所示，Series 主要由数据和索引两个部分组成。

（1）数据：存储的数据部分，可以是任意类型（如整数、浮点数、字符串等）。

（2）索引：每个数据点的标签，通常是一个与数据一一对应的标签序列。它可以是整数、字符串、时间戳等类型。

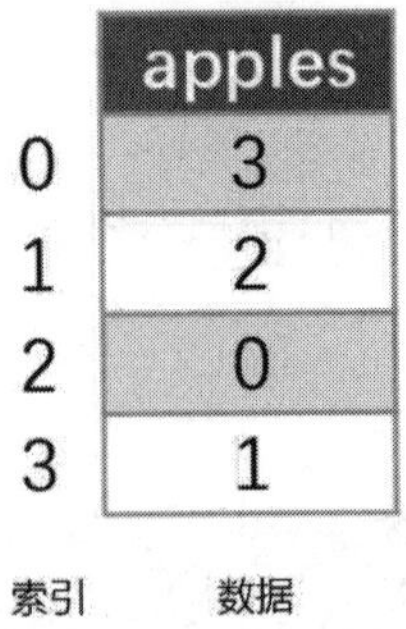

	apples
0	3
1	2
2	0
3	1

索引　数据

图 3-6　Series 结构

3.10.2 创建Series对象

Series 构造函数的语法如下。

```
pandas.Series(data, index, dtype, ...)
```

参数解释如下。

（1）data：Series 的数据部分，可以是以下类型之一。

- Python列表：如[1, 2, 3, 4]。
- NumPy数组：如np.array([1, 2, 3, 4])。
- 标量值：如5，此时会创建一个填充了重复标量值的Series对象。
- 字典：字典的键将成为Series的索引，字典的值将成为Series的数据，如{'a': 1, 'b': 2, 'c': 3}。

（2）index（可选）：Series 的索引部分，用于标识和访问数据。它可以是以下类型之一。

- Python列表或数组：如['a', 'b', 'c', 'd']。
- Pandas索引对象（pd.Index）：如pd.Index(['a', 'b', 'c', 'd'])。

如果没有显式提供索引参数，那么 Pandas 将默认使用整数索引，从 0 开始递增。

（3）dtype（可选）：Series 的数据类型。可以使用 NumPy 的数据类型（如 np.int32、np.float64）或 Python 的数据类型（如 int、float、str）来指定数据类型。如果未指定该参数，那么 Pandas 将根据数据内容自动推断数据类型。

1. 使用列表创建Series

使用列表创建 Series 的示例代码如下。

```
import pandas as pd
# 创建一个 Series 对象
data = [10, 20, 30, 40]
s = pd.Series(data)
print(s)
```

示例代码运行后，输出结果如下。

```
0    10
1    20
2    30
3    40
dtype: int64
```

2. 使用NumPy数组创建Series

使用 NumPy 数组创建 Series 的示例代码如下。

```python
import pandas as pd
# 创建一个 NumPy 数组
np_array = np.array([10, 20, 30, 40])
# 将 NumPy 数组转换为 Pandas Series
s = pd.Series(np_array)
# 打印 Series
print(s)
```

示例代码运行后，输出结果如下。

```
0    10
1    20
2    30
3    40
dtype: int64
```

3. 指定索引

创建 Series 时，可以为数据指定自定义的索引，示例代码如下。

```
import pandas as pd
import numpy as np
# 创建一个 NumPy 数组
data = np.array([10, 20, 30, 40])
# 指定自定义索引
index_labels = ['a', 'b', 'c', 'd']                          ①
# 创建 Series
s = pd.Series(data, index=index_labels)                      ②
# 打印 Series
print(s)
```

代码解释如下。

代码第①行创建了一个包含 4 个字符串元素的列表，这些元素将作为后续 Series 对象的索引标签。

代码第②行使用 Pandas 的 Series() 函数创建了一个 Series 对象。其中，参数 data 作为 Series 对象的数据，即前面创建的 NumPy 数组；参数 index=index_labels 是指定 Series 对象的索引，使用前面定义的自定义索引标签。

示例代码运行后，输出结果如下。

```
a    10
b    20
c    30
```

```
d    40
dtype: int64
```

4. 使用标量创建Series

使用标量创建 Series 是指将一个单一的值（标量）作为数据传入，而让 Series 的每个索引位置都填充该值。这通常用于初始化一个具有固定值的 Series。

使用标量创建 Series 的示例代码如下。

```
import pandas as pd
# 使用标量 10 创建 Series, 指定索引
s = pd.Series(10, index=['a', 'b', 'c', 'd'])
# 打印 Series
print(s)
```

上述代码使用标量值 10 创建了一个 Series 对象，其中的数据部分填充了标量值 10，并通过 index 参数指定了索引为 ['a', 'b', 'c', 'd']。

示例代码运行后，输出结果如下。

```
a    10
b    10
c    10
d    10
dtype: int64
```

5. 使用字典创建Series

使用字典创建 Series 的示例代码如下。

```
import pandas as pd
# 创建字典
data = {'a': 10, 'b': 20, 'c': 30, 'd': 40}
# 使用字典创建 Series
s = pd.Series(data)
# 打印 Series
print(s)
```

示例代码运行后，输出结果如下。

```
a    10
b    20
c    30
d    40
dtype: int64
```

3.10.3 访问Series数据

在介绍访问 Series 数据之前，先介绍一下 Series 标签和位置的区别。Series 的标签和位置如图 3-7 所示，其中包含了两个索引类型：位置（隐式索引）和标签（显式索引）。

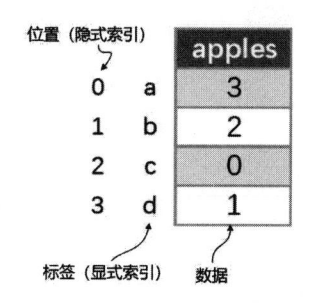

图 3-7 Series 的标签和位置

标签和位置的区别如下。

（1）标签：使用标签引用数据时，通过指定标签来访问相应的数据。标签可以是字符串或其他可哈希的类型。例如，一个 Series 对象 s，可以使用 s['label'] 来获取标签为 'label' 的数据。

（2）位置：使用位置引用数据时，通过指定数据在 Series 中的位置（索引）来访问相应的数据。位置是基于 0 的整数索引，表示数据在 Series 中的位置顺序。例如，一个 Series 对象 s，可以使用 s[0] 来获取第一个位置的数据。

1. 通过标签访问数据

Series 是基于标签索引进行组织的，因此可以通过标签来访问相应的元素。

使用标签名称来访问单个元素，示例代码如下。

```
import pandas as pd
# 创建一个带标签的 Series
data = {'a': 10, 'b': 20, 'c': 30, 'd': 40}
s = pd.Series(data)
# 通过标签访问数据
print(s['a'])   # 输出: 10                                    ①
print(s.loc['a'])   # 输出: 10                                ②
# 通过标签访问多个数据
print(s[['a', 'c']])   # 输出:                                ③
# a      10
# c      30
# dtype: int64
```

代码解释如下。

代码第①行通过标签 'a' 来访问对应的值 10。

代码第②行中的 .loc[] 是用于标签索引的方法。s.loc['a'] 会返回标签 'a' 对应的值 10。s['a'] 和 s.loc['a'] 返回的结果是一样的。s['a'] 是对 Series 对象的常规访问方式；而 .loc[] 方法提供了更通用的标签索引访问方式，尤其是在 DataFrame 中。

代码第③行通过标签列表 ['a', 'c'] 来访问 Series 中的多个元素。它返回的是一个新的 Series，只包含标签 'a' 和 'c' 及对应的值。

示例代码运行后，输出结果如下。

```
10
10
a    10
c    30
dtype: int64
```

2. 通过位置访问数据

通过位置访问数据，通常使用 .iloc[] 方法，它允许我们基于整数位置来访问 Series 中的元素。下面是具体的示例代码。

```
import pandas as pd
# 创建一个带标签的 Series
data = {'a': 10, 'b': 20, 'c': 30, 'd': 40}
s = pd.Series(data)
# 通过位置索引访问数据
print(s.iloc[0])  # 输出：10（位置为 0 的元素）          ①
```

代码解释如下。

代码第①行中的 s.iloc[0] 使用位置索引 0 来访问 Series 中的第一个元素。因为 Series 是基于位置的，所以位置 0 对应的是第一个元素，它的标签是 'a'，值是 10。

3.10.4 通过切片访问Series数据

通过切片访问 Series 数据的具体方法有通过标签切片访问 Series 数据、通过位置切片访问 Series 数据。下面分别介绍。

1. 通过标签切片访问Series数据

在 Pandas 中，可以使用 .loc[] 方法通过标签进行切片访问。这种切片方式使用标签作为索引的界限，并且切片的结束标签是包含在内的。

示例代码如下。

```
import pandas as pd
# 创建一个带标签的 Series
data = {'a': 10, 'b': 20, 'c': 30, 'd': 40}
s = pd.Series(data)
# 通过标签切片访问数据
print(s.loc['b':'d'])
```

上述代码使用 .loc[] 方法进行标签切片，访问从标签 'b' 到标签 'd' 的连续元素。因为 .loc[] 方法是包含结束标签的，所以 'd' 也会被包含在内。

示例代码运行后，输出结果如下。

```
b    20
c    30
d    40
dtype: int64
```

2. 通过位置切片访问Series数据

在 Pandas 中，可以使用 .iloc[] 方法通过位置索引进行切片操作。与标签切片不同，位置切片使用的是整数位置作为索引，并且切片的结束位置是不包含在内的。

示例代码如下。

```
import pandas as pd
# 创建一个带标签的 Series
data = {'a': 10, 'b': 20, 'c': 30, 'd': 40}
s = pd.Series(data)
# 通过位置切片访问数据
print(s.iloc[1:3])
```

上述代码中的 s.iloc[1:3] 使用位置索引进行切片，选择的是位置为 1 到 2 的元素，注意结束位置 3 是不包含在内的。

示例代码运行后，输出结果如下。

```
b    20
c    30
```

3.11 DataFrame数据结构

DataFrame 是一种由多个 Series 结构构成的二维表格对象。DataFrame 数据结构的示例如图 3-8 所示，类似于电子表格或关系型数据库中的表格。它是 Pandas 库中最常用的数据结构之一。

DataFrame 是由多个列构成的，每一列都是一个 Series 对象。每列可以具有不同的数据类型，如整数、浮点数、字符串等。每列代表了表格中的一种特定类型的数据。

在 DataFrame 数据结构中，行和列是带有标签的轴。列标签和行标签的含义如下。

（1）列标签（列索引）：列标签是 DataFrame 中竖直方向的部分，它代表了数据表中的不同属性或变量。在图 3-8 所示的示例中，有 3 列数据：apples、oranges 和 bananas。每一列都有一个列标签，即列索引。列标签是用来唯一标识每一列的标签或名称。

（2）行标签（行索引）：行标签是 DataFrame 中水平方向的部分，它代表了数据表中的不同观测或实例。在图 3-8 所示的示例中，行标签为 0、1、2、3。每一行都有一个行标签，即行索引。

需要注意的是，行标签通常用于标识每一行的唯一性或提供额外的描述信息，而列标签用于标识每一列的含义或属性。通过行标签和列标签，我们可以在 DataFrame 中引用、访问和操作特定的数据。

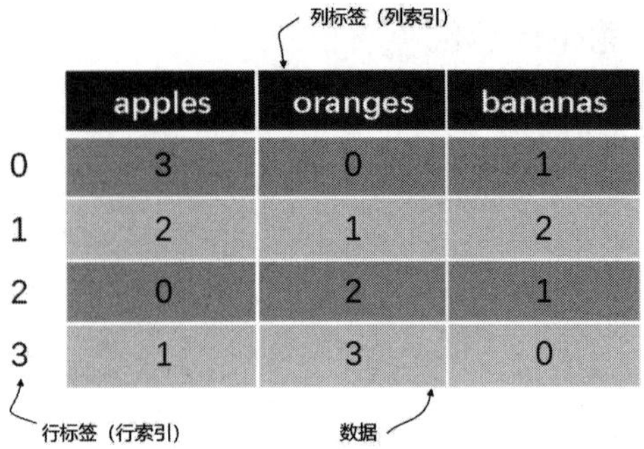

图 3-8　DataFrame 数据结构的示例

DataFrame 构造函数的语法格式如下。

pandas.DataFrame(data, index, columns, dtype, ...)

pandas.DataFrame() 是用于创建 DataFrame 对象的构造函数。它接受多个参数来定义 DataFrame 的数据、行索引、列索引、数据类型等。

常用参数的解释如下。

（1）data：DataFrame的数据部分。它可以是多种形式的数据，如ndarray、Series、列表、字典等，也可以是二维数组、嵌套列表、字典的列表等。

（2）index：DataFrame的行索引。它定义了每一行的标签或名称。默认情况下，行索引是从0开始的整数序列，但可以传递一个指定行索引的参数，如列表、数组等。

（3）columns：DataFrame的列索引。它定义了每一列的标签或名称。默认情况下，列索引是从0开始的整数序列，但可以传递一个指定列索引的参数，如列表、数组等。

（4）dtype：DataFrame的数据类型。它可以是Python的数据类型（如int、float、str等）或NumPy的数据类型。如果没有指定，数据类型将根据数据部分自动推断。

（5）其他参数：其他可选的参数，如copy（指定是否复制数据，默认为False）、name（DataFrame的名称）、index_col（指定用作行索引的列）、header（指定用作列索引的行）等。

1. 使用列表创建DataFrame对象

使用列表创建 DataFrame 对象的示例代码如下。

```
import pandas as pd
# 使用列表创建 DataFrame
data = [                                                            ①
    ['Alice', 25, 'New York'],
    ['Bob', 30, 'Los Angeles'],
    ['Charlie', 35, 'Chicago']
]
# 列标签
columns = ['Name', 'Age', 'City']
# 创建 DataFrame
df = pd.DataFrame(data, columns=columns)                            ②
# 打印 DataFrame
```

```
print(df)
```

代码解释如下。

代码第①行中的 data 是一个列表，其中每个子列表代表 DataFrame 中的一行。每行包含3个元素，分别表示人的名字、年龄和所在城市。

代码第②行创建了 DataFrame，其中使用 pd.DataFrame(data, columns=columns) 将列表数据转换为 DataFrame 对象。

示例代码运行后，输出结果如下。

```
      Name  Age         City
0    Alice   25     New York
1      Bob   30  Los Angeles
2  Charlie   35      Chicago
```

2. 指定行标签和列标签

创建 DataFrame 时，可以通过 index 参数来指定行标签，同时通过 columns 参数来指定列标签。这为 DataFrame 提供了灵活的标签命名方式，使其能够更清晰地表示数据。

示例代码如下。

```
import pandas as pd
# 使用列表创建 DataFrame，并指定列标签和行标签
data = [
    ['Alice', 25, 'New York'],
    ['Bob', 30, 'Los Angeles'],
    ['Charlie', 35, 'Chicago']
]
# 列标签
columns = ['Name', 'Age', 'City']
# 行标签
index = ['a', 'b', 'c']
# 创建 DataFrame
df = pd.DataFrame(data, columns=columns, index=index)      ①
# 打印 DataFrame
print(df)
```

代码解释如下。

代码第①行用于创建 DataFrame：使用 pd.DataFrame(data, columns=columns, index=index) 创建 DataFrame，其中 columns 用于指定列标签，index 用于指定行标签。

3. 使用字典创建DataFrame对象

在 Pandas 中可以使用字典来创建 DataFrame 对象。字典的每个键代表列标签，每个值代表该列的数据。字典可以使数据的对应关系更加直观。

使用字典创建 DataFrame 对象的示例代码如下。

```
import pandas as pd
```

```python
# 使用字典创建 DataFrame
data = {
    'Name': ['Alice', 'Bob', 'Charlie'],
    'Age': [25, 30, 35],
    'City': ['New York', 'Los Angeles', 'Chicago']
}
# 创建 DataFrame
df = pd.DataFrame(data)
# 打印 DataFrame
print(df)
```

示例代码运行后，输出结果如下。

```
      Name  Age         City
0    Alice   25     New York
1      Bob   30  Los Angeles
2  Charlie   35      Chicago
```

3.12 访问DataFrame数据

要访问 DataFrame 中的数据，我们可以使用不同的方法和操作符。常见的访问 DataFrame 的方式有列访问、行访问和切片访问。下面分别对它们进行介绍。

3.12.1 列访问

列访问可以使用列标签来访问 DataFrame 中的特定列。我们可以使用以下两种方式进行列访问。

（1）通过点操作符（.）：df.column_name，其中 column_name 是列标签。

（2）通过方括号操作符（[]）：df['column_name']，其中 column_name 是列标签。

访问 DataFrame 列数据的示例代码如下。

```python
import pandas as pd
# 创建一个示例 DataFrame
data = {'A': [1, 2, 3], 'B': [4, 5, 6], 'C': [7, 8, 9]}
df = pd.DataFrame(data)
# 通过点操作符访问列
print("通过点操作符访问列 A:")
print(df.A)
# 通过方括号操作符访问列
print("\n通过方括号操作符访问列 B:")
print(df['B'])
# 通过 .iloc[] 按位置访问列（访问第一列）
print("\n通过 .iloc[] 按位置访问列（第一列 A):")
print(df.iloc[:, 0])
# 通过 .loc[] 按列标签访问列
print("\n通过 .loc[] 按列标签访问列 C:")
```

```
print(df.loc[:, 'C'])
```

示例代码运行后，输出结果如下。

```
通过点操作符访问列 A:
0    1
1    2
2    3
Name: A, dtype: int64

通过方括号操作符访问列 B:
0    4
1    5
2    6
Name: B, dtype: int64

通过 .iloc[] 按位置访问列（第一列 A):
0    1
1    2
2    3
Name: A, dtype: int64

通过 .loc[] 按列标签访问列 C:
0    7
1    8
2    9
Name: C, dtype: int64
```

3.12.2 行访问

行访问可以使用行索引来访问 DataFrame 中的特定行。我们可以使用以下两种方式进行行访问。

（1）使用 .iloc[] 按位置访问行。

（2）使用 .loc[] 按标签访问行。

1. 使用 .iloc[] 按位置访问行

.iloc[] 是基于整数位置的索引，允许通过行的数字位置访问行。示例代码如下。

```
# 示例数据
import pandas as pd
# 创建一个示例 DataFrame
data = {'A': [1, 2, 3], 'B': [4, 5, 6], 'C': [7, 8, 9]}
df = pd.DataFrame(data)
# 设置行标签
df.index = ['a', 'b', 'c']

# 通过 .iloc[] 按位置访问第二行（位置 1）
print(" 通过 .iloc[] 按位置访问第二行 :")
print(df.iloc[1])    # 访问第二行，位置索引为 1
```

上述代码中的 .iloc[] 是基于位置的索引，df.iloc[1] 是访问 df 的第二行（因为位置索引从 0 开始，位置 1 表示第二行）。

示例代码运行后，输出结果如下。

通过.iloc[]按位置访问第二行：
A   2
B   5
C   8
Name: b, dtype: int64
```

### 2. 使用.loc[]按标签访问行

.loc[]是基于标签的索引，可以通过行的标签来访问特定的行。示例代码如下。

```
# 通过.loc[]按标签访问第二行（标签'b'）
print("通过.loc[]按标签访问第二行：")
print(df.loc['b'])  # 访问标签为'b'的行
```

代码中的.loc[]是通过标签访问特定行，df.loc['b']表示访问行标签为'b'的行的数据。

示例代码运行后，输出结果如下。

```
通过.loc[]按标签访问第二行：
A    2
B    5
C    8
Name: b, dtype: int64
```

3.12.3 切片访问

在Pandas中，切片是用于访问DataFrame或Series的一项重要功能。切片可以快速获取特定行或列的数据。切片操作通常使用.iloc[]和.loc[]，具体选择取决于是按位置切片还是按标签切片。

以下是使用.iloc[]和.loc[]对行和列进行切片访问的示例。

1. 使用.iloc[]按位置切片访问行

.iloc[]使用整数位置索引来选择行。位置是从0开始的，因此第一个位置是0，第二个位置是1，以此类推。

示例代码如下。

```
import pandas as pd
# 创建示例DataFrame
data = {'A': [1, 2, 3, 4, 5], 'B': [10, 20, 30, 40, 50], 'C': [100, 200, 300, 400, 500]}
df = pd.DataFrame(data)
# 使用.iloc[]切片访问前三行（位置索引从0到2）
print(df.iloc[0:3])  # 选择第一行到第三行（位置索引0、1、2）
```

示例代码运行后，输出结果如下。

```
   A   B    C
0  1  10  100
1  2  20  200
2  3  30  300
```
```

2. 使用 .loc[] 按标签切片访问行

.loc[] 使用行的标签来选择数据。标签是 DataFrame 中实际的行标识符。

示例代码如下。

```
# 设置行标签
df.index = ['a', 'b', 'c', 'd', 'e']
# 使用 .loc[] 访问标签为 'a' 到 'c' 的行
print(df.loc['a':'c'])  # 选择标签为 'a' 到 'c' 的行
```

示例代码运行后,输出结果如下。

```
   A   B    C
a  1  10  100
b  2  20  200
c  3  30  300
```

3. 使用 .iloc[] 按位置切片访问列

.iloc[] 可以按列的整数位置索引来进行切片。示例代码如下。

```
# 使用 .iloc[] 选择前两列 (位置索引从 0 到 1)
print(df.iloc[:, 0:2])  # 选择第一列到第二列
```

示例代码运行后,输出的结果如下。

```
   A   B
0  1  10
1  2  20
2  3  30
3  4  40
4  5  50
```

4. 使用 .loc[] 按标签切片访问列

.loc[] 使用列的标签来进行切片。示例代码如下。

```
# 使用 .loc[] 按标签切片选择列 'A' 到 'B'
print(df.loc[:, 'A':'B'])
```

示例代码运行后,输出结果如下。

```
   A   B
a  1  10
b  2  20
c  3  30
d  4  40
e  5  50
```

3.13 读写数据

Pandas 提供了丰富的功能来读取和写入各种格式的数据，包括 CSV、Excel、SQL 数据库等。

> **提示：**
> 逗号分隔值（Comma-Separated Values，CSV）是一种常见的文件格式。CSV 文件是一种纯文本文件，其中的数据以逗号作为分隔符进行字段的分隔。每行数据代表一条记录，而每个字段则在该行内通过逗号进行分隔。
>
> CSV 文件的优点在于简单和广泛支持。它可以使用任何文本编辑器进行创建和编辑，并且可以被很多软件和编程语言轻松读取和处理。CSV 文件通常用于存储表格数据，如电子表格数据、数据库导出数据等。

以下是一个包含表头和 3 行数据的简单示例。

```
姓名,年龄,性别,部门,职位
林晓,28,女,市场部,市场专员
陈宇,32,男,技术部,软件工程师
王悦,26,女,财务部,会计
```

我们需要将 CSV 代码复制到文本编辑器中，如图 3-9 所示。

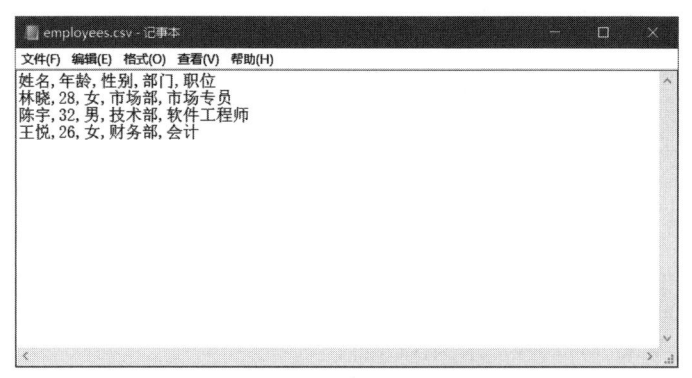

图 3-9 将 CSV 代码复制到文本编辑器中

然后将文件命名为"employees.csv"并保存，如图 3-10 所示。

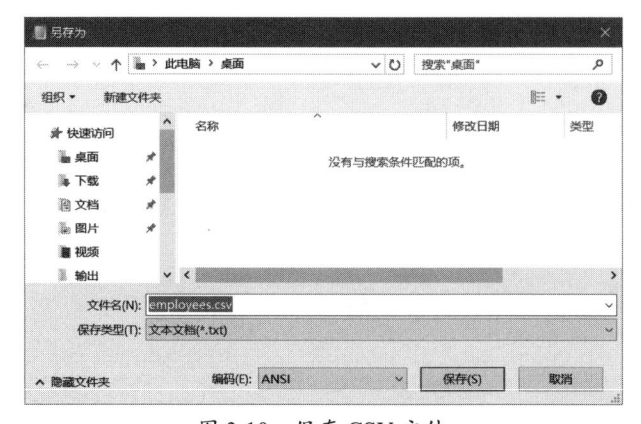

图 3-10 保存 CSV 文件

保存好 CSV 文件之后，我们可以使用 Excel 等办公软件打开该 CSV 文件，如图 3-11 所示。

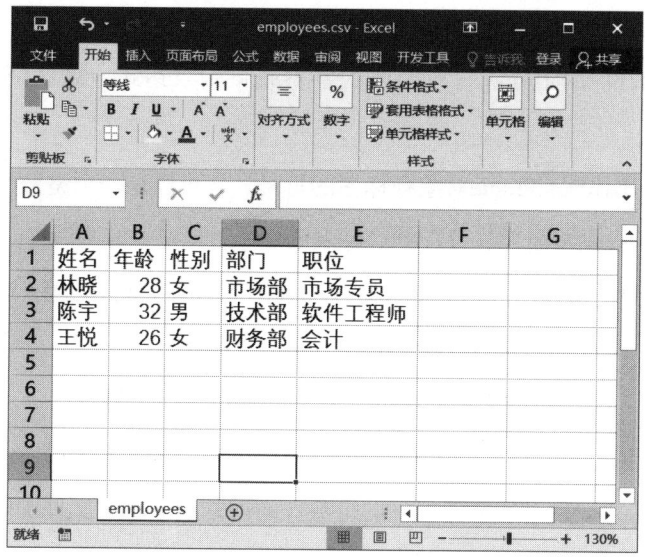

图 3-11　使用 Excel 打开 CSV 文件

> **注意：**
> 保存 CSV 文件时，要注意字符集问题。如果是在简体中文系统下，那么推荐选择 ANSI 字符集。ANSI 在简体中文环境下对应的是 GBK 编码。若不能正确选择字符集，则会出现中文乱码。图 3-12 所示是使用 Excel 打开 UTF-8 编码的 CSV 文件所出现的中文乱码，而使用 WPS 打开则不会出现乱码。

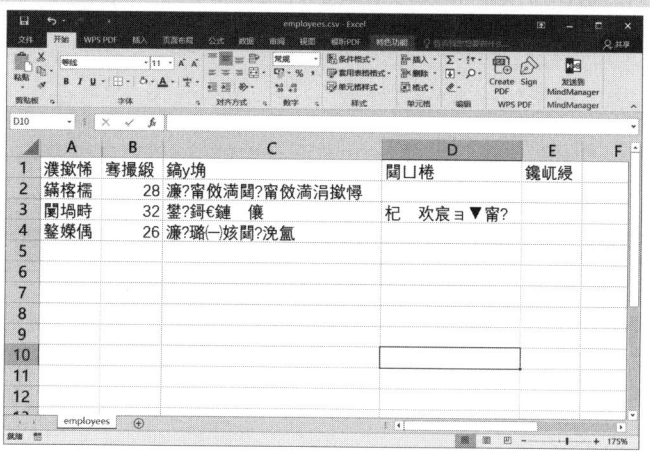

图 3-12　CSV 文件乱码

3.13.1　读取CSV文件数据

读取 CSV 文件数据的函数是 pandas.read_csv()，该函数返回值是 DataFrame 对象。该函数的语法如下。

```
pandas.read_csv(filepath_or_buffer, sep=', ', delimiter=None, header='infer', index_col=None, skiprows=None, skipfooter=0,encoding='utf-8')
```

上述代码中主要参数说明如下。

（1）filepath_or_buffer：要读取的CSV文件的路径或文件对象。可以是本地文件的路径、文件对象或远程的统一资源定位符（Uniform Resource Locator，URL）。

（2）sep或delimiter：用于分隔每行字段的字符或正则表达式。默认情况下，分隔符是逗号","。

（3）header：指定用作DataFrame对象列标签的行号。它可以是一个整数，表示具体的行号；或者是字符串'infer'，表示自动推断列标签，默认是'infer'。

（4）index_col：指定用作DataFrame对象行标签的列号。它可以是一个整数，表示具体的列号；或者是None，表示不使用任何列作为行标签，默认是None。

（5）skiprows：指定要跳过的文件开头的行数。它可以是一个整数，表示要跳过的行数；也可以是一个列表，表示要跳过的具体行号；还可以是一个函数，用于自定义跳过的行，默认是None。

（6）skipfooter：指定要跳过的文件末尾的行数。它通常用于跳过文件中的摘要或脚注部分，默认是0，表示不跳过任何行。

（7）encoding：用于指定读取文件时使用的字符编码方式。它用于解决文件中可能存在的编码问题，以确保能够正确地读取和解析文件内容。常见的encoding取值如下。

- utf-8：UTF-8编码，适用于大多数Unicode字符集。
- gbk：GBK编码，适用于简体和繁体中文字符集。
- latin1：ISO-8859-1编码，适用于大多数西欧语言字符集。
- ascii：ASCII编码，仅适用于英文字符集。

上述参数可以根据具体的需求进行调整，以便正确地读取CSV文件并创建DataFrame对象。

3.13.2 实战案例1：从CSV文件读取货币供应量数据

下面通过一个案例来熟悉如何使用Pandas从CSV文件中读取数据到DataFrame对象中，从而进行进一步操作。

案例背景如下。

笔者的数据来源于国家统计局网（http://www.stats.gov.cn/）。在该网站中，笔者下载了"货币供应量月度数据.csv"文件，内容如图3-13所示。

图 3-13 货币供应量月度数据

读取"货币供应量月度数据 .csv"文件的代码如下。

```
import pandas as pd
df =pd.read_csv('data/货币供应量月度数据.csv',skiprows=2,skipfooter=2,engine='python', encoding='gbk')
```

使用 Jupyter Notebook 工具运行上述代码，输出结果如图 3-14 所示。

图 3-14 输出结果

这段代码使用 Pandas 的 read_csv() 函数来读取名为"货币供应量月度数据 .csv"的文件。需要注意的是，文件被放在当前目录下的 data 目录中。以下是代码中各个参数的解释。

（1）pd：Pandas的别名，用于引入并使用Pandas中的函数和类。

（2）read_csv()：Pandas中用于读取CSV文件的函数。

（3）'data/货币供应量月度数据.csv'：要读取的CSV文件的路径或文件名。

（4）skiprows=2：表示跳过文件的前两行，即不将它们作为数据的一部分。

（5）skipfooter=2：表示跳过文件的最后两行，即不将它们作为数据的一部分。

（6）engine='python'：表示指定使用Python解析引擎来读取文件。

（7）encoding='gbk'：表示指定文件的字符编码为GBK，以确保能够正确地解码和读取文件中的内容。

通过以上代码，CSV 文件中的数据将被读取到一个 DataFrame 对象中，存储在变量 df 中，可以对该 DataFrame 对象进行后续的数据处理和分析操作。

3.13.3 写入数据到CSV文件

写入数据到 CSV 文件是通过 Series 和 DataFrame 对象的 to_csv() 函数来实现的。该函数的语法如下。

```
to_csv(path_or_buf=None, sep=',', header=True, index=True, encoding=None)
```

上述代码的主要参数说明如下。

（1）path_or_buf: 用于指定要写入的CSV文件的路径或文件对象，可以是一个由字符串表示的文件路径，也可以是一个文件对象。

（2）sep: 用于分隔每行字段的字符或字符串，默认为逗号。

（3）header: 决定是否将列标签写入文件，可以是布尔值（True表示写入列标签，False表示不写入列标签），也可以是字符串列表（自定义列标签）。

（4）index: 决定是否将行标签写入文件，只能是布尔值，默认为True。

（5）encoding: 用于设置字符编码，并指定写入文件时使用的字符集。在Python 2中，默认编码为ASCII，在Python 3中，默认编码为UTF-8。

通过调用 to_csv() 函数并传递相应的参数，可以将 DataFrame 或 Series 对象中的数据写入指定的 CSV 文件中。

3.13.4 实战案例2：将银行账户交易记录写入CSV文件

下面通过一个案例来熟悉如何使用 Pandas 将数据写入 CSV 文件。

示例代码如下。

```
import pandas as pd

# 示例银行账户交易记录
data = {
    "交易日期": ["2025-02-01", "2025-02-02", "2025-02-03", "2025-02-04", "2025-02-05"],
    "交易类型": ["存款", "取款", "存款", "取款", "存款"],
    "交易金额": [5000, 2000, 3000, 1000, 1500],
    "账户余额": [10000, 8000, 11000, 10000, 11500]
```

```
}
# 创建 DataFrame
df = pd.DataFrame(data)

# 写入 CSV 文件
df.to_csv('data/account_transactions.csv', index=False, encoding='utf-8')

print(" 银行账户交易记录已成功写入 CSV 文件 ")
```

代码运行成功后会在当前的 data 目录下生成 "account_transactions.csv" 文件，如图 3-15 所示。

图 3-15　生成 CSV 文件

该代码使用 to_csv() 函数将数据写入 CSV 文件。

代码解释如下。

（1）to_csv('data/account_transactions.csv')：指定输出文件路径为当前目录下data子目录中的 account_transactions.csv文件。

（2）index=False：禁止写入默认的行索引列，保持输出文件简洁性。

（3）encoding='utf-8'：采用UTF-8编码格式，确保中文字符和特殊符号正确存储。

该代码将银行账户交易记录的 DataFrame 数据保存到 CSV 文件，包含交易日期、类型、金额和余额四列数据。

3.13.5　读取Excel文件数据

读取 Excel 文件数据的函数是 pandas.read_excel()，该函数返回值是 DataFrame 对象。该函数的语法如下。

```
pandas.read_excel(io, sheet_name=0, header=0, index_col=None, skiprows=None, skipfooter=0)
```

上述代码的主要参数说明如下。

（1）io: 表示输入的Excel文件，可以是字符串、文件对象或ExcelFile对象。文件路径可以是本地文件路径，也可以是URL。

(2) sheet_name: 表示Excel文件中的工作表名，可以是字符串（指定单个工作表）、整数（基于0的工作表位置索引）或列表（选择多个工作表）。

(3) header: 用于指定DataFrame对象列标签的行号。默认为0，即使用第一行作为列标签。若设置为None，则不设置列标签。

(4) index_col: 用于指定DataFrame对象的行标签的列号。默认为None，即不设置行标签。

(5) skiprows: 表示忽略文件开头的行数。默认为None，即不跳过任何行。

(6) skipfooter: 表示忽略文件末尾的行数。默认为0，即不跳过任何行。

3.13.6 实战案例3：从Excel文件中读取货币供应量月度数据

下面通过一个案例来熟悉如何使用Pandas从Excel文件中读取数据到DataFrame对象中，从而进行进一步操作。

案例背景如下。

笔者的数据来源于国家统计局网（http://www.stats.gov.cn/）。在该网站中，笔者下载了"货币供应量月度数据.xls"文件，内容如图3-16所示。

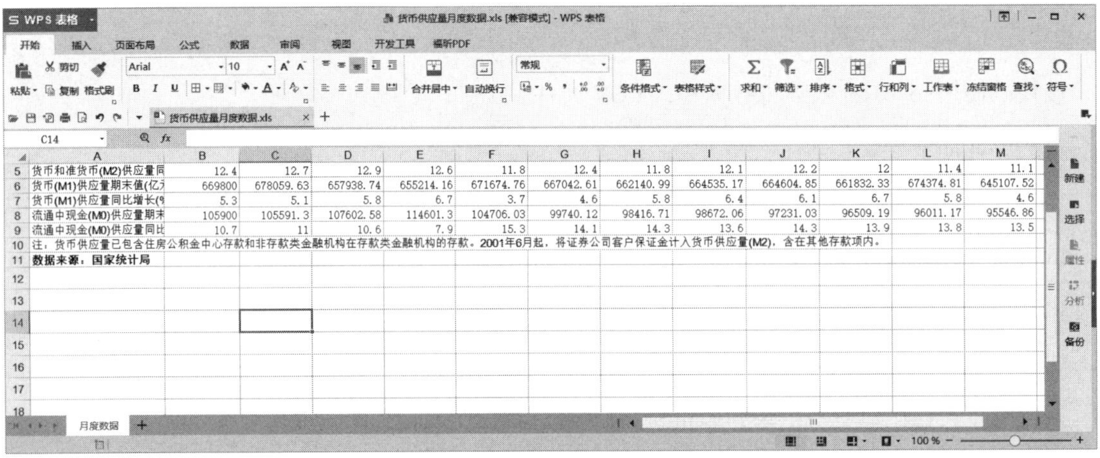

图 3-16 货币供应量月度数据

读取"货币供应量月度数据.xls"文件的代码如下。

```
import pandas as pd
df = pd.read_excel('data/货币供应量月度数据.xls', sheet_name='月度数据',skiprows=2,
skipfooter= 2, index_col=0)
df
```

上述代码使用Jupyter Notebook工具来运行，输出结果如图3-25所示。

指标	2023年4月	2023年3月	2023年2月	2023年1月	2022年12月	2022年11月	2022年10月	2022年9月	2022年8月	2022年7月	2022年6月	2022年5月
货币和准货币(M2)供应量期末值(亿元)	2808500.0	2814566.31	2755249.23	2738072.06	2664320.84	2647008.48	2612914.57	2626600.92	2595068.27	2578078.57	2581451.20	2527026.15
货币和准货币(M2)供应量同比增长(%)	12.4	12.70	12.90	12.60	11.80	12.40	11.80	12.10	12.20	12.00	11.40	11.10
货币(M1)供应量期末值(亿元)	669800.0	678059.63	657938.74	655214.16	671674.76	667042.61	662140.99	664535.17	664604.85	661832.33	674374.81	645107.52
货币(M1)供应量同比增长(%)	5.3	5.10	5.80	6.70	3.70	4.60	5.80	6.40	6.10	6.70	5.80	4.60
流通中现金(M0)供应量期末值(亿元)	105900.0	105591.30	107602.58	114601.30	104706.03	99740.12	98416.71	98672.06	97231.03	96509.19	96011.17	95546.86
流通中现金(M0)供应量同比增长(%)	10.7	11.00	10.60	7.90	15.30	14.10	14.30	13.60	14.30	13.90	13.80	13.50

图 3-17　输出结果

这段代码使用 pd.read_excel() 函数来读取当前 data 目录下的"货币供应量月度数据 .xls"文件中的工作表"月度数据"中的数据，并将其存储在 DataFrame 对象 df 中。

代码解释如下。

（1）'data/货币供应量月度数据.xls'：用于指定要读取的Excel文件路径和文件名。

（2）sheet_name='月度数据'：用于指定要读取的工作表名称为"月度数据"。

（3）skiprows=2：用于指定要跳过的开头行数，这里跳过开头的两行。

（4）skipfooter=2：用于指定要跳过的末尾行数，这里跳过末尾的两行。

（5）index_col=0：用于指定作为行索引的列号，这里使用第一列作为行索引。

注意：

使用 Pandas 的 pd.read_excel() 函数时，其底层依赖 xlrd 库来读取 .xls 文件，但对于 .xlsx 文件，1.2 版本以上的 Pandas 默认依赖 openpyxl 库来处理。因此，笔者推荐安装 xlrd 和 openpyxl 两个库，以确保能够无缝读取不同格式的 Excel 文件。安装指令如下，具体过程不再赘述。

```
pip install xlrd
pip install openpyxl
```

3.13.7　读取数据库

SQLite 是一种轻量级的关系型数据库管理系统，不需要安装。Python 标准库中包含 sqlite3 模块，因此笔者推荐使用 SQLite 数据库。

Pandas 提供 read_sql 函数。该函数从 SQLite 数据库中读取数据并转换为 DataFrame 对象，其主要代码如下。

```
# 从SQLite数据库中读取数据并转换为DataFrame对象
import sqlite3
conn = sqlite3.connect('database.db')
query = 'SELECT * FROM table'
```

```
data_sql = pd.read_sql(query, conn)
```

3.13.8 实战案例4：从数据库中读取银行账户交易记录数据

下面通过一个案例来熟悉如何使用 Pandas 从数据库中读取数据到 DataFrame 对象中，从而进行进一步操作。

案例背景：

假设有一个包含银行账户交易记录数据的 SQLite 数据库，我们想要通过 Pandas 从数据库中读取这些交易记录数据到 DataFrame 对象中，进行数据分析和进一步操作。

银行账户交易记录数据包括以下字段。

（1）transaction_id: 表示交易ID，是自动递增的主键。

（2）transaction_date: 表示交易日期。

（3）transaction_type: 表示交易类型（如存款、取款）。

（4）amount: 表示交易金额。

（5）balance: 表示账户余额。

数据库文件名为 bank_db.sqlite，其中有一个名为 account_transactions 的表，存储着上述数据。

使用 DB Browser for SQLite（SQLite 管理工具）打开文件，如图 3-26 所示。

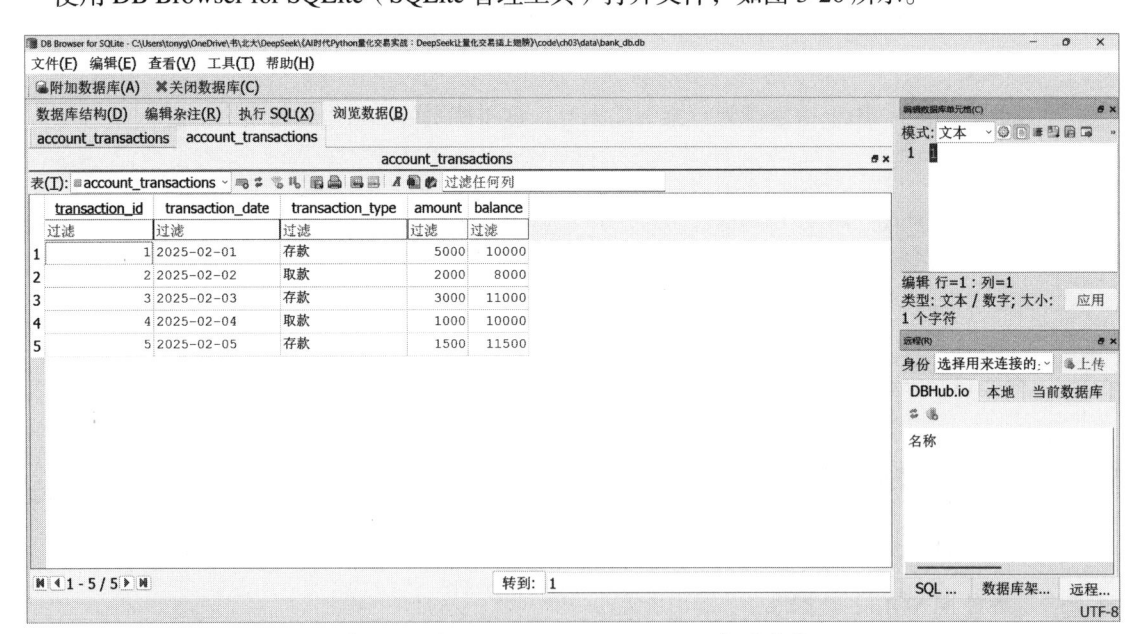

图 3-18　使用 DB Browser for SQLite 打开文件

> **提示：**
> DB Browser for SQLite 的具体使用方法这里不再赘述，读者可以通过本书配套资源下载或自己搜索下载该工具。

读取 account_transactions 表的代码如下。

```python
import sqlite3                                                              ①
import pandas as pd

# 连接到 SQLite 数据库
conn = sqlite3.connect('data/bank_db.db')         # 替换为自己的数据库文件路径   ②

# 使用 pandas 从数据库中读取数据
query = "SELECT * FROM account_transactions;"                               ③
df = pd.read_sql(query, conn)                                               ④

# 关闭连接
conn.close()

# 打印读取的数据
df
```

使用 Jupyter Notebook 工具运行上述代码，输出结果如图 3-19 所示。

	transaction_id	transaction_date	transaction_type	amount	balance
0	1	2025-02-01	存款	5000	10000
1	2	2025-02-02	取款	2000	8000
2	3	2025-02-03	存款	3000	11000
3	4	2025-02-04	取款	1000	10000
4	5	2025-02-05	存款	1500	11500

图 3-19　输出结果

代码解释如下。

代码第①行导入了 Python 的 sqlite3 模块，用于连接和操作 SQLite 数据库。

代码第②行创建了一个与 SQLite 数据库文件 data/ bank_db.db 的连接。使用 sqlite3 模块中的 connect() 函数连接数据库，将数据库文件的路径作为参数传递给该函数。连接对象被赋值给变量 conn，以便后续操作使用。

代码第③行定义了一个 SQL 查询语句。查询语句是用于从数据库中检索数据的指令。在这个示例中，查询语句选取了 account_transactions 表中的所有列 (*)。

代码第④行使用 pd.read_sql() 函数从数据库中执行 SQL 查询，并将结果存储到一个 DataFrame 对象中。pd.read_sql() 函数接受两个参数：第一个参数是查询语句，第二个参数是数据库连接对象。执行完毕后，查询结果被存储在 data_sql 变量中，可以进一步处理和分析。

3.14 本章总结

本章介绍了 Python 量化交易中常用的两个基础工具库：NumPy 和 Pandas，并详细讲解了它们的核心功能和使用方法。通过学习数组和数据框的操作，读者可以高效地处理和分析金融数据，为后续的量化交易策略开发奠定基础。

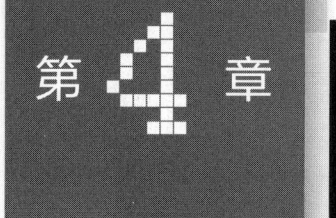

第 4 章 量化交易 Python 语言基础

在量化交易中,数据是核心资产。高质量的数据是构建有效交易策略的基础,而高效的数据采集和分析能力则是策略成功的关键。无论是从金融市场获取实时数据,还是从历史数据中挖掘潜在规律,数据采集与分析都是量化交易中不可或缺的环节。

本章的主要内容

- ◆ 量化交易可视化库
- ◆ 使用 Matplotlib 绘制图表
- ◆ 使用 Seaborn 绘制图表
- ◆ 时间序列可视化

以下是一些常见的数据可视化方法和图表类型，可用于量化交易中的数据分析和可视化。

（1）K线图：K线图是用于展示金融资产价格走势的常见图表类型。它通过显示每个时间周期内的开盘价、最高价、最低价和收盘价，来帮助交易者识别价格趋势和价格反转的信号。

（2）折线图：折线图用于展示金融资产价格、指标或其他数据随时间变化的趋势。它可以用于展示收盘价、移动平均线、指标数值等，以观察价格或指标的趋势和周期性。

（3）柱状图：柱状图常用于表示金融资产的交易量或其他离散数据，还可以用于比较不同时间段的交易量、市场成交额等信息。

（4）散点图：散点图用于显示两个变量之间的关系。在量化交易中，散点图可以用于探索不同金融资产之间的相关性或组合策略的绩效等。

（5）热力图：热力图用于以矩阵形式展示数据的相对大小或相关性。在量化交易中，热力图可以用于可视化不同金融资产之间的相关性矩阵或指标的历史变化。

（6）直方图：直方图用于展示数据的分布情况。在量化交易中，直方图可以用于观察金融资产价格或指标的分布情况，以及寻找潜在的价格区间或交易信号。

（7）饼图：饼图用于展示组成部分的相对比例。在量化交易中，饼图可以用于显示不同资产类别的投资组合分配比例。

4.1 量化交易可视化库

在量化交易中，常见的数据可视化库包括Matplotlib和Seaborn。这两个库都拥有强大的功能和灵活性，可以满足量化交易数据可视化的需求。具体使用哪个库，取决于个人偏好和具体的使用场景。

（1）Matplotlib是一个广泛使用的Python数据可视化库，提供了丰富的绘图功能和灵活的绘图接口。它可以用于绘制各种类型的图表，包括折线图、柱状图、散点图、饼图等。由于功能强大和灵活性高，Matplotlib在量化交易领域得到了广泛应用。许多量化交易的研究人员和分析师使用Matplotlib来可视化金融数据和交易策略的结果。

（2）Seaborn是基于Matplotlib的高级数据可视化库，提供了更简洁和美观的绘图接口，使绘图过程更加简单和快速。Seaborn针对统计数据可视化进行了优化，提供了许多统计图表和颜色主题，使数据的可视化效果更加吸引人。Seaborn在量化交易中得到了广泛应用，特别是在探索性数据分析和数据预处理阶段，以及展示分析结果和模型评估方面。

总的来说，Matplotlib在量化交易中的应用较广泛，它是基础库，可以满足各种需求。而

Seaborn 作为一个更高级的库，更多地用于快速可视化和美化数据，特别适用于探索性数据分析和展示分析结果。

4.2 使用Matplotlib绘制图表

本节将介绍 Matplotlib 的安装和基本开发过程。

4.2.1 安装Matplotlib

安装 Matplotlib 可以使用 pip 工具，其安装指令如下。

```
pip install matplotlib
```

安装过程如图 4-1 所示。

图 4-1　Matplotlib 安装过程

4.2.2 图表基本构成要素

图 4-2 所示的是一个折线图表。其中，图表有标题；图表有 x 轴和 y 轴坐标，并可以为 x 轴和 y 轴添加标签；x 轴和 y 轴有默认刻度，可以根据需要改变刻度，还可以为刻度添加标签；图表中有类似的图形时可以为其添加图例，用不同的颜色或形状来标识出它们的区别。

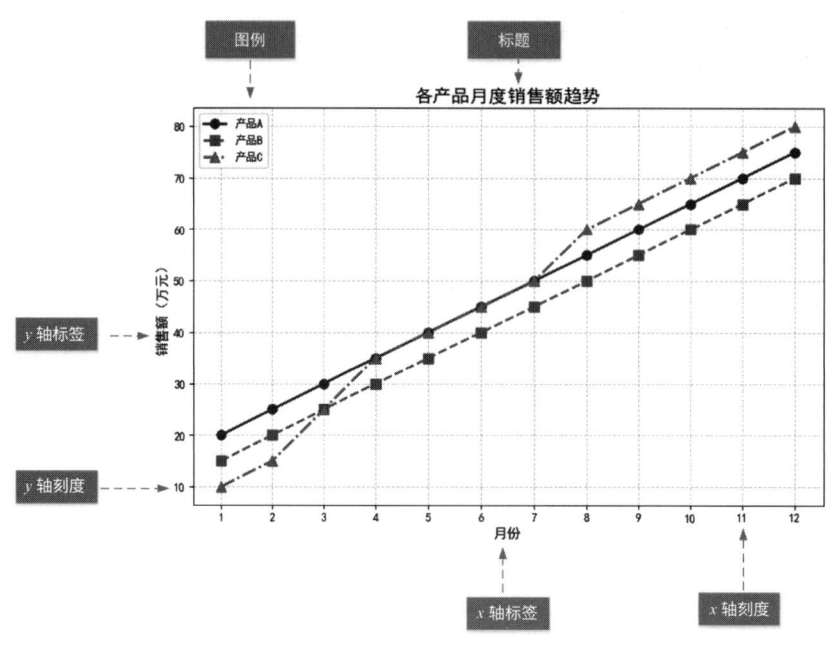

图 4-2 折线图表

4.2.3 绘制折线图

折线图通常用于展示数据随时间变化的趋势，或者用于比较不同数据集的变化趋势。在 Matplotlib 中，绘制折线图使用的是 plot() 函数。该函数可以将数据点连接成一条线，显示数据的变化趋势。

使用 plot() 函数绘制折线图的示例代码如下。

```
import matplotlib.pyplot as plt                                              ①
# 数据准备
x = list(range(1, 13))  # 从1月到12月
y1 = [20, 25, 30, 35, 40, 45, 50, 55, 60, 65, 70, 75]  # 产品A
y2 = [15, 20, 25, 30, 35, 40, 45, 50, 55, 60, 65, 70]  # 产品B
y3 = [10, 15, 25, 35, 40, 45, 50, 60, 65, 70, 75, 80]  # 产品C

# 创建图形和坐标轴
plt.figure(figsize=(10, 6))                                                  ②
# 绘制3条折线
plt.plot(x, y1, label='产品A', color='blue', marker='o', linestyle='-', linewidth=2)
                                                                             ③
plt.plot(x, y2, label='产品B', color='green', marker='s', linestyle='--', linewidth=2)
plt.plot(x, y3, label='产品C', color='red', marker='^', linestyle='-.', linewidth=2)

# 设置标题和坐标轴标签
plt.title('各产品月度销售额趋势', fontsize=16)                                  ④
plt.xlabel('月份', fontsize=12)                                               ⑤
plt.ylabel('销售额（万元）', fontsize=12)                                      ⑥
# 设置x轴刻度
plt.xticks(x)                                                                ⑦
# 添加图例
plt.legend(loc='upper left')                                                 ⑧
```

```
# 添加网格线
plt.grid(True, linestyle='--', alpha=0.6)                          ⑨
# 显示图表
plt.show()                                                         ⑩
```

代码解释如下。

代码第①行导入 matplotlib.pyplot 库。这个库是 Python 中常用的绘图库之一，用于生成各种类型的图表。plt 是这个库的别名，之后可以通过 plt 调用绘图函数。

代码第②行创建一个图形对象，并设置图形的大小。figsize 参数接受一个包含两个值的元组，第一个值是宽度，第二个值是高度，单位为英寸。此处设置了一个 10×6 英寸的图形。

代码第③行表示使用 plt.plot() 函数绘制折线图。此行绘制的是产品 A 的数据，参数说明如下。

（1）x 为横坐标，y1 为纵坐标。

（2）label='产品A'用于指定图例中显示的标签。

（3）color='blue'用于设置折线的颜色为蓝色。

（4）marker='o'用于设置数据点的标记为圆形（o）。

（5）linestyle='-'用于设置折线为实线。

（6）linewidth=2用于设置折线的宽度为2。

代码第④行设置图表的标题。title 函数用于设置图表的主标题，fontsize=16 表示将标题的字体大小设置为 16。

代码第⑤行设置 x 轴的标签为"月份"，并指定字体大小为 12。

代码第⑥行表示设置 y 轴的标签为"销售额（万元）"，并指定字体大小为 12。

代码第⑦行用于设置 x 轴的刻度。xticks(x) 将 x 轴的刻度设置为 x 数据，即 1 月到 12 月。

代码第⑧行用于添加图例。loc='upper left' 表示将图例放置在图表的左上角。图例会显示每条折线对应的标签，如"产品 A""产品 B""产品 C"。

代码第⑨行用于添加网格线。True 表示显示网格，linestyle='--' 表示设置网格线为虚线，alpha=0.6 表示设置网格线的透明度为 60%（省略为透明）。

代码第⑩行用于显示图表。此函数会显示图表窗口，展示所绘制的图表。调用 plt.show() 是将所有绘制的内容渲染并显示出来。

使用 Jupyter Notebook 工具运行上述代码，会生成图片，并且图片会嵌入页面中，如图 4-3 所示。

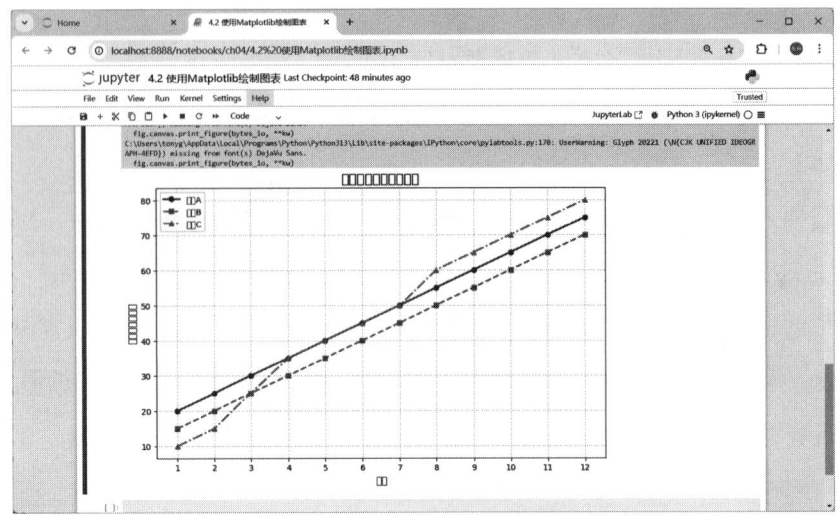

图 4-3　代码运行结果

注意：

从图 4-3 所示的代码运行结果可见：图表标题、x 轴标签、y 轴标签、图例等有中文的地方都显示为乱码。其原因通常是 Matplotlib 默认的字体不支持中文字符。另外，Matplotlib 默认的字体不支持 Unicode 字符中的负号（"–"符号）。

为了解决这些问题，我们可以在绘图程序开头添加如下代码。

```
# 设置中文字体和解决负号显示问题
plt.rcParams['font.sans-serif'] = ['SimHei']  # 设置字体为黑体
plt.rcParams['axes.unicode_minus'] = False  # 解决负号显示问题
```

重新运行代码，输出图片如图 4-4 所示。

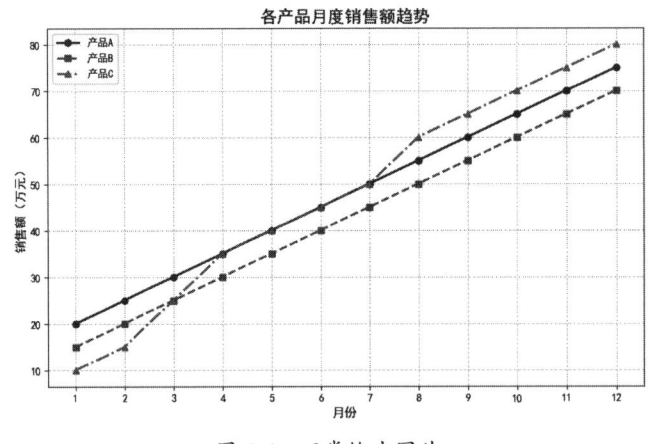

图 4-4　正常输出图片

4.2.4　绘制柱状图

柱状图用矩形的高度或宽度来表示数据的大小，通常用于进行类别之间的比较。在 Matplotlib 中，绘制柱状图非常简单，主要使用 bar() 函数。

使用 bar() 函数绘制柱状图的示例代码如下。

```python
import matplotlib.pyplot as plt

# 设置中文字体和解决负号显示问题
plt.rcParams['font.sans-serif'] = ['SimHei']  # 设置字体为黑体
plt.rcParams['axes.unicode_minus'] = False  # 解决负号显示问题

# 数据准备
categories = ['产品A', '产品B', '产品C', '产品D', '产品E']
sales = [20, 35, 30, 35, 27]  # 销售额

# 创建柱状图
plt.figure(figsize=(10, 6))  # 设置图形大小
plt.bar(categories, sales, color='skyblue')  # 绘制柱状图,设置颜色为天蓝色

# 设置标题和坐标轴标签
plt.title('各产品销售额对比', fontsize=16)
plt.xlabel('产品', fontsize=12)
plt.ylabel('销售额(万元)', fontsize=12)
# 添加网格线
plt.grid(axis='y', linestyle='--', alpha=0.7)

# 显示图表
plt.tight_layout()
plt.show()
```

上述代码中使用 plt.bar() 函数绘制柱状图。其中,categories 是 x 轴的标签,sales 是每个类别对应的数值,color 设置颜色为 skyblue(天蓝色)。

运行上述代码,绘制的柱状图如图 4-5 所示。

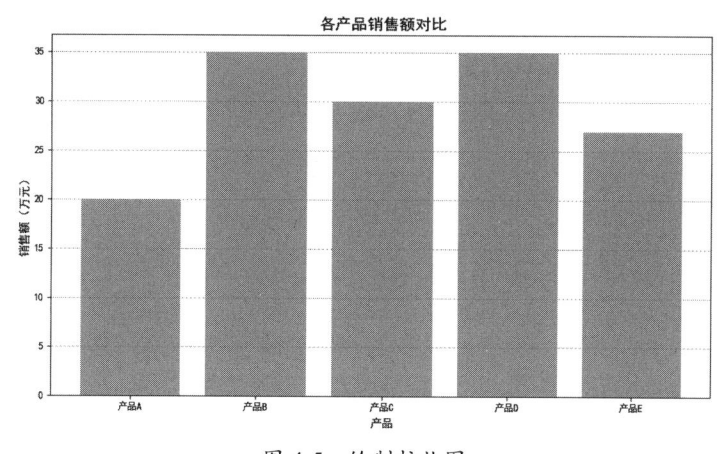

图 4-5 绘制柱状图

4.2.5 绘制饼图

饼图常用于展示不同部分在整体中的占比。Matplotlib 提供了 pie() 函数来绘制饼图。

下面我们介绍一个绘制饼图的示例。

假设我们要展示各产品销售额在总销售额中的占比,数据如下。

产品 A:30%。

产品B：40%。

产品C：20%。

产品D：10%。

示例代码如下。

```
import matplotlib.pyplot as plt
# 数据准备
labels = ['产品A', '产品B', '产品C', '产品D']  # 扇区标签          ①
sizes = [30, 40, 20, 10]   # 各扇区的百分比                      ②
# 每个扇区的颜色
colors = ['gold', 'lightgreen', 'lightcoral', 'lightskyblue']   ③
explode = (0.1, 0, 0, 0)   # 突出显示第一个扇区，增强视觉效果      ④
# 创建饼图
plt.pie(sizes, labels=labels, colors=colors,                    ⑤
    autopct='%1.1f%%',
    startangle=140,
    explode=explode)
# 设置图表标题
plt.title('各产品销售额占比', fontsize=16)
# 显示图表
plt.show()
```

代码解释如下。

代码第①行设置每个扇区的标签，即产品名称。

代码第②行设置每个产品所占的比例或大小，这里是销售额所占的百分比。

代码第③行定义每个扇区的颜色，可以是颜色名、RGB值或十六进制值。

代码第④行用于突出显示某个扇区，可以将某个扇区"挤"出来增强视觉效果。这里我们设置第一个扇区（产品A）突出显示。

代码第⑤行通过pie()函数绘制饼图，其中主要参数说明如下。

（1）explode = (0.1, 0, 0, 0)：表示产品A的扇区向外偏移10%。

（2）autopct='%1.1f%%'：用于显示每个扇区的百分比。其中，'%1.1f%%'表示保留1位小数的百分比格式。

（3）startangle=140：用于设置饼图的起始角度，控制扇区的开始位置，调整显示效果。

运行上述代码，绘制的饼图如图4-6所示。

各产品销售额占比

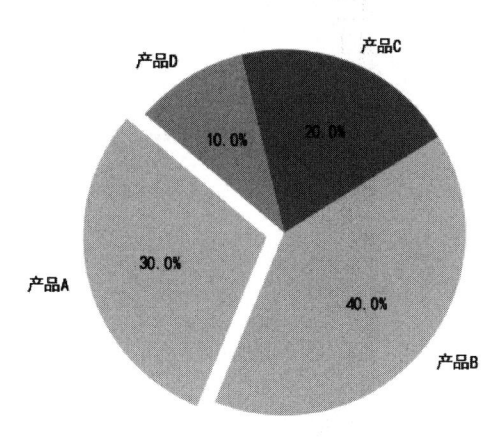

图 4-6　绘制饼图

4.2.6　绘制散点图

散点图是用来展示两个变量之间关系的图表，通常用于观察数据的分布情况及相互关系。通过散点图，我们可以直观地看到变量间的趋势、相关性及是否存在异常值。

在 Matplotlib 中，我们可以通过 scatter() 函数绘制散点图。

假设我们有一组数据，表示学生的学习时间与考试成绩，数据如下。

（1）学习时间（小时）：[2, 4, 6, 8, 10, 12, 14, 16, 18, 20]。

（2）考试成绩（分）：[40, 50, 55, 60, 65, 70, 75, 80, 85, 90]。

示例代码如下。

```python
import matplotlib.pyplot as plt

# 数据准备
study_time = [2, 4, 6, 8, 10, 12, 14, 16, 18, 20]  # 学习时间（小时）
exam_score = [40, 50, 55, 60, 65, 70, 75, 80, 85, 90]  # 考试成绩（分）

# 绘制散点图
plt.scatter(study_time, exam_score, color='blue', marker='o', s=100, alpha=0.7, edgecolors='black')

# 设置标题和坐标轴标签
plt.title('学习时间与考试成绩的关系', fontsize=16)
plt.xlabel('学习时间（小时）', fontsize=12)
plt.ylabel('考试成绩（分）', fontsize=12)

# 显示网格线
plt.grid(True)

# 显示图表
plt.show()
```

上述代码中的 plt.scatter(x, y) 是绘制散点图的核心函数。其中，x 表示 x 轴的数据（学习时间），

y 表示 y 轴的数据（考试成绩）。我们可以通过 color 来设置点的颜色，通过 marker 来设置点的形状，通过 s 来设置点的大小，通过 alpha 来设置点的透明度，通过 edgecolors 来设置点的边缘颜色。

运行上述代码，绘制的散点图如图 4-7 所示。

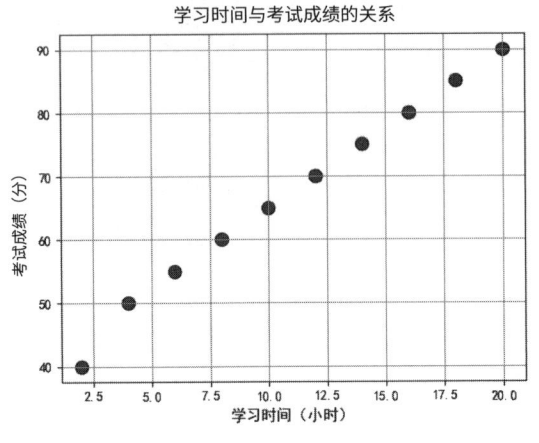

图 4-7　绘制散点图

4.3 使用 Seaborn 绘制图表

Seaborn 是一个基于 Matplotlib 的 Python 数据可视化库。它提供了一个高级界面，用于绘制美观且信息丰富的统计图表，让数据可视化变得更简单。

Seaborn 的主要优点如下。

（1）更高级别的抽象：Seaborn 在 Matplotlib 的基础上进行了封装，提供更简洁的语法和更高级别的函数，让用户可以用更少的代码来创建复杂的图表。

（2）美观的样式：Seaborn 提供了许多预设的样式和颜色主题，让用户的图表看起来更专业、更美观。

（3）统计图形：Seaborn 擅长绘制各种统计图表，如散点图、直方图、箱线图、热力图等，从而帮助用户更好地理解数据。

（4）与 Pandas 集成：Seaborn 可以直接使用 Pandas DataFrame 作为输入数据，方便用户进行数据分析和可视化。

安装 Seaborn 可以使用 pip 工具，安装指令如下。

```
pip install seaborn
```

安装过程如图 4-8 所示。

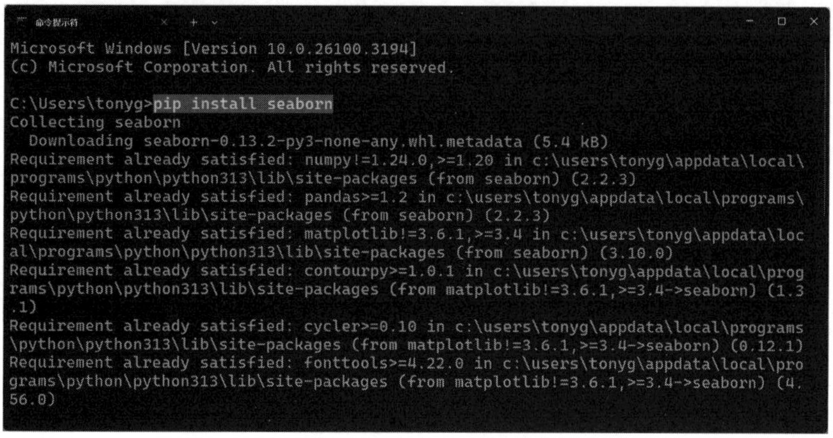

图 4-8　Seaborn 安装过程

举个简单的例子，使用 Seaborn 生成一个散点图。

```
import seaborn as sns                                                    ①
import matplotlib.pyplot as plt                                          ②
# 加载内置数据集
tips = sns.load_dataset('tips')                                          ③
# 创建散点图
sns.scatterplot(data=tips, x='total_bill', y='tip', hue='time')          ④
plt.show()                                                               ⑤
```

上述代码展示了 total_bill 和 tip 之间的关系。代码解释如下。

代码第①行导入了 Seaborn，并将其简写为 sns。这样就可以通过 sns 来调用 Seaborn 提供的各种功能，如创建图表、加载数据集等。

代码第②行导入了 Matplotlib 中的 pyplot 模块，并将其简写为 plt。Matplotlib 是 Python 中非常流行的绘图库，pyplot 是 Matplotlib 提供的用于绘制图表的模块。我们通常使用 plt.show() 函数来展示图表。

代码第③行使用 Seaborn 的 load_dataset() 函数加载了一个内置的示例数据集，名为"tips"。这个数据集包含了账单金额（total_bill）、小费金额（tip）、用餐时间（time）等信息。tips 将被保存为一个 Pandas DataFrame 对象，可以方便地进行数据分析和可视化。

代码第④行使用 Seaborn 的 scatterplot() 函数绘制散点图，其中参数说明如下。

（1）data=tips：指定数据来源为上面加载的 tips 数据集。

（2）x='total_bill'：指定散点图的 x 轴数据为 total_bill（账单金额）。

（3）y='tip'：指定散点图的 y 轴数据为 tip（小费金额）。

（4）hue='time'：通过 hue 参数对点进行颜色编码，按照 time（用餐时间）列的值来区分不同颜色，这样可以更直观地看出不同时间（午餐或晚餐）的消费数据分布。

代码第⑤行调用 Matplotlib 中的 show() 函数，显示当前所有绘制的图形。在使用 Seaborn 时，我们通常会通过该函数来展示最终的图表。

运行上述代码，绘制的图表如图4-9所示。

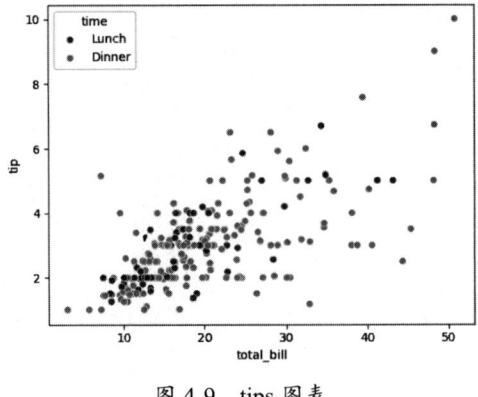

图 4-9　tips 图表

4.3.1　Seaborn内置数据集

Seaborn提供了一些内置的数据集，这些数据集可以帮助用户快速开始数据可视化的学习和实践。这些数据集涵盖了多种常见的主题，如统计数据、社会经济数据、气候数据等。使用这些数据集，用户可以直接进行绘图，而不需要自己准备数据。

下面介绍一些常见的Seaborn内置数据集。

（1）tips。

- 描述：tips是关于餐厅账单的数据集，包含账单金额（total_bill）、小费金额（tip）、用餐时间（time）、顾客性别（sex）、就餐人数（size）等。
- 用途：tips可以用来分析账单金额与小费金额之间的关系，或者从用餐时间等维度进行数据分析。

（2）iris。

- 描述：iris是经典的鸢尾花数据集，包含150朵鸢尾花的4个特征（萼片长度、萼片宽度、花瓣长度、花瓣宽度）及它们所属的3个种类（Setosa、Versicolor、Virginica）。
- 用途：iris是用于分类和聚类任务的经典数据集。

（3）flights。

- 描述：航班的年度数据，包含月份、航班人数（乘客人数）。
- 用途：flights适合进行时间序列分析、趋势可视化。

（4）penguins。

- 描述：penguins是关于企鹅的数据集，包括企鹅的种类、居住岛屿、体重、嘴巴长度等。
- 用途：penguins可以用于分类分析和数据可视化。

（5）diamonds。
- 描述：diamonds是关于钻石特征的数据集，包括价格、切工、颜色、克拉数等。
- 用途：diamonds用于价格分析、分布可视化等。

（6）titanic。
- 描述：titanic是关于泰坦尼克号的数据集，包含乘客信息（如性别、年龄、舱位等）及是否幸存等。
- 用途：titanic适合用来做生存率预测、分类分析等。

Seaborn 提供了 sns.load_dataset() 函数来加载内置的数据集。用户只需要传入数据集的名称即可加载相应的数据。

加载并查看数据集的示例代码如下。

```python
import seaborn as sns
# 加载 iris 数据集
dataset = sns.load_dataset('iris')
# 查看数据集的前 5 行
dataset.head()
```

上述代码通过 sns.load_dataset('iris') 来加载 iris 数据集。其返回值是一个 DataFrame 对象，然后通过 dataset.head() 函数来查看数据集的前 5 行。

运行上述代码，结果如图 4-10 所示。

	sepal_length	sepal_width	petal_length	petal_width	species
0	5.1	3.5	1.4	0.2	setosa
1	4.9	3.0	1.4	0.2	setosa
2	4.7	3.2	1.3	0.2	setosa
3	4.6	3.1	1.5	0.2	setosa
4	5.0	3.6	1.4	0.2	setosa

图 4-10 iris 数据集的前 5 行

查看数据集后 5 行的代码如下。

```python
# 查看数据集的后 5 行
dataset.tail()
```

运行上述代码，结果如图 4-11 所示。

	sepal_length	sepal_width	petal_length	petal_width	species
145	6.7	3.0	5.2	2.3	virginica
146	6.3	2.5	5.0	1.9	virginica
147	6.5	3.0	5.2	2.0	virginica
148	6.2	3.4	5.4	2.3	virginica
149	5.9	3.0	5.1	1.8	virginica

图 4-11 iris 数据集的后 5 行

4.3.2 Seaborn图表主题

Seaborn提供了几种内置的图表主题，用来控制图表的整体外观。通过选择不同的主题，用户可以轻松地调整图表的背景颜色、网格线样式及坐标轴的显示方式。

Seaborn提供了以下几种主题。

（1）darkgrid：深色背景，带有网格线（默认主题）。

（2）whitegrid：白色背景，带有网格线。

（3）dark：深色背景，没有网格线。

（4）white：白色背景，没有网格线。

设置主题使用set_style()函数，可以传入字符串值，选择合适的主题，示例代码如下。

```python
import seaborn as sns
import matplotlib.pyplot as plt

# 加载数据集
tips = sns.load_dataset('tips')

# 设置为 darkgrid 主题（默认主题）
sns.set_style("darkgrid")
sns.scatterplot(data=tips, x='total_bill', y='tip', hue='time')
plt.show()
```

运行上述代码，结果如图4-12所示。

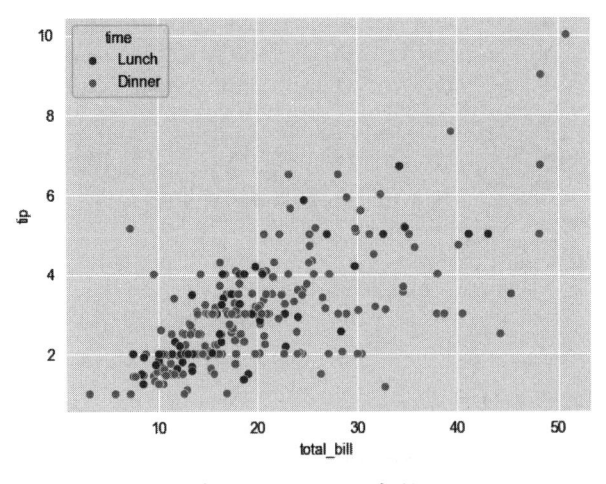

图4-12 darkgrid 主题

```python
# 设置为 whitegrid 主题
sns.set_style("whitegrid")
sns.scatterplot(data=tips, x='total_bill', y='tip', hue='time')
plt.show()
```

运行上述代码，结果如图4-13所示。

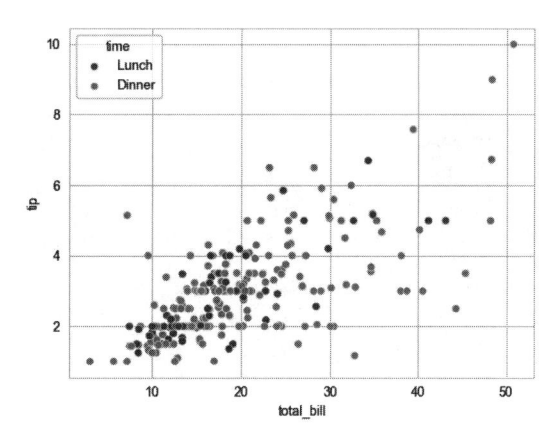

图 4-13 whitegrid 主题

4.3.3 柱状图

柱状图通常用于展示不同类别之间的数量、大小、频率或其他数据的对比关系。柱状图通过竖直或水平的柱形长度来表示每个类别的数据。

在金融数据中，柱状图可以用来比较不同股票、基金或市场板块的指标（如市值、收益率等）。

Seaborn 提供了 sns.barplot() 函数来绘制柱状图，示例代码如下。

```
import seaborn as sns
import matplotlib.pyplot as plt
import pandas as pd

# 示例数据：不同股票的年度收益率
data = pd.DataFrame({                                                         ①
    'Stock': ['AAPL', 'GOOG', 'AMZN', 'MSFT', 'TSLA'],
    'Yearly Return': [0.45, 0.30, 0.35, 0.25, 0.40]
})
# 绘制柱状图
plt.figure(figsize=(10, 6))
sns.barplot(x='Stock', y='Yearly Return', data=data, hue='Stock',legend=False) ②
# 设置标题和标签
plt.title(' 股票年度收益率比较 ', fontsize=16)
plt.xlabel(' 股票 ', fontsize=12)
plt.ylabel(' 年度收益率 ', fontsize=12)
# 显示图表
plt.show()
```

上述代码绘制了一个柱状图，展示了不同股票的年度收益率。代码的详细解释如下。

代码第①行创建了一个包含股票代码和对应年度收益率的 DataFrame 对象。其中，Stock 列用于存储股票的代码；Yearly Return 列用于存储股票的年度收益率。

代码第②行使用 sns.barplot() 函数绘制柱状图。其中，参数 hue='Stock' 会使每只股票对应的柱形根据 Stock 列的值（股票代码）进行不同的颜色区分；legend=False 表示不显示图例。默认情况下，如果使用了 hue 参数，那么 Seaborn 会自动添加一个图例来显示不同颜色的含义。

运行上述代码，结果如图 4-14 所示。

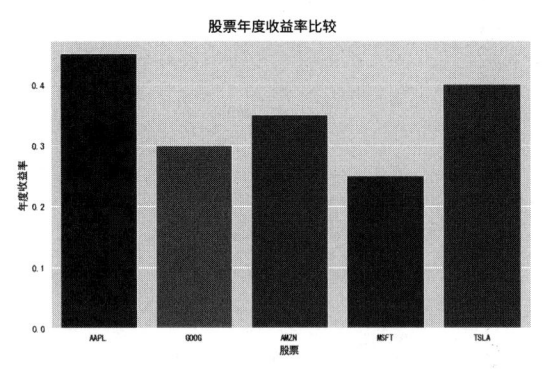

图 4-14　Seaborn 绘制柱状图

4.3.4　直方图

直方图是用于展示数据分布的图表，常用于展示连续型数据的频数或频率。它将数据划分为多个区间，并通过柱形的高度显示每个区间的数据频数。

在 Seaborn 中，sns.histplot() 是绘制直方图的主要函数。直方图被广泛应用于数据分布的可视化，帮助用户识别数据是否符合某种分布（如正态分布、均匀分布等）。它还可以帮助用户识别数据中的异常值、集中趋势、数据的波动等信息。

直方图的绘制要点如下。

（1）调整区间数（Bins）：bins 参数控制柱形的数量。较多的区间能提供更详细的分布信息，但可能显得杂乱；而较少的区间则能显示数据的整体趋势，但可能忽略细节。

（2）核密度估计（Kernel Density Estimation，KDE）：通过设置 kde=True，我们可以在直方图中加上平滑曲线。这可以帮助我们更清楚地看到数据的分布形态。

示例代码如下。

```
import seaborn as sns
import matplotlib.pyplot as plt
import pandas as pd

# 假设我们有一只股票的历史收盘价数据
data = {
    'Date': ['2025-01-01', '2025-01-02', '2025-01-03', '2025-01-04', '2025-01-05',
             '2025-01-06', '2025-01-07', '2025-01-08', '2025-01-09', '2025-01-10'],
    'Close': [120, 122, 121, 123, 125, 127, 129, 130, 132, 134]
}
# 将数据转化为 DataFrame
df = pd.DataFrame(data)
df['Date'] = pd.to_datetime(df['Date'])
# 绘制收盘价的直方图
sns.histplot(df['Close'], kde=True, color='green', bins=5)    ①

# 设置标题和标签
```

```
plt.title('股票历史收盘价分布', fontsize=16)
plt.xlabel('收盘价（美元）', fontsize=12)
plt.ylabel('频数', fontsize=12)

# 显示图表
plt.show()
```

代码解释如下。

代码第①行使用 sns.histplot() 函数绘制收盘价的直方图，并通过 kde=True 添加了核密度估计曲线，以平滑显示数据分布。

运行上述代码，结果如图 4-15 所示。

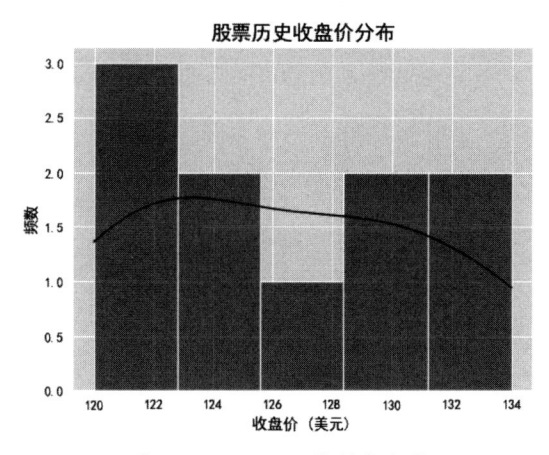

图 4-15　Seaborn 绘制直方图

4.3.5 箱线图

箱线图又称为盒须图、盒式图或箱形图，是一种常用的统计图表，用于显示数据的分布情况和异常值。它展示一组数据的中位数、上四分位数、下四分位数、最大值和最小值，并通过箱体和须线的形式呈现。

图 4-16 所示的是一个箱线图，其中部分术语介绍如下。

（1）上四分位数，又称为第一四分位数（Q1），等于该样本中所有数据由小到大排列后位于 25% 位置的数值。

（2）中位数，又称为第二四分位数（Q2），等于该样本中所有数据由小到大排列后位于 50% 位置的数值。

（3）下四分位数，又称为第三四分位数（Q3），等于该样本中所有数据由小到大排列后位于 75% 位置的数值。

图 4-16　箱线图

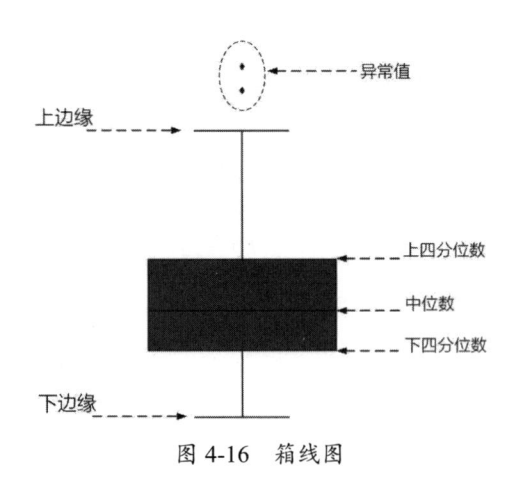

Seaborn 中绘制箱线图的函数是 seaborn.boxplot()。箱线图的主要参数参考柱状图。

绘制箱线图时，通常会沿着 x 轴放置分类变量，如日期、类别等，而 y 轴则表示待分析的数值变量。假设我们需要分析收集的股票数据是否存在异常值。

下面的示例代码展示了如何使用 Seaborn 绘制箱线图。

```python
import pandas as pd
import seaborn as sn
import matplotlib.pyplot as plt

# 设置中文显示
plt.rcParams['font.family'] = ['SimHei']
plt.rcParams['axes.unicode_minus'] = False

# 读取数据
data = pd.read_csv('data/stock_data.csv')
# 绘制箱线图
sns.boxplot(x='Day', y='Price', data=data)
# 设置图表标题和轴标签
plt.title('股票收盘价')
plt.xlabel('日期')
plt.ylabel('收盘价')
# 显示图表 plt.show()
```

运行上述代码，绘制股票收盘价箱线图，如图 4-17 所示。

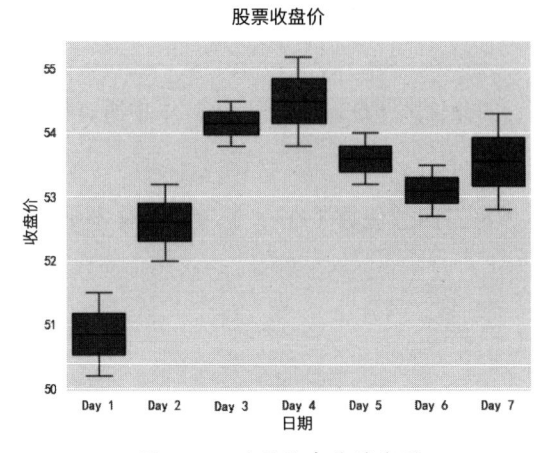

图 4-17　股票收盘价箱线图

4.3.6 小提琴图

小提琴图是一种常用的数据可视化图表,用于展示数值变量的分布情况和密度估计。它结合了箱线图和核密度图的特点,可以同时显示数据的中位数、四分位数、极值和密度估计,如图 4-18 所示。

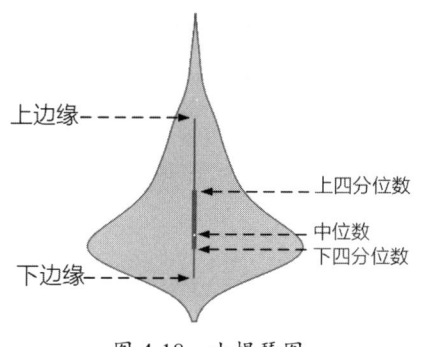

图 4-18 小提琴图

绘制小提琴图的方法与绘制箱线图的方法类似,可以使用 Seaborn 中的 sns.violinplot() 函数来实现。下面的示例代码展示了如何使用 Seaborn 绘制小提琴图。

```python
import pandas as pd
import seaborn as sns
import matplotlib.pyplot as plt

# 设置中文显示
plt.rcParams['font.family'] = ['SimHei']
plt.rcParams['axes.unicode_minus'] = False
# 读取数据
data = pd.read_csv('data/stock_data.csv')

# 绘制小提琴图
sns.violinplot(x='Day', y='Price', data=data)

# 设置图表标题和轴标签
plt.title('股票收盘价')
plt.xlabel('日期')
plt.ylabel('收盘价')
# 显示图表 plt.show()
```

运行上述代码,绘制股票收盘价小提琴图,如图 4-19 所示。

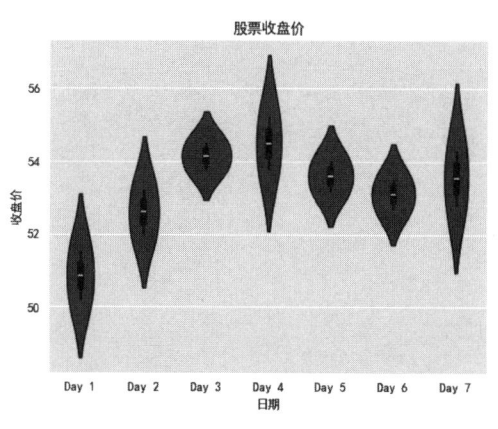

图 4-19 股票收盘价小提琴图

4.3.7 热力图

热力图通过颜色的深浅来表示数据中的数值变化，常用于展示二维数据的关系，尤其是在数据矩阵中，能够直观地反映出数据的趋势、分布和异常值。

在 Seaborn 中，绘制热力图主要使用 sns.heatmap() 函数。热力图常见的应用场景如下。

（1）相关性矩阵（Correlation Matrix）的可视化。

（2）监控数据（如时间序列数据的矩阵形式）的展示。

（3）地理数据、市场营销分析等场景。

绘制热力图的示例代码如下。

```
import pandas as pd
import seaborn as sns
import matplotlib.pyplot as plt

# 设置中文显示
plt.rcParams['font.family'] = ['SimHei']
plt.rcParams['axes.unicode_minus'] = False

# 创建测试数据
data = pd.DataFrame({
    '股票1': [10, 12, 8, 15, 9],
    '股票2': [20, 18, 25, 22, 24],
    '股票3': [7, 9, 6, 8, 10],
    '股票4': [13, 11, 14, 10, 12]
})

# 提取多只股票的收盘价数据列
股票_prices = data[['股票1', '股票2', '股票3', '股票4']]

# 计算收盘价之间的相关性
correlation_matrix = 股票_prices.corr()                                    ①

# 绘制热力图
plt.figure(figsize=(10, 8))  # 设置图形大小
sns.heatmap(correlation_matrix, annot=True, cmap='coolwarm')               ②

# 设置图表标题
plt.title('股票 Prices Correlation')

# 显示图表
plt.show()
```

运行上述代码，绘制热力图，如图 4-20 所示。

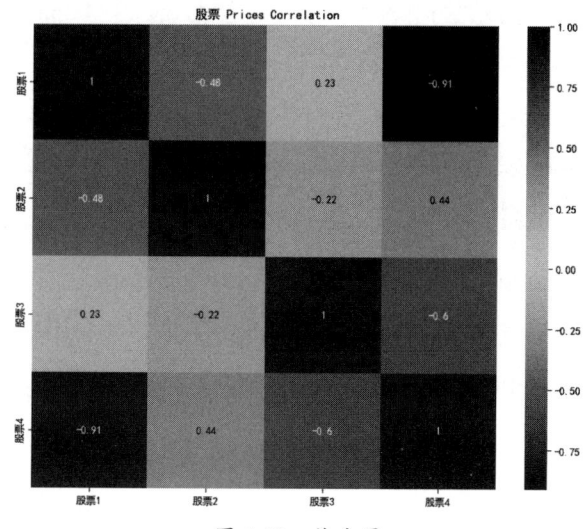

图 4-20 热力图

代码解释如下。

代码第①行使用股票_prices.corr()计算了收盘价之间的相关性,并赋值给correlation_matrix变量。

代码第②行使用 sns.heatmap() 绘制热力图。其中,correlation_matrix 表示输入的相关性矩阵,annot=True 表示在热力图中显示数值,cmap='coolwarm' 指定了颜色映射方案。

4.4 时间序列可视化

时间序列可视化主要用于分析随时间变化的数据,通常我们会对数据进行一些可视化处理,以便识别模式、趋势、季节性变化等。在股票数据中,时间序列可视化可以帮助我们观察股价走势、成交量变化等。

以下是一些常见的时间序列可视化方法。

1. 趋势可视化

我们可以绘制股价(如收盘价)随时间变化的折线图,从而观察股票的趋势。

2. 季节性分析

使用滚动平均线来平滑数据,以便识别季节性或周期性模式。

3. 滚动统计量

滚动均值、滚动标准差等统计量可以帮助我们识别数据的波动性和趋势。

时间序列基本图通常用于展示数据随时间的变化趋势。使用 Matplotlib 和 Seaborn 等库可以轻松绘制这类图表。

4.4.1 实战案例5：使用Matplotlib绘制英伟达股票历史成交量折线图

本节将通过一个实际案例来介绍如何使用 Matplotlib 绘制折线图。折线图是数据可视化中常用的图表类型，特别适用于展示时间序列数据的变化趋势。在金融分析中，股票成交量等数据通常以时间序列的形式存储。折线图能够帮助我们清晰地展示数据随时间的波动情况。

案例背景如下。

最近，Tom 正在研究英伟达（NVIDIA）的股票数据，特别是其历史成交量的变化趋势。通过分析这些数据，Tom 可以更好地理解市场的波动、投资者的兴趣及股票价格的变动模式。

为此，Tom 收集了英伟达的历史股票成交量数据。数据存储在一个 CSV 文件（HistoricalData_NVIDIA.csv）中，文件内容如图 4-21 所示，包含了多个日期的股票成交量。这些数据将帮助 Tom 分析不同时间段内股票的活跃度，从而识别趋势和模式。

在这个案例中，Tom 使用 Python 中的 Matplotlib 来绘制折线图，展示 NVIDIA 股票历史成交量的变化趋势。通过这一图表，Tom 可以直观地看到股票在不同时间段的交易活跃度，并为进一步的分析提供支持。

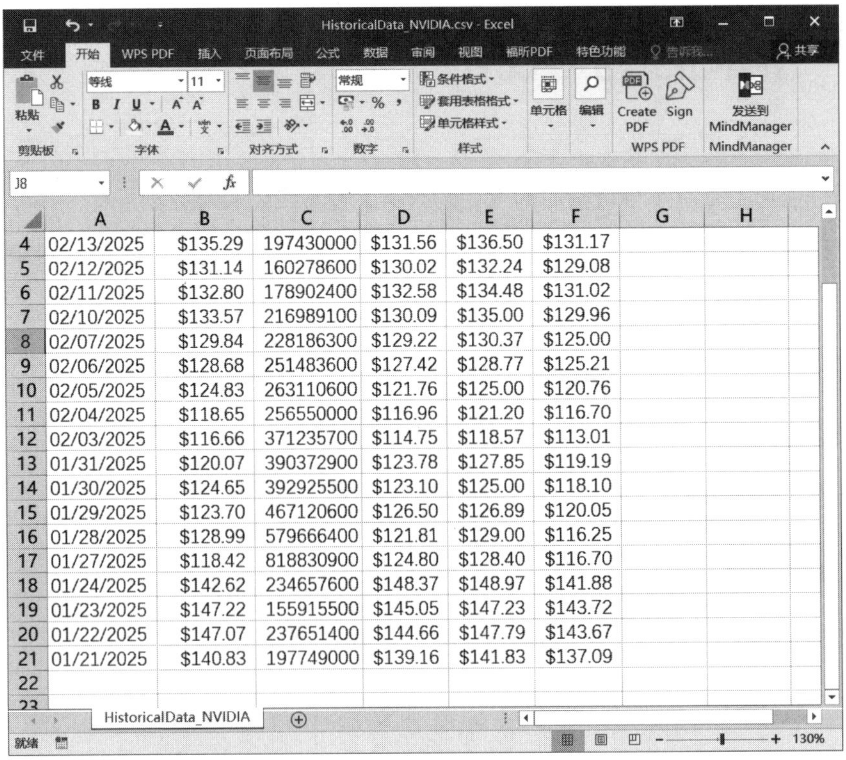

图 4-21 HistoricalData_NVIDIA.csv 文件内容

案例实现步骤如下。

1. 读取CSV文件中的数据

读取 CSV 文件中数据的代码如下。

```
import pandas as pd
# 读取 CSV 文件
file_path = 'data/HistoricalData_NVIDIA.csv'  # 请确保文件路径正确
df = pd.read_csv(file_path)
df # 打印 df
```

上述代码中使用 pd.read_csv() 函数从一个 CSV 文件中读取数据，并将数据加载到一个 Pandas DataFrame 中。如果路径正确，那么 df 会包含文件中的所有数据。

运行上述代码，打印 df，如图 4-22 所示。

	Date	Close/Last	Volume	Open	High	Low
0	02/18/2025	$139.40	219176600	$141.27	$143.44	$137.925
1	02/14/2025	$138.85	195479600	$136.48	$139.25	$135.50
2	02/13/2025	$135.29	197430000	$131.555	$136.50	$131.17
3	02/12/2025	$131.14	160278600	$130.02	$132.24	$129.08
4	02/11/2025	$132.80	178902400	$132.58	$134.48	$131.02
5	02/10/2025	$133.57	216989100	$130.09	$135.00	$129.96
6	02/07/2025	$129.84	228186300	$129.22	$130.37	$125.00
7	02/06/2025	$128.68	251483600	$127.42	$128.77	$125.21
8	02/05/2025	$124.83	263110600	$121.76	$125.00	$120.76
9	02/04/2025	$118.65	256550000	$116.96	$121.20	$116.70
10	02/03/2025	$116.66	371235700	$114.75	$118.57	$113.01
11	01/31/2025	$120.07	390372900	$123.78	$127.85	$119.19
12	01/30/2025	$124.65	392925500	$123.10	$125.00	$118.10
13	01/29/2025	$123.70	467120600	$126.50	$126.89	$120.05
14	01/28/2025	$128.99	579666400	$121.81	$129.00	$116.25
15	01/27/2025	$118.42	818830900	$124.80	$128.40	$116.70
16	01/24/2025	$142.62	234657600	$148.37	$148.97	$141.88
17	01/23/2025	$147.22	155915500	$145.05	$147.23	$143.72
18	01/22/2025	$147.07	237651400	$144.66	$147.79	$143.67
19	01/21/2025	$140.83	197749000	$139.16	$141.83	$137.09

图 4-22　未处理的 df

2. 数据的预处理

从图 4-22 中可以看出，df 中的日期尚未按升序排序（从最早的日期到最晚的日期）。此外，我们需要对这些数据进行一些预处理操作，以确保数据的整洁性和一致性。

以下是相关的代码。

```
# 将 Date 列转换为日期格式，注意这里指定了日期格式为 %m/%d/%Y
```

```
df['Date'] = pd.to_datetime(df['Date'], format='%m/%d/%Y')        ①
# 确保日期按升序排序（从最早的日期到最晚的日期）
df = df.sort_values(by='Date')                                     ②
# 将Volume列转换为整数类型
df['Volume'] = df['Volume'].astype(int)                            ③
df #打印df
```

代码解释如下。

代码第①行使用 pd.to_datetime() 函数将 Date 列的字符串转换为日期格式。在这里，我们指定了日期格式 %m/%d/%Y（月/日/年）。这一步非常重要，确保了 Matplotlib 能够正确识别日期，防止出现错误的日期格式。

代码第②行使用 sort_values(by='Date') 对 Date 列进行升序排序，从最早的日期到最晚的日期。这对时间序列数据非常重要，确保了 x 轴日期顺序正确，图表显示的是时间趋势。

代码第③行将 Volume 列转换为整数类型。

运行上述代码，打印 df，如图 4-23 所示（打印结果中日期按照默认格式显示）。

	Date	Close/Last	Volume	Open	High	Low
19	2025-01-21	$140.83	197749000	$139.16	$141.83	$137.09
18	2025-01-22	$147.07	237651400	$144.66	$147.79	$143.67
17	2025-01-23	$147.22	155915500	$145.05	$147.23	$143.72
16	2025-01-24	$142.62	234657600	$148.37	$148.97	$141.88
15	2025-01-27	$118.42	818830900	$124.80	$128.40	$116.70
14	2025-01-28	$128.99	579666400	$121.81	$129.00	$116.25
13	2025-01-29	$123.70	467120600	$126.50	$126.89	$120.05
12	2025-01-30	$124.65	392925500	$123.10	$125.00	$118.10
11	2025-01-31	$120.07	390372900	$123.78	$127.85	$119.19
10	2025-02-03	$116.66	371235700	$114.75	$118.57	$113.01
9	2025-02-04	$118.65	256550000	$116.96	$121.20	$116.70
8	2025-02-05	$124.83	263110600	$121.76	$125.00	$120.76
7	2025-02-06	$128.68	251483600	$127.42	$128.77	$125.21
6	2025-02-07	$129.84	228186300	$129.22	$130.37	$125.00
5	2025-02-10	$133.57	216989100	$130.09	$135.00	$129.96
4	2025-02-11	$132.80	178902400	$132.58	$134.48	$131.02
3	2025-02-12	$131.14	160278600	$130.02	$132.24	$129.08
2	2025-02-13	$135.29	197430000	$131.555	$136.50	$131.17
1	2025-02-14	$138.85	195479600	$136.48	$139.25	$135.50
0	2025-02-18	$139.40	219176600	$141.27	$143.44	$137.925

图 4-23 处理后的 df

3. 绘制图表

数据预处理完成后，就可以绘制图表了，具体代码如下。

```
import pandas as pd
import matplotlib.pyplot as plt
```

```python
# 设置中文字体和解决负号显示问题
plt.rcParams['font.sans-serif'] = ['SimHei']
plt.rcParams['axes.unicode_minus'] = False

# 绘制成交量折线图
plt.figure(figsize=(10, 6))
plt.plot(df['Date'], df['Volume'], label='成交量', color='b', marker='o')

# 设置图表标题和轴标签
plt.title('英伟达股票历史成交量折线图', fontsize=16)
plt.xlabel('日期', fontsize=12)
plt.ylabel('成交量', fontsize=12)

# 设置 x 轴日期格式和间隔
plt.xticks(rotation=45)    # 旋转 x 轴日期标签，避免重叠
plt.tight_layout()         # 自动调整布局，避免标签被遮挡

# 添加网格线
plt.grid(True, linestyle='--', alpha=0.6)

# 显示图表
plt.show()
```

运行上述代码，绘制的折线图如图 4-24 所示。

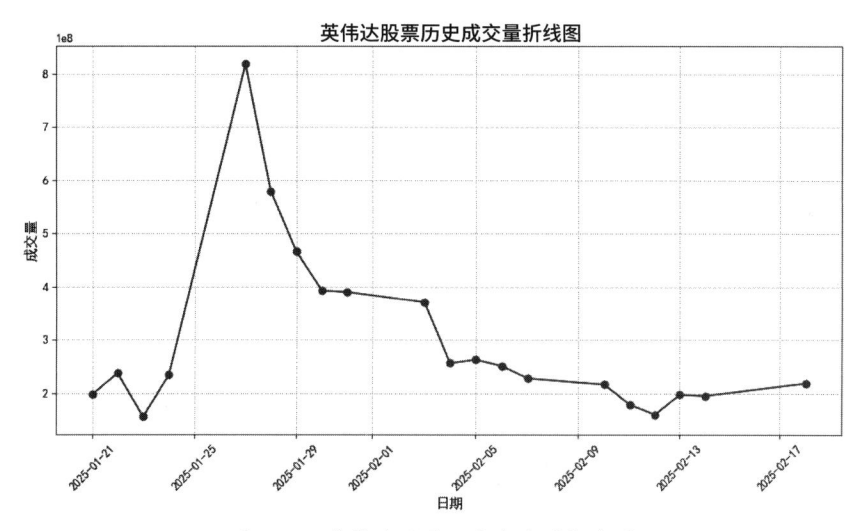

图 4-24　英伟达股票历史成交量折线图

4.4.2 实战案例6：绘制英伟达股票OHLC折线图

股票的 OHLC 折线图是一种常见的图表，用于显示股票的开盘价（Open）、最高价（High）、最低价（Low）和收盘价（Close）的变化情况。下面的示例代码展示了如何使用 Matplotlib 绘制股票的 OHLC 折线图。

```
import pandas as pd
import matplotlib.pyplot as plt
```

```python
# 设置中文字体和解决负号显示问题
plt.rcParams['font.sans-serif'] = ['SimHei']
plt.rcParams['axes.unicode_minus'] = False

# 读取 CSV 文件
file_path = 'data/HistoricalData_NVIDIA.csv'  # 请确保文件路径正确
df = pd.read_csv(file_path)

# 将 Date 列转换为日期格式
df['Date'] = pd.to_datetime(df['Date'], format='%m/%d/%Y')
# 确保日期按升序排序（从最早的日期到最晚的日期）
df = df.sort_values(by='Date')
# 清洗数据：移除所有的非数字字符（如美元符号 $），并转换为数值类型
df['Low'] = df['Low'].str.replace('$', '').astype(float)                          ①
df['High'] = df['High'].str.replace('$', '').astype(float)
df['Open'] = df['Open'].str.replace('$', '').astype(float)
df['Close/Last'] = df['Close/Last'].str.replace('$', '').astype(float)            ②
# 绘制 OHLC 折线图
plt.figure(figsize=(10, 6))

# 绘制开盘价、最高价、最低价和收盘价的折线图
plt.plot(df['Date'], df['Open'], label='开盘价', color='green', marker='o')
plt.plot(df['Date'], df['High'], label='最高价', color='red', marker='^')
plt.plot(df['Date'], df['Low'], label='最低价', color='blue', marker='v')
plt.plot(df['Date'], df['Close/Last'], label='收盘价', color='purple', marker='s')

# 设置图表标题和轴标签
plt.title('英伟达股票 OHLC 折线图', fontsize=16)
plt.xlabel('日期', fontsize=12)
plt.ylabel('价格（美元）', fontsize=12)

# 设置 x 轴日期格式和间隔
plt.xticks(rotation=45)  # 旋转 x 轴日期标签，避免重叠
plt.tight_layout()  # 自动调整布局，避免标签被遮挡

# 添加图例
plt.legend(loc='upper left', fontsize=10)
# 添加网格线
plt.grid(True, linestyle='--', alpha=0.6)

# 手动设置 y 轴范围，避免标签挤在一起
plt.ylim(df['Low'].min() - 10, df['High'].max() + 10)  # 设置 y 轴显示范围      ③

# 显示图表
plt.show()
```

上述代码的数据处理过程与 4.4.1 节的案例类似。唯一不同的是，本节案例涉及金额相关的列，这些列中包含美元符号"$"等非数字字符。为此，我们需要对数据进行清洗，移除所有非数字字符（如美元符号 $），并将数据转换为数值类型，以便进行后续的分析和计算。

代码第①行和第②行完成了数据的清洗工作。

代码第③行用于设置 y 轴的显示范围，确保 y 轴标签不被压缩或重叠，从而使图表更加清晰易读。具体来说，df['Low'] 和 df['High'] 分别代表数据集中的最低价和最高价，这两列用于确定 y 轴的显示范围。

df['Low'].min() - 10：将 y 轴的最小值设置为比 Low 列的最小值低 10 单位，避免图表底部数据紧贴坐标轴，确保数据不会被挤压。

df['High'].max() + 10：将 y 轴的最大值设置为比 High 列的最大值高 10 单位，确保图表顶部有足够的空间，避免数据点接触顶部边界。

plt.ylim() 函数用于设置图表的 y 轴显示范围。通过调用 plt.ylim(df['Low'].min() - 10, df['High'].max() + 10)，调整 y 轴的上下边界，使数据展示更加清晰和直观。

运行上述代码，绘制的股票 OHLC 折线图如图 4-25 所示。

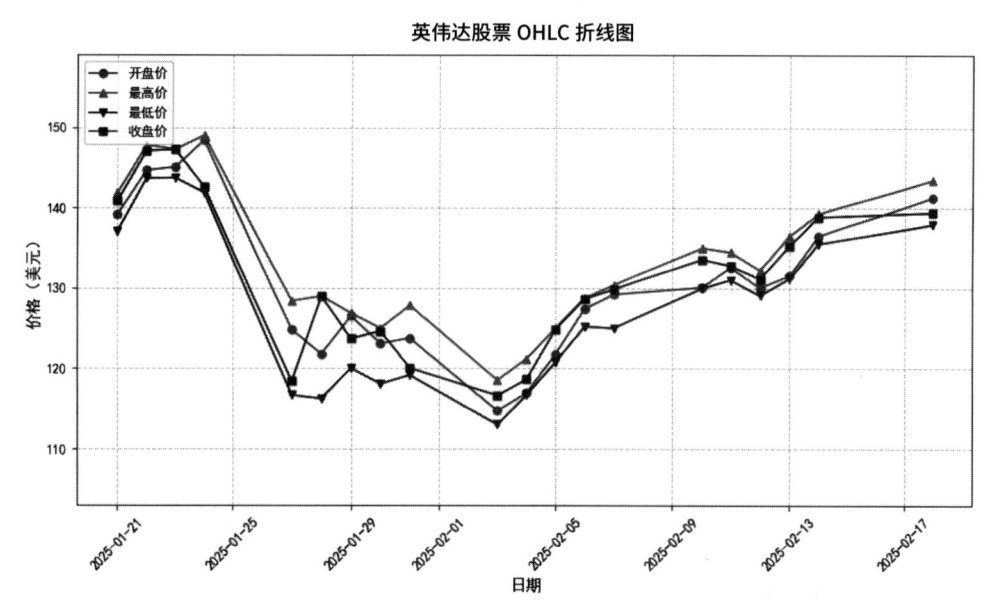

图 4-25 英伟达股票 OHLC 折线图

4.4.3 K 线图

K 线图又称阴阳烛图，它将 OHLC 信息绘制在一张图表上，宏观上可以反映出价格走势，微观上可以看出每日涨跌等信息。K 线图被广泛应用于股票、期货、贵金属、数字货币等行情的技术分析，称为 K 线分析。

K 线可分为阳线、阴线和中立线 3 种。阳线代表收盘价大于开盘价，阴线代表开盘价大于收盘价，中立线则代表开盘价等于收盘价，如图 4-26 所示。在中国（除香港）、日本和韩国，阳线以红色表示，阴线以绿色表示，即红升绿跌；而在中国香港特别行政区和欧美地区，阴线以红色表示，阳线以绿色表示，即绿升红跌。

图 4-26　阴线和阳线

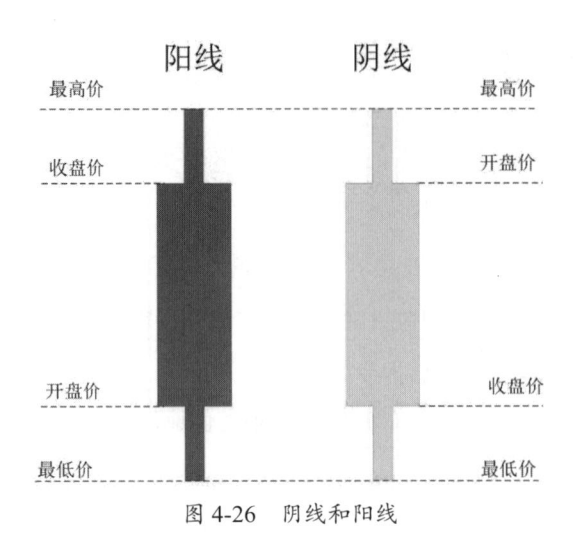

4.4.4　绘制K线图

绘制 K 线图可以使用 Mplfinance（Matplotlib Finance）。安装 Mplfinance 的指令为"pip install mplfinance"，安装过程如图 4-27 所示。

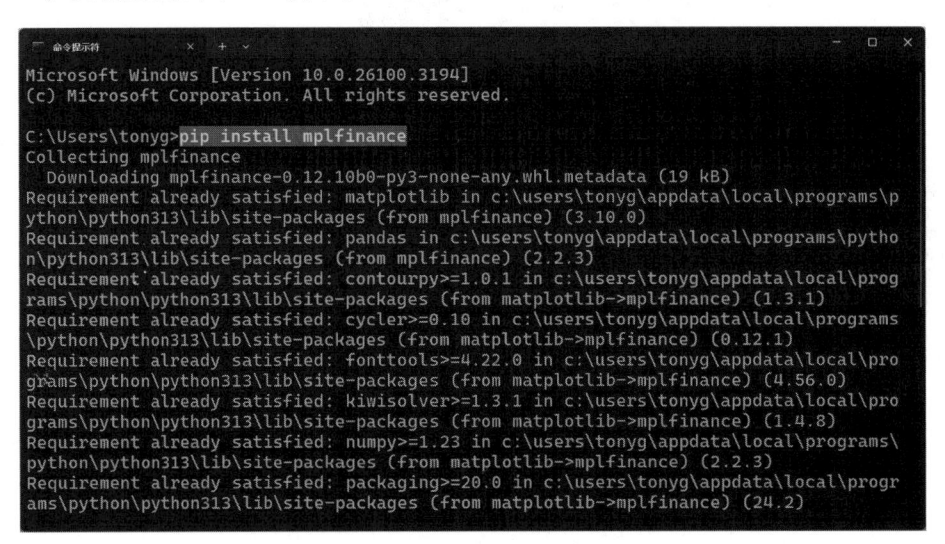

图 4-27　Mplfinance 的安装过程

4.4.5　实战案例7：绘制英伟达股票K线图

下面我们通过一个具体案例来介绍如何绘制 K 线图。该案例使用 Mplfinance 来绘制英伟达股票 K 线图。

案例实现步骤如下。

1. 加载和预处理数据

加载和预处理数据的代码如下。

```python
import pandas as pd
import mplfinance as mpf
import matplotlib.pyplot as plt

# 读取 CSV 文件
file_path = 'data/HistoricalData_NVIDIA.csv'   # 请确保文件路径正确
df = pd.read_csv(file_path)

# 将 Date 列转换为日期格式
df['Date'] = pd.to_datetime(df['Date'], format='%m/%d/%Y')
# 确保日期按升序排序（从最早的日期到最晚的日期）
df = df.sort_values(by='Date')
# 将 Date 列设置为索引
df.set_index('Date', inplace=True)                              ①

# 清洗数据：移除所有的非数字字符（如美元符号 $），并转换为数值类型
df['Low'] = df['Low'].str.replace('$', '').astype(float)        ②
df['High'] = df['High'].str.replace('$', '').astype(float)
df['Open'] = df['Open'].str.replace('$', '').astype(float)
df['Close'] = df['Close/Last'].str.replace('$', '').astype(float)  ③
# 使用 rename() 修改列名
df = df.rename(columns={'Close/Last': 'Close'})                 ④
df  # 打印 df
```

代码解释如下。

代码第①行将 Date 列设置为 DataFrame 的索引。这样，Mplfinance 可以使用日期作为时间轴进行绘制。

代码第②～③行表示将数据转换成浮点数，并移除美元符号。

代码第④行将 Close/Last 列改名为 Close，这是因为 Mplfinance 绘制 K 线图时，需要 Close 列来指定收盘价。

运行上述代码，打印 df，如图 4-28 所示。

Date	Close	Volume	Open	High	Low
2025-01-21	140.83	197749000	139.160	141.83	137.090
2025-01-22	147.07	237651400	144.660	147.79	143.670
2025-01-23	147.22	155915500	145.050	147.23	143.720
2025-01-24	142.62	234657600	148.370	148.97	141.880
2025-01-27	118.42	818830900	124.800	128.40	116.700
2025-01-28	128.99	579666400	121.810	129.00	116.250
2025-01-29	123.70	467120600	126.500	126.89	120.050
2025-01-30	124.65	392925500	123.100	125.00	118.100
2025-01-31	120.07	390372900	123.780	127.85	119.190
2025-02-03	116.66	371235700	114.750	118.57	113.010
2025-02-04	118.65	256550000	116.960	121.20	116.700
2025-02-05	124.83	263110600	121.760	125.00	120.760
2025-02-06	128.68	251483600	127.420	128.77	125.210
2025-02-07	129.84	228186300	129.220	130.37	125.000
2025-02-10	133.57	216989100	130.090	135.00	129.960
2025-02-11	132.80	178902400	132.580	134.48	131.020
2025-02-12	131.14	160278600	130.020	132.24	129.080
2025-02-13	135.29	197430000	131.555	136.50	131.170
2025-02-14	138.85	195479600	136.480	139.25	135.500
2025-02-18	139.40	219176600	141.270	143.44	137.925

图 4-28 修改列名为 Close 后的 df

2. 绘制图表

```python
# 设置 K 线图颜色样式
```

```
market_colors = mpf.make_marketcolors(up='red', down='green')     ①
my_style = mpf.make_mpf_style(marketcolors=market_colors)         ②
# 绘制K线图
mpf.plot(df, type='candle',                                       ③
         volume=True,
         show_nontrading=True,
         style=my_style)
```

代码解释如下。

代码第①行使用 Mplfinance 中的 make_marketcolors() 函数来设置 K 线图中涨跌的颜色。

（1）up='red'：当股价上涨时，K线图的蜡烛柱将显示为红色。

（2）down='green'：当股价下跌时，K线图的蜡烛柱将显示为绿色。

这个设置影响图表中蜡烛柱的颜色，使上涨和下跌的股票价格走势在图表中能够直观体现。

代码第②行使用 Mplfinance 中的 make_mpf_style() 函数来创建一个样式对象 my_style，并将之前定义的 market_colors 应用到样式中。

代码第③行使用 Mplfinance 中的 plot() 函数来绘制 K 线图，其参数说明如下。

（1）df：表示传入的 DataFrame，包含要绘制的数据。

（2）type='candle'：表示指定图表类型为K线图。

（3）volume=True：用于显示成交量图，通常以柱状图的形式显示在K线图的下方，表示每个时间段的成交量。

（4）show_nontrading=True：用于显示非交易时段的数据。这些时段可能包含周末或节假日，虽然没有交易活动，但图表会显示这些时段（可以帮助用户识别某些重要的时间点）。

（5）style=my_style：表示应用之前定义的样式 my_style，这样图表将使用红色和绿色作为涨跌的颜色，并根据样式的其他设置来绘制。

运行上述代码，绘制 K 线图，如图 4-29 所示。

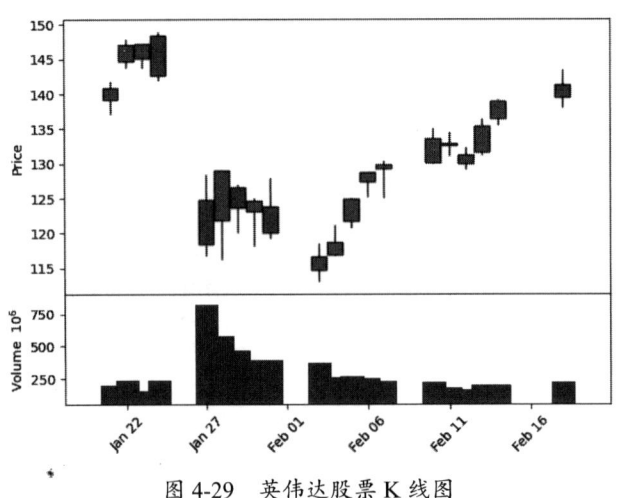

图 4-29　英伟达股票 K 线图

4.4.6 实战案例8：使用Seaborn绘制英伟达股票历史成交量折线图

使用 Seaborn 的 lineplot() 函数可以绘制时间序列图，它能够很好地展示数据随时间的变化趋势。示例代码如下。

```python
import pandas as pd
import seaborn as sns
import matplotlib.pyplot as plt

# 读取 CSV 文件并进行数据处理
file_path = 'data/HistoricalData_NVIDIA.csv'  # 请确保文件路径正确
df = pd.read_csv(file_path)

# 转换日期格式，确保按日期升序排序
df['Date'] = pd.to_datetime(df['Date'], format='%m/%d/%Y')
df = df.sort_values(by='Date')

# 设置 Seaborn 的样式和中文字体，解决负号显示问题
sns.set_style("darkgrid")  # 设置为 darkgrid 主题
plt.rcParams['font.sans-serif'] = ['SimHei']  # 中文字体
plt.rcParams['axes.unicode_minus'] = False   # 负号显示问题

# 设置图表的大小
plt.figure(figsize=(10, 6))

# 绘制成交量折线图
sns.lineplot(x='Date', y='Volume', data=df, label='成交量', marker='o', color='b')

# 设置图表标题和轴标签
plt.title('英伟达股票历史成交量折线图', fontsize=16)
plt.xlabel('日期', fontsize=12)
plt.ylabel('成交量', fontsize=12)

# 设置 x 轴日期格式和间隔
plt.xticks(rotation=45)  # 旋转 x 轴日期标签，避免重叠
plt.tight_layout()       # 自动调整布局，避免标签被遮挡
# 显示图表
plt.show()
```

运行上述代码，绘制的图表如图 4-30 所示。

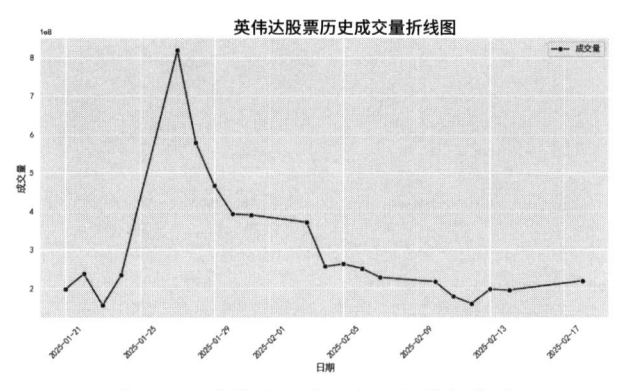

图 4-30　英伟达股票历史成交量折线图

4.5 本章总结

本章介绍了量化交易中常用的可视化库 Matplotlib 和 Seaborn，并展示了如何通过这些工具绘制常见图表，如折线图、柱状图、饼图、散点图、K 线图等。同时，本章探讨了时间序列数据的可视化方法，以帮助读者更好地理解和分析金融数据。通过本章的学习，读者将掌握如何使用可视化工具呈现复杂数据，为量化交易策略的开发和优化提供直观支持。

第 5 章 数据采集与分析

在当前金融市场，数据驱动决策已成为量化交易和投资策略的核心。面对海量且不断更新的市场信息，如何高效提取有价值的数据以支持科学决策，成为交易者和分析师亟须攻克的难题。本章将系统介绍数据采集与分析的全流程，涵盖数据获取、清洗、预处理、统计分析及实际应用，力图为读者提供一套切实可行的操作指南。

本章的主要内容

- ◆ 数据采集概述
- ◆ 网页数据采集
- ◆ API 调用采集数据
- ◆ 数据清洗
- ◆ 统计分析

5.1 数据采集概述

在数据驱动的金融市场中，数据采集是构建科学交易策略与投资决策的基石。高质量的数据不仅能够准确反映市场动态，而且能为后续的数据清洗、预处理和统计分析提供可靠的基础。

5.1.1 数据采集的基本步骤

数据采集可以分为以下几个基本步骤。

（1）定义采集目标：明确要采集的数据类型、范围和目的。这有助于聚焦采集的重点，确保数据采集工作与分析目标紧密对接。

（2）确定数据源：选择数据源，如网站、API、数据库等，并深入了解数据源的结构、格式及其访问方式，确保采集过程顺利进行。

（3）设计采集方案：根据数据源的特点，设计详细的采集方案。这包括选择适当的采集工具、编写采集脚本和配置采集参数，以确保高效、准确地获取数据。

（4）执行数据采集：按照采集方案执行数据采集。这一过程可能包括使用网络爬虫、调用API、执行数据库查询等技术手段。

（5）数据清洗与整合：对采集到的数据进行清洗和整合，确保其质量和一致性。这通常涉及处理缺失值、去除噪声、统一格式等，以便后续分析。

（6）存储与管理数据：将清洗后的数据进行存储和管理，以便于后续分析和应用。我们可以利用数据库、数据湖或云存储等技术手段，确保数据的可访问性和安全性。

通过上述步骤，我们确保了数据采集的系统性和高效性，为后续分析和决策提供了坚实的基础。

5.1.2 数据采集技术和工具

数据采集可以使用一些常见的技术和工具，具体如下。

（1）网络爬虫：通过自动化程序从网页中提取数据。

（2）API调用：使用API与远程服务器进行通信，以获取数据。

（3）数据库查询：通过执行SQL查询语句从数据库中检索数据。

（4）传感器和设备：使用传感器和设备采集实时数据，如温度、湿度、位置等。

（5）数据处理框架和库：使用Python中的数据处理框架和库，如Pandas、NumPy、BeautifulSoup等，来处理和分析采集到的数据。

上述技术和工具可以根据具体的需求和情况进行选择和应用。

5.2 网页数据采集

网页数据采集是指通过程序化的手段，从网页中提取结构化或非结构化数据。这种方法广泛应用于金融数据获取、市场监测、新闻资讯收集等领域。由于网页内容通常是动态变化且格式多样的，网页数据采集需要通过灵活的技术手段和工具来实现。

5.2.1 使用urllib爬取网页数据

urllib 是 Python 标准库中的一个模块，提供了用于进行 HTTP 请求的基本功能。它包含了多个子模块，用于不同的请求任务和操作。

下面是 urllib 中主要的子模块及其功能。

（1）urllib.request：用于发送 HTTP 请求和获取响应，并提供了一些函数。例如，urlopen() 函数用于打开 URL 并返回响应对象，urlretrieve() 函数用于下载文件等。

（2）urllib.parse：用于解析 URL、拼接 URL 和处理 URL 编码，并提供了一些函数。例如，urlparse() 函数用于解析 URL 字符串，urljoin() 函数用于拼接 URL，urlencode() 函数用于将参数编码为 URL 查询字符串等。

（3）urllib.error：定义了与 URL 请求相关的异常类。当请求过程中发生错误时，我们可以捕获这些异常来进行适当的处理。

（4）urllib.robotparser：用于解析和分析 robots.txt 文件，该文件用于指示爬虫哪些页面可以访问。

使用 urllib 可以发送 HTTP 请求（如 GET 请求、POST 请求等）、设置请求头、处理响应数据和错误等。它是 Python 标准库的一部分，因此不需要安装额外的依赖库。

下面是一个简单的示例，演示了使用 urllib.request 发送 GET 请求并获取响应的过程。

```
import urllib.request
url = 'https://example.com'
# 发送GET 请求并获取响应
response = urllib.request.urlopen(url)
# 读取响应内容
data = response.read()
# 关闭响应
response.close()
# 处理数据
# ...
```

5.2.2 实战案例9：爬取苹果股票数据

下面我们通过一个案例来介绍如何使用 urllib 爬取静态网页数据。图 5-2 所示的是纳斯达克苹果公司股票历史数据网页。

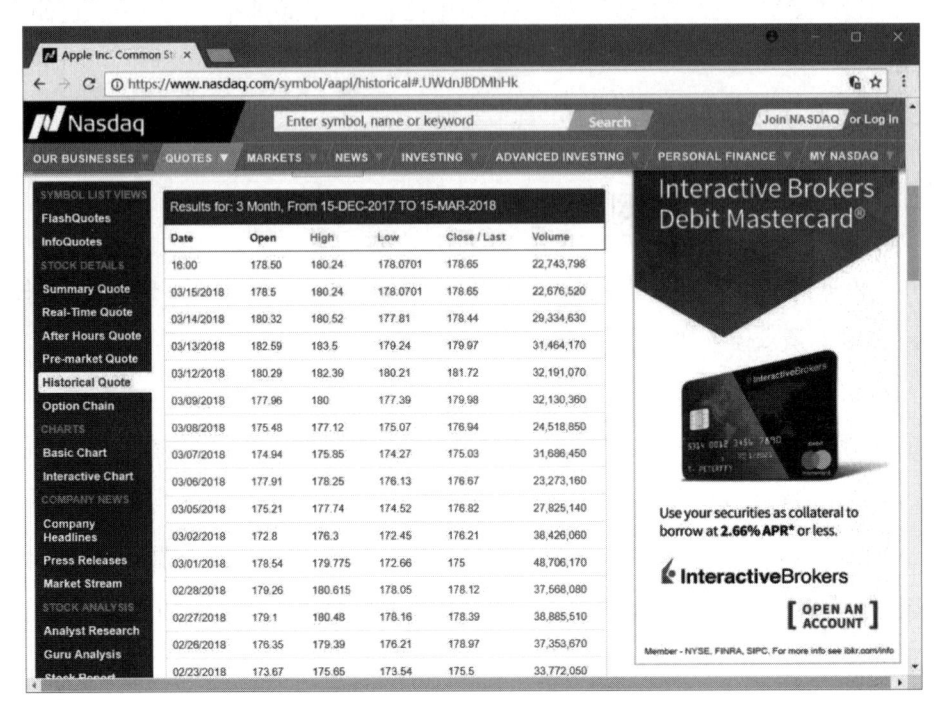

图 5-1 纳斯达克苹果公司股票历史数据网页

案例实现代码如下。

```
import urllib.request
# url = 'https://www.nasdaq.com/symbol/aapl/historical#.UWdnJBDMhHk'    ①
# 换成本地文件地址
url = "file:///C:/Users/tonyg/OneDrive/书/北大/DeepSeek/《AI 量化之道：DeepSeek+Python
让量化交易插上翅膀》/code/ch05/data/nasdaq-Apple1.html"                   ②
req = urllib.request.Request(url)
with urllib.request.urlopen(req) as response:
    data = response.read()
    html_data = data.decode()
    print(html_data)
```

示例代码运行后，输出结果如下。

```
<!doctype html>
<html lang="en">
<head>
    <meta charset="UTF-8">
    <meta name="Generator" content="EditPlus">
    <meta name="Author" content="">
    <meta name="Keywords" content="">
    <meta name="Description" content="">
    <title>Document</title>
</head>
<body>
```

```html
<div id="quotes_content_left_pnlAJAX">
    <table class="historical-data__table">
        <thead class="historical-data__table-headings">
            <tr class="historical-data__row historical-data__row--headings">
                <th class="historical-data__table-heading" scope="col">Date</th>
                <th class="historical-data__table-heading" scope="col">Open</th>
                <th class="historical-data__table-heading" scope="col">High</th>
                <th class="historical-data__table-heading" scope="col">Low</th>
                <th class="historical-data__table-heading" scope="col">Close/Last</th>
                    <th class="historical-data__table-heading" scope="col">Volume</th>
            </tr>
        </thead>
        <tbody class="historical-data__table-body">
            <tr class="historical-data__row">
                <th>10/04/2019</th>
                <td>225.64</td>
                <td>227.49</td>
                <td>223.89</td>
                <td>227.01</td>
                <td>34,755,550</td>
            </tr>
            <tr class="historical-data__row">
                <th>10/03/2019</th>
                <td>218.43</td>
                <td>220.96</td>
                <td>215.132</td>
                <td>220.82</td>
                <td>30,352,690</td>
            </tr>
            ...
        </tbody>
    </table>
</div>
</body>
</html>
```

代码解释如下。

代码第①行指定 URL 网址。

代码第②行指定本地文件地址。

> **提示:**
> 为什么要采用本地文件呢？这是因为我们爬取的网页经常会改版，为了方便学习，笔者提供了本地文件，读者需要注意根据自己的实际情况将代码第②行换成自己的本地文件地址。

5.2.3 解析数据

将数据爬取下来后，我们需要从 HTML 代码中分析出我们需要的数据。这个过程可以通过使用适当的数据解析技术实现，如使用正则表达式、BeautifulSoup、XPath 等进行 HTML 或 XML 解析，或使用 JSON 解析库处理 JSON 数据。笔者推荐使用 BeautifulSoup。

5.2.4 使用BeautifulSoup

BeautifulSoup 是一套帮助程序设计师解析网页结构的工具。

安装 BeautifulSoup 可以通过 pip 进行，其指令如下。

```
pip install beautifulsoup4
```

BeautifulSoup 的安装过程如图 5-2 所示。

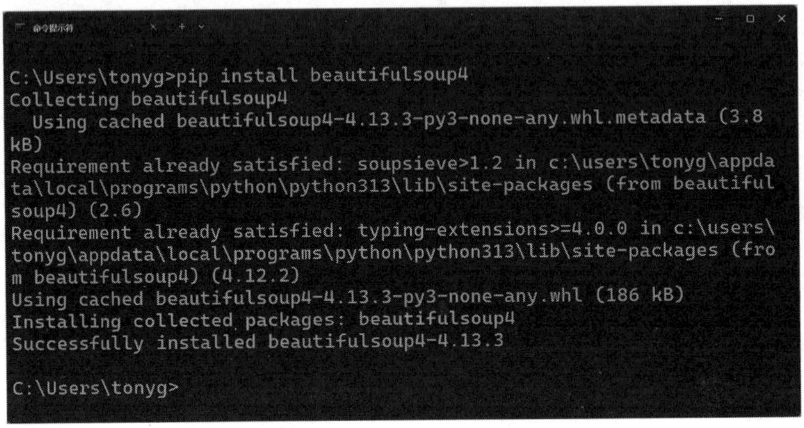

```
C:\Users\tonyg>pip install beautifulsoup4
Collecting beautifulsoup4
  Using cached beautifulsoup4-4.13.3-py3-none-any.whl.metadata (3.8
kB)
Requirement already satisfied: soupsieve>1.2 in c:\users\tonyg\appda
ta\local\programs\python\python313\lib\site-packages (from beautiful
soup4) (2.6)
Requirement already satisfied: typing-extensions>=4.0.0 in c:\users\
tonyg\appdata\local\programs\python\python313\lib\site-packages (fro
m beautifulsoup4) (4.12.2)
Using cached beautifulsoup4-4.13.3-py3-none-any.whl (186 kB)
Installing collected packages: beautifulsoup4
Successfully installed beautifulsoup4-4.13.3

C:\Users\tonyg>
```

图 5-2　BeautifulSoup 的安装过程

下面我们介绍一下 BeautifulSoup 常用 API。

（1）BeautifulSoup 中主要使用的对象是 BeautifulSoup 实例。BeautifulSoup 的常用函数如下。

- find_all(tagname)：根据标签名返回所有符合条件的元素列表。
- find(tagname)：根据标签名返回符合条件的第一个元素。
- select(selector)：通过层叠样式表（Cascading Style Sheets，CSS）中的选择器查找符合条件的所有元素。
- get(key, default=None)：获取标签属性值，其中key是标签属性名。

（2）BeautifulSoup 的常用属性如下。

- title：获得当前HTML页面的title属性值。
- text：返回标签中的文本内容。

5.2.5 实战案例10：解析苹果股票数据

下面我们通过解析苹果股票数据来熟悉如何使用 BeautifulSoup 解析 HTML 数据。

在编写代码之前，我们先分析一下纳斯达克股票网页数据。这需要在浏览器中打开网页，按 F12 键打开 Web 工具箱，如图 5-3 所示。打开 Web 工具箱后，单击“查看器”标签，查看 HTML 代码，从其中可见，我们所需的数据放在 <table> 元素的 <tbody> 中。每一行数据放在一个 <tr> 元素中。

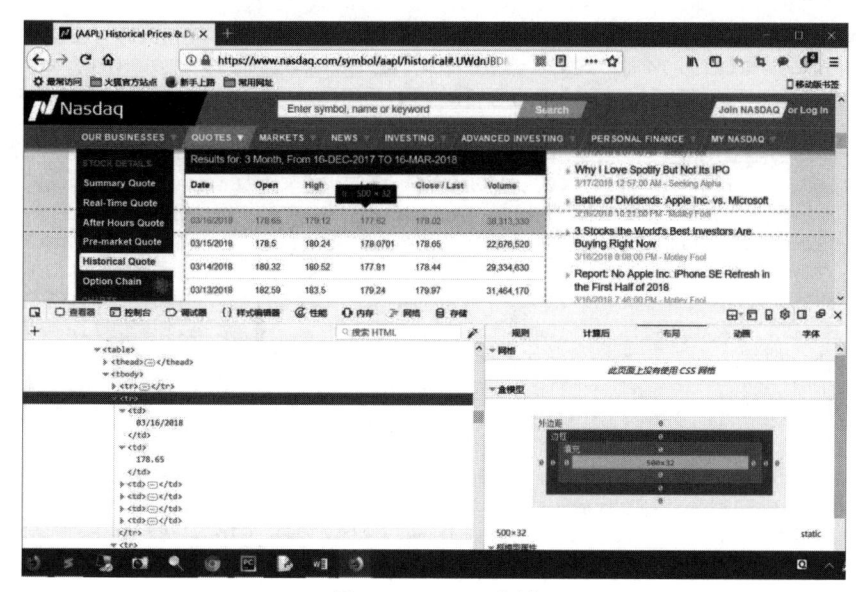

图 5-3　Web 工具箱

案例实现代码如下。

```
from bs4 import BeautifulSoup

sp = BeautifulSoup(html_data, 'html.parser')                              ①
# 返回 <tbody> 标签元素
tbody = sp.find('tbody')                                                   ②
# 返回 <tbody> 标签下的所有 <tr> 元素
trlist = tbody.select('tr')                                                ③

data = []

for tr in trlist:                                                          ④
    fields = {}
    # 获得交易日期 <th> 元素
    th = tr.find('th')
    fields['Date'] = th.text   # 日期
    # 获得 <tr> 下的所有 <td> 元素
    tds = tr.select('td')
    fields['Open'] = tds[0].text   # 开盘
    fields['High'] = tds[1].text   # 最高
    fields['Low'] = tds[2].text    # 最低
    fields['Close'] = tds[3].text  # 收盘
    fields['Volume'] = tds[4].text # 成交量
    data.append(fields)                                                    ⑤

print("解析完成。", data)
```

示例代码运行后，输出结果如下。

```
解析完成。 [{'Date': '10/04/2022', 'Open': '225.64', 'High': '227.49', 'Low':
'223.89', 'Close': '227.01', 'Volume': '34,755,550'}, {'Date': '10/03/2022',
'Open': '218.43', 'High': '220.96', 'Low': '215.132', 'Close': '220.82', 'Volume':
'30,352,690'}, {'Date': '10/02/2022', 'Open': '223.06', 'High': '223.58', 'Low':
'217.93', 'Close': '218.96', 'Volume': '35,767,260'}, {'Date': '10/01/2022', 'Open':
'225.07', 'High': '228.22', 'Low': '224.2', 'Close': '224.59', 'Volume': '36,187,160'},
{'Date': '09/30/2022', 'Open': '220.9', 'High': '224.58', 'Low': '220.79', 'Close':
```

```
'223.97', 'Volume': '26,318,580'}, {'Date': '09/27/2022', 'Open': '220.54', 'High':
'220.96', 'Low': '217.2814', 'Close': '218.82', 'Volume': '25,361,290'}, {'Date':
'09/26/2022', 'Open': '220', 'High': '220.94', 'Low': '218.83', 'Close': '219.89',
'Volume': '19,088,310'}, {'Date': '09/25/2022', 'Open': '218.55', 'High': '221.5',
'Low': '217.1402', 'Close': '221.03', 'Volume': '22,481,010'}, {'Date': '09/24/2022',
'Open': '221.03', 'High': '222.49', 'Low': '217.19', 'Close': '217.68', 'Volume':
'31,434,370'}, {'Date': '09/23/2022', 'Open': '218.95', 'High': '219.84', 'Low':
'217.65', 'Close': '218.72', 'Volume': '19,419,650'}, {'Date': '09/20/2022',
'Open': '221.38', 'High': '222.56', 'Low': '217.473', 'Close': '217.73', 'Volume':
'57,977,090'}, {'Date': '09/19/2022', 'Open': '222.01', 'High': '223.76', 'Low':
'220.37', 'Close': '220.96', 'Volume': '22,187,880'}, {'Date': '09/18/2022', 'Open':
'221.06', 'High': '222.85', 'Low': '219.44', 'Close': '222.77', 'Volume': '25,643,090'},
{'Date': '09/17/2022', 'Open': '219.96', 'High': '220.82', 'Low': '219.12', 'Close':
'220.7', 'Volume': '18,386,470'}, {'Date': '09/16/2022', 'Open': '217.73', 'High':
'220.13', 'Low': '217.56', 'Close': '219.9', 'Volume': '21,158,140'}, {'Date':
'09/13/2022', 'Open': '220', 'High': '220.79', 'Low': '217.02', 'Close': '218.75',
'Volume': '39,763,300'}, {'Date': '09/12/2022', 'Open': '224.8', 'High': '226.42',
'Low': '222.86', 'Close': '223.085', 'Volume': '32,226,670'}, {'Date': '09/11/2022',
'Open': '218.07', 'High': '223.71', 'Low': '217.73', 'Close': '223.59', 'Volume':
'44,289,650'}]
```

代码解释如下。

代码第①行使用 BeautifulSoup 构造一个解析器对象 sp，将 HTML 数据作为输入，并指定解析器为 'html.parser'。

代码第②行使用 sp.find('tbody') 查找 HTML 页面中的第一个 <tbody> 标签，并将结果保存在变量 tbody 中。<tbody> 标签通常包含表格数据。

代码第③行使用 tbody.select('tr') 查找 <tbody> 标签下的所有 <tr> 标签，并将结果保存在列表 trlist 中。每个 <tr> 标签都表示表格中的一行数据。

代码第④行遍历 trlist 列表，对于每个 <tr> 标签，执行以下操作。

（1）使用 tr.find('th') 查找当前行中的第一个 <th> 标签，并将结果保存在变量 th 中。<th> 标签通常用于表示表格中的表头或日期等特殊信息。

（2）使用 tr.select('td') 查找当前行中的所有 <td> 标签，并将结果保存在列表 tds 中。每个 <td> 标签都表示表格中的一个单元格。

代码第⑤行将包含每行数据的字典 fields 添加到列表 data 中。

最后，代码输出解析完成后的股票数据。

股票数据（data 变量）只是暂时保存在内存中，还未保存为文件，这里笔者考虑将数据保存为 CSV 文件，代码如下。

```
import csv                                                    ①
keys = data[0].keys()                                         ②

f = 'data/苹果股票数据.csv'
# 将数据写入 CSV 文件
with open(f, 'w', newline='') as csvfile:                     ③
    writer = csv.DictWriter(csvfile, fieldnames=keys)         ④
```

```
    # 写入表头
    writer.writeheader()                                      ⑤
    # 写入数据
    writer.writerows(data)                                    ⑥

print("CSV 文件已生成: data.csv")
```

运行上述代码会在当前文件的 data 目录下生成"苹果股票数据 .csv"文件。笔者使用 WPS 表格打开文件，如图 5-4 所示。

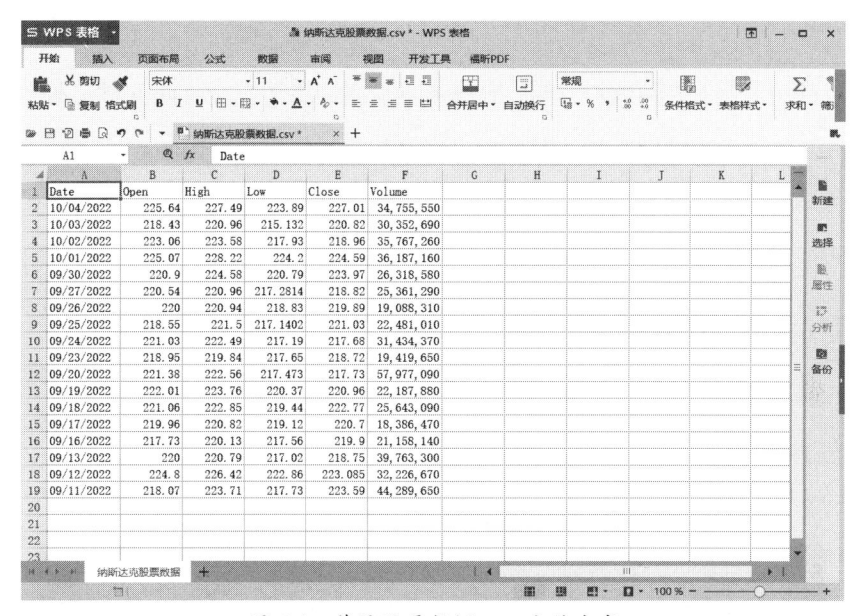

图 5-4　苹果股票数据 .csv 文件内容

代码解释如下。

代码第①行导入了 Python 的 CSV 模块，它提供了处理 CSV 文件的功能。

代码第②行通过取第一个字典元素的键，获取了给定数据结构中的所有键名。

代码第③行使用 open() 函数打开了一个 data 目录下的"纳斯达克股票数据 .csv"文件。参数 'w' 表示以写入模式打开文件。如果文件不存在，那么将创建一个新的文件。

代码第④行创建了一个 csv.DictWriter 对象，用于将数据写入 CSV 文件。它接受两个参数：csvfile 是打开的文件对象；fieldnames 是一个包含字段名的可迭代对象。这里我们使用前面获取的键名。

代码第⑤行使用 writeheader() 方法将字段名写入 CSV 文件的第一行。

代码第⑥行使用 writerows() 方法将数据写入 CSV 文件。它接受一个包含多个字典的可迭代对象，其中每个字典代表一行数据。

5.2.6 使用Selenium爬取网页数据

使用 urllib 爬取数据经常被服务器的反爬技术拦截，服务器会采用一些方法来识别请求是否来自浏览器。此外，部分数据需登录后方可获取（如邮箱数据等），登录过程中设有验证码识别机制，该机制能够有效区分人工登录与计算机程序自动化登录。需特别说明的是，破解验证码的行为违反合规要求，且现代验证码系统已采用多重防护机制（包括但不限于图像识别、音频验证等复合验证方式）。

若通过合规的浏览器客户端进行访问，则服务器设置的各类安全验证机制均不会影响正常操作流程。Selenium 可以启动本地浏览器，然后通过程序代码操控它。Selenium 直接操控浏览器，可以返回任何形式的动态数据。使用 Selenium 操控浏览器的过程中也可以人为干预。例如，在登录时，如果需要输入验证码，那么由人工输入，登录成功后，再由 Selenium 操控浏览器爬取数据。

1. 安装Selenium

安装 Selenium 可以通过 pip，其指令如下。

```
pip install selenium
```

Selenium 的安装过程如图 5-5 所示。

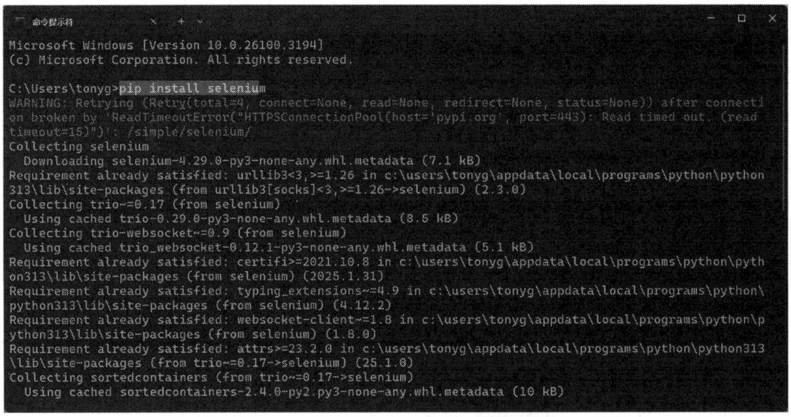

图 5-5 Selenium 的安装过程

2. 配置Selenium

运行 Selenium 需要操作本地浏览器，默认支持 Firefox 浏览器，因此推荐安装 Firefox 浏览器（55.0 以上版本）。由于版本兼容问题，我们还需要下载浏览器引擎 GeckoDriver（下载地址为 https://github.com/mozilla/geckodriver/releases），根据自己的平台选择对应的版本，不需要安装，只需将下载包解压即可。

然后需要配置环境变量，将 Firefox 浏览器的安装目录和 GeckoDriver 解压目录添加到系统的 PATH 中。图 5-6 所示的是在 Windows 11 操作系统下添加 PATH。

图 5-6　添加 PATH

3. Selenium常用的API

Selenium 操作浏览器主要通过 WebDriver 对象来实现。WebDriver 对象提供了操作浏览器的函数和访问 HTML 代码中数据的函数。

（1）操作浏览器的函数如下。

- refresh()：刷新网页。
- back()：回到上一个页面。
- forward()：进入下一个页面。
- close()：关闭窗口。
- quit()：结束浏览器执行。
- get(url)：浏览URL所指的网页。

（2）访问 HTML 代码中数据的函数如下。

- find_element(By.ID, id)：通过元素的ID来查找符合条件的第一个元素。
- find_elements(By.ID, id)：通过元素的ID来查找符合条件的所有元素。
- find_element(By.NAME, name)：通过元素名字来查找符合条件的第一个元素。
- find_elements(By.NAME, name)：通过元素名字来查找符合条件的所有元素。
- find_element(By.LINK_TEXT, link_text)：通过链接文本来查找符合条件的第一个元素。
- find_elements(By.LINK_TEXT, link_text)：通过链接文本来查找符合条件的所有元素。
- find_element(By.TAG_NAME, name)：通过标签名来查找符合条件的第一个元素。
- find_elements(By.TAG_NAME, name)：通过标签名来查找符合条件的所有元素。
- find_element(By.XPATH, xpath)：通过XPath来查找符合条件的第一个元素。

- find_elements(By.XPATH, xpath)：通过XPath来查找符合条件的所有元素。
- find_element(By.CLASS_NAME, name)：通过CSS中的class属性来查找符合条件的第一个元素。
- find_elements(By.CLASS_NAME, name)：通过CSS中的class属性来查找符合条件的所有元素。
- find_element(By.CSS_SELECTOR, css_selector)：通过CSS中的选择器来查找符合条件的第一个元素。
- find_elements(By.CSS_SELECTOR, css_selector)：通过CSS中的选择器来查找符合条件的所有元素。

5.2.7 实战案例11：使用Selenium爬取中国石油股票数据

我们通过爬取搜狐证券中中国石油股票数据的案例，来熟悉如何使用Selenium库爬取和解析HTML数据。

直接使用urllib是无法直接获取HTML数据的，其原因是，这些数据是同步动态数据。然而，使用Selenium返回这些数据非常简单。

在爬取数据之前，我们先分析一下搜狐证券中中国石油股票的HTML数据。我们借助Web工具箱找到显示这些数据的HTML标签，如图5-7所示。在Web工具箱的查看器中，找到显示页面表格对应的HTML标签，注意在查看器中选中对应的标签，页面会将该部分以灰色显示。经过查找分析最终找到一个table标签，复制它的id或class属性值，以备在代码中进行查询。

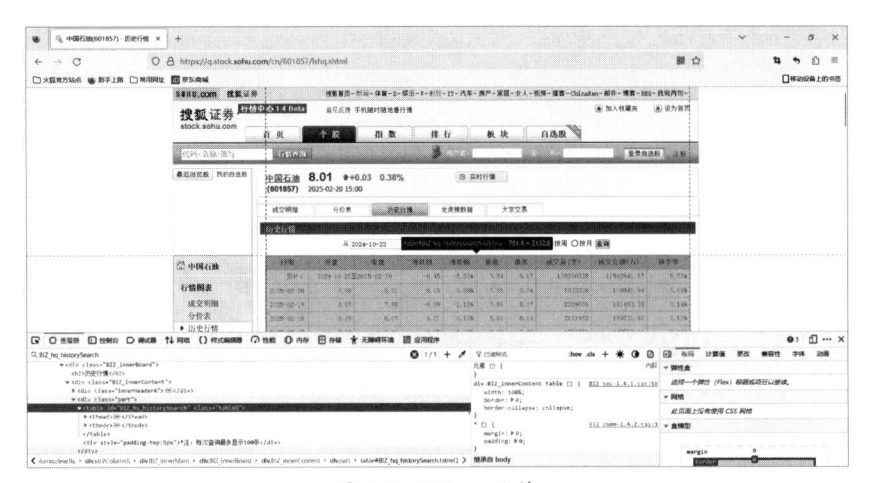

图5-7 Web工具箱

案例实现代码如下。

```
from selenium import webdriver    ①
from selenium.webdriver.common.by import By
```

```
driver = webdriver.Firefox()                                              ②
driver.get('http://q.stock.sohu.com/cn/601857/lshq.shtml')                ③
table_element = driver.find_element(By.ID, 'BIZ_hq_historySearch')        ④
print(table_element.text)                                                 ⑤
driver.quit()                                                             ⑥
```

代码解释如下。

代码第①行导入 Selenium 中的 webdriver 模块。该模块提供了用于控制不同浏览器的驱动程序。

代码第②行创建一个 Firefox 浏览器的 WebDriver 实例，将其赋值给变量 driver。这将启动一个 Firefox 浏览器窗口。

代码第③行使用 WebDriver 加载指定的 URL，这里是 'http://q.stock.sohu.com/cn/601857/lshq.shtml'，即搜狐证券中中国石油（股票代码为 601857）的历史行情页面。

代码第④行使用 WebDriver 的 find_element() 函数通过元素的 ID 查找页面中的一个特定元素。这里通过 By.ID 参数指定按照元素的 ID 进行查找，ID 值为 'BIZ_hq_historySearch'。

代码第⑤行打印找到的元素的文本内容。text 属性返回元素的可见文本。

代码第⑥行使用 driver.quit() 函数关闭浏览器窗口并终止 WebDriver 的会话。

5.2.8 实战案例12：使用Selenium解析HTML数据

Selenium 不仅可以模拟人工操作 Web 页面，还可以利用一系列 find_element() 函数进行 HTML 数据解析。Selenium 的使用过程类似于 BeautifulSoup，本节介绍如何使用 Selenium 解析搜狐证券中的中国石油股票的 HTML 数据。

案例实现代码如下。

```
from selenium import webdriver
from selenium.webdriver.common.by import By

driver = webdriver.Firefox()
driver.get('http://q.stock.sohu.com/cn/601857/lshq.shtml')
table_element = driver.find_element(By.ID, 'BIZ_hq_historySearch')        ①
tbody = table_element.find_element(By.TAG_NAME, "tbody")                  ②
trlist = tbody.find_elements(By.TAG_NAME, 'tr')                           ③
# 股票数据列表
data = []

for idx, tr in enumerate(trlist):                                         ④
    if idx == 0:
        # 跳过table第一行
        continue                                                          ⑤

    td_list = tr.find_elements(By.TAG_NAME, "td")                         ⑥
    fields = {}
    fields['Date'] = td_list[0].text   # 日期
    fields['Open'] = td_list[1].text   # 开盘
    fields['Close'] = td_list[2].text  # 收盘
```

```
        fields['Low'] = td_list[5].text    # 最低
        fields['High'] = td_list[6].text   # 最高
        fields['Volume'] = td_list[7].text # 成交量
        data.append(fields)

print(data)
driver.quit()
```

代码解释如下。

代码第①行使用 WebDriver 在页面中查找 ID 为 'BIZ_hq_historySearch' 的元素，并将其赋值给变量 table_element。这个元素应该是包含历史行情数据的表格。

代码第②行在 table_element 元素中查找名为 "tbody" 的子元素，并将其赋值给变量 tbody。这个操作是为了定位表格中的 tbody 部分，其中包含了历史行情数据的行。

代码第③行在 tbody 元素中查找所有名为 'tr' 的子元素，返回一个包含这些元素的列表。这个操作是为了获取每一行历史行情数据的 tr 元素。

代码第④行使用 enumerate() 函数遍历 trlist 列表中的每个元素，并为每个元素分配一个索引 idx 和一个变量 tr，用于迭代行历史情数据的每一行。

代码第⑤行的 if idx == 0: continue 表示如果索引 idx 等于 0，也就是第一行（表头行），那么就跳过此次循环，不处理表头行的数据。

代码第⑥行在当前行的 tr 元素中查找所有名为 "td" 的子元素，返回一个包含这些元素的列表。这个操作是为了获取当前行中各列的数据。

示例代码运行后，输出结果如下。

```
[{'Date': '2023-06-21', 'Open': '1740.00', 'Close': '1735.83', 'Low': '1735.00',
'High': '1756.60', 'Volume': '17721'}, {'Date': '2023-06-20', 'Open': '1740.00',
'Close': '1743.46', 'Low': '1735.00', 'High': '1765.00', 'Volume': '20947'}, {'Date':
'2023-06-19', 'Open': '1790.00', 'Close': '1744.00', 'Low': '1738.00', 'High':
'1797.95', 'Volume': '31700'}, {'Date': '2023-06-16', 'Open': '1757.00', 'Close':
'1797.69', 'Low': '1750.10', 'High': '1800.00', 'Volume': '37918'}, {'Date': '2023-
06-15', 'Open': '1730.34', 'Close': '1755.00', 'Low': '1723.00', 'High': '1755.65',
'Volume': '25223'}, {'Date': '2023-06-14', 'Open': '1719.00', 'Close':
...
'1813.74', 'Low': '1783.30', 'High': '1822.01', 'Volume': '23952'}, {'Date': '2023-
02-27', 'Open': '1778.50', 'Close': '1810.41', 'Low': '1775.02', 'High': '1815.00',
'Volume': '22065'}, {'Date': '2023-02-24', 'Open': '1810.11', 'Close': '1788.00',
'Low': '1782.18', 'High': '1810.19', 'Volume': '24635'}]
```

在循环中，每行的各列数据被提取出来，以字典的形式存储在 fields 变量中，并添加到 data 列表中。这样 data 列表就包含了每行历史行情数据的字典。最后代码打印出 data 列表，即历史行情数据，关闭浏览器并终止 WebDriver 的会话。

股票数据（data 变量）只是暂时保存在内存中，我们可以参考 5.2.5 节将数据保存为 CSV 文件，具体代码不再赘述。

5.2.9 借助DeepSeek爬取网页数据

由于许多网站采用了反爬技术（如验证码、人机验证、IP限制、动态加载等），使用传统的编程方式往往难以直接爬取数据。例如，一些金融数据网站会检测用户的请求频率，并对异常访问进行封锁，甚至要求登录后才能查看完整信息。在这种情况下，传统的 requests、BeautifulSoup 或 Scrapy 等爬虫技术可能难以满足需求。

为了解决这一问题，近年来人工智能（Artificial Intelligence，AI）领域的技术进步催生了一些新的数据采集方法。例如，利用 DeepSeek 这类大语言模型（LLM）来解析网页内容，或者通过 AI 自动化工具（如机器人流程自动化、光学字符识别）来模拟人类访问网页、提取数据。本节将介绍如何借助 DeepSeek 进行网页数据采集，突破传统反爬虫限制，并结合自然语言处理（Natural Language Processing，NLP）技术高效地提取网页中的关键信息。

案例背景如下。

MSN 财经网站（如图 5-8 所示）是微软公司旗下的金融信息平台，提供全球范围内的财经新闻、市场数据和投资工具。用户可以从该平台获取最新的股票行情、汇率、商品价格等信息，并使用投资组合管理、货币转换器等实用工具进行操作。

图 5-8 MSN 财经网站

Tom 希望从 MSN 财经网站上爬取特斯拉股票（股票代号：TSLA）的历史数据。Tom 在右边搜索栏中输入特斯拉股票代号 TSLA，进入如图 5-9 所示的特斯拉股票数据页面。

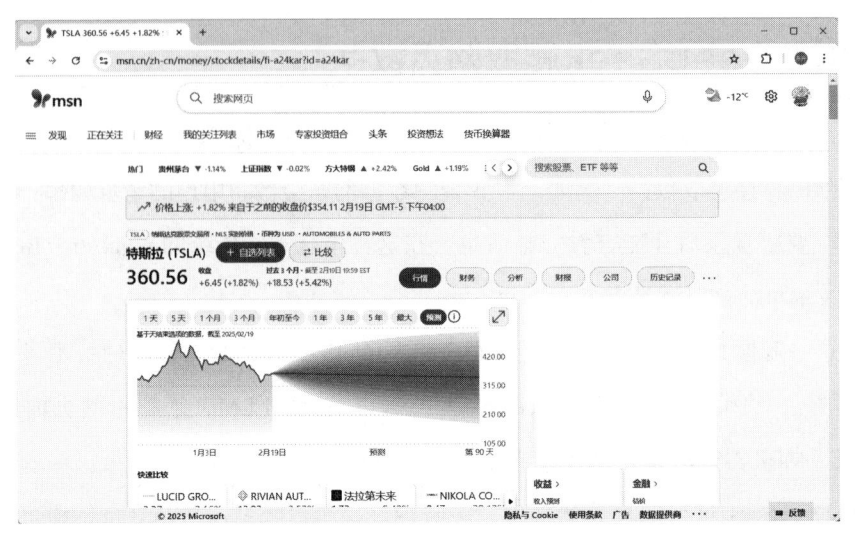

图 5-9　特斯拉股票数据页面

在图 5-9 所示的页面中，单击"历史记录"按钮进入如图 5-10 所示的特斯拉股票历史数据页面。

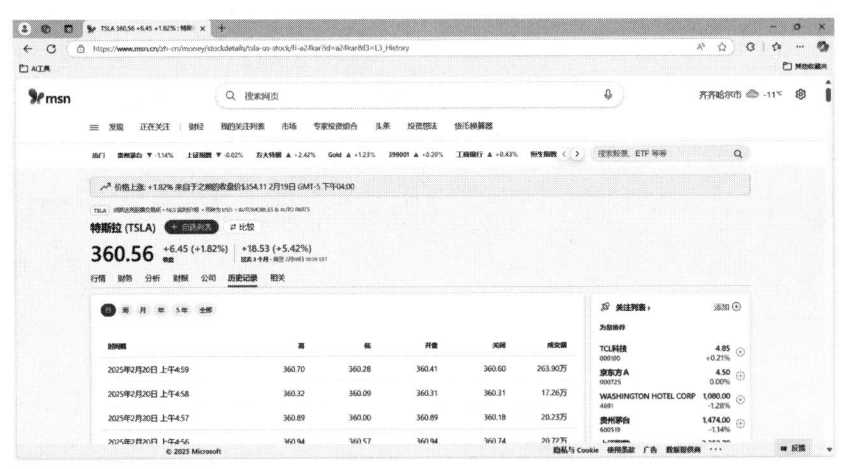

图 5-10　特斯拉股票历史数据页面

默认显示日数据，数据量巨大，不便于后期的保存和分析，这里选择周数据，单击 周 按钮即可显示出如图 5-11 所示的周数据。

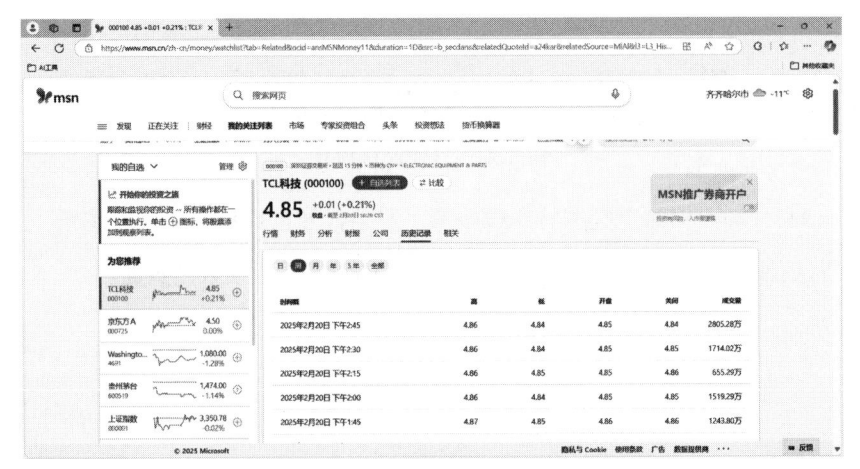

图 5-11　特斯拉股票历史周数据

由于该网站具有反爬机制，无法使用节程序代码从该网站爬取数据。爬取特斯拉股票数据的步骤如下。

第 1 步，在网页中通过鼠标选中所需的股票数据，并复制到剪贴板。

> **提示：**
> Windows 操作系统中可按组合键 Ctrl+C，或者右击选中的数据，在弹出的菜单中选择"复制"选项。
> macOS 操作系统中可按组合键 Command+C，或者右击选中的数据，在弹出的菜单中选择"复制"选项。

第 2 步，将剪贴板中的数据粘贴到 DeepSeek 对话框中进行提问。

> **提问：**
>
> 有如下股票数据，帮我整理成 CSV 表格。
>
> | 日期 | 高 | 低 | 开盘 | 关闭 | 成交量 |
> |---|---|---|---|---|---|
> | 2025 年 2 月 19 日 | 367.34 | 353.67 | 354.00 | 360.56 | 6655.33 万 |
> | 2025 年 2 月 18 日 | 359.10 | 350.02 | 355.01 | 354.11 | 5163.17 万 |
> | 2025 年 2 月 14 日 | 362.00 | 347.50 | 360.62 | 355.84 | 6827.73 万 |
> | 2025 年 2 月 13 日 | 358.69 | 342.85 | 345.00 | 355.94 | 8944.15 万 |
> | 2025 年 2 月 12 日 | 346.40 | 329.12 | 329.94 | 336.51 | 1.05 亿 |
> | 2025 年 2 月 11 日 | 349.37 | 325.10 | 345.80 | 328.50 | 1.19 亿 |
> | 2025 年 2 月 10 日 | 362.70 | 350.51 | 356.21 | 350.73 | 7751.49 万 |
> | 2025 年 2 月 7 日 | 380.55 | 360.34 | 370.19 | 361.62 | 7029.83 万 |
> | 2025 年 2 月 6 日 | 375.40 | 363.18 | 373.03 | 374.32 | 7791.82 万 |
> | 2025 年 2 月 5 日 | 388.39 | 375.53 | 387.51 | 378.17 | 5761.47 万 |
> | 2025 年 2 月 4 日 | 394.00 | 381.40 | 382.63 | 392.21 | 5707.22 万 |
> | 2025 年 2 月 3 日 | 389.17 | 374.36 | 386.68 | 383.68 | 9373.21 万 |
> | 2025 年 1 月 31 日 | 419.99 | 401.34 | 401.53 | 404.60 | 8356.82 万 |
> | 2025 年 1 月 30 日 | 412.50 | 384.41 | 410.78 | 400.28 | 9809.29 万 |
> | 2025 年 1 月 29 日 | 398.59 | 384.48 | 395.21 | 389.10 | 6803.36 万 |
> | 2025 年 1 月 28 日 | 400.59 | 386.50 | 396.91 | 398.09 | 4891.07 万 |
> | 2025 年 1 月 27 日 | 406.69 | 389.00 | 394.80 | 397.15 | 5812.55 万 |
> | 2025 年 1 月 24 日 | 418.88 | 405.78 | 414.45 | 406.58 | 5642.71 万 |
> | 2025 年 1 月 23 日 | 420.73 | 408.95 | 416.06 | 412.38 | 5069.06 万 |
> | 2025 年 1 月 22 日 | 428.00 | 414.59 | 416.81 | 415.11 | 6096.33 万 |
> | 2025 年 1 月 21 日 | 433.20 | 406.31 | 432.64 | 424.07 | 8732.09 万 |

> **DeepSeek：**
>
> 日期,高,低,开盘,关闭,成交量
> 2025 年 2 月 19 日,367.34,353.67,354.00,360.56,6655.33 万
> 2025 年 2 月 18 日,359.10,350.02,355.01,354.11,5163.17 万
> 2025 年 2 月 14 日,362.00,347.50,360.62,355.84,6827.73 万
> 2025 年 2 月 13 日,358.69,342.85,345.00,355.94,8944.15 万

2025 年 2 月 12 日,346.40,329.12,329.94,336.51,1.05 亿

2025 年 2 月 11 日,349.37,325.10,345.80,328.50,1.19 亿

2025 年 2 月 10 日,362.70,350.51,356.21,350.73,7751.49 万

2025 年 2 月 7 日,380.55,360.34,370.19,361.62,7029.83 万

2025 年 2 月 6 日,375.40,363.18,373.03,374.32,7791.82 万

2025 年 2 月 5 日,388.39,375.53,387.51,378.17,5761.47 万

2025 年 2 月 4 日,394.00,381.40,382.63,392.21,5707.22 万

2025 年 2 月 3 日,389.17,374.36,386.68,383.68,9373.21 万

2025 年 1 月 31 日,419.99,401.34,401.53,404.60,8356.82 万

2025 年 1 月 30 日,412.50,384.41,410.78,400.28,9809.29 万

2025 年 1 月 29 日,398.59,384.48,395.21,389.10,6803.36 万

2025 年 1 月 28 日,400.59,386.50,396.91,398.09,4891.07 万

2025 年 1 月 27 日,406.69,389.00,394.80,397.15,5812.55 万

2025 年 1 月 24 日,418.88,405.78,414.45,406.58,5642.71 万

2025 年 1 月 23 日,420.73,408.95,416.06,412.38,5069.06 万

2025 年 1 月 22 日,428.00,414.59,416.81,415.11,6096.33 万

2025 年 1 月 21 日,433.20,406.31,432.64,424.07,8732.09 万

第 3 步，将上述 CSV 数据保存为"特斯拉股票数据 .csv"文件，然后用 Excel 打开，如图 5-12 所示。

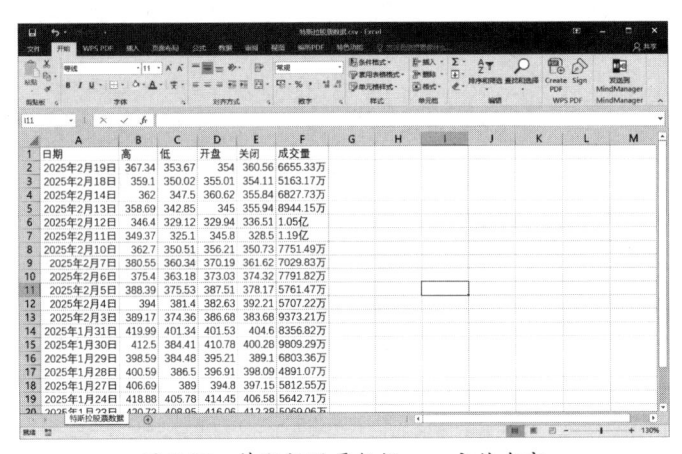

图 5-12　特斯拉股票数据 .csv 文件内容

5.3　API调用采集数据

通过 API 调用采集数据是一种常见的方法，可以与远程服务器进行通信并获取所需的数据。以下是通过 API 调用采集数据的一般步骤。

（1）选择API提供商：根据想要获取的数据类型（如股票数据、外汇数据、加密货币数据等）和频率（如实时数据、历史数据等），选择合适的API提供商。一些常见的金融数据API提供商包括Alpha Vantage、Quandl、Yahoo Finance等。

（2）注册和获取API密钥：大多数API提供商要求用户注册并获取API密钥。API密钥是用于身份验证和访问API服务的唯一标识。用户根据API提供商的要求，注册并获取自己的API密钥即可。

（3）API调用：使用编程语言（如Python、Java、JavaScript等）编写代码来进行API调用。根据API提供商的文档和指南，构建API请求，包括指定所需的数据、请求的格式和参数等。

（4）发送API请求：使用编程语言中的HTTP请求库（如requests）发送API请求。请求中包含API密钥和其他必要的参数。发送请求后，等待服务器响应。

（5）处理API响应：接收到API服务器的响应后，立即解析响应数据并进行处理。根据API返回的数据格式（如JSON、XML等），使用相应的数据处理库进行数据解析和提取。

（6）数据存储和管理：将采集到的数据存储到适当的数据结构中，如数据库、CSV文件或其他数据格式。用户根据自己的需求和数据量的大小，选择合适的数据存储方式即可。

（7）数据分析和应用：对采集到的数据进行分析和应用，并根据自己的量化交易策略或分析需求，使用相应的数据分析工具和技术进行数据处理、计算指标、生成图表等。

5.3.1 常见的金融数据API

以下是一些常见的金融数据 API 提供商的简要介绍。

（1）Alpha Vantage：Alpha Vantage提供了广泛的金融市场数据，包括股票、外汇、加密货币等。其API支持实时数据和历史数据查询，同时包括技术指标、股票分割和股息等信息。Alpha Vantage提供免费和付费两种API访问计划。

（2）Quandl：Quandl是一个广受欢迎的金融数据平台，提供各种各样的金融和经济数据。其API提供了丰富的历史数据，包括股票、期货、指数、外汇等，同时提供了易于使用的接口和数据格式。

（3）Yahoo Finance：Yahoo Finance是一个知名的金融信息平台，提供股票、行情、新闻等金融数据。其API可以免费访问，支持获取实时股票数据、历史股票数据、指数数据等。

除了上述常见的金融数据 API 提供商，国内也有一些金融数据 API 提供商。

（1）聚宽：聚宽是国内知名的金融数据和量化交易平台，提供了丰富的金融数据和量化交易工具。其API包括股票、基金、指数等多个市场的实时数据和历史数据，并提供一些基本的技术指标和财务数据。

（2）Tushare：Tushare是一个免费的金融数据接口平台，提供丰富的股票、基金、期货等市场数据。其API包括历史行情数据、财务报表数据、宏观经济数据等，可通过Python进行调用。

（3）天天基金网：天天基金网是一个专注于基金数据的网站，提供基金的实时数据和历史数据。其API包括基金净值、基金排行、基金公司等信息，可用于获取基金相关数据。

上述国内的金融数据 API 提供商都有自己的数据范围和功能特点，可以根据自己的需求选择合适的 API 进行调用。在使用 API 时，需要注意每个提供商的 API 文档和使用规范，以确保正确地调用和处理数据。这里笔者重点介绍 Tushare 提供的 API。

5.3.2 使用Tushare API采集数据

Tushare 是一个提供我国股市及其他金融数据接口的 Python 库，能够帮助用户快速获取股票、基金、期货、外汇等数据。通过 Tushare API，用户可以轻松地获取我国股市的实时数据和历史数据，进行各种金融分析和量化策略构建。本节将介绍如何使用 Tushare API 采集股票数据，并通过示例展示如何进行数据获取和处理。

1. 注册与获取API密钥

要使用 Tushare API，需要先进行注册，注册过程不再赘述，注册成功后登录即可。Tushare API 的帮助文档（https://tushare.pro/document/2）如图 5-13 所示。

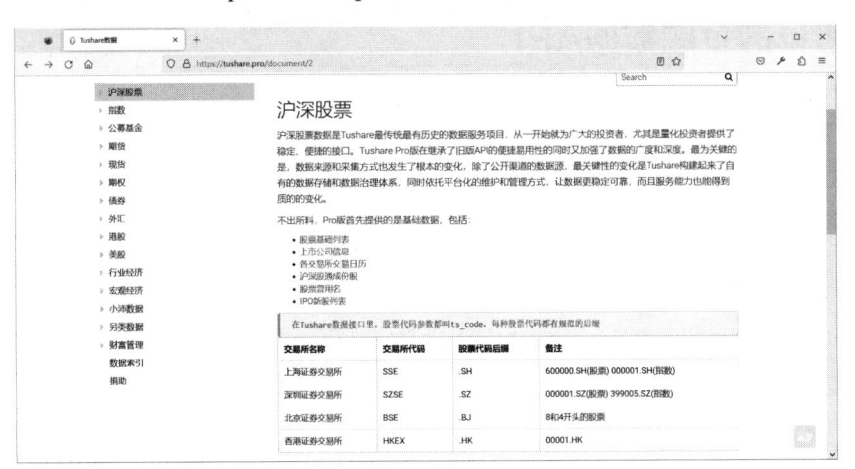

图 5-13　Tushare API 的帮助文档

在 Python 程序中调用 Tushare API 时，用户需要提供接口 TOKEN。用户注册并登录成功后，可以通过网址 https://tushare.pro/user/token 来获取 TOKEN，如图 5-14 所示。单击复制按钮，复制 TOKEN 并保存好，以备在程序中使用。

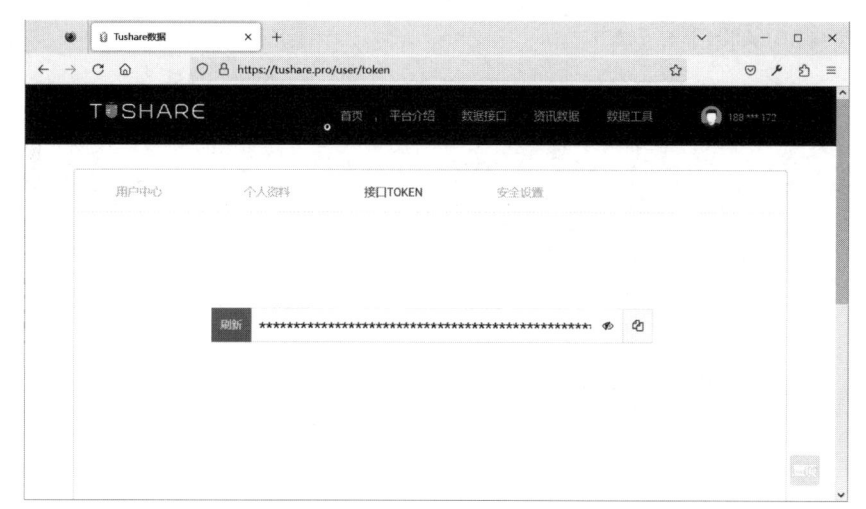

图 5-14　获取 Tushare API 的 TOKEN

2. 安装Tushare

Tushare 可以通过 pip 进行安装，其指令如下。

```
pip install tushare
```

Tushare 的安装过程如图 5-15 所示。

图 5-15　Tushare 的安装过程

5.3.3　实战案例13：使用Tushare API获取中国石油股票数据

下面通过一个案例来介绍如何使用 Python 程序调用 Tushare API 并获取股票数据。

案例背景如下。

中国石油的股票代号是 601857，根据股票代号可以确定以下信息。

（1）代号以"6"开头：表示中国石油股票是A股。

（2）"60"作为代号的前缀：表示中国石油股票是在上海证券交易所上市交易的。

由于中国石油股票属于 A 股，我们可以使用 Tushare 提供的 A 股日线行情函数 daily 获取。有关该函数的使用帮助网址为 https://tushare.pro/document/2?doc_id=27，如图 5-15 所示。

A股日线行情

接口: daily, 可以通过**数据工具**调试和查看数据

数据说明: 交易日每天15点~16点之间入库。本接口是未复权行情, 停牌期间不提供数据

调取说明: 120积分每分钟内最多调取500次, 每次6000条数据, 相当于单次提取23年历史

描述: 获取股票行情数据, 或通过**通用行情接口**获取数据, 包含了前后复权数据

输入参数

名称	类型	必选	描述
ts_code	str	N	股票代码 (支持多个股票同时提取, 逗号分隔)
trade_date	str	N	交易日期 (YYYYMMDD)
start_date	str	N	开始日期(YYYYMMDD)
end_date	str	N	结束日期(YYYYMMDD)

注: 日期都填YYYYMMDD格式, 比如20181010

输出参数

名称	类型	描述
ts_code	str	股票代码
trade_date	str	交易日期
open	float	开盘价
high	float	最高价
low	float	最低价
close	float	收盘价
pre_close	float	昨收价(前复权)
change	float	涨跌额
pct_chg	float	涨跌幅 (未复权, 如果是复权请用 通用行情接口)
vol	float	成交量 (手)
amount	float	成交额 (千元)

图 5-16　A 股日线行情函数 daily 的帮助文档

案例实现代码如下。

```python
# 导入 tushare
import tushare as ts                                          ①

# 初始化 pro 接口
pro = ts.pro_api('<修改为自己的 TOKEN>')                       ②
df = pro.daily(ts_code='601857.SH', start_date='20240101', end_date='20250101')
                                                              ③
df                                                            ④
```

运行上述代码, 输出 df 数据, 如图 5-17 所示。

	ts_code	trade_date	open	high	low	close	pre_close	change	pct_chg	vol	amount
0	601857.SH	20241231	9.02	9.05	8.92	8.94	9.00	-0.06	-0.6667	1554073.59	1396986.883
1	601857.SH	20241230	8.92	9.08	8.91	9.00	8.92	0.08	0.8969	1459250.07	1311769.433
2	601857.SH	20241227	8.98	9.07	8.81	8.92	8.97	-0.05	-0.5574	1451990.07	1291502.032
3	601857.SH	20241226	9.02	9.02	8.85	8.97	9.02	-0.05	-0.5543	1845506.97	1647425.131
4	601857.SH	20241225	8.76	9.05	8.75	9.02	8.78	0.24	2.7335	2503520.51	2241802.966
...	...	...	...	...	...	...	...	...	...	...	...
237	601857.SH	20240108	7.50	7.57	7.42	7.47	7.49	-0.02	-0.2670	1166565.27	873973.695
238	601857.SH	20240105	7.39	7.59	7.35	7.49	7.43	0.06	0.8075	1529002.32	1149424.617
239	601857.SH	20240104	7.33	7.46	7.32	7.43	7.28	0.15	2.0604	1493913.02	1103951.799
240	601857.SH	20240103	7.14	7.30	7.11	7.28	7.14	0.14	1.9608	1346558.87	975419.831
241	601857.SH	20240102	7.06	7.19	7.05	7.14	7.06	0.08	1.1331	1226086.89	873933.752

242 rows × 11 columns

图 5-17　输出 df 数据

代码解释如下。

代码第①行通过 import tushare as ts 语句导入 Tushare，该库是一个提供 A 股市场数据的 Python 接口。

代码第②行使用 pro = ts.pro_api('< 修改为自己的 TOKEN>') 语句初始化 Tushare 的 pro 接口，并传入自己的 TOKEN（密钥）。这个 TOKEN 是在 Tushare 官网注册账号后，通过 API 接口申请获得的。

代码第③行通过 pro.daily(ts_code='601857.SH', start_date='20240101', end_date='20250101') 调用 pro 接口的 daily 函数获取指定股票代码（'601857.SH' 表示中国石油在上海证券交易所的代码）在指定日期范围内的日线交易数据。在这个例子中，获取的日期范围是 2024 年 1 月 1 日到 2025 年 1 月 1 日。

代码第④行将获取到的股票数据存储在 DataFrame（df）中，并通过 df 语句将其显示出来。DataFrame 是 Pandas 中用于处理和分析数据的数据结构。

> **注意：**
> 若要运行上述代码，需要替换代码中的 < 修改为自己的 TOKEN> 部分为用户在 Tushare 官网上获得的 API 密钥。

5.4 数据清洗

数据清洗在量化交易中扮演着重要的角色。量化交易利用大量数据进行模型构建、信号生成和交易决策。因此，确保数据的准确性、完整性和一致性对于量化交易的成功至关重要，主要体现在以下几个方面。

（1）错误数据纠正：获取的原始数据中难免会有错误的数据，如价格出现异常跳跃、量能数据出现负值等。这需要进行错误数据检测和纠正，以确保后续分析的数据质量。

（2）空值填充：数据中经常会出现空值，需要进行空值检测和填充，可以选择忽略、平均值填充、回归填充等。

（3）异常值处理：数据中会出现一些极端异常的数据点，需要进行异常值检测和处理，如剔除或平均值填充等。

（4）数据重复处理：重复数据可能会导致分析结果偏移，因此需要进行处理。

（5）数据类型转换：确保数据的类型与其含义和使用方式相匹配，如将字符串类型转换为数值类型、将日期类型转换为标准日期格式等。

（6）数据一致性处理：检查数据中的命名规范、编码方式、单位表示等是否一致，进行必要的调整和转换，以确保数据的一致性。

上述内容仅是数据清洗过程中的一些常见任务和方法，具体的数据清洗步骤和方法取决于数据的特点、分析目标和业务需求。在进行数据清洗时，我们可以使用 Pandas 和 NumPy 等库，以提高效率和准确性。

5.4.1 实战案例14：ABC股票数据清洗

图 5-18 展示了 ABC 股票的数据，其中存在一些问题。标注为灰色背景色的单元格表示数据存在异常或缺失。

图 5-18　存在异常或缺失的数据

ABC 股票数据存在的主要问题如下。

（1）某些字段存在缺失值。

- 2022/1/3的收盘价缺失。
- 2022/1/8的最低价缺失。
- 2022/1/10的成交量缺失。

影响：缺失值会影响后续分析（如计算涨跌幅或绘制 K 线图）。

（2）某些字段的值明显异常。

2022/1/3 的成交量为 -500000，成交量不应为负数。

影响：异常值可能导致统计分析结果失真。

处理缺失值的方法通常取决于数据的性质和缺失值的类型。以下是几种常见的处理缺失值的方法。

（1）指定一个固定值进行填充：这种方法简单地使用一个预先定义的固定值（如 0 或 -1）来填充缺失值。然而，这种方法可能会引入偏差，因为这种方法假设缺失值与该固定值是相等的，所以可能会对数据分析和建模产生不良影响。

（2）平均值填充：这种方法使用特征的平均值来填充缺失值。对于数值型特征而言，平均值填充是一种简单而常用的方法，适用于缺失值随机分布且缺失值数量较少的情况。

（3）中位数填充：与平均值填充类似，中位数填充是使用特征的中位数来填充缺失值。与平均值填充相比，中位数填充更适合处理存在极端值或偏斜分布的特征。

（4）邻近值填充：这种方法使用邻近的已知值来填充缺失值。可以选择使用上一条数据或下一条数据进行填充，这在时间序列数据中比较常见。另外，K最近邻（K-Nearest Neighbor，KNN）分类算法可以用于填充缺失值，它会根据其他特征值的相似性来选择合适的邻近值进行填充。

（5）预测值填充：这种方法利用机器学习等算法来预测缺失值。可以使用其他特征作为输入，构建模型来预测缺失值。这种方法可以提供更准确的填充结果，但需要考虑模型的选择和训练过程。

我们在选择处理缺失值的方法时，需要考虑数据的特点、缺失值的模式及对后续分析结果的影响，应该根据具体情况选择最合适的方法来处理缺失值。此外，我们可以咨询DeepSeek，让它给出参考意见。

处理缺失值的实现代码如下。

```
import pandas as pd
# 读取数据文件
df = pd.read_csv('data/股票数据Test.csv')                    ①
# 处理前的数据
df                                                          ②
```

使用Jupyter Notebook工具运行上述代码，输出df数据如图5-19所示，其中NaN表示缺失值（Not a Number）。

	日期	开盘价	收盘价	最低价	最高价	成交量
0	2022-01-01	50.2	51.5	49.8	52.1	1000000.0
1	2022-01-02	52.0	53.2	51.5	54.0	1200000.0
2	2022-01-03	54.5	NaN	53.8	56.0	-500000.0
3	2022-01-04	55.2	53.8	52.5	55.5	900000.0
4	2022-01-05	54.0	53.2	52.1	54.8	1100000.0
5	2022-01-06	53.5	52.7	51.8	54.2	950000.0
6	2022-01-07	52.8	54.3	52.4	55.1	800000.0
7	2022-01-08	54.2	55.6	NaN	56.2	750000.0
8	2022-01-09	55.7	56.2	54.9	56.5	850000.0
9	2022-01-10	56.0	55.5	54.7	56.8	NaN

图5-19 输出df数据

提示：
Jupyter Notebook工具输出的结果是嵌入HTML页面中的，非常适合输出DataFrame这种表格数据，但是需要注意输出时不要使用print()函数打印df数据变量。

代码解释如下。

代码第①行中的pd.read_csv()是Pandas中的一个函数，用于从CSV文件中读取数据并加载到一个DataFrame对象中。在这行代码中，"股票数据Test.csv"是文件的路径和名称，它指定了要读取的 CSV 文件。读者需要确保该文件与代码文件在同一个目录下，或者提供正确的文件路径。

代码第②行中的 df 是一个变量名，读者可以根据需要自定义变量名。它表示 DataFrame 对象，用于存储从 CSV 文件中读取的数据。df 数据在 Jupyter Notebook 中输出。

事实上 Pandas 的 DataFrame 对象也提供查找缺失值的函数，即 DataFrame.snull()，代码如下。

```
# 查找缺失值
missing_values = df.isnull().sum()         ①
print("缺失值数量: ")
print(missing_values)
```

运行上述代码，输出结果如下。

```
缺失值数量:
日期        0
开盘价       0
收盘价       1
最低价       1
最高价       0
成交量       1
dtype: int64
```

从运行结果可见，数据中有 3 个缺失值。

代码解释如下。

代码第①行中的 df 是一个 DataFrame 对象，它包含了加载的数据。df.isnull() 是一个 DataFrame 方法，用于检测 DataFrame 中的缺失值。它返回一个布尔值的 DataFrame，其中缺失值被标记为 True，非缺失值被标记为 False。sum() 是对 DataFrame 进行求和的方法。对于布尔值的 DataFrame，True 被解释为 1，False 被解释为 0。因此，使用 sum() 方法会对每列中的 True 进行求和，从而得到每列缺失值的数量。missing_values 是一个新的变量，用于存储每列缺失值的数量。该变量是一个 Series 对象，其中索引是 DataFrame 中的列名，值是对应列中缺失值的数量。

知道缺失值的位置后，就可以进行处理了，笔者给出几种处理方法，代码如下。

```
# 填充缺失值
# 使用平均值填充收盘价
mean_close = df['收盘价'].mean()                          ①
df['收盘价'].fillna(mean_close, inplace=True)             ②

# 使用中位数填充最低价
median_low = df['最低价'].median()                        ③
df['最低价'].fillna(median_low, inplace=True)             ④

# 使用邻近值填充最高价
df['最高价'].fillna(method='ffill', inplace=True)         ⑤

# 使用 0 填充成交量
df['成交量'].fillna(0, inplace=True)                      ⑥

# 查看填充后的数据
print("处理后的数据: ")
df
```

运行上述代码，输出填充后的 df 数据，如图 5-20 所示。从图中可见，缺失值被填充了。

	日期	开盘价	收盘价	最低价	最高价	成交量
0	2022-01-01	50.2	51.5	49.8	52.1	1000000.0
1	2022-01-02	52.0	53.2	51.5	54.0	1200000.0
2	2022-01-03	54.5	54.0	53.8	56.0	-500000.0
3	2022-01-04	55.2	53.8	52.5	55.5	900000.0
4	2022-01-05	54.0	53.2	52.1	54.8	1100000.0
5	2022-01-06	53.5	52.7	51.8	54.2	950000.0
6	2022-01-07	52.8	54.3	52.4	55.1	800000.0
7	2022-01-08	54.2	55.6	52.4	56.2	750000.0
8	2022-01-09	55.7	56.2	54.9	56.5	850000.0
9	2022-01-10	56.0	55.5	54.7	56.8	0.0

图 5-20　输出填充后的 df 数据

上述代码用于对 DataFrame 中的缺失值进行填充，并输出填充后的数据。代码解释如下。

代码第①行使用 mean() 函数计算"收盘价"列的平均值，并将结果存储在 mean_close 变量中。

代码第②行通过 fillna() 函数将"收盘价"列中的缺失值填充为平均值。inplace=True 表示直接在原始 DataFrame 上进行修改，而不是创建新的副本。

代码第③行使用 median() 函数计算"最低价"列的中位数，并将结果存储在 median_low 变量中。

代码第④行通过 fillna() 函数将"最低价"列中的缺失值填充为中位数。

代码第⑤行对于"最高价"列，使用 fillna() 函数的 method='ffill' 参数来使用邻近值填充缺失值。这意味着将缺失值用前一个非缺失值进行填充。

代码第⑥行使用 fillna() 函数将"成交量"列中的缺失值填充为 0。

5.4.2　处理股票数据类型不一致问题

对于股票数据类型不一致的问题，我们可以考虑进行以下处理。

（1）检查数据类型：需要确认各列的数据类型，这里可以使用 df.dtypes 查看 DataFrame 中每列的数据类型。

（2）转换日期列：如果日期列是字符串类型的，可以使用 pd.to_datetime() 函数将其转换为日期类型。例如，可以使用以下代码将日期列转换为日期类型。

```
df['日期'] = pd.to_datetime(df['日期'])
```

（3）转换数值列：如果开盘价、收盘价、最低价、最高价和成交量这几列是字符串类型的，可以使用 pd.to_numeric() 函数将其转换为数值类型。例如，可以使用以下代码将这些列转换为数值类型。

```
numeric_cols = ['开盘价', '收盘价', '最低价', '最高价', '成交量']
df[numeric_cols] = df[numeric_cols].apply(pd.to_numeric)
```

上述代码使用 pd.to_numeric() 函数对指定的列进行转换，并将转换后的结果重新赋值给相应的列。

处理股票数据类型不一致问题的具体代码如下。

```python
import pandas as pd
# 读取数据文件
df = pd.read_csv('data/股票数据Test.csv')
...
# 转换日期列的数据类型为字符串
df['日期'] = df['日期'].astype(str)

# 转换数值列的数据类型为浮点数
df['开盘价'] = df['开盘价'].astype(float)
df['收盘价'] = df['收盘价'].astype(float)
df['最低价'] = df['最低价'].astype(float)
df['最高价'] = df['最高价'].astype(float)
df['成交量'] = df['成交量'].astype(float)

# 查看处理后的数据
print("处理后的数据：")
df
```

运行上述代码，输出 df 数据，如图 5-21 所示。

	日期	开盘价	收盘价	最低价	最高价	成交量
0	2022-01-01	50.2	51.5	49.8	52.1	1000000.0
1	2022-01-02	52.0	53.2	51.5	54.0	1200000.0
2	2022-01-03	54.5	54.0	53.8	56.0	-500000.0
3	2022-01-04	55.2	53.8	52.5	55.5	900000.0
4	2022-01-05	54.0	53.2	52.1	54.8	1100000.0
5	2022-01-06	53.5	52.7	51.8	54.2	950000.0
6	2022-01-07	52.8	54.3	52.4	55.1	800000.0
7	2022-01-08	54.2	55.6	52.4	56.2	750000.0
8	2022-01-09	55.7	56.2	54.9	56.5	850000.0
9	2022-01-10	56.0	55.5	54.7	56.8	0.0

图 5-21 处理股票数据类型不一致问题后输出的 df 数据

5.4.3 处理股票数据异常值

图 5-18 所示的股票数据中存在异常值，即第三行的成交量为负数。处理异常值时，我们可以通过以下代码来检查和处理成交量为负数的异常值。

```python
# 检查异常值
negative_volume = df[df['成交量'] < 0]if not negative_volume.empty:
    print("存在异常值：成交量为负数")
    print(negative_volume)
# 将成交量为负数的异常值置为 NaN 或其他合适的值
df.loc[df['成交量'] < 0, '成交量'] = None
# 查看处理后的数据
print("处理后的数据：")
print(df)
```

上述代码先检查 DataFrame 中成交量列是否存在小于 0 的值，如果存在，那么打印出异常值所在的行；然后将成交量为负数的异常值替换为 NaN 或其他合适的值（如 0 或正数）；最后打印出处理后的数据。

处理股票数据异常值的具体代码如下。

```python
import pandas as pd
# 读取数据文件
df = pd.read_csv('股票数据 Test.csv')

# 检查异常值
negative_volume = df[df['成交量'] < 0]
if not negative_volume.empty:
    print("存在异常值：成交量为负数")
    print(negative_volume)

# 将成交量为负数的异常值置为 NaN 或其他合适的值
df.loc[df['成交量'] < 0, '成交量'] = None

# 查看处理后的数据
print("处理后的数据：")
df
```

运行上述代码，输出 df 数据，如图 5-22 所示。从图中可见，第三行的成交量数据被修改为 NaN。

	日期	开盘价	收盘价	最低价	最高价	成交量
0	2022-01-01	50.2	51.5	49.8	52.1	1000000.0
1	2022-01-02	52.0	53.2	51.5	54.0	1200000.0
2	2022-01-03	54.5	NaN	53.8	56.0	NaN
3	2022-01-04	55.2	53.8	52.5	55.5	900000.0
4	2022-01-05	54.0	53.2	52.1	54.8	1100000.0
5	2022-01-06	53.5	52.7	51.8	54.2	950000.0
6	2022-01-07	52.8	54.3	52.4	55.1	800000.0
7	2022-01-08	54.2	55.6	NaN	56.2	750000.0
8	2022-01-09	55.7	56.2	54.9	56.5	850000.0
9	2022-01-10	56.0	55.5	54.7	56.8	NaN

图 5-22 处理股票数据异常值后输出的 df 数据

5.4.4 DeepSeek助力数据清洗

使用 DeepSeek 助力数据清洗可以按照以下步骤进行。

（1）数据理解和问题定义：我们需要提供数据集的背景和问题描述，包括数据的来源、格式及需要解决的问题。这将帮助 DeepSeek 了解任务。

（2）数据检查和初步分析：我们需要提供数据样本或摘要，让 DeepSeek 了解数据的基本结构和特征。DeepSeek 可以帮助我们检查数据的完整性、缺失值、异常值、数据类型等。

（3）数据清洗技术和方法查询：我们向 DeepSeek 提出有关数据清洗的问题，如缺失值处理、异常值检测和处理、重复数据处理等。DeepSeek可以解释不同的清洗技术和方法，并根据具体情况提出合适的建议和指导。

（4）数据清洗实施：根据DeepSeek的建议和指导，实施数据清洗。这可能涉及使用编程语言（如Python）和相应的库（如Pandas）来处理数据，并执行清洗操作。

（5）数据清洗验证和评估：DeepSeek可以验证清洗后的数据，并提供评估指标，以确保数据清洗的有效性和质量。

需要注意的是，DeepSeek是基于文本的模型，无法直接处理数据。它可以提供解释、建议和指导，但最终的实际执行需要我们在适当的开发环境中完成。

5.4.5 实战案例15：使用DeepSeek清洗特斯拉股票数据

在5.2.9节，我们借助DeepSeek爬取了特斯拉股票数据，但是个别数据存在一些问题。

（1）日期格式不统一：数据中的日期格式是"YYYY年MM月DD日"，这种格式虽然清晰，但在进行数据分析时，最好统一转换为标准的日期格式（如"YYYY-MM-DD"），便于处理和分析。

（2）成交量单位不一致："成交量"列的单位有两种，分别是"万"和"亿"。建议将所有成交量转换为相同的单位（如统一为"万"或统一为"亿"），否则会影响计算和分析。

（3）数值精度问题："成交量"列的数值精度不一致。清洗时可以选择统一小数位数（如保留两位小数），以确保一致性。

（4）缺失值或异常值检查：需要检查是否有缺失值或异常值，如是否有日期重复、价格和成交量不合逻辑的情况（如成交量为负数），若有，则需要删除或修正这些数据。

（5）日期顺序：虽然数据是按日期降序排序的，但在清洗过程中，可以重新检查是否有日期顺序错误的情况。特别是在分析时间序列数据时，顺序非常重要。

> **提问：**
>
> 帮我清洗如下数据，要求如下。
> 1. 将"日期"列转换为标准的日期格式YYYY-MM-DD。
> 2. 数据按日期升序排序。
> 3. 将成交量的单位从"万"和"亿"统一转换为"万"。
> 4. 数据类型转换：确保高、低、开盘和关闭这几列是浮点数类型。
> 5. 将列表修改为英文。
> 6. 返回CSV表格。
>
> | 日期 | 高 | 低 | 开盘 | 关闭 | 成交量 |
> |---|---|---|---|---|---|
> | 2025年2月19日 | 367.34 | 353.67 | 354.00 | 360.56 | 6655.33万 |
> | 2025年2月18日 | 359.10 | 350.02 | 355.01 | 354.11 | 5163.17万 |
> | 2025年2月14日 | 362.00 | 347.50 | 360.62 | 355.84 | 6827.73万 |
> | 2025年2月13日 | 358.69 | 342.85 | 345.00 | 355.94 | 8944.15万 |

日期	最高	最低	开盘	收盘	成交量
2025 年 2 月 12 日	346.40	329.12	329.94	336.51	1.05 亿
2025 年 2 月 11 日	349.37	325.10	345.80	328.50	1.19 亿
2025 年 2 月 10 日	362.70	350.51	356.21	350.73	7751.49 万
2025 年 2 月 7 日	380.55	360.34	370.19	361.62	7029.83 万
2025 年 2 月 6 日	375.40	363.18	373.03	374.32	7791.82 万
2025 年 2 月 5 日	388.39	375.53	387.51	378.17	5761.47 万
2025 年 2 月 4 日	394.00	381.40	382.63	392.21	5707.22 万
2025 年 2 月 3 日	389.17	374.36	386.68	383.68	9373.21 万
2025 年 1 月 31 日	419.99	401.34	401.53	404.60	8356.82 万
2025 年 1 月 30 日	412.50	384.41	410.78	400.28	9809.29 万
2025 年 1 月 29 日	398.59	384.48	395.21	389.10	6803.36 万
2025 年 1 月 28 日	400.59	386.50	396.91	398.09	4891.07 万
2025 年 1 月 27 日	406.69	389.00	394.80	397.15	5812.55 万
2025 年 1 月 24 日	418.88	405.78	414.45	406.58	5642.71 万
2025 年 1 月 23 日	420.73	408.95	416.06	412.38	5069.06 万
2025 年 1 月 22 日	428.00	414.59	416.81	415.11	6096.33 万
2025 年 1 月 21 日	433.20	406.31	432.64	424.07	8732.09 万

DeepSeek：

Date,High,Low,Open,Close,Volume
2025-01-21,433.20,406.31,432.64,424.07,8732.09
2025-01-22,428.00,414.59,416.81,415.11,6096.33
2025-01-23,420.73,408.95,416.06,412.38,5069.06
2025-01-24,418.88,405.78,414.45,406.58,5642.71
2025-01-27,406.69,389.00,394.80,397.15,5812.55
2025-01-28,400.59,386.50,396.91,398.09,4891.07
2025-01-29,398.59,384.48,395.21,389.10,6803.36
2025-01-30,412.50,384.41,410.78,400.28,9809.29
2025-01-31,419.99,401.34,401.53,404.60,8356.82
2025-02-03,389.17,374.36,386.68,383.68,9373.21
2025-02-04,394.00,381.40,382.63,392.21,5707.22
2025-02-05,388.39,375.53,387.51,378.17,5761.47
2025-02-06,375.40,363.18,373.03,374.32,7791.82
2025-02-07,380.55,360.34,370.19,361.62,7029.83
2025-02-10,362.70,350.51,356.21,350.73,7751.49
2025-02-11,349.37,325.10,345.80,328.50,11900.00
2025-02-12,346.40,329.12,329.94,336.51,10500.00
2025-02-13,358.69,342.85,345.00,355.94,8944.15
2025-02-14,362.00,347.50,360.62,355.84,6827.73
2025-02-18,359.10,350.02,355.01,354.11,5163.17

2025-02-19,367.34,353.67,354.00,360.56,6655.33

我们可以将上述 CSV 数据保存为"特斯拉股票数据（清洗后）.csv"文件，然后用 Excel 打开，如图 5-18 所示。

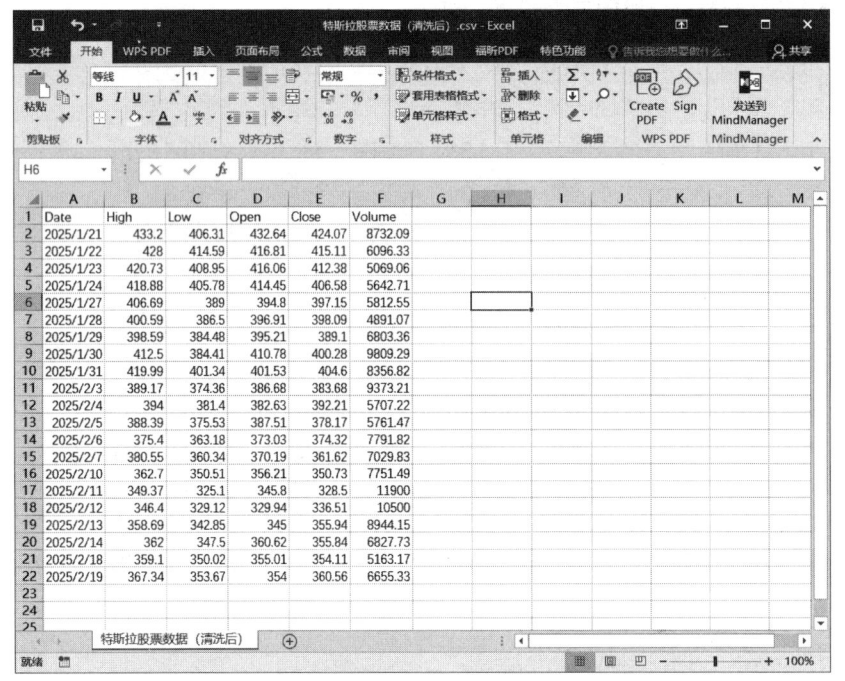

图 5-23　特斯拉股票数据（清洗后）.csv 文件内容

5.5 统计分析

完成数据清洗之后，可以通过统计分析来探索数据的特征和关系。以下是一些常见的统计分析方法。

（1）相关性分析：我们可以使用相关系数（如皮尔逊相关系数）来衡量两个变量之间的线性相关性。这可以帮助我们了解变量之间的关系，如股票收益率与某个指标之间的相关性。本节重点介绍相关性分析。

（2）因子分析：因子分析适用于探索多个变量之间的潜在关系和结构。它通过将多个观测变量转化为少数几个无关因子，简化数据集并提取出重要的信息。

（3）统计描述和摘要：通过计算数据的平均值、中位数、标准差、最大值和最小值等统计指标，对数据进行描述和摘要，从而了解数据的分布和特征。

（4）统计图表：绘制直方图、散点图、箱线图等图表可以可视化数据的分布和关系，进一步理解数据的特征。

5.5.1 DeepSeek辅助统计分析

当涉及统计分析时，DeepSeek可以提供一些基本的指导和解释，但它并不具备直接执行统计分析的功能。

以下是DeepSeek可以辅助的与统计分析相关的问题和任务。

（1）解释统计概念：DeepSeek可以解释统计学中的基本概念，如平均值、标准差、相关系数、假设检验等。

（2）方法选择：根据用户的数据和分析目的，DeepSeek可以提供适当的与统计方法和技术相关的建议，如相关性分析、因子分析、回归分析等。

（3）解读统计结果：用户获得统计分析的结果后，DeepSeek可以解读这些结果，并说明其含义、统计显著性和实际意义。

（4）提供示例代码：DeepSeek可以提供一些示例代码，用于执行特定的统计分析任务，如计算相关系数、执行假设检验、生成可视化图表等。

5.5.2 相关性分析

相关性分析是一种统计分析方法，用于衡量两个变量之间的线性相关程度。它可以帮助我们了解变量之间的关系，并揭示它们之间的相互影响。

在进行相关性分析之前，我们需要确保变量是数值型的。对于类别型变量，我们需要进行适当的编码或转换。以下是进行相关性分析的一般步骤。

（1）准备数据：确保数据集中包含要分析的变量，如果有缺失值或异常值，需要进行适当的处理。

（2）计算相关系数：常用的相关系数是皮尔逊相关系数。它能够衡量两个变量之间线性关系的强度和方向。我们可以使用相关系数公式计算皮尔逊相关系数。

（3）理解相关系数：皮尔逊相关系数的取值范围为-1到1。通过观察相关系数的大小和符号，我们可以判断变量之间的关系。

（4）统计显著性检验：为了确定相关系数是否具有统计显著性，我们可以进行假设检验。常用的方法是计算相关系数的置信区间，若置信区间不包含0，则相关系数是显著的。

（5）可视化结果：我们可以使用散点图、热力图等图表来可视化变量之间的相关关系，进一步理解和阐释结果。

提示：

皮尔逊相关系数（Pearson Correlation Coefficient）是最常用的二元相关性分析方法，用于衡量两个变量之间的线性相关性。皮尔逊相关系数的取值范围是-1到1。其中，皮尔逊相关系数为1时，表示两个变量呈完全正相关，即一个变量增加，另一个变量也增加；为-1时，表示两个变量呈完全负相关，即一个变量增加，另一个变量减少；为0时，表示两个变量不相关，即一个变量的变化不会影响另一个变量。

皮尔逊相关系数的计算公式如下。

$$r = \frac{cov(X, Y)}{(S_x \times S_y)}$$

其中，

r 为皮尔逊相关系数；$cov(X, Y)$ 为 X 和 Y 的协方差；S_x 和 S_y 分别为 X 和 Y 的标准差。

皮尔逊相关系数主要用于判断定量数据之间是否存在线性相关性。但是，它对非线性相关性的检测能力有限，如果两个变量之间非线性相关，那么皮尔逊相关系数可能接近0。它只能反映变量间的线性关系，不能完全反映变量间的因果关系。相关性分析只能探究变量间是否存在某种统计关联，不能完全判断原因和结果。

因此，皮尔逊相关系数是一个能力有限但很有用的统计分析方法。同时，人工判断和其他知识对最终解释变量间关系的作用不容忽视。

5.5.3 实战案例16：股票行业相关性分析

下面通过一个案例来介绍如何进行相关性分析。

案例背景如下。

当进行量化交易时，相关性分析是一种重要的方法，用于了解不同金融资产之间的相关性。通过分析资产之间的相关性，我们可以发现它们之间的价格走势是否存在一定的相似性或相反性。

Tom 是一名量化交易员，对股票市场非常感兴趣。Tom 关注的两只股票是股票 A 和股票 B。Tom 想要确定这两只股票之间的相关性，并尝试利用相关性来制定交易策略。

图 5-24 所示的是 2023 年 1 月 1 日到 2023 年 1 月 5 日的股票 A 和股票 B 的价格数据。该数据保存在 "stock_data（相关性）.csv" 文件中。

	B	C
	Stock_A	Stock_B
1	100	200
2	105	210
3	110	190
4	115	205
5	120	215

图 5-24 股票数据

实现案例的具体代码如下。

```
import pandas as pd
import numpy as np
```

```python
# 从 CSV 文件中读取数据
df = pd.read_csv('data/stock_data（相关性）.csv')            ①
# 转换"日期"列为日期类型
df['Date'] = pd.to_datetime(df['Date'])                    ②
# 将"日期"列设为索引
df.set_index('Date', inplace=True)                         ③
# 计算相关系数
correlation_matrix = np.corrcoef(df['Stock_A'], df['Stock_B'])  ④
# 提取相关系数
correlation = correlation_matrix[0, 1]                     ⑤
print('皮尔逊相关系数: ', correlation)
```

代码解释如下。

代码第①行通过 pd.read_csv() 函数从 stock_data（相关性）.csv 文件中读取数据，并将其存储在一个名为 df 的 DataFrame 中。

代码第②行将 df 中的"Date"列转换为日期类型，使用 pd.to_datetime() 函数将该列中的字符串日期转换为日期对象。

代码第③行将"Date"列设置为 DataFrame 的索引，可以使用 set_index() 函数实现。inplace=True 表示在原始 DataFrame 上进行操作，而不是返回一个新的 DataFrame。

代码第④行使用 np.corrcoef() 函数计算"Stock_A"列和"Stock_B"列的皮尔逊相关系数。该函数接受两个数组作为输入，并返回一个相关系数矩阵。相关系数矩阵的对角线上的元素是各个变量的相关系数，这里我们只关注 correlation_matrix[0, 1]，即第一行第二列的相关系数。

代码第⑤行从相关系数矩阵中提取出 correlation_matrix[0, 1]，即股票 A 和股票 B 的皮尔逊相关系数，并将其赋值给变量 correlation。

上述示例代码运行结果如下。

皮尔逊相关系数: 0.41099746826339323

计算出皮尔逊相关系数后，Tom 让 DeepSeek 帮助分析量化交易。

> **提问：**
> 股票 A 和股票 B 的皮尔逊相关系数是 0.41099746826339323，帮我分析一下它们的相关性。

> **DeepSeek：**
> 相关系数是 0.41099746826339323 属于中等偏弱的正相关（一般认为 0.3～0.5 是弱至中等相关）。
> 说明 两只股票的价格走势具有一定的同步性，但关系并不是特别强。
> 市场解读：
> 可能它们受相似的市场因素影响（如行业趋势、经济政策等），但不是完全同步。
> 也可能二者属于相关但非同一行业的股票，比如供应链上下游的公司。
> 但由于相关系数较低，说明它们仍有较大的独立性，并不完全跟随彼此波动。

5.5.4 统计描述和摘要

统计描述和摘要（Statistical Description and Summary）是用于对数据集进行基本统计分析和总结的方法，旨在提供对数据的概括和描述，以便更好地理解数据的特征、分布和变异。

下面是一些常见的统计描述和摘要方法。

（1）中心趋势测量。

- 平均值（Mean）：数据集的算术平均值，用于描述数据的集中程度。
- 中位数（Median）：将数据按大小排序后的中间值，用于描述数据的中心位置。
- 众数（Mode）：数据集中出现频率最高的值，用于描述数据的典型取值。

（2）离散程度测量。

- 标准差（Standard Deviation）：数据离散程度的度量，表示数据点相对于平均值的平均偏离程度。
- 方差（Variance）：数据离散程度的度量，是标准差的平方。
- 范围（Range）：数据最大值和最小值之间的差异，用于描述数据的变化范围。

（3）分布特征测量。

- 偏度（Skewness）：描述数据分布的偏斜程度，即数据分布的对称性或不对称性。
- 峰度（Kurtosis）：描述数据分布的尖锐程度，即数据分布的尖峰或平坦程度。
- 百分位数（Percentiles）：将数据按大小排序后的特定百分比处的值，用于描述数据集中的观测值相对于整体的位置。

5.5.5 实战案例17：苹果股票数据统计描述和摘要分析

下面我们通过案例来演示解析苹果股票数据，从而熟悉统计描述和摘要分析方法。Pandas 提供了数据统计描述和摘要分析方法的相关函数。本节的案例通过 Pandas 对股票数据进行统计分析和价格趋势分析。

图 5-25 所示的是苹果公司的股票数据，数据保存在"AAPL.csv"文件中。

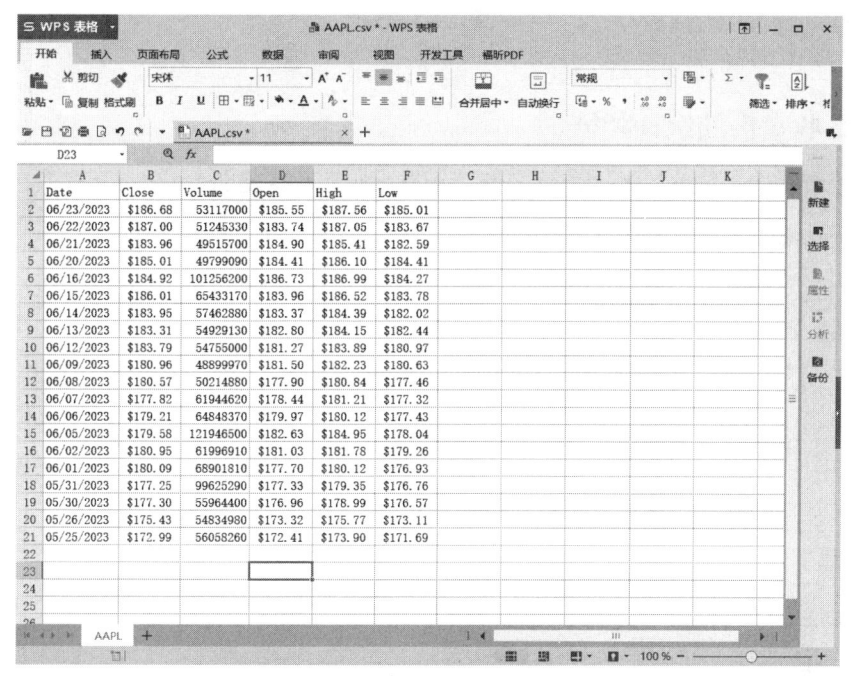

图 5-25 苹果公司股票数据

由于案例的代码比较多，下面分成几个步骤分别介绍。

1. 输出数据集的基本信息

输出数据集的基本信息的具体代码如下。

```
import pandas as pd
# 读取股票数据
data = pd.read_csv('data/AAPL.csv',
    converters={'Close': lambda x: float(x.replace('$', ''))})    ①
# 输出数据集的基本信息
data.info()                                                        ②
```

代码解释如下。

代码第①行通过 pd.read_csv() 函数从 AAPL.csv 文件中读取数据，并将其存储在一个名为 df 的 DataFrame 中。

代码第②行输出数据集的基本信息，包括列名、数据类型和非空值的数量。

运行上述代码，输出结果如下。

```
<class 'pandas.core.frame.DataFrame'>
RangeIndex: 20 entries, 0 to 19
Data columns (total 6 columns):
 #   Column  Non-Null Count  Dtype
---  ------  --------------  -----
 0   Date    20 non-null     object
 1   Close   20 non-null     float64
 2   Volume  20 non-null     int64
 3   Open    20 non-null     object
 4   High    20 non-null     object
 5   Low     20 non-null     object
```

```
dtypes: float64(1), int64(1), object(4)
memory usage: 1.1+ KB
```

2. 计算收盘价的统计特征

我们可以在上述代码的基础上计算收盘价的统计特征，具体代码如下。

```
# 计算收盘价的统计特征
mean = data['Close'].mean()              ①
median = data['Close'].median()          ②
std = data['Close'].std()                ③
var = data['Close'].var()                ④
skew = data['Close'].skew()              ⑤
kurt = data['Close'].kurtosis()          ⑥
print('均值=%.2f,中位数=%.2f' % (mean, median))
print('标准差=%.2f,方差=%.2f' % (std, var))
print('偏度=%.2f,峰度=%.2f' % (skew, kurt))
```

代码解释如下。

代码第①行计算"Close"列的平均值，表示收盘价的平均水平。

代码第②行计算"Close"列的中位数，表示收盘价的中间值。

代码第③行计算"Close"列的标准差，表示收盘价的波动性。

代码第④行计算"Close"列的方差，表示收盘价的离散程度。

代码第⑤行计算"Close"列的偏度，衡量收盘价分布的偏斜程度。

代码第⑥行计算"Close"列的峰度，衡量收盘价分布的尖峰程度。

运行上述代码，输出结果如下。

```
均值=181.34,中位数=180.95
标准差=3.92,方差=15.39
偏度=-0.38,峰度=-0.61
```

3. 计算百分位数

我们可以继续计算百分位数，具体代码如下。

```
# 计算百分位数
Q1 = data['Close'].quantile(0.25)        ①
Q2 = data['Close'].quantile(0.5)         ②
Q3 = data['Close'].quantile(0.75)        ③
print('第一四分位数=%.2f,第二四分位数=%.2f,第三四分位数=%.2f' % (Q1, Q2, Q3))
```

代码解释如下。

代码第①行计算"Close"列的第一四分位数，表示收盘价分布中25%的数据位于这个值以下。

代码第②行计算"Close"列的第二四分位数（中位数），表示收盘价分布中50%的数据位于这个值以下。

代码第③行计算"Close"列的第三四分位数，表示收盘价分布中75%的数据位于这个值以下。

运行上述代码，输出结果如下。

第一四分位数 =178.86，第二四分位数 =180.95，第三四分位数 =184.20

4. 价格趋势分析

我们可以继续进行价格趋势分析，具体代码如下。

```
# 价格趋势分析
# 计算涨跌天数和平均涨跌幅度
data['Return'] = data['Close'].pct_change()                              ①
Up_days = len(data.loc[data['Return'] > 0])                              ②
Down_days = len(data.loc[data['Return'] < 0])                            ③
Avg_Up = data.loc[data['Return'] > 0, 'Return'].mean()                   ④
Avg_Down = data.loc[data['Return'] < 0, 'Return'].mean()                 ⑤
print('上涨%d天，平均上涨幅度为%0.2f%%' % (Up_days, Avg_Up*100))
print('下跌%d天，平均下跌幅度为%0.2f%%' % (Down_days, Avg_Down*100))
```

代码解释如下。

代码第①行计算收盘价的每日收益率，即每日收盘价相对于前一日的百分比变化，并将结果保存在新的列"Return"中。

代码第②行统计收益率大于 0 的天数，即上涨的天数。

代码第③行统计收益率小于 0 的天数，即下跌的天数。

代码第④行计算收益率大于 0 的天数的平均收益率，表示平均上涨幅度。

代码第⑤行计算收益率小于 0 的天数的平均收益率，表示平均下跌幅度。

运行上述代码，输出结果如下。

```
上涨 8 天，平均上涨幅度为 0.42%
下跌 11 天，平均下跌幅度为 -0.99%
```

5.6 本章总结

本章聚焦于量化交易中的数据采集与分析，详细介绍了数据采集的基本步骤、技术和工具，并通过具体案例，展示了如何使用 Python 工具（如 urllib、BeautifulSoup、Selenium）爬取网页数据，以及使用 API（如 Tushare）获取金融数据。此外，本章探讨了数据清洗和统计分析的方法，以帮助读者处理不一致数据、异常值，并进行相关性分析和统计描述。本章展示了通过 DeepSeek 的辅助，进一步提升数据处理的效率和准确性。本章内容为后续的策略开发和模型优化提供了坚实的数据基础。

第6章 量化交易基础

本章将为读者奠定量化交易的理论基础。第一，本章将介绍量化交易的基本概念及其在金融市场中的重要性。第二，本章将对金融市场和常见的交易品种进行概述，帮助读者了解不同市场和资产的特点。第三，本章将深入探讨技术分析和基本面分析这两种主要的市场分析方法，以及它们在量化交易中的应用。第四，本章将对量化交易策略进行分类和概述，帮助读者理解不同类型策略的逻辑和应用场景。通过本章的学习，读者将为后续深入研究具体的量化策略做好充分准备。

本章的主要内容

- ◆ 量化交易概述
- ◆ 金融市场和交易品种概述
- ◆ 技术分析和基本面分析基础
- ◆ 量化交易策略概述

6.1 量化交易概述

量化交易是利用系统化的方法和数学模型进行金融交易的过程。它结合了金融学、计算机科学和统计学等领域的知识和技术,通过分析大量的历史数据来构建数学模型和算法,并利用计算机程序进行交易决策和执行。

在量化交易中,交易决策和执行过程被严格定义和规则化,减少了主观判断和情绪的影响。量化交易依赖于大量的数据分析和统计模型,通过对市场行为、价格趋势、交易模式等进行量化分析和建模,寻找潜在的市场规律和投资机会。

量化交易的关键步骤包括数据收集和预处理、策略开发和优化、回测和验证、交易执行和风险管理。交易者使用编程语言(如 Python)和量化交易平台(如 JoinQuant、Quantopian 等)来实现这些步骤,并构建自己的交易策略和算法。

量化交易的优势如下。

(1)科学性和客观性:量化交易基于系统化的方法和数学模型,减少了主观判断和情绪的影响,提高了交易决策的科学性和客观性。

(2)自动化和高效性:量化交易利用计算机程序进行交易决策和执行,实现了自动化和高效的交易过程,减少了人为错误和交易延迟。

(3)大数据分析:量化交易利用大量的历史数据进行分析和模型构建,可以发现隐藏的市场规律和趋势,提供更全面的市场洞察力。

(4)风险控制和资金管理:量化交易强调风险管理和资金管理,通过严格的风险控制措施和仓位管理规则,来降低交易风险和损失。

总之,量化交易是利用系统化的方法、数学模型和计算机技术进行金融交易的过程。它通过科学分析和建模,提高交易决策的客观性和效率,减少人为因素的影响,从而追求更稳定和可靠的交易执行。

6.2 金融市场和交易品种概述

在量化交易中,了解金融市场和交易品种是非常重要的。金融市场是资金供求的交汇点,提供了各种交易品种供交易者进行交易。以下是一些常见的金融市场和交易品种的概述。

（1）股票市场：股票市场是公司股票交易的场所。交易者可以买入和卖出股票，通过持有股票分享公司的盈利和增长。

（2）债券市场：债券市场是债务工具交易的市场。债券是一种借款凭证，发行者（如政府或公司）向债券持有人承诺在未来的日期偿还本金和利息。

（3）外汇市场：外汇市场是全球货币交易的市场。交易者可以通过买入和卖出不同的货币来进行外汇交易，从汇率波动中获取利润。

（4）期货市场：期货市场是标准化合约交易的市场。期货合约规定了在未来特定日期以特定价格买入或卖出某种资产的义务。

（5）期权市场：期权市场是期权合约交易的市场。期权合约给予买方在未来特定日期以特定价格买入或卖出某种资产的权利，而卖方则有义务履行合约。

（6）商品市场：商品市场涉及交易各种实物商品，如黄金、原油、大豆等。交易者可以通过买入和卖出商品期货或现货来参与市场。

此外，还有一些其他金融市场和交易品种，如指数市场（如股票指数、商品指数）、国际证券市场、债券市场等。

了解不同的金融市场和交易品种对于制定量化交易策略和选择合适的交易工具至关重要。每个金融市场和交易品种都有其特定的规则、风险和机会，交易者需要深入了解它们的运作和特点，以更好地参与交易和管理风险。

6.3 技术分析和基本面分析基础

技术分析和基本面分析是量化交易中常用的两种分析方法，用于研究和预测金融市场的走势和价格变动。它们有不同的理论基础和方法，可以相互补充，帮助交易者做出更明智的交易决策。

6.3.1 技术分析

技术分析（Technical Analysis）是通过研究历史市场数据，如价格和交易量，来预测未来价格走势的方法。技术分析的基本假设是市场行为具有重复性，过去的价格模式和趋势可以为未来提供参考。

技术分析主要基于以下假设。

（1）市场行为是重复的：技术分析认为市场中存在一些模式和趋势，而这些模式和趋势在历史上出现过，并且可能在未来再次出现。

（2）市场价格包含所有信息：技术分析假设市场价格已经反映了所有可用的信息，包括基本面因素和市场情绪。

技术分析使用各种图表和指标来分析市场数据，其中一些常见的技术分析工具如下。

- 趋势线：连接价格的高点或低点，可以绘制趋势线来识别市场趋势的方向。
- 图表形态：如头肩顶、双底、三角形等反映价格运动的特定结构，用于判断市场转折或持续的可能性。
- 移动平均线：计算一段时间内平均价格的线，用于平滑价格波动并识别趋势的变化。
- 相对强弱指标（Relative Strength Index，RSI）：用于衡量市场的超买和超卖情况，判断市场的力量和反转点。
- 成交量指标：通过分析成交量的变化，揭示价格趋势的可靠性和市场参与者的行为。
- 动量指标：如异同移动平均线（Moving Average Convergence / Divergence，MACD），用于衡量价格变动的速度和力量。

这些技术分析工具的目标是识别价格的趋势、反转和震荡等模式，并利用这些模式来做出买入或卖出的决策。技术分析并不能提供绝对准确的预测，但可以作为一种辅助工具来辅助投资决策。

6.3.2 基本面分析

基本面分析（Fundamental Analysis）研究和评估影响资产价值的基本因素，如公司财务状况、经济指标、行业发展等，以预测其未来的价值和走势。基本面分析的基本假设是市场价格会受到基本因素的影响。

基本面分析主要基于以下假设。

（1）市场价格与价值趋于一致：基本面分析认为市场价格会反映资产的真实价值，尽管短期内价格可能会受到市场情绪和技术因素的影响。

（2）经济和公司基本面会影响资产价值：基本面分析关注与资产相关的宏观经济因素、公司财务状况、行业竞争等因素，认为这些因素会对资产的价值产生影响。

基本面分析通常涉及以下几个方面的研究。

（1）宏观经济因素：包括国家经济指标、货币政策、通胀率、利率等，用于判断整体经济环境对资产的影响。

（2）公司财务状况：包括财务报表、利润水平、债务水平、盈利能力、现金流等，用于评估公司的盈利能力和财务稳定性。

（3）行业分析：分析特定行业的竞争结构、增长前景、供需情况等，有助于判断该行业的投资价值和公司在行业中的竞争力。

（4）公司管理层和治理结构：评估公司管理层的能力和决策质量，以及公司的治理结构是否健全。

基本面分析的目标是找到被低估或高估的资产，并据此做出投资决策。分析师使用各种定量和定性的方法来评估基本面因素，并生成对资产价值的预测，相关方法包括财务比率分析、财务建模、竞争分析、SWOT 分析等。

6.4 量化交易策略概述

量化交易策略是在量化交易中所采用的具体交易策略和规则。简单来说，量化交易策略是指在交易市场中为了实现投资目标而制订的一系列活动方案和行为规律。它决定交易者在什么时候进场，在什么时候退场，采取什么样的操作手段等。

量化交易策略可以分为以下两大类。

（1）定量策略：这类策略主要根据定量分析结果来进行交易决策。常见的定量策略如下。

- 动量策略：交易者可以通过动量指标来判断市场和股票趋势，在趋势形成时买入，在趋势反转时卖出。
- 价值策略：交易者可以通过基本面和定量指标来判断股票价值，在价值被低估时买入，在价值被高估时卖出。
- 机器学习策略：交易者可以利用机器学习算法分析大量数据，以寻找交易信号，并进行机器自动化交易。

（2）定性策略：这类策略主要根据定性分析和交易者主观判断进行交易。常见的定性策略如下。

- 趋势跟随策略：交易者通过图形分析方法来判断市场趋势，跟随上升趋势买入，跟随下跌趋势卖出。
- 消息驱动策略：交易者根据新闻事件和消息来判断股票趋势，在利好消息出现时买入，在利空消息出现时卖出。
- 经验主义策略：交易者根据经验和主观判断来进行交易决策，难以形式化与定量化。

综上，交易策略是交易的指导思想和行动纲领。通过研究市场规律和价格行为，选择适合自己风格与能力的策略，并不断优化和调整，最终实现稳定的投资收益，是每个交易者的重要课题。选择一种适合自己的交易策略，对于量化交易至关重要。

6.5 本章总结

本章对量化交易的基础知识进行了全面介绍，包括其定义、金融市场、交易品种和交易策略的概述，以及技术分析和基本面分析的核心概念。通过深入浅出的讲解，读者可以快速了解量化交易的基本框架和分析方法，为后续策略开发和应用打下坚实基础。

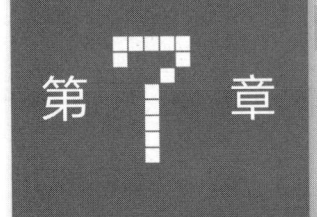

第7章 DeepSeek 与量化交易结合

在量化交易的实践中,人工智能和机器学习技术正逐渐成为提升交易效率和决策质量的关键因素。DeepSeek 作为一款集成了先进人工智能技术的工具,能够为量化交易提供强大的支持,帮助交易者更好地理解市场动态、优化交易策略,并在复杂多变的市场环境中做出更明智的决策。

本章将深入探讨 DeepSeek 如何与量化交易相结合,为交易者赋能。本章将从技术分析和基本面分析的角度出发,展示 DeepSeek 在 K 线图形态分析、技术指标分析及多指标复合分析中的应用。同时,本章通过具体案例,展示 DeepSeek 如何助力交易者解析公司公告、分析市场情报,并为交易决策提供数据支持。此外,本章将介绍 DeepSeek 在市场预测和趋势识别中的应用,帮助读者理解如何利用人工智能技术捕捉市场机会,优化交易策略。通过本章的学习,读者将全面了解 DeepSeek 在量化交易中的多种应用场景,掌握如何借助人工智能技术提升量化交易的效果。

本章的主要内容

- ◆ DeepSeek 辅助技术分析
- ◆ DeepSeek 辅助基本面分析
- ◆ DeepSeek 在市场情报分析中的应用
- ◆ DeepSeek 在交易决策支持中的应用
- ◆ 使用 DeepSeek 进行市场预测和趋势识别

7.1 DeepSeek辅助技术分析

在量化交易中，技术分析是通过分析历史价格和交易量等市场数据来预测未来市场走势的一种重要方法。DeepSeek作为一种强大的推理大模型，通过其强大的数据处理和推理能力，能够帮助量化分析师提高技术分析的精度和效率。

7.1.1 DeepSeek在技术分析中的主要应用

1. K线图形态分析

K线图作为技术分析中最常用的图表类型之一，能够展示开盘、收盘、最高和最低价格等关键信息。DeepSeek能够通过对K线图的解析，来识别市场的关键形态，并为交易决策提供有效的支持。DeepSeek对K线图形态分析的具体内容如下。

（1）形态识别：DeepSeek能够自动识别K线图中的多种形态，如头肩顶、双底、三角形等常见的反转或持续形态。

（2）趋势判断：基于K线图形态，DeepSeek可以帮助交易者分析股市的短期或长期趋势，进而提供趋势反转的信号。

2. 技术指标分析

技术指标是量化交易中广泛使用的工具，主要用于分析市场的超买超卖、趋势强度、价格波动等。DeepSeek能够处理多个技术指标数据，并根据这些指标提供更精确的市场判断。DeepSeek对技术指标分析的具体内容如下。

（1）MACD分析：DeepSeek能够结合MACD的黄金交叉（简称金叉）和死亡交叉（简称死叉）信号，识别潜在的买入或卖出机会。

（2）RSI分析：利用RSI（相对强弱指标），DeepSeek能够判断市场是否处于超买或超卖状态，进而识别回调的可能性。

（3）布林带分析：DeepSeek可以分析布林带的上下轨，判断股价是否接近突破点，进而提供有力的价格预测。

3. 多指标复合分析

在实际交易中，单一的技术指标可能无法全面反映市场的状态。DeepSeek可以结合多个技术指标进行复合分析，从而提供更强的市场预测能力。DeepSeek对多指标复合分析的具体内容如下。

（1）指标组合分析：通过将不同指标（如MACD、RSI、布林带等）结合在一起，来判断市场趋势的强度及可持续性，进而避免单一信号的误导。

（2）信号确认与优化：通过多个指标的综合判断，确认某一交易信号的可靠性，并对交易策略进行优化。

7.1.2 实战案例18：利用DeepSeek对000001.SZ股票进行技术分析

这里我们以一个完整的案例来展示如何利用 DeepSeek 辅助进行技术分析。

案例背景如下。

一家量化投资管理公司主要通过编程算法和量化模型进行市场投资。为了丰富投资策略，公司决定尝试引入 AI 技术，探索其在量化投资中的应用价值。

Tom 是该公司的一名量化分析师。得知此信息后，Tom 想尝试使用 DeepSeek 来辅助自己进行技术分析工作，从而评估其效用和价值所在。Tom 选择了 000001.SZ 这只股票作为第一个试点案例。Tom 收集了 000001.SZ 股票近 1 年的日线行情数据，具体如下。

日期	开盘	收盘	最高	最低	成交量
2020-01-01	10.15	10.12	10.25	10.08	132451
2020-01-02	10.18	10.22	10.28	10.15	135621
2020-01-03	10.20	10.30	10.35	10.18	139785
2020-01-06	10.28	10.25	10.35	10.22	109342
...					
2020-12-01	11.15	11.20	11.30	11.10	132532
2020-12-02	11.18	11.22	11.28	11.15	135623
2020-12-03	11.20	11.30	11.35	11.18	141021
2020-12-04	11.21	11.15	11.25	11.10	102342

Tom 将数据输入 DeepSeek，让其生成对应的 K 线图描述和技术分析。

> **提问：**
>
> 根据以下 000001.SZ 股票的日线行情数据，描述其 K 线图形态和重要技术信号。返回 Markdown 代码。
>
> | 日期 | 开盘 | 收盘 | 最高 | 最低 | 成交量 |
> | --- | --- | --- | --- | --- | --- |
> | 2020-01-01 | 10.15 | 10.12 | 10.25 | 10.08 | 132451 |
> | 2020-01-02 | 10.18 | 10.22 | 10.28 | 10.15 | 135621 |
> | 2020-01-03 | 10.20 | 10.30 | 10.35 | 10.18 | 139785 |
> | 2020-01-06 | 10.28 | 10.25 | 10.35 | 10.22 | 109342 |
> | ... | | | | | |
> | 2020-12-01 | 11.15 | 11.20 | 11.30 | 11.10 | 132532 |
> | 2020-12-02 | 11.18 | 11.22 | 11.28 | 11.15 | 135623 |
> | 2020-12-03 | 11.20 | 11.30 | 11.35 | 11.18 | 141021 |
> | 2020-12-04 | 11.21 | 11.15 | 11.25 | 11.10 | 102342 |

DeepSeek：

根据提供的 000001.SZ 股票日线行情数据，以下是对其 K 线图形态和重要技术信号的描述。

K 线图形态分析

2020 年初至年末整体趋势

价格区间：从 2020-01-01 的开盘价 10.15 元上涨至 2020-12-03 的最高价 11.35 元，整体呈现震荡上行走势。

波动特征：价格波动幅度逐渐扩大，低点从 10.08 元抬升至 11.10 元，高点从 10.25 元上升至 11.35 元，显示市场活跃度逐步提升。

关键 K 线形态

2020-01-03：

形态特征：大阳线，收盘价 10.30 元接近当日最高价 10.35 元，实体较长，上下影线较短。

信号意义：多头力量强劲，可能预示短期上涨趋势的延续。

2020-12-04：

形态特征：大阴线，收盘价 11.15 元接近当日最低价 11.10 元，实体较长，上影线较短。

信号意义：空头力量增强，可能预示短期回调风险。

趋势线分析

上升趋势线：连接 2020-01-01 的最低点 10.08 元和 2020-12-03 的最低点 11.18 元，形成一条明显的上升支撑线。

阻力位：11.35 元附近形成短期阻力，需关注突破情况。

重要技术信号

均线系统

短期均线（5 日）：在 2020 年 12 月初上穿长期均线（20 日），形成金叉，表明短期上涨动能增强。

长期均线（20 日）：整体呈上升趋势，为价格提供支撑。

成交量分析

量价配合：2020-01-03 和 2020-12-03 的上涨均伴随成交量放大（分别达到 139,785 手和 141,021 手），显示资金入场意愿较强。

缩量回调：2020-12-04 的下跌伴随成交量显著缩小（102,342 手），表明抛压有限，可能为短期调整。

技术指标信号

MACD：在 2020 年 12 月初形成金叉，DIFF 线上穿 DEA 线，表明市场多头情绪增强。

RSI：近期 RSI 值接近 70，进入超买区域，需警惕短期回调风险。

综合研判

短期走势：

价格在 11.35 元附近遇阻，结合 RSI 超买信号，短期可能面临回调压力。

关注 11.10 元附近的支撑位，若跌破可能进一步下探至 10.90 元。

中期趋势：

上升趋势线完好，均线系统呈多头排列，中期上涨趋势未改。

若价格突破 11.35 元阻力位，可能打开新的上涨空间，目标位看至 11.50 元。

操作建议：

持仓者：可设置止损于 11.10 元下方，保护利润。

> 观望者：等待价格回调至 11.00 元附近企稳后，考虑逢低介入。
>
> 总结：
>
> 000001.SZ 在 2020 年整体呈现震荡上行走势，技术面显示多头占据主导地位，但短期需警惕超买回调风险。建议结合基本面信息综合判断，制定交易策略。

从该案例可见，DeepSeek 根据提供的历史数据，生成了较为准确的 K 线图形态描述、重要技术信号分析及对应的定性判断。这些信息可以较好地辅助交易者理解股价的变化趋势和关键点，判断未来潜在的行情变化。

交易者可以基于 DeepSeek 的这些信息，结合基本面分析和个人判断进行综合分析。这种人机结合的方法可以达到技术分析的最佳效果；而单独依赖任一方面都存在一定的局限性。

因此，这个案例展示了如何利用 DeepSeek 来自动生成定性的技术分析，这有助于扩充我们自身的判断，并在一定程度上弥补人工定性分析的不足。但仍需谨记 DeepSeek 分析的局限性，理性判断和参考其结果。

7.2 DeepSeek辅助基本面分析

DeepSeek 作为一款推理大模型，在基本面分析中同样展现了强大的数据处理和分析能力。它能够结合企业的财务数据、行业趋势、宏观经济环境等多维度信息，为投资者提供精准的基本面分析和投资决策支持。

7.2.1 DeepSeek在基本面分析中的应用

1. 财报数据分析

DeepSeek 能够自动化分析企业财报，并快速识别关键财务指标的变化，如收入、利润、毛利率等。通过对历史财报的分析，DeepSeek 可以评估企业的财务健康状况和未来盈利潜力。例如，DeepSeek 可以通过分析公司的净利率、净资产收益率等盈利指标，来评估收入和利润的增长潜力。

2. 行业与市场趋势分析

DeepSeek 可以结合宏观经济数据、行业政策和市场环境，分析行业的成长潜力及面临的挑战。它能识别行业周期和政策变化对企业盈利的影响。例如，DeepSeek 可以通过分析行业的上升或下降阶段，来评估政策对企业的潜在影响。

3. 公司公告与新闻分析

DeepSeek 可以利用自然语言处理技术，分析公司公告和相关新闻，从而快速捕捉影响股价的事件，如并购、管理层变化等。例如，DeepSeek 可以通过评估公司重大新闻事件的影响，分析市场情绪对股价的可能影响。

4. 估值与投资决策

DeepSeek 可以根据财务数据和行业趋势，建立准确的估值模型，如市盈率、市净率等，从而为投资者提供股票的合理价格范围。例如，DeepSeek 可以根据估值比率和市场情况，提供买入、持有或卖出的投资建议。

综上，DeepSeek 可以通过全面分析财务数据、行业动态、公司公告等，帮助投资者快速了解公司的基本面，进而做出更科学的投资决策。

7.2.2 实战案例19：利用DeepSeek对某上市公司公告进行解析

下面我们通过一个案例来介绍如何利用 DeepSeek 进行基本面分析。

案例背景如下。

一家主营商业地产开发和运营的上市公司，在广东省多个城市拥有较高品质的写字楼及商业物业。该上市公司近年来收入和利润实现了稳健增长，但商业地产资产主要集中在广州市和深圳市。该公司计划通过并购进一步扩大在广东省其他城市的布局。具体公告内容如下。

公司拟以 22 亿元收购位于东莞市的一处高品质写字楼，该写字楼总面积约 10 万平方米，出租率近 95%。此举将大幅提高公司在东莞市的商业地产资产和收入规模，有利于公司拓展东莞市场。

分析师 Tom 想利用 DeepSeek 对该公司的公告进行分析。

Tom 向 DeepSeek 提问的内容如下。

> **提问：**
> 我有一则公司公告要请你帮忙分析，具体内容如下。公司拟以 22 亿元收购位于东莞市的一处高品质写字楼，该写字楼总面积约 10 万平方米，出租率近 95%。此举将大幅提高公司在东莞市的商业地产资产和收入规模，有利于公司拓展东莞市场。请你基于公告信息，对此公告进行全面解析，包括收购目的、影响（正面和负面）、投资者应持什么态度等。

> **DeepSeek：**
> 根据你提供的公告信息，我的解析如下。
> （1）收购目的：这是一笔高品质资产的收购，公司大规模收购东莞市核心商圈的高品质写字楼，目的是快速提高在东莞市的市场占有率和商业地产规模，从而加速拓展东莞市及周边城市的商业地产版图。

(2) 正面影响：收购可以为公司带来稳定的租金收入和现金流，有利于公司后续在东莞市的投资与发展；可以提高公司在东莞市的知名度和竞争力，有利于公司品牌影响力的提升。中长期有望为公司业绩和股价带来正面提振。

(3) 负面影响：短期内公司的资产负债率和现金流会受到一定影响，如果后续继续并购可能加大这一影响；公司商业地产资产的集中度会进一步提高，对东莞市场环境变化敏感度加大，风险也会随之增加。

(4) 投资者态度：建议投资者持积极但审慎的态度。这是一笔有利于公司长期发展的战略举措，但短期内在财务上会带来影响。公司及时补充资本和控制负债很关键。如果公司管理层有持续并购的意图，那么投资者需密切跟踪公司的财务变化和风险状况。中长期积极，短期审慎。

总体来说，这是一笔积极的收购公告，有利于公司进一步拓展东莞市场和增加稳定收入，但也需防范其带来的财务影响。公司需审慎权衡。如果管理层有持续并购的计划，那么公司需采取措施确保负债率处于合理区间。投资者应密切关注公司后续并购动向及财务变化，积极但审慎。

上述对话案例反映了在投资分析与决策中，AI与人的关系及合作模式。AI具有生成定性信息和建议的能力，为人提供参考；但人具有更加广博的视角与思考，需要对各种信息进行综合判断。

7.3 DeepSeek在市场情报分析中的应用

DeepSeek可以快速分析海量的市场信息和新闻，提取关键信息，判断信息影响，生成相应的市场报告。这可以作为量化交易者掌握市场最新动态的有效手段之一，但同样需结合人工判断，以避免DeepSeek定性描述的片面性导致交易决策出现偏差。

7.3.1 实战案例20：利用DeepSeek对"央行发布降息25个基点"消息进行分析

下面我们通过一个案例来介绍如何利用DeepSeek分析市场情报。

案例背景如下。

中国人民银行（简称央行）发布降息25个基点的消息，股市出现大幅波动，投资者Tom想通过DeepSeek对该消息进行分析，以获得投资方面的帮助。

> 提问：
> 央行昨日发布降息25个基点的消息，股市出现大幅波动，你如何看待这条消息及其影响？

DeepSeek：

（1）央行降息消息本质上是利好消息，有利于提高企业运营效率和市场信心。但同时可能推高通胀预期和资产泡沫风险。

（2）央行降息消息对股市的影响如下。

- 积极影响：有利于企业盈利与市场情绪，推动股市上涨；增加杠杆空间，支撑市场上行势头。
- 消极影响：通胀预期和泡沫风险上升，令股市面临一定压力与回调概率增加。利率调整空间有限，难以持续推动市场大幅上涨。

（3）建议：总体积极，但投资者不宜过度乐观。中长期积极配置蓝筹股，短期谨慎，关注回调进行选择性配置。双向波动概率较大，投资者需控制风险。

DeepSeek 可以较准确地判断政策信息对市场的影响，并给出比较合理的建议。但其分析也存在局限性，仍需我们进行综合判断。

7.3.2 实战案例21：利用DeepSeek对"重大项目获得批复，股价大涨20%"消息进行分析

下面我们再通过一个案例来介绍如何利用 DeepSeek 分析市场情报。

案例背景如下。

某上市公司发布公告称其投资的重大项目获得政府部门批复，这意味着该项目可以正式启动，市场普遍认为该公司未来经营发展的确定性和成长性将显著提升，股价当日大幅上涨 20%。

投资者 Tom 想通过 DeepSeek 对该消息进行分析，以获得投资方面的帮助。

提问：

某上市公司发布公告称其投资的重大项目获得政府部门批复，这意味着该项目可以正式启动，市场普遍认为该公司未来经营发展的确定性和成长性将显著提升，股价当日大幅上涨 20%。你如何看待这条消息及其影响？

DeepSeek：

（1）项目获得批复是重要利好消息，意味着公司未来发展更为稳定可持续，这提高了投资者的信心与预期。股价大幅上涨也理所当然。

（2）但是，一项重大项目的批复并不意味着公司短期业绩会立即大幅改善。项目仍需要一定周期来实施与投产，这将对公司的资金与财务产生影响，公司需要密切关注现金流变化。

（3）股价的过快上涨提高了市场对公司未来发展的预期，这可能产生"买入传闻，卖出事实"的局面，如果项目推进不及预期或受外部环境影响，可能会对股价产生一定压力。

（4）建议：投资者可以持稍微积极的态度，但需理性看待。项目批复是有利消息，但公司短期业绩改善仍需要一定周期，股价短期的大幅上涨过度反映市场情绪，也可能面临一定回调。建议密切关注项目进展与公司财务变化，中长期采取逐步加仓的策略。短期避免过度追涨，防范回调风险。

综上，项目批复本质上是利好消息，但投资者仍需客观理性。太过乐观可能面临"买入传闻，卖出事实"的风险。项目短期内不会立即改善公司业绩，这需要一定时间周期。密切关注公司变化，

中长期采取渐进策略。短期审慎，防范回调。

这个案例也展示了 DeepSeek 可以快速分析重大事件及其影响，并给出较为中性与理性的投资建议。

7.4 DeepSeek在交易决策支持中的应用

我们可以向 DeepSeek 描述一只股票的技术面信息或关键事件，让它基于这些信息提出交易决策建议，如买入、卖出或持有等。这可以为我们的交易决策提供参考，但交易环境复杂多变，DeepSeek 的决策建议存在定性判断的局限，关键信息可能被遗漏或权衡不足。这需要投资者综合各方面因素进行判断。DeepSeek 只能作为决策参考，不可完全依赖。

7.4.1 实战案例22：某科技型上市公司获大单，DeepSeek提出交易决策建议

下面我们通过一个案例来介绍如何利用 DeepSeek 为交易决策提供支持。

案例背景如下。

某科技型上市公司发布公告称其获得总金额 10 亿元的新能源电池与控制系统项目，公司预计未来 3 年营收与利润将大幅增长。股价当日大涨 8%，显示市场对公司业绩的预期提高。我们将此事件输入 DeepSeek，请其提出交易决策建议。

> 🗨 **提问：**
> 某科技型上市公司发布公告称其获得总金额 10 亿元的新能源电池与控制系统项目，公司预计未来 3 年营收与利润将大幅增长。股价当日大涨 8%，显示市场对公司业绩的预期提高，你如何看待这个消息及其影响？

> 💡 **DeepSeek：**
> （1）公司获得重大项目是利好消息，预示未来业绩的大幅增长，这会提高市场对公司未来发展的信心，股价的上涨也在预期之内。这意味着买入的时机较为利好。
> （2）但是，单一项目的影响还需要结合公司其他基本面因素进行判断。大项目会对公司产生资金与运营压力，是否能转化为实际效益还存在不确定性。公司管理层的能力也是关键。
> （3）股价的大幅上涨增加了市场预期，如果项目效益结算或管理执行不及预期，可能会加大股价回调的压力。技术指标显示股价短期存在较大上涨动力，但回调概率也在提高。
> （4）建议：投资者可以考虑适当增仓，以分享项目预期带来的上涨空间；但需密切关注项目进展与财务结算，防范回调风险。投资者可以采取逐步买入的策略，关注回调时机进行加仓。投资时

间窗口约为 3~6 个月，限价买入或选择跌停板时机较为稳妥。止盈止损位保持在 8%~12%。交易决策需要全面判断各方面因素，建议仅作为参考。

DeepSeek 的交易决策建议较为理性，提醒投资者关注公司其他基本面与风险，而非单一依赖当前事件。但其建议依然基于有限信息，无法全面深入地判断各种影响因素。由于投资环境复杂多变，投资者需要综合更加广泛的因素进行判断，并根据个人偏好与风险承受能力进行决策。

7.4.2 实战案例23：某新能源概念股获多项利好，DeepSeek 交易建议

下面我们再通过一个案例来介绍如何利用 DeepSeek 为交易决策提供支持。

案例背景如下。

某上市新能源概念股最近宣布多项利好消息，包括投资项目获得批准、与大客户签署战略合作协议、生产考核达标等，股价连续涨停，市场热度高涨。我们将这些信息输入 DeepSeek，请其提出交易决策建议。

> **提问：**
> 某上市新能源概念股最近宣布多项利好消息，包括投资项目获得批准、与大客户签署战略合作协议、生产考核达标等，股价连续涨停，市场热度高涨。你如何看待这些消息及其影响？

> **DeepSeek：**
> （1）公司最近宣布的多项利好消息，显示公司业务与发展状况良好，这提高了市场对公司前景的信心与预期，支撑股价的持续上涨，为买入股票提供了较好时机。
> （2）但是，股价的连续涨停反映了市场情绪与热度过高，存在一定泡沫迹象。利好消息提振的作用可能已逐渐减弱，上涨空间或面临限制，回调概率在提高。
> （3）公司的基本面状况虽然不错，但近期的利好主要为市场预期后的实施情况，是否能真正转化为业绩提高还需要时间。股价过快上涨可能产生不利的商誉效应，面临市场审慎与质疑。
> （4）建议：投资者可以适当关注，但需理性看待。公司基本面尚可，但近期利好主要激发市场热情，效果可能逐渐减弱。股价可能面临高位调整，建议避免过度追涨。投资者可以在回调后选择性买入，关注公司中长期发展。立场以稳为主，避免过度乐观情绪驱动。人工判断在复杂交易环境中的作用更加重要。

DeepSeek 的交易决策建议是针对近期利好与股价涨停而进行的判断，认为公司基本面尚可但近期上涨过于依赖市场热度，面临高位回调风险。这为我们的交易决策提供了参考。但是，DeepSeek 的判断依然基于有限信息，无法全面而灵活地综合分析各种影响因素。

7.5 使用DeepSeek进行市场预测和趋势识别

我们可以将历史市场数据及相关信息输入 DeepSeek，让它学习市场运行规律和关键因素，并基于此生成相应的市场预测或趋势判断。这可以为我们判断市场未来走向提供一定参考，但预测的准确性依然需要人工判断。

7.5.1 实战案例24：DeepSeek预测某城市商业地产市场面临调整

下面我们通过一个案例来介绍如何利用 DeepSeek 进行市场预测。

案例背景如下。

随着某城市商业地产市场近 3 年持续暴涨与活跃交易，房地产价格大幅上涨 30%，我们担忧市场存在过热迹象与泡沫风险，面临一定调整压力。为判断市场未来 3~6 个月的走势，我们将近期市场数据输入 DeepSeek，请其进行预测与分析。

> **提问：**
> 随着某城市商业地产市场近 3 年持续暴涨与活跃交易，房地产价格大幅上涨 30%，我们担忧市场存在过热迹象与泡沫风险，面临一定调整压力。为判断市场未来 3~6 个月的走势，你如何看待这条消息及其影响？

> **DeepSeek：**
> （1）市场近 3 年持续上涨显示市场热度高涨与预期乐观，但价格过快飙升存在泡沫风险，上涨动力有限，难以持续。
> （2）开发商扩张开发与加大推盘显示出一种过度乐观的态度。新增供应量的增加会给市场带来压力。成交周期延长与交易量下降，价格面临下行压力。
> （3）因此，未来 3~6 个月内，市场可能面临调整与下行压力。现阶段过热与预期过高，上涨空间有限，调整概率增大。建议投资者避免追涨，密切关注市场变化与供应，审慎判断走势，谨慎配置。

DeepSeek 是基于数据来判断市场过热与调整风险的，为投资者的市场判断提供参考。但其分析基于有限信息，需要投资者综合更多变量来判断，以确保准确性。这个案例显示 DeepSeek 可以辅助市场预测，但预测需要人工判断。DeepSeek 可以理解数据并进行预测，但存在局限性。人工判断更加全面，二者结合可以互补，发挥各自的优势，实现最佳预测，但人工判断应作为主导。

7.5.2 实战案例25：DeepSeek用于预测"新能源汽车补贴退坡"的影响

下面我们再通过一个案例来介绍如何利用 DeepSeek 进行市场预测。

案例背景如下。

某国发布新能源汽车补贴退坡政策，即补贴标准逐年下调 30%。鉴于新能源汽车行业发展依赖政策补贴，我们担忧这一政策会对行业产生较大影响。我们将这一政策输入 DeepSeek，请其预测分析。

> 提问：
> 　　某国发布新能源汽车补贴退坡政策，即补贴标准逐年下调 30%。你如何看待这个政策及其影响？

> DeepSeek：
> 　　根据新能源汽车补贴退坡政策，我对该行业的预测分析如下。
> 　　（1）政策补贴是新能源汽车行业发展的重要驱动因素之一。补贴标准的下调将直接降低消费者的购买动力，可能导致行业销量与利润面临一定下行压力。短期内市场景气度下降，个股业绩也面临一定挑战。
> 　　（2）但是，新能源汽车长期发展前景不会因单一政策变化而改变。行业发展依然需要政策扶持，技术进步与成本下降也在推动需求及市场规模不断扩大。因此，从中长期来看，行业发展势头不会受太大影响，也面临新的机遇。
> 　　（3）在个股方面，技术先进与成本领先的企业受政策影响相对较小，依然具备较强的市场竞争力。而发展依赖政策扶持的企业可能面临一定的业绩压力与股价回调，但也具备较大的估值修复机会。建议投资者中长期看好行业龙头，短期谨慎，关注政策变化对个股的影响。

DeepSeek 比较准确地判断出新能源汽车补贴退坡政策对行业与个股的双面影响。短期内政策变化可能导致市场景气度略有下降，面临一定业绩压力；但从中长期来看，行业发展前景不会受太大影响，依然拥有较多机遇。这为投资者判断政策影响提供了参考。但 DeepSeek 的分析基于有限信息，可能存在遗漏或不足，这需要我们结合更多信息进行判断。

7.6　本章总结

本章探讨了 DeepSeek 在量化交易中的多样化应用，重点展示了其在技术分析、基本面分析、市场情报分析和交易决策支持中的强大功能。通过具体案例，读者可以了解到如何利用 DeepSeek 进行 K 线图形态分析、技术指标计算、市场消息解读和交易策略优化。这些内容不仅能够帮助读者理解 DeepSeek 如何赋能量化交易，而且为后续策略开发提供了实用的方法和思路。

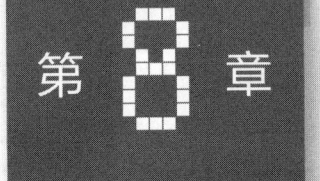

第 8 章 趋势跟踪策略与 DeepSeek 智能增强

在量化交易中，趋势跟踪策略是交易者最熟悉且广泛应用的策略之一。它基于一个简单而强大的理念：跟随市场趋势，顺势而为。通过识别价格的持续走势，趋势跟踪策略能够在市场波动中捕捉到可观的利润。然而，成功实施趋势跟踪策略需要精准的市场分析、合理的信号生成机制，以及对市场变化的快速响应能力。

本章将深入探讨趋势跟踪策略的核心要素，包括移动平均线等经典技术工具的应用，并通过具体案例展示如何构建和优化趋势跟踪策略。同时，我们将引入 DeepSeek 的智能增强功能，帮助交易者在策略制定、回测验证和优化过程中实现智能化提升。

本章的主要内容

- ◆ 趋势跟踪策略概述
- ◆ 使用 DeepSeek 辅助趋势跟踪策略决策过程
- ◆ 使用 DeepSeek 辅助移动平均线策略分析微软股票

8.1 趋势跟踪策略概述

趋势跟踪策略是一种常见的量化交易策略，旨在通过追踪市场价格的趋势来获取利润。该策略基于一个简单的假设，即价格趋势在一定时间内会延续下去。

趋势跟踪策略的基本思想是，当市场价格处于上升趋势时，交易者倾向于买入；而当市场价格处于下降趋势时，交易者倾向于卖出或做空。通过捕捉并利用价格趋势，该策略试图在价格波动的过程中获取利润。

趋势跟踪策略通常涉及以下几个关键要素。

（1）趋势判断：使用技术分析指标或数学模型来识别市场价格趋势。常用的指标包括移动平均线、趋势线、相对强弱指标（RSI）等。

（2）信号生成：基于趋势判断，生成买入或卖出的交易信号。例如，当市场价格突破移动平均线时，产生买入信号；当市场价格下穿移动平均线时，产生卖出信号。

（3）风险管理：设定止损位和止盈位，控制交易的风险和回报。止损位是在价格逆转时触发止损订单的价格水平；而止盈位是在价格达到预定目标时触发止盈订单的价格水平。

（4）仓位管理：根据市场情况和风险承受能力，确定每个交易的仓位大小。仓位管理涉及资金分配、杠杆使用等方面的决策。

（5）执行和监控：根据生成的交易信号执行交易，并及时监控交易的执行情况和市场变化，包括下单、成交确认、交易费用等环节。

趋势跟踪策略的优势在于其能够利用价格趋势的延续性，在市场处于上涨或下跌阶段时具备获得较高盈利的潜力。然而，该策略面临市场转折或震荡时的假突破风险，需要注意及时调整策略参数或采取其他风险控制手段。

若要设计和实施一个有效的趋势跟踪策略，则需要对市场有一定的理解和分析能力，以及熟练的编程和量化交易技术。同时，持续的策略优化和风险管理是成功应用趋势跟踪策略的关键。

8.1.1 趋势跟踪和交易决策中一些主要概念

趋势跟踪和交易决策中有一些主要的概念需要了解。以下是一些主要概念的简要介绍。

（1）趋势：趋势是市场价格或资产价格在一段时间内的持续方向和倾向。趋势可以分为上升趋势（价格不断上涨）、下降趋势（价格不断下跌）和横盘趋势（价格在一定范围内波动）。

（2）移动平均线：移动平均线是一种常用的技术分析工具，用于平滑价格走势并确定趋势的方向。它通过计算一段时间内的平均价格来消除价格的短期波动，并提供更清晰的趋势信号。

（3）止损和止盈：在交易决策中，止损和止盈是关键的风险管理工具。止损指设定一个价格水平，当市场价格达到或低于该水平时，触发卖出交易以限制损失。止盈指设定一个价格水平，当市场价格达到或高于该水平时，触发卖出交易以锁定利润。

（4）波动性：波动性是市场价格或资产价格的变动幅度和速度。在趋势跟踪和交易决策中，了解波动性对于确定适当的止损和止盈水平及调整交易策略非常重要。

（5）入场和出场信号：趋势跟踪策略通常基于特定的入场和出场信号进行交易。入场信号指触发建立新头寸或进入市场的信号；而出场信号指触发平仓或离开市场的信号。

这些概念是趋势跟踪和交易决策中的核心要素。理解和运用这些概念可以帮助我们分析市场趋势、制定交易策略，并进行风险管理。

> **提示：**
> 在金融交易中，头寸指交易者在某个特定资产或证券上的持仓量或持仓规模。头寸的大小取决于交易者对该资产的看法和风险承受能力。
>
> 头寸规模可以通过多种方式来表示，如股票数量、合约数量或投资金额。交易者根据自己的交易计划和风险管理策略，决定在特定交易中愿意承担的头寸规模。
>
> 头寸规模的决策涉及风险管理。过大的头寸规模可能增加交易风险；而过小的头寸规模可能限制潜在利润。交易者通常会根据自己的风险偏好和市场条件来确定适当的头寸规模。
>
> 头寸管理在交易决策中起着重要的作用，它涉及确定适当的头寸规模、设置止损和止盈水平、调整仓位大小等方面。有效的头寸管理可以帮助交易者控制风险，平衡潜在回报和风险，并提高交易的整体效果。

8.1.2 使用移动平均线进行分析

使用移动平均线进行分析是一种常见的趋势跟踪和技术分析方法，可以帮助识别价格的趋势、判断市场的走势及产生交易信号。以下是使用移动平均线进行分析的主要概念和步骤。

（1）移动平均线：移动平均线是一条平滑的曲线，表示一段时间内的平均价格。它通过计算一系列价格数据的平均值来消除短期价格波动，从而显示出价格的长期趋势。

（2）窗口大小（Window Size）：移动平均线的计算需要指定窗口大小。窗口也称为期间或周期。窗口大小决定了计算平均值所使用的价格数据的数量。常见的窗口大小包括20天、50天、200天等，具体选择取决于分析的时间尺度和交易策略。

（3）短期移动平均线和长期移动平均线：根据窗口大小的不同，移动平均线可以分为短期移动平均线和长期移动平均线。短期移动平均线对价格变动更敏感，能够更早地捕捉到价格的短期趋势；而长期移动平均线更平滑，更适合用于判断价格的长期趋势。

（4）交叉信号（Crossover Signal）：移动平均线的交叉可以产生交易信号。当短期移动平均线向上穿越长期移动平均线时，形成黄叉，表示价格可能上升，可以考虑买入；当短期移动平均线向下穿越长期移动平均线时，形成死叉，表示价格可能下降，可以考虑卖出。

（5）趋势判断：交易者通过观察移动平均线的走势，可以判断价格的趋势是上涨、下跌还是盘整。当价格位于移动平均线上方并且移动平均线呈上升趋势时，表示价格可能处于上涨趋势；当价格位于移动平均线下方并且移动平均线呈下降趋势时，表示价格可能处于下跌趋势。

（6）支撑位和阻力位：移动平均线可以作为支撑位和阻力位的参考。当价格下跌至短期移动平均线附近时，短期移动平均线可能成为支撑位，阻止价格进一步下跌；当价格上涨至短期移动平均线附近时，短期移动平均线可能成为阻力位，阻止价格进一步上涨。

（7）价格上穿：价格上穿是指股票或其他资产的价格从下方突破移动平均线或其他技术指标。这被视为一个潜在的买入信号，暗示着股票价格可能进入上涨趋势。

（8）价格下穿：价格下穿是指股票或其他资产的价格从上方跌破移动平均线或其他技术指标。这被视为一个潜在的卖出信号，暗示着股票价格可能进入下跌趋势。

交易者通过分析移动平均线的走势、交叉信号，以及趋势判断，可以辅助制定交易策略和进行买卖决策。然而，移动平均线仅可作为辅助工具，交易者应结合其他技术指标和基本面分析进行综合判断。

8.2 使用DeepSeek辅助趋势跟踪策略决策过程

DeepSeek 可以辅助趋势跟踪策略的决策过程，提供额外的见解和建议。下面是一个使用 DeepSeek 辅助趋势跟踪策略的典型决策过程。

1. 策略开发和信号生成

开发趋势跟踪策略包括确定趋势判断指标、设定交易信号生成规则等。可以使用技术分析工具和编程语言（如 Python）来实现策略，并生成交易信号。

2. DeepSeek辅助决策

DeepSeek 模型通过分析输入数据，来给出回答和建议。这些建议可能包括市场趋势的解读、特定交易的潜在风险和机会等。

3. 综合判断和风险管理

交易者结合 DeepSeek 的建议和个人的判断，进行综合决策和风险管理，考虑交易信号的可靠性、市场条件、风险承受能力等因素，从而确认是否执行交易。

4. 交易执行和监控

根据最终的决策，下达交易指令并执行交易；同时监控交易的执行情况和市场变化，及时调整策略或采取风险控制措施。

5. 记录和评估

交易者应记录交易细节和结果，以便进行绩效评估。交易者通过比较实际交易结果和 DeepSeek 辅助决策的预测结果，来评估模型的辅助效果和策略的表现。

DeepSeek 可以为趋势跟踪策略的决策提供额外的市场见解和建议，增强决策的准确性和效果。然而，交易者需要注意模型的训练数据和准确性，理解模型的局限性，并结合个人的知识和经验进行决策；及时监控模型的性能和适应性，并根据实际情况对策略进行调整和改进。最终的决策仍然需要结合个人的判断。

8.3 实战案例26：使用DeepSeek辅助移动平均线策略分析微软股票

在本案例中，我们将探讨如何将 DeepSeek 与传统的移动平均线策略相结合，对微软股票进行深入分析。

8.3.1 步骤1：数据采集和加载数据

收集微软股票（MSFT）的历史行情数据，包括开盘价、收盘价、最高价、最低价和成交量等。数据位于 data 文件夹中的 HistoricalData_MSFT.csv 文件中，其内容如图 8-1 所示。

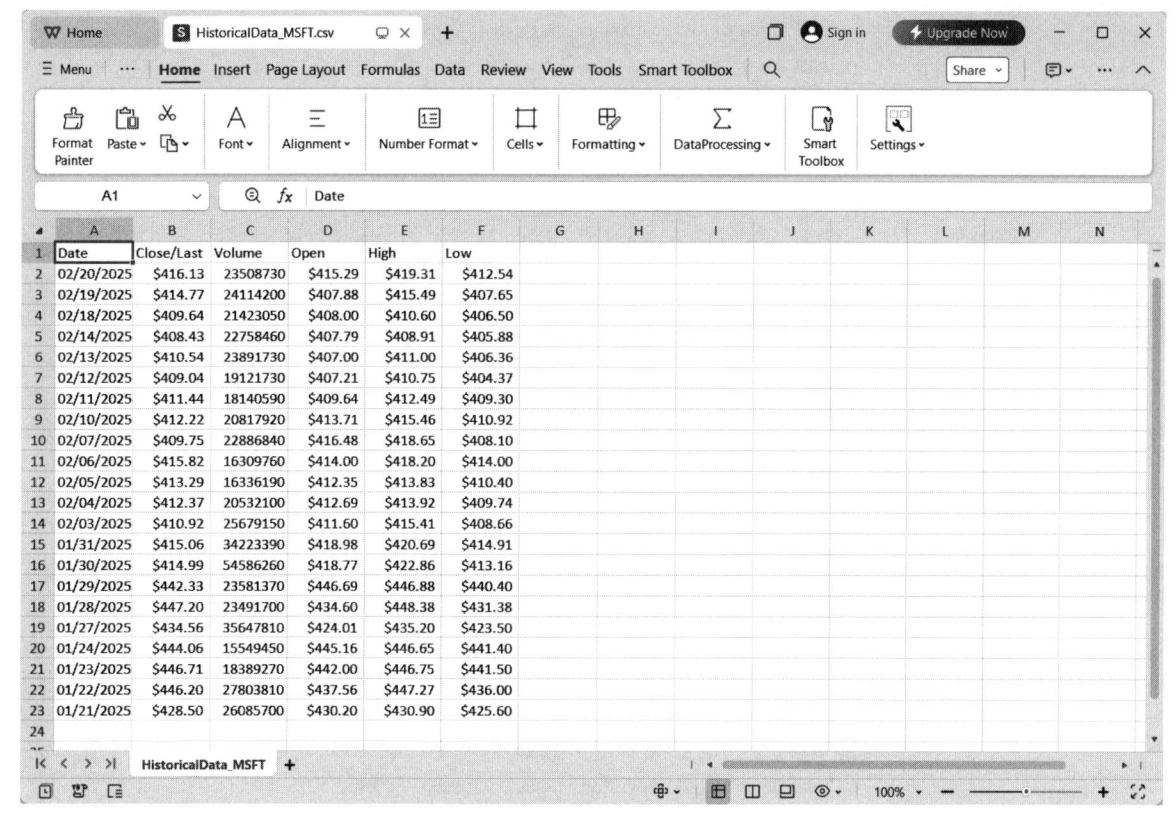

图 8-1 HistoricalData_MSFT.csv 文件

随后，使用 Python 加载数据集，具体代码如下。

```python
import pandas as pd
# 读取 CSV 文件
file_path = 'data/HistoricalData_MSFT.csv'   # 请确保文件路径正确
df = pd.read_csv(file_path)
# 将 "Date" 列转换为日期格式，注意这里指定了日期格式为 '%m/%d/%Y'
df['Date'] = pd.to_datetime(df['Date'], format='%m/%d/%Y')
# 确保日期按升序排序
df = df.sort_values(by='Date')
df['Volume'] = df['Volume'].astype(int)
df # 打印 df
df['Low'] = df['Low'].str.replace('$', '').astype(float)
df['High'] = df['High'].str.replace('$', '').astype(float)
df['Open'] = df['Open'].str.replace('$', '').astype(float)
df['Close/Last'] = df['Close/Last'].str.replace('$', '').astype(float)
# 使用 rename() 修改列名
df = df.rename(columns={'Close/Last': 'Close'})
df # 打印 df
```

运行上述代码，输出 df 数据，如图 8-2 所示。从图中可见，Close（收盘价）列中美元符号被移除，这便是数据清洗。

	Date	Close	Volume	Open	High	Low
21	2025-01-21	428.50	26085700	430.200	430.8999	425.5950
20	2025-01-22	446.20	27803810	437.560	447.2700	436.0000
19	2025-01-23	446.71	18389270	442.000	446.7500	441.5048
18	2025-01-24	444.06	15549450	445.160	446.6500	441.4000
17	2025-01-27	434.56	35647810	424.010	435.2000	423.5000
16	2025-01-28	447.20	23491700	434.600	448.3800	431.3800
15	2025-01-29	442.33	23581370	446.690	446.8800	440.4000
14	2025-01-30	414.99	54586260	418.770	422.8600	413.1600
13	2025-01-31	415.06	34223390	418.980	420.6900	414.9100
12	2025-02-03	410.92	25679150	411.600	415.4100	408.6600
11	2025-02-04	412.37	20532100	412.685	413.9199	409.7400
10	2025-02-05	413.29	16336190	412.350	413.8270	410.4000
9	2025-02-06	415.82	16309760	414.000	418.2000	414.0000
8	2025-02-07	409.75	22886840	416.480	418.6500	408.1000
7	2025-02-10	412.22	20817920	413.710	415.4624	410.9200
6	2025-02-11	411.44	18140590	409.640	412.4900	409.3000
5	2025-02-12	409.04	19121730	407.210	410.7500	404.3673
4	2025-02-13	410.54	23891730	407.000	411.0000	406.3600
3	2025-02-14	408.43	22758460	407.790	408.9100	405.8800
2	2025-02-18	409.64	21423050	408.000	410.5970	406.5000
1	2025-02-19	414.77	24114200	407.880	415.4900	407.6500
0	2025-02-20	416.13	23508730	415.290	419.3100	412.5400

图 8-2　加载数据到 df

8.3.2　步骤2：计算移动平均线

计算 5 日和 20 日的移动平均线，以此作为信号生成的基础。

（1）5 日移动平均线（短期趋势）：能够对短期价格波动做出快速反应。

（2）20 日移动平均线（长期趋势）：反映了中期市场趋势。

将上述移动平均线绘制在 K 线图上，交易者可以直观地看到短期与长期趋势之间的关系。

1. 计算5日移动平均线

计算 5 日移动平均线的代码如下。

```
# 计算 5 日移动平均线
window = 5  # 移动平均线的窗口大小
df['MA5'] = df['Close'].rolling(window,min_periods=1).mean()
df
```

代码解释如下。

（1）df['MA5']：将计算的移动平均线存储到df对象的一个新列中。在这个示例中，该列被命名为"MA5"。

（2）df['Close']：df对象中的一个现有列，表示每个数据点的收盘价。

（3）rolling(window, min_periods=1)：一个用于计算滚动窗口操作的函数。它将在指定的窗口大小内对数据进行滚动计算。

（4）window：表示滚动窗口的大小。在这个示例中，window是一个变量，可以是一个整数，表示窗口的大小。例如，若window等于5，则表示计算过去5个数据点的移动平均值。

（5）min_periods=1：一个可选参数，指定要计算滚动统计量所需的最小观察数量。在这个示例中，它被设置为1，表示即使窗口内只有一个数据点，也会计算移动平均值。

（6）.mean()：对滚动窗口内的数据进行计算的函数。在这个示例中，它计算滚动窗口内数据的平均值。

综上所述，代码的作用是在数据框中添加一个名为"MA5"的新列，该列包含了收盘价的5日移动平均值。移动平均值是一种用于平滑数据、观察趋势和去除噪声的常用统计方法。

运行上述代码，输出 df 数据，如图 8-3 所示。从图中可见，增加了 MA5 列，它就是我们计算出的 5 日移动平均线。

	Date	Close	Volume	Open	High	Low	MA5
21	2025-01-21	428.50	26085700	430.200	430.8999	425.5950	428.5000
20	2025-01-22	446.20	27803810	437.560	447.2700	436.0000	437.3500
19	2025-01-23	446.71	18389270	442.000	446.7500	441.5048	440.4700
18	2025-01-24	444.06	15549450	445.160	446.6500	441.4000	441.3675
17	2025-01-27	434.56	35647810	424.010	435.2000	423.5000	440.0060
16	2025-01-28	447.20	23491700	434.600	448.3800	431.3800	443.7460
15	2025-01-29	442.33	23581370	446.690	446.8800	440.4000	442.9720
14	2025-01-30	414.99	54586260	418.770	422.8600	413.1600	436.6280
13	2025-01-31	415.06	34223390	418.980	420.6900	414.9100	430.8280
12	2025-02-03	410.92	25679150	411.600	415.4100	408.6600	426.1000
11	2025-02-04	412.37	20532100	412.685	413.9199	409.7400	419.1340
10	2025-02-05	413.29	16336190	412.350	413.8270	410.4000	413.3260
9	2025-02-06	415.82	16309760	414.000	418.2000	414.0000	413.4920
8	2025-02-07	409.75	22886840	416.480	418.6500	408.1000	412.4300
7	2025-02-10	412.22	20817920	413.710	415.4624	410.9200	412.6900
6	2025-02-11	411.44	18140590	409.640	412.4900	409.3000	412.5040
5	2025-02-12	409.04	19121730	407.210	410.7500	404.3673	411.6540
4	2025-02-13	410.54	23891730	407.000	411.0000	406.3600	410.5980
3	2025-02-14	408.43	22758460	407.790	408.9100	405.8800	410.3340
2	2025-02-18	409.64	21423050	408.000	410.5970	406.5000	409.8180
1	2025-02-19	414.77	24114200	407.880	415.4900	407.6500	410.4840
0	2025-02-20	416.13	23508730	415.290	419.3100	412.5400	411.9020

图 8-3 增加 MA5 列的 df 数据

2. 计算20日移动平均线

计算 20 日移动平均线的代码如下。

```
# 计算20移动平均线
window = 20    # 移动平均线的窗口大小
df['MA20'] = df['Close'].rolling(window,min_periods=1).mean()
df
```

运行上述代码，输出 df 数据，如图 8-4 所示。从图中可见，增加了 MA20 列，它就是我们计算出的 20 日移动平均线。

	Date	Close	Volume	Open	High	Low	MA5	MA20
21	2025-01-21	428.50	26085700	430.200	430.8999	425.5950	428.5000	428.500000
20	2025-01-22	446.20	27803810	437.560	447.2700	436.0000	437.3500	437.350000
19	2025-01-23	446.71	18389270	442.000	446.7500	441.5048	440.4700	440.470000
18	2025-01-24	444.06	15549450	445.160	446.6500	441.4000	441.3675	441.367500
17	2025-01-27	434.56	35647810	424.010	435.2000	423.5000	440.0060	440.006000
16	2025-01-28	447.20	23491700	434.600	448.3800	431.3800	443.7460	441.205000
15	2025-01-29	442.33	23581370	446.690	446.8800	440.4000	442.9720	441.365714
14	2025-01-30	414.99	54586260	418.770	422.8600	413.1600	436.6280	438.068750
13	2025-01-31	415.06	34223390	418.980	420.6900	414.9100	430.8280	435.512222
12	2025-02-03	410.92	25679150	411.600	415.4100	408.6600	426.1000	433.053000
11	2025-02-04	412.37	20532100	412.685	413.9199	409.7400	419.1340	431.172727
10	2025-02-05	413.29	16336190	412.350	413.8270	410.4000	413.3260	429.682500
9	2025-02-06	415.82	16309760	414.000	418.2000	414.0000	413.4920	428.616154
8	2025-02-07	409.75	22886840	416.480	418.6500	408.1000	412.4300	427.268571
7	2025-02-10	412.22	20817920	413.710	415.4624	410.9200	412.6900	426.265333
6	2025-02-11	411.44	18140590	409.640	412.4900	409.3000	412.5040	425.338750
5	2025-02-12	409.04	19121730	407.210	410.7500	404.3673	411.6540	424.380000
4	2025-02-13	410.54	23891730	407.000	411.0000	406.3600	410.5980	423.611111
3	2025-02-14	408.43	22758460	407.790	408.9100	405.8800	410.3340	422.812105
2	2025-02-18	409.64	21423050	408.000	410.5970	406.5000	409.8180	422.153500
1	2025-02-19	414.77	24114200	407.880	415.4900	407.6500	410.4840	421.467000
0	2025-02-20	416.13	23508730	415.290	419.3100	412.5400	411.9020	419.963500

图 8-4　增加 MA20 列的 df 数据

8.3.3　步骤3：初始策略规则的制定

这一步将制定移动平均线策略的初始规则，并将其转化为代码，以便生成交易信号和执行模拟交易。

本策略基于短期移动平均线和长期移动平均线的交叉信号来判断买卖时机，具体规则如下。

（1）买入信号：当短期移动平均线（如 5 日移动平均线，MA5）上穿长期移动平均线（如 20 日移动平均线，MA20）时，表示市场出现上涨趋势，触发买入信号。

（2）卖出信号：当短期移动平均线（MA5）下穿长期移动平均线（MA20）时，表示短期趋势转为下行，触发卖出信号。当收盘价跌破 20 日移动平均线的 92% 时，表示市场可能出现较大回调，触发卖出信号。

下面将规则转化为函数，使用 Python 的 Pandas 进行实现。具体代码如下。

```
# 买入信号
def buy_signal(row):                                           ①
    # 当 5 日移动平均线上穿 20 日移动平均线时触发买入信号
    if row['MA5'] > row['MA20']:                               ②
        return True
    return False

# 卖出信号
def sell_signal(row):                                          ③
    # 当 5 日移动平均线下穿 20 日移动平均线时触发卖出信号
    # 或者当收盘价跌破 20 日移动平均线的 92% 时触发卖出信号
    if row['MA5'] < row['MA20'] or row['Close'] < row['MA20'] * 0.92:  ④
        return True
    return False
```

代码解释如下。

代码第①行定义了一个名为 buy_signal 的函数。该函数用于检查每一行数据（每一时刻的股票数据）是否符合买入条件。参数 row 表示 DataFrame 中的一行数据，包含当前时刻的所有相关信息，如 MA5、MA20 等。

代码第②行用于判断买入信号的条件，其作用是检查该行数据的 MA5 是否大于 MA20，即短期移动平均线是否高于长期移动平均线。当符合这个条件时，表示趋势上涨，是一个买入信号。

代码第③行定义了一个名为 sell_signal 的函数，用于判断每一行数据是否符合卖出条件。参数 row 表示 DataFrame 中的一行数据，包含当前时刻的所有相关信息。

代码第④行用于判断卖出信号的条件。若 row['MA5'] < row['MA20']，即短期移动平均线 MA5 低于长期移动平均线 MA20，则表示市场趋势转弱，可能是卖出信号；若 row['Close'] < row['MA20'] * 0.92，即当前收盘价低于 MA20 的 92%，则说明价格已跌破支撑位，可视为卖出信号。

8.3.4 步骤4：生成买入和卖出信号

这一步会基于策略规则生成买入和卖出信号，并生成对应的日期，具体代码如下。

```
# 找出所有买入信号和卖出信号的日期
buy_dates = df[df.apply(buy_signal, axis=1)]['Date']           ①
sell_dates = df[df.apply(sell_signal, axis=1)]['Date']         ②

# 格式化为字符串
buy_dates_str = buy_dates.dt.strftime('%Y-%m-%d').tolist()
sell_dates_str = sell_dates.dt.strftime('%Y-%m-%d').tolist()

# 输出结果
print("所有买入信号的日期：", buy_dates_str)
print("所有卖出信号的日期：", sell_dates_str)
```

代码解释如下。

代码第①行表示找出所有买入信号的日期，通过 apply() 方法逐行应用 buy_signal 函数，返回符合买入信号的行。df.apply(buy_signal, axis=1) 会返回一个布尔值的 Series，表示每一行是否满足买入条件，buy_dates 是一个包含所有符合买入信号日期的集合。

代码第②行表示找出所有卖出信号的日期。

运行上述代码，输出的结果如下。

```
所有买入信号的日期: ['2025-01-28', '2025-01-29']
所有卖出信号的日期: ['2025-01-30', '2025-01-31', '2025-02-03', '2025-02-04', '2025-02-05', '2025-02-06', '2025-02-07', '2025-02-10', '2025-02-11', '2025-02-12', '2025-02-13', '2025-02-14', '2025-02-18', '2025-02-19', '2025-02-20']
```

8.3.5 步骤5：DeepSeek赋能模拟回测验证策略

这一步将基于之前生成的策略信号，模拟实际的交易过程，并对策略的历史表现进行回测。回测的目的是通过历史数据评估策略的执行效果，同时，DeepSeek 将提供基于回测结果的优化建议，以进一步提升策略的表现。

为了模拟交易，我们需要设定一些初始参数，如初始资金、每次交易的仓位大小、手续费等。假设我们从 100000 美元开始。根据生成的买卖信号，遍历历史数据，模拟实际的买入和卖出操作，同时更新持仓和账户余额。

具体代码如下。

```python
initial_cash = 100000  # 初始资金
cash = initial_cash
position = 0  # 当前持仓数量
portfolio_values = []  # 记录每个交易日的总资产

# 遍历每一天的数据
for i in range(len(df)):
    price = df['Close'].iloc[i]  # 当天收盘价
    
    # 如果当前行满足买入信号, 且有足够资金购买股票
    if buy_signal(df.iloc[i]) and cash >= price:
        # 计算可以买入的股票数量（取整）
        position = cash // price
        cash -= position * price  # 扣除买入股票的花费
        print(f"买入: {df['Date'].iloc[i]}, 价格: {price}, 数量: {position}")
    
    # 如果当前行满足卖出信号, 且持仓大于0
    elif sell_signal(df.iloc[i]) and position > 0:
        cash += position * price  # 卖出所有持仓股票
        print(f"卖出: {df['Date'].iloc[i]}, 价格: {price}, 数量: {position}")
        position = 0  # 清空持仓
    
    # 计算当前账户总资产: 现金 + 持仓市值
    portfolio_value = cash + position * price
    portfolio_values.append(portfolio_value)

# 计算总收益率
```

```
total_return = (portfolio_values[-1] - initial_cash) / initial_cash * 100
print(f"总收益率: {total_return:.2f}%")
```

运行上述代码，输出的结果如下。

```
买入: 2025-01-28 00:00:00, 价格: 447.2, 数量: 223.0
卖出: 2025-01-30 00:00:00, 价格: 414.99, 数量: 223.0
总收益率: -7.18%
```

8.3.6 步骤6：绘制K线图和信号

为了评估策略的实际表现，我们可以绘制 K 线图，并在图表上标记买入和卖出信号。同时，我们可以绘制移动平均线（MA5 和 MA20），这有助于直观地理解策略在历史数据中的执行情况。

具体代码如下。

```
import matplotlib.pyplot as plt
import mplfinance as mpf
import pandas as pd
import numpy as np

# 确保 Date 列为 datetime 类型
df['Date'] = pd.to_datetime(df['Date'])                                    ①
# 设置 Date 列为索引
df.set_index('Date', inplace=True)                                         ②
# 将 buy_dates 和 sell_dates 转换为集合以提高匹配效率
buy_dates_set = set(buy_dates)
sell_dates_set = set(sell_dates)

# 设置买入和卖出信号标记
buy_signals = [price if date in buy_dates_set else np.nan for date, price in zip(df.index, df['Close'])]                                                       ③
sell_signals = [price if date in sell_dates_set else np.nan for date, price in zip(df.index, df['Close'])]                                                     ④

# 添加移动平均线参数
ap0 = [
    mpf.make_addplot(df['MA5'], color="b", width=1.5),
    mpf.make_addplot(df['MA20'], color="y", width=1.5),
]

# 设置市场颜色风格
market_colors = mpf.make_marketcolors(up='red', down='green')
my_style = mpf.make_mpf_style(marketcolors=market_colors)

# 使用 make_addplot 绘制买卖信号
buy_markers = mpf.make_addplot(buy_signals, type='scatter', markersize=100, color='lime', marker='^')                                                          ⑤
sell_markers = mpf.make_addplot(sell_signals, type='scatter', markersize=100, color='darkred', marker='v')

# 绘制K线图与买卖信号标记
mpf.plot(df, type='candle',
         figratio=(10,4),
         mav=(10, 20),
         show_nontrading=True,
```

```
            addplot=ap0 + [buy_markers, sell_markers],    # 将买卖信号标记添加到图表中
            style=my_style)
mpf.show()
```

代码解释如下。

代码第①行将 df 中的 Date 列转换为 datetime 类型，以确保日期格式正确。

代码第②行设置 df 的 Date 列为 DataFrame 的索引，这样 Mplfinance 可以按日期绘制图表。

代码第③行通过 zip(df.index, df['Close']) 函数将日期（索引）和收盘价配对，如果日期在 buy_dates_set 中，那么返回当天的收盘价，否则返回 np.nan（表示没有信号）。

代码第④行表示如果日期在 sell_dates_set 中，那么返回当天的收盘价，否则返回 np.nan。

代码第⑤行通过 mpf.make_addplot 函数绘制买入信号，并使用绿色（lime）的向上箭头（^）标记买入信号。

运行上述代码，输出图表，如图 8-5 所示。

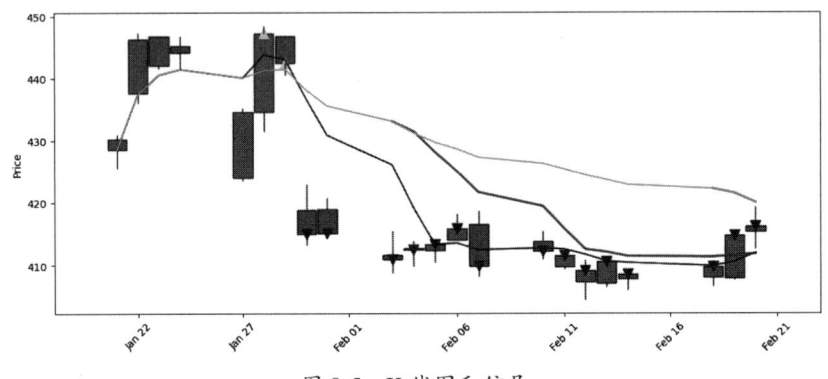

图 8-5　K 线图和信号

由图 8-5 可见，短期（5 日）移动平均线与长期（20 日）移动平均线有交叉点，这说明可以产生金叉或死叉的信号。

（1）金叉：短期移动平均线（简称短线）从下方上穿长期移动平均线（简称长线），这表示短期涨势加快，长期涨势有望继续，是买入信号。

（2）死叉：短期移动平均线从上方下穿长期移动平均线，这表示短期跌势加快，长期涨势可能结束，是卖出信号。因此，在移动平均线（简称均线）图上，两条均线的交叉点表示了趋势或热度的变化，有可能产生交易信号。

> **提示**
>
> 若要准确判断，则需要遵循以下原则。
>
> （1）交叉角度要锐利。如果交叉时两线距离较近或较平缓，那么信号强度会降低，准确度下降。
>
> （2）交叉信号要持续一段时间才可确认，避免短期错动。如果很快再次出现反向交叉，则难以判断前一个信号的准确性。
>
> （3）均线斜率要发生显著变化，如短线斜率加速上升时为买入信号，减速上升时为卖出信号。若斜率变化不大，则信号准确度会降低。

8.3.7 步骤7：DeepSeek辅助优化策略

在这一步，我们将使用 DeepSeek 来优化策略。通过回测和历史数据，DeepSeek 可以帮助我们分析当前策略的表现并提供优化建议，以提高其长期的盈利能力和风险控制能力。

DeepSeek 可以分析当前策略在不同市场环境下的表现，评估策略是否存在过拟合（只适用于特定的历史数据）或是否存在潜在的优化空间。

回测的结果将作为 DeepSeek 的输入，DeepSeek 会进行分析，帮助我们理解策略在过去的表现如何。

> **提问：**
> 该策略采用 MA5/MA20 短期和长期均线组合，该策略的回测结果如下，帮我分析该策略的表现。
> 买入：2025-01-28 00:00:00，价格：447.2，数量：223.0
> 卖出：2025-01-30 00:00:00，价格：414.99，数量：223.0
> 总收益率：-7.18%

> **DeepSeek：**
> （1）亏损情况如下。
> - 该策略在短短 2 天内亏损 7.18%，表明交易结果不理想。
> - 该策略可能存在交易信号滞后或市场短期波动剧烈的情况，故而导致亏损。
>
> （2）交易周期如下。
> - 交易周期较短（仅 2 天），说明策略可能更适用于短线交易。
> - 交易者需要确认是否适合短线策略，或考虑延长持有时间以优化收益。
>
> （3）买卖点分析如下。
> - 买入价格较高（447.2），说明可能在市场短期高点买入。
> - 卖出价格较低（414.99），说明可能在市场调整时卖出，未能及时止损或反弹。
>
> （4）可能的改进方向。
> - 优化买卖信号：使用更可靠的技术指标，如 RSI、MACD 结合均线，避免在高点买入。
> - 加入止损策略：设置固定或动态止损，如 3%~5%，以减少亏损幅度。
> - 调整持仓周期：考虑更长时间框架（如 5~10 天），观察趋势是否有利。
> - 多策略回测：测试不同均线组合（如 MA10 和 MA50），找出最优交易参数。
>
> 结论：该策略当前表现不佳，需优化买卖点、止损策略，并进行更长期的数据回测，以提高交易稳定性。

DeepSeek 没有给出具体的优化方法，我们可以继续询问。

> **提问：**
> 可以调整均线参数吗？

> **DeepSeek：**
> MA5、MA10、MA20、MA50 等，代表了不同的趋势周期。

> 短期均线（如MA5、MA10）：反应速度较快，对市场变化更敏感，适用于短线交易。
>
> 长期均线（如MA50、MA200）：反应较慢，适用于捕捉大趋势，减少噪声。
>
> 调整建议：你可以调整短期均线和长期均线的组合，如使用MA10/MA50或MA20/MA100，测试不同周期对买卖信号的影响。

根据DeepSeek的建议，我们采用MA10/MA50短期均线和长期均线组合。

具体代码如下。

```python
import pandas as pd
# 读取 CSV 文件
file_path = 'data/HistoricalData_MSFT.csv'  # 请确保文件路径正确
df = pd.read_csv(file_path)
# 将 Date 列转换为日期格式，注意这里指定了日期格式为 %m/%d/%Y
df['Date'] = pd.to_datetime(df['Date'], format='%m/%d/%Y')
# 确保日期按升序排序
df = df.sort_values(by='Date')
df['Close/Last'] = df['Close/Last'].str.replace('$', '').astype(float)
# 使用 rename() 修改列名
df = df.rename(columns={'Close/Last': 'Close'})


# 计算新的均线：10 日均线和 50 日均线
df['MA10'] = df['Close'].rolling(10, min_periods=1).mean()
df['MA50'] = df['Close'].rolling(50, min_periods=1).mean()

# 定义优化后的买入信号：当 MA10 上穿 MA50 时
def buy_signal_opt(row):
    return row['MA10'] > row['MA50']

# 定义优化后的卖出信号：当 MA10 下穿 MA50 或收盘价低于 MA50 的 90% 时
def sell_signal_opt(row):
    return row['MA10'] < row['MA50'] or row['Close'] < row['MA50'] * 0.90

# 设置初始参数
initial_cash = 100000        # 初始资金
cash = initial_cash          # 当前可用现金
position = 0                 # 当前持仓股票数量
portfolio_values = []        # 记录每天的投资组合总价值
entry_price = None           # 记录每次买入的入场价格，用于止损判断
stop_loss_pct = 0.95         # 止损比例（若价格跌至入场价的 95%，则触发止损）

# 模拟交易回测过程
for i in range(len(df)):
    price = df['Close'].iloc[i]    # 当前收盘价
    
    # 若当前无持仓，且满足买入信号，则买入
    if position == 0 and buy_signal_opt(df.iloc[i]) and cash >= price:
        position = cash // price   # 计算可以买入的股票数量（整股）
        entry_price = price        # 记录买入价格
        cash -= position * price   # 扣除买入花费
        print(f"买入: {df['Date'].iloc[i].strftime('%Y-%m-%d')}，价格: {price}，数量: {position}")
    
    # 若持有股票，则检查是否满足卖出或止损条件
    elif position > 0:
```

```
            # 止损条件：当前价格跌破入场价格的 95%
            if price < entry_price * stop_loss_pct:
                cash += position * price  # 卖出所有持仓
                print(f"止损卖出: {df['Date'].iloc[i].strftime('%Y-%m-%d')}, 价格: {price},
数量: {position}")
                position = 0
                entry_price = None
            # 卖出信号：满足优化后的卖出条件
            elif sell_signal_opt(df.iloc[i]):
                cash += position * price
                print(f"卖出: {df['Date'].iloc[i].strftime('%Y-%m-%d')}, 价格: {price},
数量: {position}")
                position = 0
                entry_price = None

    # 更新当前投资组合总价值（现金 + 持仓市值）
    portfolio_value = cash + position * price
    portfolio_values.append(portfolio_value)

# 计算总收益率
total_return = (portfolio_values[-1] - initial_cash) / initial_cash * 100
print(f"总收益率: {total_return:.2f}%")
```

运行上述代码，输出结果如下。

```
买入: 2025-02-04, 价格: 412.37, 数量: 242.0
卖出: 2025-02-05, 价格: 413.29, 数量: 242.0
总收益率: 0.22%
```

我们将结果输入 DeepSeek，让 DeepSeek 进行分析。

> **提问：**
>
> 该策略采用 MA10/MA50 短期和长期均线组合，回测结果如下，帮我分析该策略的表现。
>
> 买入：2025-02-04, 价格: 412.37, 数量: 242.0
>
> 卖出：2025-02-05, 价格: 413.29, 数量: 242.0
>
> 总收益率: 0.22%

> **DeepSeek：**
>
> 总收益率：该策略的收益率为 0.22%，是一个小幅盈利，表明市场在这段时间内略有上涨。
>
> 均线组合：使用 MA10（短期均线）和 MA50（长期均线）进行信号判断。短期均线灵敏，可以捕捉到价格的快速波动；而长期均线则能够过滤噪声，提供更稳健的信号。
>
> （1）优点如下。
> - 简单有效：MA10 和 MA50 是广泛使用的经典均线组合，便于实施和理解。
> - 风险较低：由于两条均线的配合，策略较为保守，适用于波动不大的市场。
>
> （2）缺点如下。
> - 收益较低：0.22% 的收益率说明该策略在这段时间内没有把握住更大的波动机会。
> - 缺乏动态调整：该策略没有使用止损和止盈规则，容易受短期市场波动影响，且未能在大趋势出现时加大仓位。
>
> （3）优化建议如下。

- 调整均线周期：交易者可以尝试使用 MA5（更短的周期）来增加信号灵敏度，从而抓住更多短期上涨的机会。
- 引入其他指标：增加 RSI 或 MACD 等技术指标，用于确认趋势强度，以避免虚假信号。
- 止损和止盈：为了避免短期波动带来的亏损，交易者可以设置固定的止损点和止盈点，以确保利润并控制风险。
- 延长持仓周期：在确认趋势明确的情况下，交易者可以考虑延长持仓时间，以抓住获得更多利润的机会。

8.4 本章总结

本章详细介绍了趋势跟踪策略及其与 DeepSeek 结合的智能增强方法，通过移动平均线等技术工具，展示了如何构建和优化趋势跟踪策略；同时结合 DeepSeek 的强大功能，进一步提升了策略的决策效率和模拟回测的准确性。通过微软股票的案例分析，读者可以清晰地了解趋势跟踪策略的实施步骤和优化方法。

第 9 章 动量策略与 DeepSeek 智能辅助决策

动量策略是量化交易中一种重要的策略，它通过捕捉资产价格的趋势来获取收益。然而，动量策略的实施需要精准的技术分析和策略优化。

本章将介绍动量策略的核心概念、优缺点及关键指标，通过案例展示如何使用 Python 实现动量策略，并借助 DeepSeek 进行智能辅助决策，以优化策略表现。

本章的主要内容

- ◆ 动量策略概述
- ◆ 相对强弱指标
- ◆ 使用 DeepSeek 辅助动量策略决策
- ◆ 使用 DeepSeek 辅助中国铝业股票价格和 RSI 交易信号分析

9.1 动量策略概述

动量策略是一种基于市场趋势的交易策略，它利用资产价格的持续上涨或下跌趋势进行交易。该策略基于一种常见的市场现象，即过去的价格趋势在一段时间内往往会延续。

动量策略的基本思想是追逐市场上涨的资产或下跌的资产，并在趋势结束时进行买入或卖出的操作。这一策略认为，价格的动量或趋势可以反映市场参与者的情绪和行为，从而提供交易机会。

在动量策略中，常用的指标包括相对强弱指标、移动平均线交叉和通道突破等。这些指标可以帮助交易者确定买入和卖出的时机，以捕捉价格趋势的持续性。

动量策略的优点之一是它能够捕捉到大的趋势，并在市场上涨或下跌时获得较高的收益。此外，动量策略相对简单易懂，适用于不同的交易品种和市场。

然而，动量策略也存在一些限制和风险。市场的趋势可能不持续，价格可能出现反转，从而导致策略失效。此外，过度依赖过去的价格趋势可能导致错过市场的转折点。

9.1.1 动量策略中的一些主要概念

动量策略中有一些主要概念是非常重要的。

（1）动量：动量是指资产价格的变动速度和幅度。在动量策略中，我们关注资产价格的上涨或下跌的幅度和持续性。较高的正动量表示资产价格上涨的趋势；而较低的负动量表示资产价格下跌的趋势。

（2）相对强弱指标（RSI）：RSI是一种常用的动量指标，用于衡量资产的超买和超卖状态。RSI基于资产价格的变动幅度，通常在0到100之间。较高的RSI表示资产被过度买入，可能出现价格的回调或反转；而较低的RSI表示资产被过度卖出，可能出现价格的反弹或反转。

（3）超买：超买是指资产价格短期内上涨过快，可能超出其实际价值，市场情绪过于乐观，通常预示着价格可能回调或下跌。例如，RSI高于70时，常被视为超买信号。

（4）超卖：超卖是指资产价格短期内下跌过快，可能低于其实际价值，市场情绪过于悲观，通常预示着价格可能反弹或上涨。例如，RSI低于30时，常被视为超卖信号。

（5）移动平均线交叉：在第8章中，我们已介绍过移动平均线交叉。在动量策略中，它基于不同期间移动平均线的交叉点确定买卖时机。一般情况下，短期移动平均线上穿长期移动平均线是买入信号，而下穿则是卖出信号。

（6）通道突破：通道突破是一种基于价格波动幅度的动量策略。它基于资产价格突破之前的价格区间或通道来确定买入和卖出的时机。当资产价格突破上升通道的上界或下跌通道的下界时，被视为买入或卖出信号。

上述概念可以帮助我们衡量市场的动量和趋势，并提供了确定买入和卖出时机的指导。在实施动量策略时，我们可以根据具体的市场和交易品种选择合适的概念和指标，并结合其他技术分析工具来进行分析和决策。

9.1.2 动量策略的优缺点

动量策略的主要优点如下。

（1）按趋势交易，利润机会较大。动量策略试图捕捉股票价格变动的初始阶段，这时价格波动幅度最大，利润率也最高。

（2）交易频率高，适合短期投资。动量策略通常在中短期内完成交易，适合追求短期高收益的投资者。

（3）容易实施，指标简单。动量策略主要依靠简单的动量指标，容易理解和操作。

但是，动量策略也存在一些缺点，具体如下。

（1）交易风险大。动量策略追求短期利润，必然面临较大的价格波动风险，可能出现较大亏损。

（2）易受市场噪声影响。动量策略过于依赖近期价格变动，容易被短期市场噪声误导，产生错误信号。

（3）长期表现不佳。动量策略侧重短期交易，长期持有的表现不如价值投资和成长投资策略。

（4）交易频繁，交易成本高。动量策略的高频短期交易会产生较高的交易税和手续费，从而减少实际收益。

（5）难以实现完全自动化。动量策略仍然需要人工判断和选股，难以实现完全自动化的量化交易。

综上，动量策略适用于短期追求高收益的投资，但面临较大风险。投资者需要综合考虑自身风险承受能力和资金实力，慎重选择。

9.2 相对强弱指标

相对强弱指标（RSI）用来衡量股票在一定时间内价格上涨与下跌的幅度，从而判断股票当前的超买或超卖状况。

RSI 的计算公式如下。

$$RSI = 100 - 100 \div (1 + RS)$$

其中，RS 为平均上涨幅度与平均下跌幅度的比值。计算时先对一定周期内的上涨和下跌幅度进行平滑处理，然后根据公式得出 RSI。

常用参数及调整逻辑如下。

RSI 的标准参数通常为 14 日，但可以根据不同市场的波动性进行调整。短期的 RSI 更为敏感，适合快速反应；长期的 RSI 则可以过滤短期波动，适合把握长期趋势。

RSI 具体计算步骤如下。

（1）计算一定周期（通常为14天）内的股票上涨总点数和下跌总点数。

（2）计算上涨日平均收益，公式为上涨日平均收益=上涨总点数÷上涨天数。

（3）计算下跌日平均收益，公式为下跌日平均收益=下跌总点数÷下跌天数。

（4）计算RS，公式为RS=上涨日平均收益÷下跌日平均收益。

（5）将RS代入公式计算RSI，RSI的取值范围为0~100。

- RSI>70表示股票超买，会出现回调，届时卖出。
- 30<RSI<70表示行情较平稳，可持有。
- RSI<30表示股票超卖，会出现反弹，届时买入。

RSI 是相对简单且常用的动量指标，可以较好地衡量股票的强弱和超买超卖状态，用于动量策略和反转策略。

9.3 使用DeepSeek辅助动量策略决策

DeepSeek 可以辅助动量策略决策，提供额外的洞察和意见，帮助优化和改进策略的表现。以下是使用 DeepSeek 辅助动量策略决策的一般过程。

1. 收集数据

收集所需的股票或其他金融市场数据，包括价格、成交量、技术指标等。

2. 数据预处理

使用工具对收集的数据进行清洗和预处理，如处理缺失值和异常值。

3. 定义动量策略规则

根据动量策略要求，定义买入和卖出规则。例如，基于价格涨跌或技术指标交叉等制定交易规则。

4. DeepSeek辅助决策

将处理后的数据和策略规则输入 DeepSeek，可向 DeepSeek 提出关于市场趋势、交易信号等的问题，或请求策略建议。

5. 解读DeepSeek的回答

结合 DeepSeek 的反馈与个人判断，分析当前市场状况和策略执行的适宜性。

6. 优化和改进策略

根据 DeepSeek 的反馈及其他决策因素，优化动量策略，这可能包括调整参数、修改交易规则或加入其他指标。

7. 回测和评估

使用历史数据对优化后的策略进行回测，评估其表现和盈利能力。根据回测结果进一步调整策略。

综上，结合 DeepSeek 的智能分析与个人经验，可以提高动量策略的决策精度与效果。重要的是保持对市场的敏感性，不断学习和改进策略，以适应市场的动态变化。

9.4 实战案例27：使用DeepSeek辅助中国铝业股票价格和RSI交易信号分析

下面我们通过具体的案例来介绍动量策略对股票交易信号的分析。

案例背景如下。

在本案例中，我们将通过 DeepSeek 辅助分析中国铝业股票价格与 RSI 之间的关系，探索如何利用动量策略提高交易决策的精度。

中国铝业是大型铝业公司，其股价受多种因素影响，如市场需求、铝价波动及政策环境等。其股价具有一定的波动性，因此需要使用高效的技术分析方法来捕捉潜在的投资机会。

RSI 是一种广泛使用的动量指标。它能够帮助交易者分析市场的超买或超卖状态，从而提供买入或卖出信号。通过与 DeepSeek 结合，我们将进一步优化 RSI 信号的准确性，利用数据分析和深度学习模型增强传统的 RSI 交易策略，以便更精准地判断市场趋势。

在整个流程中，DeepSeek 的辅助作用主要体现在交流和交互过程中。我们可以与 DeepSeek 进行对话，如提出问题、寻求解释、获取指导等，以便更好地理解和执行每个步骤。DeepSeek 可以提供相关知识、解释和指导，帮助我们完成分析并制定相应的决策。

9.4.1 步骤1：数据采集与预处理

我们之前收集过中国石油的股票数据，故本节对数据采集的具体过程不再赘述。获得的数据文件是"中国铝业.xlsx"，部分内容如图9-1所示，数据位于 data 文件夹中。

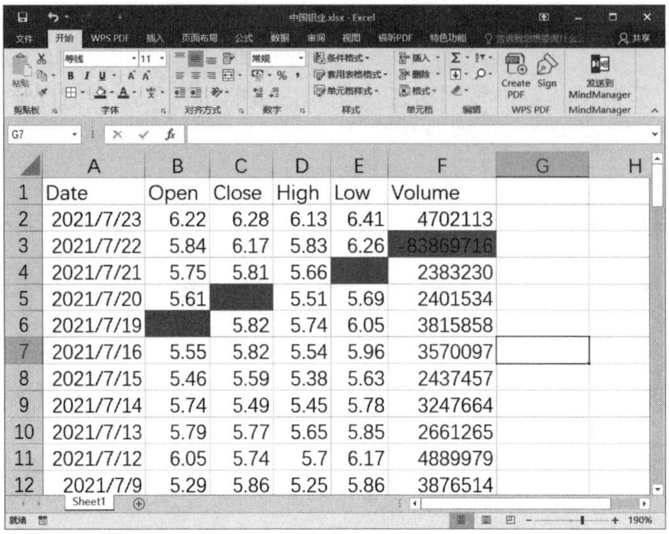

图 9-1 中国铝业.xlsx 文件（部分）

通过检查数据，我们发现数据中存在如下问题。

（1）缺失值问题。

- 2021年7月21日的数据中，Low列的值缺失。
- 2021年7月20日的数据中，Close列的值缺失。
- 2021年7月19日的数据中，Open列的值缺失。

（2）异常值问题。

2021 年 7 月 22 日的数据中，Volume 列的值为 -83869716，而成交量不能为负数，这是一个明显的异常值。

综上所述，该数据存在缺失值和异常值，需要进行相应的处理，以确保数据的质量和后续分析的准确性。

1. 加载数据

获取数据后，我们需要加载数据，具体代码如下。

```
import pandas as pd
# 读取中国铝业的股票历史交易数据
df = pd.read_excel('data/中国铝业.xlsx')
```

```
df # 打印数据集 df
```

运行上述代码,输出 df 数据,如图 9-2 所示,从图中可见缺失值(NaN)和异常值。

	Date	Open	Close	High	Low	Volume
0	2021-07-23	6.22	6.28	6.13	6.41	4702113
1	2021-07-22	5.84	6.17	5.83	6.26	-83869716
2	2021-07-21	5.75	5.81	5.66	NaN	2383230
3	2021-07-20	5.61	NaN	5.51	5.69	2401534
4	2021-07-19	NaN	5.82	5.74	6.05	3815858
...	...	...	...	...	...	...
75	2021-04-02	3.83	3.81	3.76	3.86	825597
76	2021-04-01	3.79	3.83	3.73	3.85	901736
77	2021-03-31	3.76	3.77	3.71	3.79	1066106
78	2021-03-30	3.82	3.82	3.73	3.86	1042171
79	2021-03-29	3.87	3.83	3.81	3.90	1253976

80 rows × 6 columns

图 9-2 输出 df 数据

2. 检查缺失值

股票数据需要进行数据清洗,包括检查和处理缺失值、异常值等。检查缺失值的代码如下。

```
# 查看数据基本信息,检查缺失值情况
print("\n 缺失值统计: ")
print(df.isnull().sum())
```

代码运行后,输出结果如下。

```
缺失值统计:
Date      0
Open      1
Close     1
High      0
Low       1
Volume    0
dtype: int64
```

从代码运行结果可见,数据里 Date、High、Volume 列无缺失值,Open、Close、Low 列各有 1 个缺失值。

3. 处理缺失值

处理缺失值的方法有很多种,具体选择哪一种方法取决于数据的特点及后续分析的需求。常见的处理缺失值的方法包括删除缺失值、用均值或中位数填充、前向填充或后向填充等。不同的缺失值处理方法可能对数据分析结果产生不同的影响。

为了选择最佳的缺失值处理方法,我们可以询问 DeepSeek,利用其推理能力来寻找合适的处理方法。具体过程如下。

> **提问：**
>
> 数据中缺失值的情况如下，我应该如何处理缺失值，请给出核心代码。
>
> 缺失值统计：
>
> Date   0
>
> Open   1
>
> Close   1
>
> High   0
>
> Low   1
>
> Volume   0
>
> dtype: int64

> **DeepSeek：**
>
> 在数据中，只有 Open、Close 和 Low 列各有一个缺失值，由于股票数据属于时间序列数据，通常采用前向填充 (ffill) 或后向填充 (bfill) 方法比较合适。前向填充会使用上一个有效值来填充缺失值，这在股票数据中比较常见且合理。
>
> 前向填充的核心代码如下。
>
> df[['Open', 'Close', 'Low']] = df[['Open', 'Close', 'Low']].ffill()

我们将 DeepSeek 提供的代码添加到我们的代码中，具体代码如下。

```
# 使用前向填充来处理缺失值
df[['Open', 'Close', 'Low']] = df[['Open', 'Close', 'Low']].ffill()
df
```

代码解释如下。

df[['Open', 'Close', 'Low']] 从 df 中选择了 Open、Close 和 Low 三列，这三列是存在缺失值的列，我们只对这些列进行填充操作，保持其他列的数据不受影响。

运行上述代码，输出 df 数据，如图 9-3 所示，从图中可见缺失值已经被填充了。

	Date	Open	Close	High	Low	Volume
0	2021-07-23	6.22	6.28	6.13	6.41	4702113
1	2021-07-22	5.84	6.17	5.83	6.26	-83869716
2	2021-07-21	5.75	5.81	5.66	6.26	2383230
3	2021-07-20	5.61	5.81	5.51	5.69	2401534
4	2021-07-19	5.61	5.82	5.74	6.05	3815858
...	...	...	...	...	...	...
75	2021-04-02	3.83	3.81	3.76	3.86	825597
76	2021-04-01	3.79	3.83	3.73	3.85	901736
77	2021-03-31	3.76	3.77	3.71	3.79	1066106
78	2021-03-30	3.82	3.82	3.73	3.86	1042171
79	2021-03-29	3.87	3.83	3.81	3.90	1253976

80 rows × 6 columns

图 9-3 填充缺失值后的 df 数据

4. 检查异常值

检查异常值的代码如下。

```
negative_volume = df[df['Volume'] < 0]                  ①
if not negative_volume.empty:                           ②
    print("存在异常值：成交量为负数")
    print(negative_volume)
```

代码解释如下。

代码第①行表示从 df 中筛选出 Volume 列小于 0 的所有行，并将结果存储在变量 negative_volume 中。这相当于过滤出所有成交量为负数的数据行。

代码第②行用于检查 negative_volume 是否为空。如果 negative_volume.empty 为 True，表示没有找到任何成交量为负数的行；如果为 False，说明存在异常值。

运行上述代码，输出结果如下。

```
存在异常值：成交量为负数
      Date      Open   Close  High   Low    Volume
1  2021-07-22   5.84   6.17   5.83   6.26   -83869716
```

从输出结果可见，数据在 Date 为 2021-07-22 这一行存在一个异常值。具体来说，Volume 列的值为 -83869716，这是一个负数，显然不符合实际情况，因为成交量通常是一个正数，表示市场中的交易量。

5. 处理异常值

处理异常值的方法有很多种。为了选择最佳异常值处理方法，我们可以询问 DeepSeek，利用其推理能力来寻找合适的处理方法。具体过程如下。

> 🔍 **提问：**
> 数据中的异常情况如下，我应该如何处理异常值，请给出核心代码。
> Date Open Close High Low Volume
> 1 2021-07-22 5.84 6.17 5.83 6.26 -83869716

> 🐋 **DeepSeek：**
> 在数据中，成交量为负数（-83869716）显然不合理。你可以将该异常值替换为 NaN，再用前向填充（ffill）来填补缺失值，以保持数据连续性。
> 核心代码如下。
> \# 将成交量为负数的异常值替换为 NaN
> df.loc[df['Volume'] < 0, 'Volume'] = None
> \# 使用前向填充处理 NaN 值
> df['Volume'] = df['Volume'].ffill()

我们将 DeepSeek 提供的代码添加到我们的代码中，具体代码如下。

```
# 将成交量为负数的异常值替换为 NaN
df.loc[df['Volume'] < 0, 'Volume'] = None
# 使用前向填充处理 NaN 值
df['Volume'] = df['Volume'].ffill()
df # 打印数据集 df
```

运行上述代码,输出 df 数据,如图 9-4 所示,从图中可见异常值已经被填充了。

	Date	Open	Close	High	Low	Volume
0	2021-07-23	6.22	6.28	6.13	6.41	4702113.0
1	2021-07-22	5.84	6.17	5.83	6.26	4702113.0
2	2021-07-21	5.75	5.81	5.66	6.26	2383230.0
3	2021-07-20	5.61	5.81	5.51	5.69	2401534.0
4	2021-07-19	5.61	5.82	5.74	6.05	3815858.0
...	...	...	...	...	...	...
75	2021-04-02	3.83	3.81	3.76	3.86	825597.0
76	2021-04-01	3.79	3.83	3.73	3.85	901736.0
77	2021-03-31	3.76	3.77	3.71	3.79	1066106.0
78	2021-03-30	3.82	3.82	3.73	3.86	1042171.0
79	2021-03-29	3.87	3.83	3.81	3.90	1253976.0

80 rows × 6 columns

图 9-4 处理异常值后的 df 数据

6. 按日期排序

股票数据通常是按照时间戳记录的。这是因为按照日期排序能够确保我们从过去的交易开始依次分析,符合实际交易的顺序。因此,我们需要确保 Date 列是日期格式,并按 Date 列升序排序。

具体代码如下。

```
# 确保日期列是日期格式
df['Date'] = pd.to_datetime(df['Date'])
# 按日期升序排序
df = df.sort_values(by='Date')
df # 打印数据集 df
```

运行上述代码,输出 df 数据,如图 9-5 所示,从图中可见数据按照日期进行了升序排序。

	Date	Open	Close	High	Low	Volume
79	2021-03-29	3.87	3.83	3.81	3.90	1253976.0
78	2021-03-30	3.82	3.82	3.73	3.86	1042171.0
77	2021-03-31	3.76	3.77	3.71	3.79	1066106.0
76	2021-04-01	3.79	3.83	3.73	3.85	901736.0
75	2021-04-02	3.83	3.81	3.76	3.86	825597.0
...	...	...	...	...	...	...
4	2021-07-19	5.61	5.82	5.74	6.05	3815858.0
3	2021-07-20	5.61	5.81	5.51	5.69	2401534.0
2	2021-07-21	5.75	5.81	5.66	6.26	2383230.0
1	2021-07-22	5.84	6.17	5.83	6.26	4702113.0
0	2021-07-23	6.22	6.28	6.13	6.41	4702113.0

80 rows × 6 columns

图 9-5 排序后的 df 数据

9.4.2 步骤2：计算RSI

计算 RSI 可以使用第三方库，如 TA-Lib 等，但是从熟悉算法的角度考虑，笔者推荐自行编写计算函数。

具体代码如下。

```python
import pandas as pd

# 计算 RSI 的函数
def calculate_rsi(data, window=14):      # 定义函数，window 的默认值为 14，即周期为 14 天
    # 计算每日收盘价的变动
    delta = data['Close'].diff()         # 计算每日的价格变化（收盘价的差值）

    # 创建 gain 和 loss 列，分别记录上涨和下跌的幅度
    gain = delta.copy()                  # 创建 gain 列，复制 delta 的数据
    loss = delta.copy()                  # 创建 loss 列，复制 delta 的数据

    # 若上涨幅度为负数，则设为 0（因为只有上涨才算 gain）
    gain[gain < 0] = 0                   # 所有负数的 gain 设置为 0

    # 若下跌幅度为正数，则设为 0（因为只有下跌才算 loss）
    loss[loss > 0] = 0                   # 所有正数的 loss 设置为 0

    # 计算 14 天内的平均涨幅
    avg_gain = gain.rolling(window).mean()        # 计算过去 14 天内的平均涨幅

    # 计算 14 天内的平均损失，损失为负值时取绝对值
    avg_loss = abs(loss.rolling(window).mean())   # 计算过去 14 天内的平均损失（取绝对值）

    # 计算相对强度（RS）
    rs = avg_gain / avg_loss             # 计算相对强度，RS = 平均涨幅 / 平均损失

    # 根据 RS 计算 RSI
    rsi = 100 - (100 / (1 + rs))
    return rsi                           # 返回计算得到的 RSI
```

编写的上述函数通过处理每日的收盘价差异来计算 RSI 指标。它分别计算正的收益和负的收益的滚动平均值，然后将它们用于计算 RSI。RSI 可用于衡量股票价格的相对强度，并提供超买和超卖信号。

调用 calculate_rsi 函数计算 RSI，具体代码如下。

```python
# 计算 RSI（14 天周期）
df['RSI'] = calculate_rsi(df)
df  # 查看结果
```

运行上述代码，输出 df 数据，如图 9-6 所示。

	Date	Open	Close	High	Low	Volume	RSI
0	2021-07-23	6.22	6.28	6.13	6.41	4702113.0	NaN
1	2021-07-22	5.84	6.17	5.83	6.26	4702113.0	NaN
2	2021-07-21	5.75	5.81	5.66	6.26	2383230.0	NaN
3	2021-07-20	5.61	5.81	5.51	5.69	2401534.0	NaN
4	2021-07-19	5.61	5.82	5.74	6.05	3815858.0	NaN
...	...	...	...	...	...	...	...
75	2021-04-02	3.83	3.81	3.76	3.86	825597.0	27.619048
76	2021-04-01	3.79	3.83	3.73	3.85	901736.0	29.523810
77	2021-03-31	3.76	3.77	3.71	3.79	1066106.0	29.245283
78	2021-03-30	3.82	3.82	3.73	3.86	1042171.0	31.192661
79	2021-03-29	3.87	3.83	3.81	3.90	1253976.0	30.555556

80 rows × 7 columns

图 9-6 带有 RSI 的 df 数据

9.4.3 步骤3：初始策略规则的制定

在这一步中，我们需要根据RSI和成交量（Volume）等技术指标，制定初步的买入和卖出策略，同时设定止盈止损规则以控制风险。以下是策略的初步规则。

1. 买入条件

（1）RSI < 30：当RSI小于30时，表示市场处于超卖状态，价格可能会反弹。

（2）成交量放大：成交量放大通常意味着市场活跃，买盘增加。我们可以比较当前成交量与过去一段时间内的平均成交量，若当前成交量显著大于平均水平，则视为成交量放大。

2. 卖出条件

（1）RSI > 70：当RSI大于70时，表示市场处于超买状态，价格可能会回调。

（2）价格跌破均线：若股价跌破某条均线（如50日均线或200日均线），则意味着市场可能进入下行趋势，为卖出信号。

3. 止盈止损规则

（1）止损：若当前价格较买入价格下跌5%，则触发止损，卖出所有持仓，避免进一步亏损。

（2）止盈：若当前价格较买入价格上涨10%，则触发止盈，卖出部分或全部持仓，锁定部分盈利。

为了方便使用，我们定义了设置买入和卖出条件的函数，具体代码如下。

```
def define_strategy_rules(df, rsi_buy=30, rsi_sell=70, ma_window=50, stop_loss=0.05,
take_profit=0.10):
    """
    定义初步策略规则，具体如下。
        - 买入条件: RSI 小于 rsi_buy 且成交量大于过去 14 日的平均成交量。
        - 卖出条件: RSI 大于 rsi_sell 或当前价格跌破 ma_window 日均线。
        - 止损规则: 买入价格下跌超过 stop_loss 时触发。
```

- 止盈规则：买入价格上涨超过 take_profit 时触发。

参数如下。
  df：包含股票数据的 DataFrame，必须包含 Close、Volume 和 RSI 列。
  rsi_buy：买入时的 RSI 阈值（默认为 30）。
  rsi_sell：卖出时的 RSI 阈值（默认为 70）。
  ma_window：均线计算窗口（默认为 50 日）。
  stop_loss：止损比例（默认为 5%）。
  take_profit：止盈比例（默认为 10%）。

返回如下。
  添加了策略规则（信号和参数）的 DataFrame。
"""
计算 ma_window 日均线（如 50 日均线）
df['MA50'] = df['Close'].rolling(window=ma_window).mean()   ①

买入条件：RSI 小于 rsi_buy 且当前成交量大于过去 14 日的平均成交量
df['Buy Signal'] = (df['RSI'] < rsi_buy) & (df['Volume'] >   ②
df['Volume'].rolling(window=14).mean())

卖出条件：RSI 大于 rsi_sell 或当前价格跌破 MA50
df['Sell Signal'] = (df['RSI'] > rsi_sell) | (df['Close'] < df['MA50'])   ③

记录止损和止盈参数（供回测时使用）
df['Stop Loss'] = stop_loss
df['Take Profit'] = take_profit

return df
```

## 9.4.4 步骤4：生成买入和卖出信号

生成买入和卖出信号的代码如下。

```
# 计算 RSI
df['RSI'] = calculate_rsi(df)

# 生成买入和卖出信号
df_signals = define_strategy_rules(df)
# 查看买入和卖出信号
df_signals    # 打印数据集 df_signals
```

运行上述代码，输出 df 数据，如图 9-7 所示。

	Date	Open	Close	High	Low	Volume	RSI	MA50	Buy Signal	Sell Signal	Stop Loss	Take Profit
79	2021-03-29	3.87	3.83	3.81	3.90	1253976.0	NaN	NaN	False	False	0.05	0.1
78	2021-03-30	3.82	3.82	3.73	3.86	1042171.0	NaN	NaN	False	False	0.05	0.1
77	2021-03-31	3.76	3.77	3.71	3.79	1066106.0	NaN	NaN	False	False	0.05	0.1
76	2021-04-01	3.79	3.83	3.73	3.85	901736.0	NaN	NaN	False	False	0.05	0.1
75	2021-04-02	3.83	3.81	3.76	3.86	825597.0	NaN	NaN	False	False	0.05	0.1
...	...	...	...	...	...	...	...	...	...	...	...	...
4	2021-07-19	5.61	5.82	5.74	6.05	3815858.0	66.310160	5.3220	False	False	0.05	0.1
3	2021-07-20	5.61	5.81	5.51	5.69	2401534.0	64.245810	5.3226	False	False	0.05	0.1
2	2021-07-21	5.75	5.81	5.66	6.26	2383230.0	71.875000	5.3232	False	True	0.05	0.1
1	2021-07-22	5.84	6.17	5.83	6.26	4702113.0	76.683938	5.3296	False	True	0.05	0.1
0	2021-07-23	6.22	6.28	6.13	6.41	4702113.0	75.138122	5.3490	False	True	0.05	0.1

80 rows × 12 columns

图 9-7　带有买入和卖出信号的 df 数据
```

9.4.5 步骤5：绘制RSI曲线与交易信号

RSI曲线对于RSI交易信号分析非常重要。通过该曲线，我们可以直观地看出买入和卖出的信号。具体代码如下。

```python
import pandas as pd
import matplotlib.pyplot as plt

plt.rcParams['font.family'] = ['SimHei']  # 设置中文字体
plt.rcParams['axes.unicode_minus'] = False  # 设置负号显示
import matplotlib.pyplot as plt

def plot_rsi_and_signals(df):
    plt.figure(figsize=(14, 6))

    # 绘制 RSI 曲线
    plt.plot(df['Date'], df['RSI'], label='RSI', color='green', linewidth=2)

    # 绘制超买超卖水平线
    plt.axhline(y=70, color='red', linestyle='--', label='Overbought (70)')
    plt.axhline(y=30, color='blue', linestyle='--', label='Oversold (30)')

    # 标记买入信号：在 RSI 曲线上用向上箭头标记
    buy_signals = df[df['Buy Signal'] == True]
    plt.plot(buy_signals['Date'], buy_signals['RSI'], '^', markersize=10,
color='blue', label='Buy Signal')

    # 标记卖出信号：在 RSI 曲线上用向下箭头标记
    sell_signals = df[df['Sell Signal'] == True]
    plt.plot(sell_signals['Date'], sell_signals['RSI'], 'v', markersize=10,
color='red', label='Sell Signal')

    plt.title('RSI 曲线与交易信号', fontsize=16)
    plt.xlabel('日期', fontsize=12)
    plt.ylabel('RSI', fontsize=12)
    plt.xticks(rotation=45)
    plt.legend()
    plt.tight_layout()
    plt.show()

# 调用函数绘制图表
plot_rsi_and_signals(df_signals)
```

运行上述代码，绘制 RSI 曲线与交易信号图表，如图 9-8 所示。

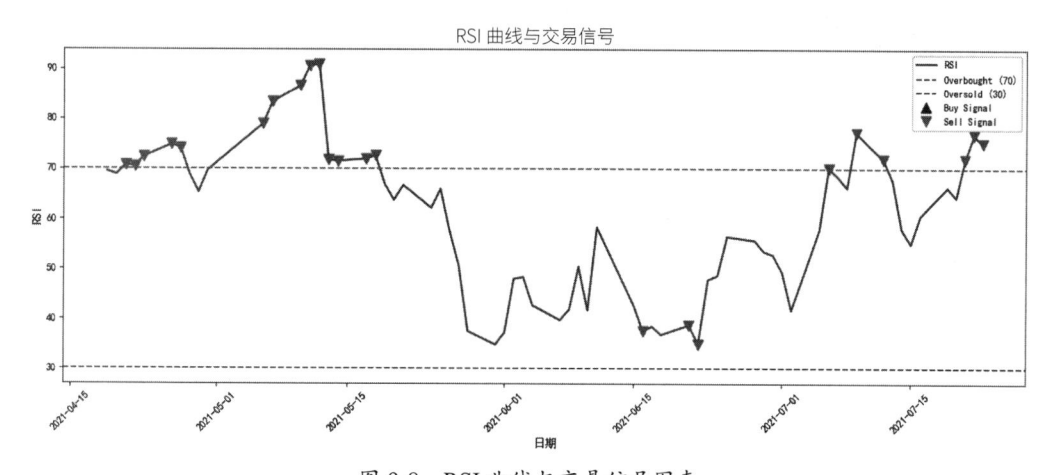

图 9-8 RSI 曲线与交易信号图表

从图 9-8 中，我们可以清楚地看出交易信号。

9.4.6 步骤6：DeepSeek赋能模拟回测验证策略

在这一步，我们通过模拟回测来验证已经定义的交易策略（基于买入和卖出信号）。模拟回测能够帮助我们评估策略的表现，同时，DeepSeek 将提供基于回测结果的优化建议，以进一步提升策略的表现。通过回测，我们可以了解策略在历史数据中的表现，并根据这些结果调整和优化策略，以提高其在未来实际交易中的潜力。

示例代码如下。

```python
import pandas as pd
# 定义回测函数
def backtest(df):
    # 初始化账户信息
    df['Position'] = 0
    df['Cash'] = 100000.0        # 初始现金，设置为 float
    df['Shares'] = 0             # 初始持仓数量
    df['Portfolio Value'] = df['Cash']  # 初始总资产
    initial_cash = df['Cash'].iloc[0]

    # 遍历数据，根据交易信号更新持仓和账户
    for i in range(1, len(df)):
        # 买入操作：如果买入信号为 True 且前一日没有持仓
        if df['Buy Signal'].iloc[i] and df['Position'].iloc[i-1] == 0:
            df.loc[i, 'Shares'] = df['Cash'].iloc[i-1] // df['Close'].iloc[i]  # 计算可以买入多少股
            df.loc[i, 'Cash'] = df['Cash'].iloc[i-1] - df.loc[i, 'Shares'] * df['Close'].iloc[i]
            df.loc[i, 'Position'] = 1  # 持仓状态变为 1

        # 卖出操作：如果卖出信号为 True 且前一日持有股票
        elif df['Sell Signal'].iloc[i] and df['Position'].iloc[i-1] == 1:
            df.loc[i, 'Cash'] = df['Cash'].iloc[i-1] + df['Shares'].iloc[i-1] * df['Close'].iloc[i]
            df.loc[i, 'Shares'] = 0
            df.loc[i, 'Position'] = 0  # 平仓后持仓状态变为 0
```

```python
        # 计算每日总资产（现金 + 股票市值）
        df.loc[i, 'Portfolio Value'] = df['Cash'].iloc[i] + df['Shares'].iloc[i] * df['Close'].iloc[i]

    # 计算总收益率
    total_return = (df['Portfolio Value'].iloc[-1] - initial_cash) / initial_cash
    print(f"策略总收益：{total_return * 100:.2f}%")
    return df

# 运行回测
backtest_results = backtest(df)
```

运行上述代码，输出结果如下。

策略总收益：0.00%

接下来需要可视化回测结果。可视化回测结果的主要目的是展示策略的累计收益与买入持有策略的累计收益的对比，从而帮助我们直观地了解策略的表现。

具体代码如下。

```python
plt.rcParams['font.family'] = ['SimHei']  # 设置中文字体
plt.rcParams['axes.unicode_minus'] = False  # 设置负号显示

import matplotlib.pyplot as plt

def plot_backtest_results(df):
    # 计算策略的累计收益
    df['Strategy Return'] = (df['Portfolio Value'] / df['Portfolio Value'].iloc[0]) - 1

    # 计算买入持有策略的累计收益
    df['Buy and Hold Return'] = (df['Close'] / df['Close'].iloc[0]) - 1

    # 绘制图表
    plt.figure(figsize=(12, 6))
    plt.plot(df['Date'], df['Strategy Return'], label='策略累计收益', color='blue', linewidth=2)
    plt.plot(df['Date'], df['Buy and Hold Return'], label='买入持有策略累计收益', color='orange', linestyle='--', linewidth=2)

    # 添加标题和标签
    plt.title('策略累计收益与买入持有策略累计收益对比', fontsize=14)
    plt.xlabel('日期', fontsize=12)
    plt.ylabel('累计收益', fontsize=12)

    # 添加图例
    plt.legend()

    # 显示图表
    plt.xticks(rotation=45)
    plt.tight_layout()
    plt.show()

# 调用可视化函数
plot_backtest_results(backtest_results)
```

运行上述代码，策略累计收益与买入持有策略累计收益对比图表，如图9-9所示。

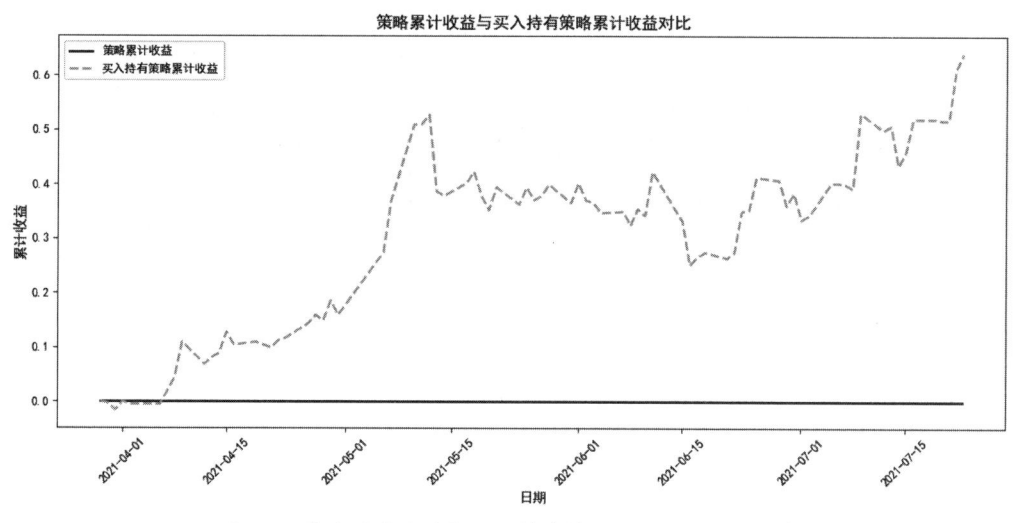

图 9-9　策略累计收益与买入持有策略累计收益对比图表

9.4.7 步骤7：DeepSeek辅助优化策略

在这一步中，我们使用 DeepSeek 来优化我们在前面步骤中定义的策略。

将回测的结果作为 DeepSeek 的输入。DeepSeek 会对输入的内容进行分析，帮助我们理解策略在过去的表现。

> **提问：**
>
> 该策略采用 MA50 长期均线，策略规则和回测结果如下，帮我分析该策略的表现。
>
> 策略规则如下。
>
> RSI < 30
>
> RSI > 70
>
> 止损规则：若当前价格较买入价格下跌 5%，则触发止损。
>
> 止盈规则：若当前价格较买入价格上涨 10%，则触发止盈。
>
> 策略总收益：0.00%

> **DeepSeek：**
>
> 1. 策略分析
>
> （1）策略规则如下。
>
> RSI < 30：当 RSI 小于 30 时，表示市场可能处于超卖状态，通常是买入信号。价格反弹的可能性较大。
>
> RSI > 70：当 RSI 大于 70 时，表示市场可能处于超买状态，通常是卖出信号。价格可能会回调。
>
> 止损规则：当价格较买入价格下跌 5% 时，触发止损。
>
> 止盈规则：当价格较买入价格上涨 10% 时，触发止盈。
>
> （2）回测结果如下。
>
> 策略总收益：0.00%（根据回测结果，策略没有盈利或亏损）
>
> 2. 可能的原因和分析

(1) RSI 条件可能过于严格。

RSI 低于 30（超卖）时买入，RSI 高于 70（超买）时卖出，这种策略通常适用于短期反弹型的市场。在震荡或趋势弱的市场中，这种策略可能经常触发买入或卖出的信号，但并没有产生明显的盈利。如果市场呈现长期下行趋势，那么 RSI 在低位时可能持续存在，而触发买入信号，但价格未能反弹，反而继续下跌，导致触发止损。

(2) 止损和止盈的比例。

止损设为 5%，止盈设为 10%。这种风险控制策略虽然在很多情况下能限制亏损并保护盈利，但如果市场波动较小或震荡行情较强，可能频繁触发止损，而止盈则未能成功触发。

在震荡市场中，价格可能只是小幅波动，来回触及 5% 的止损水平，导致策略过早止损，未能捕捉到盈利机会。

(3) 长期均线的影响。

使用 50 日均线（MA50）作为过滤信号，这本质上是一种趋势跟踪策略。MA50 一般适用于趋势较强的市场，但在震荡市场中，价格频繁穿越均线，会导致信号误触发，进一步影响策略的表现。

例如，市场处于下行趋势，价格不断突破 50 日均线向下，而 RSI 处于较低水平（如 RSI < 30），策略会触发买入信号。但市场仍在下行，买入信号常常是错误的，导致触发止损。

(4) 市场环境。

如果测试的历史数据包括的是震荡行情或较弱的趋势，那么 RSI 指标可能会频繁发出买入或卖出的信号，但这些信号可能并未带来明显的价格变动或盈利。相反，止损和止盈规则限制了策略的盈利空间。

如果市场存在较强的趋势，尤其是单边上涨或下跌的趋势，那么该策略可能会错过这些大幅度的波动，因为频繁的买入或卖出信号在单边行情中不适用。

3. 改进策略的建议

(1) 调整 RSI 参数。

试着扩大 RSI 的参数范围，如将 RSI < 30 改为 RSI < 25，将 RSI > 70 改为 RSI > 75，这样可以更有效地避免频繁的信号生成，避免过早进入市场。

(2) 调整止损和止盈比例。

如果市场波动较小，那么考虑降低止损的比例（如调整为 3%），同时根据市场的波动性适当增加止盈的幅度（如调整为 12% 或 15%）。

如果市场波动较大，那么可以通过提高止损比例来避免过早止损。

基于 DeepSeek 的建议，我们可以对该策略的 RSI 阈值、止损止盈比例及均线周期进行调整，随后重新开展模拟回测工作。不断重复这一调整 - 回测的过程，直至找出较为合适的参数组合。倘若经过多次尝试仍无法达到理想效果，可以考虑更换为其他策略。本节就不同过程不再赘述。

9.5 本章总结

本章聚焦于动量策略及其在量化交易中的应用,并通过 DeepSeek 工具展示了如何优化和增强动量策略的决策过程。动量策略利用资产价格的持续趋势来获取收益,而相对强弱指标(RSI)则是动量策略中的重要工具。本章通过中国铝业股票的案例,详细介绍了动量策略的实施步骤。此外,本章探讨了跨市场动量交易策略的设计与分析。通过本章的学习,读者可以掌握动量策略的核心概念,并了解如何借助 DeepSeek 提升策略的性能和可靠性。

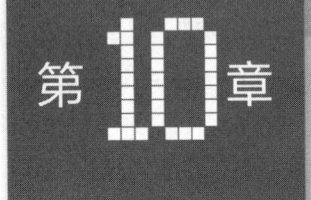

第 10 章 海龟交易策略

海龟交易策略是一个历史悠久且影响深远的经典策略。它的核心在于通过简单而明确的规则,帮助交易者在复杂市场中保持理性和纪律。本章将介绍海龟交易策略的起源、核心原则和实施步骤,并通过案例展示如何借助 DeepSeek 优化这一策略。无论是初学者还是经验丰富的交易者,海龟策略都值得学习和借鉴。

本章的主要内容

- ◆ 海龟交易策略的诞生与基础概念
- ◆ 使用 DeepSeek 辅助实施海龟交易策略
- ◆ 借助 DeepSeek 推进海龟交易策略落地 —— 以中国石油股票交易为例

10.1 海龟交易策略的诞生与基础概念

海龟交易策略是一种经典的趋势跟随策略。其核心思想是顺势而为，即在趋势明确时进场，并在趋势反转或达到预定退出条件时平仓。该策略特别注重风险管理，强调通过严格控制头寸规模和设定止损点，来有效保护资金并降低风险。

10.1.1 海龟交易策略的起源故事

20 世纪 80 年代，期货交易界的 Richard Dennis 和 William Eckhardt，就伟大交易员是天赋使然还是后天可培养这一问题展开了激烈争论。为了找到答案，Dennis 进行了一场开创性实验。

他从不同领域招募了一批毫无交易经验的人，其中有满怀憧憬的学生、意志坚忍的退伍军人，还有渴望转型的普通职员。

Dennis 花了两周时间，对这些"海龟学员"进行高强度交易培训，并传授了一套精心设计的交易规则与方法，这就是后来震惊金融界的海龟交易策略。培训内容包括市场原理、交易技巧及风险管控等。

培训后，"海龟学员"拿着真实资金账户投身金融市场实战。令人惊叹的是，这些交易新手遵循该策略，获得了令人瞩目的收益。他们的成功，不仅证实了普通人通过科学交易规则也能在金融市场崭露头角，也让海龟交易策略声名远扬，成为众多交易员研究学习的对象。

10.1.2 海龟交易策略的核心原则

海龟交易策略基于以下几个核心原则。

（1）市场选择：选择具备明显趋势的市场进行交易，避免在横盘市场中交易。

（2）头寸规模：根据账户资金规模和市场波动性确定每个交易的头寸规模，以控制风险。

（3）入市策略：通过突破过去一段时间最高价或最低价的方式来确定入市时机。

（4）止损策略：设定固定的止损点，当价格触及止损点时平仓。

（5）止盈策略：设定固定的止盈点，当价格达到止盈点时平仓并获利。

这些原则通过科学的管理方式来降低市场波动带来的风险，帮助海龟交易策略实现长期稳定的收益。

10.1.3 海龟交易策略的一些主要概念

海龟交易策略中有一些主要概念。

（1）头寸规模（Position Sizing）：头寸规模是指每个交易的投资金额或数量，它是根据账户资金规模和市场波动性来确定的。头寸规模用于控制风险，确保每个交易的风险在可接受范围内。

（2）入市信号（Entry Signal）：入市信号是指确定进场（买入）交易的条件或规则。在海龟交易策略中，入市信号通常是通过突破过去一段时间内的最高价或最低价来确定的。

（3）止损点（Stop Loss）：止损点是设定的一个价格水平，当价格触及或穿过该价格水平时，会触发平仓操作，以限制损失。止损点的设定是为了控制风险，防止损失进一步扩大。

（4）止盈点（Exit Point）：止盈点是设定的一个价格水平，当价格达到或超过该价格水平时，会触发平仓操作，以获得利润。止盈点的设定是为了锁定利润，让交易尽可能保持盈利。

（5）市场选择（Market Selection）：市场选择是指在海龟交易策略中选择具备明显趋势的市场进行交易。根据市场的历史走势和波动性，选择合适的交易品种或市场，以增加交易成功的概率。

（6）平均真实波动幅度（Average True Range，ATR）：平均真实波动幅度是一种衡量价格波动性的指标，它表示一段时间内价格波动范围的平均值，通常用于确定头寸规模和止损点。

上述概念在海龟交易策略中起着重要的作用，帮助交易者进行头寸管理、入市判断和风险控制。对这些概念的理解和应用是实施海龟交易策略的关键。

10.1.4 海龟交易策略的实施过程

海龟交易策略的实施过程包括确定交易股票、判断趋势、确定止损点和止盈点、继续跟踪行情、动态调整止损点和止盈点。以某股票为例，海龟交易策略的实施过程如下。

（1）选取某个长期上涨股票，如20日和50日均线均呈上升趋势的股票，此时可以买入股票，设定买入价格为23元。

（2）确定初次止损点和止盈点。止损点定为22元（买入价-1元），止盈点定为25元（买入价+2元）。

（3）继续跟踪股票行情，如果股价达到止盈点25元，卖出一手股票，获利2元。然后调整止损点为23元，止盈点为27元。

（4）如果股价下跌触及止损点22元，那么全部平仓止损。整个交易获利2元，损失控制在1元以内，这体现了海龟交易策略的稳健特征。

（5）根据股票行情随时更新止损点和止盈点，保证获利最大化和风险最小化。动态调整，灵活操作。

具体过程如表10-1所示。

表 10-1　海龟交易策略的实施过程

步骤	价格	操作	止损点	止盈点	备注
入场	23元	买入一手	22元	25元	突破近期高点
股价上涨	25元	卖出一手，锁定利润2元	23元	27元	调整止损点和止盈点
股价继续上涨	27元	卖出一手，锁定利润4元	25元	30元	动态调整
股价下跌	25元	全部平仓，总利润4元	-	-	触及止损点，退出交易

10.2　使用DeepSeek辅助实施海龟交易策略

在实施海龟交易策略的过程中，DeepSeek 能够为交易者提供强大的智能支持，帮助交易者优化交易决策、提升策略表现，并减少人为错误。以下是使用DeepSeek辅助实施海龟交易策略的详细步骤。

（1）数据获取和准备：获取股票历史交易数据，并对数据进行清洗和整理，以确保数据格式正确且适合进行分析。

（2）数据分析和特征工程：对股票历史交易数据进行分析，计算技术指标，如移动平均线、RSI、波动率等，并将其作为特征进行工程处理。

（3）对话交互和决策支持：通过与DeepSeek进行交互式对话，如输入当前的市场情况和交易信号，来获取DeepSeek生成的回应和建议。根据DeepSeek的建议和个人判断，做出相应的交易决策。

（4）执行交易和风险管理：根据制定的交易策略和 DeepSeek 的建议，执行相应的交易操作，包括买入、卖出或持仓调整；同时进行风险管理，设定止损点和止盈点等风险控制措施。

（5）监控和调整：密切监控市场情况和交易结果，及时调整交易策略和 DeepSeek 模型参数，并根据实际情况进行优化和改进。

（6）绩效评估和反馈：定期评估交易绩效，分析交易记录和模型的表现，通过回测和实际交易结果对策略和模型进行评估，并进行反馈和调整。

需要注意的是，使用 DeepSeek 辅助实施海龟交易策略需要结合个人判断和市场情况进行决策。DeepSeek 只是一个工具，不能完全取代人的思考和决策。同时，合法合规的投资行为和风险管理也是非常重要的。

10.3 实战案例28：借助DeepSeek推进海龟交易策略落地——以中国石油股票交易为例

下面通过一个具体案例来介绍如何借助 DeepSeek，利用海龟交易策略进行股票投资。

案例背景如下。

李先生是一名股票投资爱好者，他研究了多种股票投资策略后，对海龟交易策略颇感兴趣。李先生决定选取中国石油股票（股票代码：601857）来实践海龟交易策略。

10.3.1 步骤1：数据获取和准备

李先生从搜狐证券网搜集到中国石油股票数据，数据文件是"0601857股票历史交易数据.csv"，具体内容如图 10-1 所示，数据位于 data 文件夹中。

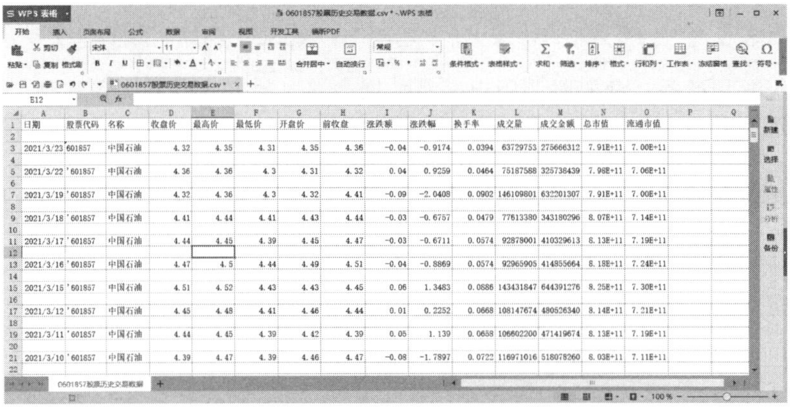

图 10-1 中国石油股票数据文件

分析数据会发现如下问题。

（1）两行数据之间存在一行空行。

（2）文件采用GBK编码，在读取文件时需要注意。

（3）每一行都有"股票代码"和"名称"，事实上这些数据是冗余的。

（4）数据量大，数据跨度为2007—2021年。

（5）列名为中文，在程序代码中可能会引发错误。

下面介绍程序代码的实现过程。

1. 处理空行和编码问题

数据中的空行没有使用 CSV 字段分隔符逗号进行分隔，故不能使用 Pandas 的相关函数处理。这里我们可以使用 Python 自带的文件读写函数进行处理。

具体程序代码如下。

```
inputfile = 'data/0601857 股票历史交易数据 .csv'
# 目标文件
outfile = 'data/0601857 股票历史交易数据（清洗后）.csv'
try:
    # 正确指定编码为 gbk
    with open(inputfile, 'r', encoding='gbk') as input_file, open(outfile, 'w',
encoding='utf-8') as output_file:                                              ①
        # 逐行读取原始文件
        for line in input_file:                                                ②
            # 去除行末的换行符
            line = line.rstrip('\n')                                           ③
            # 判断是否为空行
            if line:
                # 写入非空行到目标文件
                output_file.write(line + '\n')                                 ④
    print('处理完成。')
except UnicodeDecodeError:
    print("GBK 编码尝试失败，请尝试其他编码。")
```

代码解释如下。

代码第①行中的 open(inputfile, 'r', encoding='gbk') 以只读模式打开输入文件，并指定编码为 gbk。这是因为原始文件可能使用的是 GBK 编码；open(outfile, 'w', encoding='utf-8') 以写入模式打开输出文件，并指定编码为 utf-8，这样新文件会采用 UTF-8 编码保存。

代码第②行逐行读取输入文件中的内容。

代码第③行去除每一行末尾的换行符（\n），以便进行后续处理。

代码第④行将非空行写入输出文件，并在末尾添加换行符。

程序运行成功后，会在 data 目录中生成“0601857 股票历史交易数据（清洗后）.csv”文件，文件内容如图 10-2 所示，由图可见已经没有空行了。

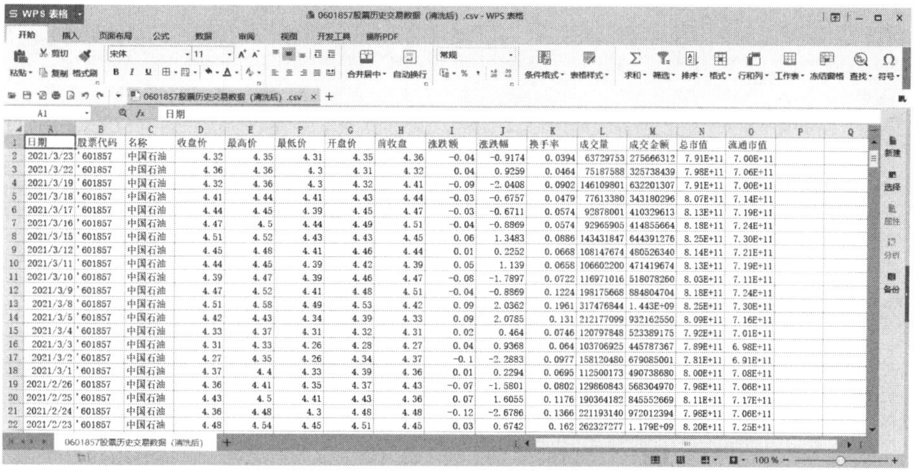

日期	股票代码	名称	收盘价	最高价	最低价	开盘价	前收盘	涨跌额	涨跌幅	换手率	成交量	成交金额	总市值	流通市值
2021/3/23	'601857	中国石油	4.32	4.35	4.31	4.35	4.36	-0.04	-0.9174	0.0394	63729753	275666312	7.91E+11	7.00E+11
2021/3/22	'601857	中国石油	4.36	4.36	4.3	4.31	4.32	0.04	0.9259	0.0464	75187588	325738439	7.98E+11	7.06E+11
2021/3/19	'601857	中国石油	4.32	4.36	4.3	4.32	4.41	-0.09	-2.0408	0.0902	146109801	632201307	7.91E+11	7.00E+11
2021/3/18	'601857	中国石油	4.41	4.44	4.41	4.43	4.44	-0.03	-0.6757	0.0479	77613380	343180296	8.07E+11	7.14E+11
2021/3/17	'601857	中国石油	4.44	4.45	4.39	4.45	4.47	-0.03	-0.6711	0.0574	92878001	410329613	8.13E+11	7.19E+11
2021/3/16	'601857	中国石油	4.47	4.5	4.44	4.49	4.51	-0.04	-0.8869	0.0574	92965905	414855664	8.18E+11	7.24E+11
2021/3/15	'601857	中国石油	4.51	4.52	4.43	4.43	4.45	0.06	1.3483	0.0886	143431847	644391276	8.25E+11	7.30E+11
2021/3/12	'601857	中国石油	4.45	4.48	4.41	4.46	4.44	0.01	0.2252	0.0668	108147674	480526340	8.14E+11	7.21E+11
2021/3/11	'601857	中国石油	4.44	4.45	4.39	4.42	4.39	0.05	1.139	0.0658	106602200	471419674	8.13E+11	7.19E+11
2021/3/10	'601857	中国石油	4.39	4.47	4.39	4.46	4.47	-0.08	-1.7897	0.0722	116971016	518078260	8.03E+11	7.11E+11
2021/3/9	'601857	中国石油	4.47	4.52	4.41	4.48	4.51	-0.04	-0.8869	0.1224	198175668	884804704	8.18E+11	7.24E+11
2021/3/8	'601857	中国石油	4.51	4.58	4.49	4.53	4.42	0.09	2.0362	0.1961	317476844	1.443E+09	8.25E+11	7.30E+11
2021/3/5	'601857	中国石油	4.42	4.43	4.34	4.39	4.33	0.09	2.0785	0.131	212177099	932162550	8.09E+11	7.16E+11
2021/3/4	'601857	中国石油	4.33	4.37	4.31	4.32	4.31	0.02	0.464	0.0746	120797848	523389175	7.92E+11	7.01E+11
2021/3/3	'601857	中国石油	4.31	4.33	4.26	4.28	4.27	0.04	0.9368	0.064	103706925	445787367	7.89E+11	6.98E+11
2021/3/2	'601857	中国石油	4.27	4.35	4.26	4.34	4.37	-0.1	-2.2883	0.0977	158120480	679085001	7.81E+11	6.91E+11
2021/3/1	'601857	中国石油	4.37	4.4	4.33	4.39	4.36	0.01	0.2294	0.0695	112500173	490738680	8.00E+11	7.08E+11
2021/2/26	'601857	中国石油	4.36	4.41	4.35	4.37	4.43	-0.07	-1.5801	0.0802	129860843	568304970	7.98E+11	7.06E+11
2021/2/25	'601857	中国石油	4.43	4.5	4.41	4.43	4.36	0.07	1.6055	0.1176	190364182	845552669	8.11E+11	7.17E+11
2021/2/24	'601857	中国石油	4.36	4.48	4.3	4.48	4.48	-0.12	-2.6786	0.1366	221193140	972012394	7.98E+11	7.06E+11
2021/2/23	'601857	中国石油	4.48	4.54	4.45	4.51	4.45	0.03	0.6742	0.162	262327277	1.179E+09	8.20E+11	7.25E+11

图 10-2　清洗后的中国石油股票数据文件

2. 读取数据

数据处理完成后，我们可以读取股票历史交易数据，具体实现代码如下。

```
import pandas as pd
# 数据文件
f = 'data/0601857股票历史交易数据（清洗后）.csv'
# 读取股票历史交易数据
df = pd.read_csv(f, index_col='日期', parse_dates=True)    ①
# 筛选出2021年的数据
df = df.query('日期.dt.year == 2021')                      ②
# 将数据按日期升序排序
df = df.sort_index()                                        ③
# 打印前10条数据
df.head(10)                                                 ④
```

代码解释如下。

代码第①行通过 read_csv 函数读取 f 所指的 CSV 文件；同时把日期列设为索引，将该列数据解析成日期时间类型，方便后续基于日期操作数据。

代码第②行借助 Pandas 的 query() 方法，按条件筛选数据框，只保留日期列中年份为 2021 年的数据。

代码第③行对 df 按索引（日期）进行升序排序，让数据按日期从小到大排序。

代码第④行查看 df 的前 10 行数据，快速了解数据大致情况。

运行上述代码，输出 df 数据，如图 10-3 所示。

日期	股票代码	名称	收盘价	最高价	最低价	开盘价	前收盘	涨跌额	涨跌幅	换手率	成交量	成交金额	总市值	流通市值
2021-01-04	'601857	中国石油	4.19	4.20	4.14	4.15	4.15	0.04	0.9639	0.0598	96907113	403962846.0	7.668579e+11	6.784535e+11
2021-01-05	'601857	中国石油	4.18	4.18	4.13	4.17	4.19	-0.01	-0.2387	0.0506	81851611	340130522.0	7.650277e+11	6.768343e+11
2021-01-06	'601857	中国石油	4.25	4.26	4.20	4.20	4.18	0.07	1.6746	0.0856	138665156	587466028.0	7.778392e+11	6.881688e+11
2021-01-07	'601857	中国石油	4.25	4.25	4.19	4.25	4.25	0.00	0.0000	0.0698	113085133	478465595.0	7.778392e+11	6.881688e+11
2021-01-08	'601857	中国石油	4.29	4.30	4.24	4.25	4.25	0.04	0.9412	0.0941	152421290	653176211.0	7.851600e+11	6.946457e+11
2021-01-11	'601857	中国石油	4.22	4.30	4.21	4.29	4.29	-0.07	-1.6317	0.0739	119641410	508870834.0	7.723485e+11	6.833112e+11
2021-01-12	'601857	中国石油	4.31	4.31	4.20	4.21	4.22	0.09	2.1327	0.0889	143888797	613851830.0	7.888204e+11	6.978842e+11
2021-01-13	'601857	中国石油	4.36	4.40	4.29	4.31	4.31	0.05	1.1601	0.1144	185290946	805044706.0	7.979715e+11	7.059803e+11
2021-01-14	'601857	中国石油	4.33	4.39	4.31	4.33	4.36	-0.03	-0.6881	0.0794	128560607	558369784.0	7.924808e+11	7.011226e+11
2021-01-15	'601857	中国石油	4.28	4.37	4.27	4.35	4.33	-0.05	-1.1547	0.0907	146794503	632946484.0	7.833298e+11	6.930265e+11

图 10-3 输出 df 数据（1）

3. 处理数据冗余

从图 10-3 中的输出结果可见，每一行都有"股票代码"和"名称"，事实上这些数据是冗余的。我们可以移除这两列，具体代码如下。

```
# 移除"股票代码"和"名称"列
df = df.drop(['股票代码','名称'], axis=1)
# 打印前10条数据
df.head(10)
```

代码解释如下。

（1）df.drop(['股票代码', '名称'], axis=1)：这是drop()方法的调用语法。drop()方法用于从DataFrame对象中移除指定的列。传入的参数是一个列表，包含要移除的列名。

（2）axis=1：这是drop()方法的参数，表示按列进行操作。axis=1表示移除指定的列。

代码的执行效果是移除 DataFrame 对象 df 中的"股票代码"和"名称"列，返回一个不包含这两列的新的 DataFrame 对象，并将其赋值给 df。

运行上述代码，输出 df 数据，如图 10-4 所示。

日期	收盘价	最高价	最低价	开盘价	前收盘	涨跌额	涨跌幅	换手率	成交量	成交金额	总市值	流通市值
2021-01-04	4.19	4.20	4.14	4.15	4.15	0.04	0.9639	0.0598	96907113	403962846.0	7.668579e+11	6.784535e+11
2021-01-05	4.18	4.18	4.13	4.17	4.19	-0.01	-0.2387	0.0506	81851611	340130522.0	7.650277e+11	6.768343e+11
2021-01-06	4.25	4.26	4.20	4.20	4.18	0.07	1.6746	0.0856	138665156	587466028.0	7.778392e+11	6.881688e+11
2021-01-07	4.25	4.25	4.19	4.25	4.25	0.00	0.0000	0.0698	113085133	478465595.0	7.778392e+11	6.881688e+11
2021-01-08	4.29	4.30	4.24	4.25	4.25	0.04	0.9412	0.0941	152421290	653176211.0	7.851600e+11	6.946457e+11
2021-01-11	4.22	4.30	4.21	4.29	4.29	-0.07	-1.6317	0.0739	119641410	508870834.0	7.723485e+11	6.833112e+11
2021-01-12	4.31	4.31	4.20	4.21	4.22	0.09	2.1327	0.0889	143888797	613851830.0	7.888204e+11	6.978842e+11
2021-01-13	4.36	4.40	4.29	4.31	4.31	0.05	1.1601	0.1144	185290946	805044706.0	7.979715e+11	7.059803e+11
2021-01-14	4.33	4.39	4.31	4.33	4.36	-0.03	-0.6881	0.0794	128560607	558369784.0	7.924808e+11	7.011226e+11
2021-01-15	4.28	4.37	4.27	4.35	4.33	-0.05	-1.1547	0.0907	146794503	632946484.0	7.833298e+11	6.930265e+11

图 10-4 输出 df 数据（2）

4. 处理中文列名

对于中文列名，我们可以为列名重新命名，具体代码如下。

```
# 重新命名列名
column_mapping = {                                              ①
    '日期': 'Date',
    '收盘价': 'Close',
    '最高价': 'High',
    '最低价': 'Low',
    '开盘价': 'Open',
    '成交量':'Volume'
}
df = df.rename(columns=column_mapping)                          ②
# 打印前10条数据
df.head(10)
```

代码解释如下。

代码第①行中的 column_mapping 是一个字典对象，其中键是当前列名，值是重新命名后的列名。

代码第②行中的 df.rename(columns=column_mapping) 是 DataFrame 对象的 rename() 方法。它接受一个 columns 参数来指定列名的映射关系。rename() 方法通过传递 column_mapping 字典作为 columns 参数，将原始列名根据映射关系进行重命名。

运行上述代码，输出 df 数据，如图 10-5 所示。

日期	Close	High	Low	Open	前收盘	涨跌额	涨跌幅	换手率	Volume	成交金额	总市值	流通市值
2021-01-04	4.19	4.20	4.14	4.15	4.15	0.04	0.9639	0.0598	96907113	403962846.0	7.668579e+11	6.784535e+11
2021-01-05	4.18	4.18	4.13	4.17	4.19	-0.01	-0.2387	0.0506	81851611	340130522.0	7.650277e+11	6.768343e+11
2021-01-06	4.25	4.26	4.20	4.20	4.18	0.07	1.6746	0.0856	138665156	587466028.0	7.778392e+11	6.881688e+11
2021-01-07	4.25	4.25	4.19	4.25	4.25	0.00	0.0000	0.0698	113085133	478465595.0	7.778392e+11	6.881688e+11
2021-01-08	4.29	4.30	4.24	4.25	4.25	0.04	0.9412	0.0941	152421290	653176211.0	7.851600e+11	6.946457e+11
2021-01-11	4.22	4.30	4.21	4.29	4.29	-0.07	-1.6317	0.0739	119641410	508870834.0	7.723485e+11	6.833112e+11
2021-01-12	4.31	4.31	4.20	4.21	4.22	0.09	2.1327	0.0889	143888797	613851830.0	7.888204e+11	6.978842e+11
2021-01-13	4.36	4.40	4.29	4.31	4.31	0.05	1.1601	0.1144	185290946	805044706.0	7.979715e+11	7.059803e+11
2021-01-14	4.33	4.39	4.31	4.33	4.36	-0.03	-0.6881	0.0794	128560607	558369784.0	7.924808e+11	7.011226e+11
2021-01-15	4.28	4.37	4.27	4.35	4.33	-0.05	-1.1547	0.0907	146794503	632946484.0	7.833298e+11	6.930265e+11

图 10-5　输出 df 数据（3）

10.3.2　步骤2：封装海龟交易策略函数

封装海龟交易策略函数是将策略的核心逻辑（如买卖信号、仓位管理、止损等规则）封装成一个函数，以便在回测和优化过程中反复调用。通过这种方式，我们能够简洁地管理策略，灵活调整参数，并能够在不同的数据集上应用。

我们定义了一个函数 turtle_trading_strategy 来封装海龟交易策略，该函数实现了以下内容。

（1）计算短期和长期均线，并利用其交叉生成买卖信号。

（2）计算并应用ATR（平均真实波动幅度），根据ATR动态调整每次交易的仓位大小。

（3）设定止损和止盈策略，根据ATR的倍数来设置止损点和止盈点，以控制风险。

（4）计算每日盈亏，并基于每日盈亏计算累计收益（资金曲线）。

（5）返回总收益和每笔交易的平均收益，用于评估策略的整体表现。

turtle_trading_strategy 函数的实现代码如下。

```
import numpy as np
import pandas as pd

# 定义海龟策略函数
def turtle_trading_strategy(df, ma_short_window=20, ma_long_window=50, initial_capital=1000000, unit_size=100, risk_per_trade=0.01, atr_window=14):
    """
    海龟交易策略是基于短期和长期均线、ATR及动态调整仓位的机制。

    :param df: 包含股票历史数据的 DataFrame，必须包括 Close、High、Low 列
    :param ma_short_window: 短期均线的窗口（默认为 20）
    :param ma_long_window: 长期均线的窗口（默认为 50）
    :param initial_capital: 初始资金（默认为 1000000）
    :param unit_size: 每次交易的单位仓位（默认为 100）
    :param risk_per_trade: 每次交易的最大风险占初始资金的比例（默认为 0.01，即 1% 的风险）
    :param atr_window: ATR指标的计算窗口（默认为 14）
```

```python
    :return: 总收益和每次交易的平均收益
    """

    # 计算短期和长期均线
    df['MA20'] = df['Close'].rolling(window=ma_short_window, min_periods=1).mean()
# 计算短期均线
    df['MA50'] = df['Close'].rolling(window=ma_long_window, min_periods=1).mean()
# 计算长期均线

    # 计算ATR作为波动性指标
    df['High-Low'] = df['High'] - df['Low']  # 最高价与最低价的差
    df['High-Close'] = abs(df['High'] - df['Close'].shift(1))
                                    # 当前最高价与前一日收盘价的差
    df['Low-Close'] = abs(df['Low'] - df['Close'].shift(1))
                                    # 当前最低价与前一日收盘价的差
    df['TR'] = df[['High-Low', 'High-Close', 'Low-Close']].max(axis=1)
                                    # 取出这三者中的最大值, 得到真实波动范围
    df['ATR'] = df['TR'].rolling(window=atr_window).mean()  # 计算ATR的14日均值

    # 移除包含NaN值的行(这些NaN值通常出现在数据的开头)
    df.dropna(subset=['MA50', 'ATR'], inplace=True)

    # 生成买入和卖出信号
    # 买入信号: 当前价格高于短期均线, 并且前一日价格低于短期均线
    df['Buy_Signal'] = df['Close'].gt(df['MA20']) & df['Close'].shift(1).lt(df['MA20'].shift(1))
    # 卖出信号: 当前价格低于短期均线, 并且前一日价格高于短期均线
    df['Sell_Signal'] = df['Close'].lt(df['MA20']) & df['Close'].shift(1).gt(df['MA20'].shift(1))

    # 计算每次交易的风险: 风险金额为账户初始资金的一个比例
    capital_per_trade = initial_capital * risk_per_trade  # 每次交易的最大风险金额

    # 初始化交易持仓量列, 默认为0(无仓位)
    df['Position'] = 0
    # 根据买入和卖出信号设置交易的仓位
    df.loc[df['Buy_Signal'], 'Position'] = unit_size  # 买入信号: 买入100单位
    df.loc[df['Sell_Signal'], 'Position'] = -unit_size  # 卖出信号: 卖出100单位

    # 止损和止盈策略(基于ATR)
    df['Stop_Loss'] = df['Close'] - 2 * df['ATR']  # 止损点设置为当前价格减去2倍ATR
    df['Take_Profit'] = df['Close'] + 3 * df['ATR']  # 止盈点设置为当前价格加上3倍ATR

    # 根据风险控制计算最大仓位(动态调整单位仓位大小)
    df['Adjusted_Unit_Size'] = capital_per_trade / (df['ATR'] * df['Close'])  # 通过ATR调整仓位
    df['Adjusted_Unit_Size'] = df['Adjusted_Unit_Size'].apply(lambda x: min(x, unit_size))  # 保证仓位不超过预设的最大仓位

    # 计算每次交易的总价值(即持仓量 * 第二日收盘价)
    df['Total_Value'] = df['Adjusted_Unit_Size'] * df['Close'].shift(-1)

    # 计算每日盈亏变化
    df['Daily_Return'] = df['Total_Value'].pct_change()  # 计算每日回报率
    # 清除NaN和inf值
    df['Daily_Return'].replace([np.inf, -np.inf], np.nan, inplace=True)
    df['Daily_Return'].fillna(0, inplace=True)  # 填充NaN为0
```

```
    # 计算累计回报率
    df['Cumulative_Return'] = (df['Daily_Return'] + 1).cumprod()

    # 计算总收益和平均每次交易的收益
    cumulative_returns = df['Cumulative_Return'].iloc[-1] * initial_capital -
initial_capital   # 总收益
    total_trades = df[df['Position'] != 0].shape[0]   # 总交易次数
    average_return = cumulative_returns / total_trades if total_trades != 0 else 0
    # 平均每次交易的收益

    return cumulative_returns, average_return   # 返回总收益和平均每次交易的收益
```

上述代码实现了海龟交易策略的核心逻辑。通过动态调整仓位和设定合理的止损、止盈策略，海龟交易策略能够适应不同的市场波动性，从而在提高交易稳定性的同时有效控制风险。具体实现细节已经在函数中详细说明，这里不再赘述。

10.3.3 步骤3：回测策略

回测是检验海龟交易策略在历史数据上表现的关键步骤。通过回测，我们能够评估策略的有效性，检查其在不同市场环境中的适应性，以及优化和调整策略。

执行回测的示例代码如下。

```
# 设置策略的参数
ma_short_window = 10   # 短期均线窗口调整为 10
ma_long_window = 30   # 长期均线窗口调整为 30
initial_capital = 500000   # 初始资金调整为 50 万
unit_size = 100   # 每次交易的单位仓位调整为 100
risk_per_trade = 0.02   # 每次交易的风险调整为 2%
atr_window = 14   # ATR 的计算窗口保持为 14

# 创建 df 的副本，避免在函数中修改原始数据
df1 = df.copy()
# 调用海龟交易策略函数进行回测
total_profit, average_return = turtle_trading_strategy(df1,
                    ma_short_window=ma_short_window,       # 短期均线参数
                    ma_long_window=ma_long_window,         # 长期均线参数
                    initial_capital=initial_capital,       # 初始资金
                    unit_size=unit_size,                   # 每次交易单位
                    risk_per_trade=risk_per_trade)         # 每次交易风险比例

# 输出回测结果
print(f"总交易次数: {df1[df1['Position'] != 0]['Position'].count()}")   # 统计总交易次数
（即买卖信号发生的次数）
print(f"总盈利: {total_profit:.2f}元")   # 输出总盈利，保留两位小数
print(f"平均收益: {average_return:.2f}元/交易")   # 输出每次交易的平均收益，保留两位小数
```

上述代码通过调用海龟交易策略函数进行回测，评估策略在历史数据上的表现。代码运行后，输出结果如下。

```
总交易次数: 4
总盈利: 16746.41元
平均收益: 4186.60元/交易
```

10.3.4 步骤4：回测的可视化分析

回测的可视化分析可以帮助我们更直观地评估策略的效果，找出潜在的问题，并发现优化的机会。以下是一些常见的可视化分析步骤，可以帮助我们更好地理解回测结果。

1. 股价与买卖信号图

绘制股价与买卖信号图能够直观地展示策略效果，评估买卖信号的有效性，并为策略优化提供依据。

示例代码如下。

```python
import matplotlib.pyplot as plt

# 设置中文字体及负号显示
plt.rcParams['font.family'] = ['SimHei']  # 设置中文字体
plt.rcParams['axes.unicode_minus'] = False  # 设置负号显示

# 创建图表，设置图表大小为 14*7 英寸
plt.figure(figsize=(14, 7))

# 绘制股价曲线，颜色为黑色，透明度为 0.7
plt.plot(df2['Close'], label='股价', color='black', alpha=0.7)

# 绘制 20 日和 50 日均线
plt.plot(df2['MA20'], label='20 日均线', color='blue')
plt.plot(df2['MA50'], label='50 日均线', color='red')

# 绘制买入信号，标记为绿色的上三角形
plt.scatter(df2[df2['Buy_Signal']].index, df2['Close'][df2['Buy_Signal']],
marker='^', color='green', label='买入信号', alpha=1)

# 绘制卖出信号，标记为红色的下三角形
plt.scatter(df2[df2['Sell_Signal']].index, df2['Close'][df2['Sell_Signal']],
marker='v', color='red', label='卖出信号', alpha=1)

# 显示图例，图例位置设置为最佳位置
plt.legend(loc='best')
# 设置图表标题
plt.title('股价与买卖信号')

# 设置 x 轴和 y 轴标签
plt.xlabel('日期')
plt.ylabel('股价')

# 显示图表
plt.show()
```

运行上述代码，绘制股价与买卖信号图，如图 10-6 所示。

图 10-6　股价与买卖信号图

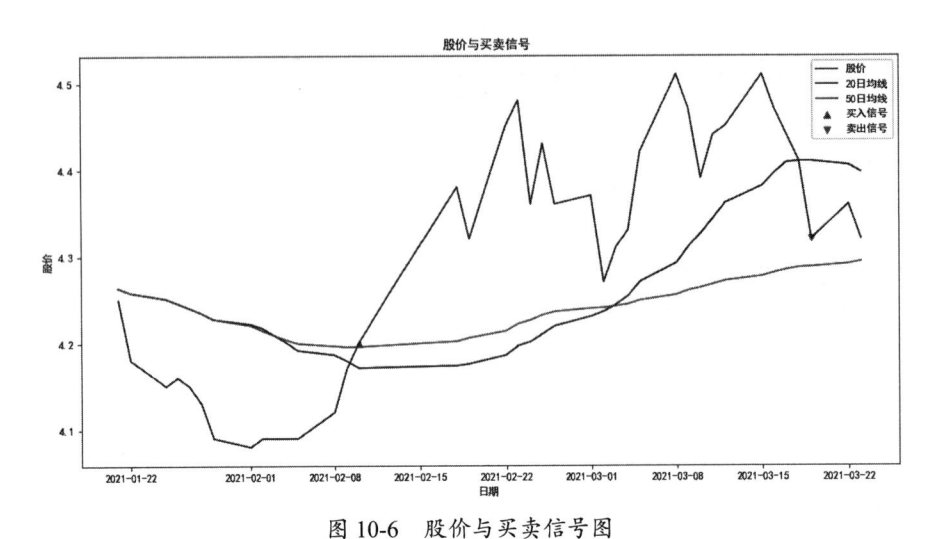

从图 10-6 中，我们可以清楚地看出交易信号。

2. 资金曲线

资金曲线展示了策略在回测期间每个时刻的账户资金变化情况。这是评估策略表现的核心指标之一，能够展示整体盈利、回撤等信息。

示例代码如下。

```python
import matplotlib.pyplot as plt

# 设置中文字体及负号显示
plt.rcParams['font.family'] = ['SimHei']  # 设置中文字体
plt.rcParams['axes.unicode_minus'] = False  # 设置负号显示

df2['Capital_Curve'] = initial_capital * df2['Cumulative_Return']

# 创建一个新的图表，设置图表的大小为 12*6 英寸
plt.figure(figsize=(12, 6))

# 绘制资金曲线（资金随时间变化）
plt.plot(df2.index, df2['Capital_Curve'], label='Capital Curve')

# 设置图表标题
plt.title('资金曲线')

# 设置 x 轴和 y 轴标签
plt.xlabel('日期')
plt.ylabel('资金')

# 显示图例
plt.legend()

# 显示网格线
plt.grid(True)

# 显示图表
```

```
plt.show()
```

运行上述代码，绘制资金曲线图，如图 10-7 所示。

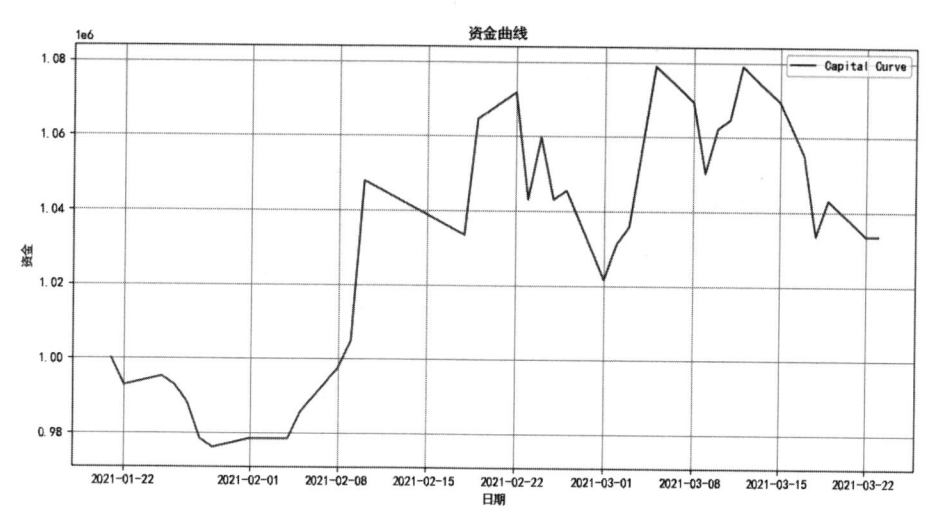

图 10-7　资金曲线图

从图 10-7 中，我们可以看出资金曲线变化情况。

10.3.5　步骤5：DeepSeek辅助优化策略

我们可以进一步通过 DeepSeek 来辅助优化海龟交易策略的参数，从而提高策略的整体表现。

1. 评估策略的当前表现

将回测的结果作为 DeepSeek 的输入，DeepSeek 会进行分析，帮助我们理解策略在过去的表现。

> 提问：
>
> 参数如下。
>
> ma_short_window = 10　# 短期均线窗口调整为 10
>
> ma_long_window = 30　# 长期均线窗口调整为 30
>
> initial_capital = 500000　# 初始资金调整为 50 万
>
> unit_size = 100　# 每次交易的单位仓位调整为 100
>
> risk_per_trade = 0.02　# 每次交易的风险调整为 2%
>
> atr_window = 14　# ATR 的计算窗口保持为 14
>
> 交易情况如下。
>
> 总交易次数：4
>
> 总盈利：16746.41 元
>
> 平均收益：4186.60 元 / 交易
>
> 请评估此模型。

DeepSeek:

（1）交易次数和盈利情况。

交易次数：4 次，较少，但可以避免过多噪声信号。

总盈利：16746.41 元，盈利约 3.35%，相对不错。

平均收益：4186.60 元 / 交易，盈利较好。

（2）参数分析。

ma_short_window = 10, ma_long_window = 30：短期和长期均线的设置非常灵敏，能够适应快速的市场变化，但可能增加噪声信号。

initial_capital = 500000：资金规模适中，能承受一定风险。

unit_size = 100：每次交易 100 单位仓位，较大仓位可能带来较大风险。

risk_per_trade = 0.02：每次交易承担 2% 风险，风险控制较好。

atr_window = 14：ATR 指标用来调整止损和止盈，对波动性的控制得当。

（3）改进建议。

提高交易频率：通过减少均线窗口，来增加更多的交易机会。

动态调整仓位：根据市场波动调整每次交易的仓位大小。

优化买卖信号：可以加入其他技术指标，如 RSI、MACD，以避免假信号。

优化止损止盈：根据市场情况调整止损倍数和止盈倍数。

（4）总体评价。

策略总体表现较好，但交易次数较少。如果增加交易机会和优化信号，可能进一步提高收益。

2. 参数调整

我们可以让 DeepSeek 帮我们调整参数。

提问：
可以帮我调整一下参数吗？

DeepSeek:

（1）短期和长期均线窗口。

ma_short_window = 10 和 ma_long_window = 30 的设置较为灵敏，但可能过于依赖短期波动。因此，短期均线可以稍微延长，如调整为 ma_short_window = 15，这样可以减少噪声信号，增加趋势的稳定性；长期均线 ma_long_window = 30 也可以适当延长到 40，这有助于过滤掉更多的短期价格波动。

（2）资金规模和单位仓位。

initial_capital = 500000 作为初始资金是合理的，可以保持。

unit_size = 100 的单位仓位较大。如果想要降低风险，可以尝试 unit_size = 50，尤其是在市场波动较大的情况下。

（3）风险控制。

risk_per_trade = 0.02 是较为保守的设置。为了平衡风险和收益，可以尝试 risk_per_trade = 0.03，这可以让每次交易的潜在收益更高，但也伴随着较高的风险。

（4）ATR 窗口。

> atr_window = 14 是一个标准值，可以保持不变。对于更高的波动性市场，考虑增加 ATR 窗口，如 atr_window = 20，可以更准确地计算市场波动。
> （5）总结调整建议。
> ma_short_window = 20
> ma_long_window = 50
> initial_capital = 1000000
> unit_size = 20
> risk_per_trade = 0.05

根据 DeepSeek 的调整，修改回测代码重新进行回测。

```
# 调整参数
ma_short_window = 20       # 短期均线的窗口（默认为20），决定短期趋势的变化
ma_long_window = 50        # 长期均线的窗口（默认为50），决定长期趋势的变化
initial_capital = 1000000  # 初始资金（默认为1000000），表示账户中最初的可用资金，单位为元
unit_size = 20             # 每次交易的单位数量（默认为20），即每次买入或卖出的资产数量
risk_per_trade = 0.05      # 每次交易承担的风险比例（默认为0.05，即5%），控制每次交易可能的
最大亏损


df2 = df.copy()
# 调用海龟交易策略函数进行回测
total_profit, average_return = turtle_trading_strategy(df2,
        ma_short_window=ma_short_window,          # 短期均线参数
        ma_long_window=ma_long_window,            # 长期均线参数
        initial_capital=initial_capital,          # 初始资金
        unit_size=unit_size,                      # 每次交易单位
        risk_per_trade=risk_per_trade)            # 每次交易风险比例

# 输出回测结果
print(f" 总交易次数: {df2[df2['Position'] != 0]['Position'].count()}")  # 统计总交易次数
（买卖信号发生的次数）
print(f" 总盈利: {total_profit:.2f}元 ")  # 输出总盈利，保留两位小数
print(f" 平均收益: {average_return:.2f}元 / 交易 ")  # 输出每次交易的平均收益，保留两位小数
```

上述代码通过调用海龟交易策略函数进行回测，评估策略在历史数据上的表现。运行代码后，输出结果如下。

```
总交易次数: 2
总盈利: 33492.82 元
平均收益: 16746.41 元 / 交易
```

从测试结果可见，回测结果还是不理想，我们可以让 DeepSeek 继续优化参数，或者优化海龟交易策略函数。

3. 优化海龟交易策略函数

我们可以让 DeepSeek 优化海龟交易策略函数，并给出函数的修改意见。

> 提问：
> 帮我优化如下代码。

> <省略海龟函数程序代码>

> **DeepSeek：**
> 要优化这段海龟交易策略函数，我们可以从多个角度进行改进，旨在提升回测效果，减少过度交易，并改进风险管理。以下是一些优化方向。
> （1）改进买入和卖出信号的生成。
> 当前的信号生成逻辑是基于短期均线突破的简单策略，但可能会产生大量虚假信号。可以通过增加一些过滤条件（如趋势确认）来提高信号的质量，比如可以引入长期均线交叉或 MACD、RSI 等指标来确认信号。
> （2）动态止损和止盈机制。
> 当前的止损和止盈是基于固定的 ATR 倍数来计算的，这在不同市场环境下可能不太灵活。可以考虑引入动态调整的止损和止盈策略，或者使用跟踪止损（Trailing Stop）来保护利润。
> （3）改进资金管理。
> 可以通过使用固定比例或动态调整仓位来更好地管理风险。例如，根据当前的 ATR 波动动态调整仓位，而不是固定单位仓位。
> 优化后的代码如下。
> <省略海龟交易策略函数程序代码>

读者可以运用 DeepSeek 优化后的海龟交易策略函数，并重新进行回测，以验证优化后的策略在不同市场环境下的表现。

10.4 本章总结

本章深入探讨了海龟交易策略的起源、核心原则及其在量化交易中的应用。通过中国石油股票的案例，详细展示了如何借助 DeepSeek 实现海龟交易策略的落地，包括数据获取、策略函数封装、回测分析以及策略优化。海龟交易策略强调通过严格的入场和出场规则来管理风险，其系统化的交易方法为读者提供了一种稳健的投资思路。本章内容能够帮助读者理解海龟交易策略的精髓，并展示了如何通过现代工具优化传统策略，从而提升交易效率和盈利能力。

第11章 借助 DeepSeek 构建与优化高频交易策略

高频交易在量化交易中极具技术挑战性。它通过高速数据处理和精准算法,来捕捉市场的微小波动,以获取利润。然而,高频交易的复杂性也让许多交易者难以入门。

本章将介绍高频交易的核心概念、特点及常见策略,并通过案例展示如何利用 DeepSeek 来构建和优化高频交易策略,从而帮助交易者克服技术难题,提升策略效率和盈利能力。

无论是初学者还是希望优化现有策略的交易者,本章都将为其提供实用的指导和启发。

本章的主要内容

- ◆ 高频交易策略概述
- ◆ 使用 DeepSeek 辅助实施高频交易策略
- ◆ 利用 DeepSeek 辅助实施高频交易策略并优化股票投资回报——以比亚迪股票为例
- ◆ 构建高频交易框架
- ◆ 基于配对交易策略的高频交易实施过程
- ◆ DeepSeek 辅助 HTF 框架下的动量策略——以苹果股票为例
- ◆ DeepSeek 辅助实现其他编程语言的 BHTF 策略

11.1　高频交易策略概述

高频交易（High-Frequency Trading，HFT）是一种通过使用计算机算法，以极短的时间间隔（通常为毫秒或微秒级）进行大量订单执行的交易策略。它主要依靠先进的计算技术、低延迟的交易系统、实时市场数据和超快速的交易执行来捕捉微小的市场波动，从中获取利润。高频交易的成功依赖于系统的速度、交易的频繁性、市场的流动性及其策略的精确性。

11.1.1　高频交易的特点

高频交易是一种基于计算机程序和算法来执行的自动化交易策略，其主要特点如下。

（1）超短时间内完成大量交易：通过高速的计算机系统和网络传输，执行交易的频率可以达到每秒数百笔甚至更多。通常，执行的每一笔交易的持仓时间都非常短暂。

（2）微小利润累积：每笔交易的利润可能非常少，但由于交易频繁，可以在大量交易中累积可观的利润。

（3）低延迟执行：高频交易的核心是低延迟，即从接收到交易信号到执行交易的时间间隔非常短。交易平台和系统必须具备快速的数据处理和决策能力。

11.1.2　高频交易策略中的一些主要概念

高频交易策略中有一些主要的概念。

（1）低延迟：低延迟是指交易系统从接收到市场数据到执行交易指令所需的时间尽可能短。高频交易非常依赖低延迟技术，因为即使是微小的延迟也可能导致错失交易机会。

（2）交易算法：交易算法是高频交易策略的核心。它是一组规则和指令，用于决定何时及如何进行交易。交易算法通常基于统计模型、市场数据和技术指标，以实现最佳的交易执行。

（3）流动性：流动性指的是市场中可供交易的资产数量。高流动性意味着资产易于买卖，交易成本较低，且交易执行更快速有效。高频交易策略通常利用流动性扮演市场制造者的角色，从而增加市场的交易活动和深度。

（4）套利：套利是利用不同市场或同一市场上的价格差异进行交易，以获取无风险或低风险利润的策略。高频交易策略常使用套利策略，通过快速捕捉价格差异并进行交易，从中获得利润。

（5）市场制造者：市场制造者是在市场上提供买卖报价，增加市场流动性的交易者。高频交易策略可以扮演市场制造者的角色，通过快速调整买卖报价来吸引交易对手，并从报价差异中获利。

（6）高频交易系统：高频交易系统是用于执行高频交易策略的自动化交易系统。它通常由快速的计算机硬件、高速数据传输和执行交易的软件算法组成。高频交易系统的目标是以尽可能快的速度识别、执行和管理交易。

上述概念是高频交易策略中的一些核心要素，理解它们对于深入了解高频交易的原理和运作方式至关重要。需要注意的是，高频交易是一个复杂的领域，涉及许多技术和市场知识。

11.1.3 实施高频交易策略

实施高频交易策略时，有几个关键步骤需要考虑。以下是一般的实施高频交易策略的流程。

（1）策略开发：需要开发或选择适合高频交易的策略，这可能涉及技术指标的选择、交易信号的定义、交易规则的建立等。策略开发者可以使用量化分析方法、统计模型、机器学习算法等来开发策略。

（2）数据获取：获取市场数据对于高频交易至关重要。交易者可以使用数据供应商、交易所提供的数据接口或第三方 API 来获取实时市场数据，包括行情数据、盘口数据等。

（3）数据预处理：交易者在进行高频交易之前，通常需要对获取的市场数据进行预处理和清洗。这可能包括数据的去噪、过滤、对齐等，以确保数据的准确性和一致性。

（4）策略执行：使用编程语言（如 Python、C++ 等）编写交易策略的执行代码。这些代码根据交易者的策略逻辑进行交易信号的生成和执行，包括下单、撤单、订单状态的监控等。

（5）风险管理：高频交易策略不仅需要严格的风险管理措施，而且需要定义止损、止盈规则，设置资金管理策略，限制单笔交易量和总交易量等，以控制风险并保护资金。

（6）测试与优化：在实际应用策略之前，进行回测和模拟交易是必要的。交易者通过历史数据的回测和模拟交易，评估策略的表现，并进行优化和调整，以改进策略的稳定性和盈利能力。

（7）实时交易：在完成测试和优化后，交易者可以将策略部署到实时交易环境中。这可能涉及连接交易所的 API、设置交易账户和权限，确保策略能够正确执行交易指令。

（8）监控与维护：一旦策略开始实施，则需要进行实时的监控和维护。交易者可以设置报警机制，监控交易系统的运行状况、策略的表现和交易执行情况，及时发现并解决潜在问题。

需要注意的是，实施高频交易策略需要对市场的快速变动做出快速响应，并且需要确保交易系统的稳定性和可靠性。因此，在实施过程中，交易者需要仔细考虑系统架构、技术性能和风险管理等因素，并进行充分的测试和验证，以确保策略能够在实时环境中有效运行。

11.1.4 高频交易策略中常见的策略

高频交易策略是一个宽泛的策略，涵盖了多种不同的策略。这些策略旨在通过快速执行交易、利用市场微小的价格波动或短期趋势来获取利润。

高频交易策略可以分为以下几种策略。

（1）套利策略：该策略利用不同市场、交易所或工具之间的价格差异进行套利交易。常见的套利策略有时间套利、空间套利和跨市场套利等。

（2）市场制造策略：该策略通过同时报出买入和卖出报价，在市场中提供流动性并从买卖价差中获利。市场制造者经常进行快速的交易和订单管理，以确保市场的流动性和深度。

（3）统计套利策略：该策略利用统计模型和算法来寻找价格之间的统计偏差或相关性，从而进行交易以获得利润。统计套利策略通常涉及多个相关标的资产的交易。

（4）趋势跟踪策略：该策略根据市场的短期或中长期趋势方向进行交易。该策略通常利用技术指标和趋势分析工具来识别和跟踪市场趋势。

（5）事件驱动策略：该策略基于特定事件或公告的信息进行交易。这些事件可能包括公司财报公布、重大政策变化、收购兼并等。事件驱动策略依赖于快速获取和解读信息的能力。

11.1.5 高频交易策略的技术和设施层面问题

在高频交易策略的技术和设施层面，有以下几个关键问题需要考虑。

（1）低延迟技术：高频交易依赖于快速的交易执行和信息传递。因此，交易者需要使用低延迟技术基础设施，包括高速计算机、快速网络连接和优化的交易软件。这可以减少交易的执行延迟，并提高交易效率。

（2）交易执行平台：选择适合高频交易的交易执行平台非常重要。交易者可以选择使用专门的交易平台或直接连接到交易所的接口。这些平台通常提供快速的交易执行、实时市场数据和高级的订单管理功能。

（3）数据订阅和处理：高频交易依赖于准确和实时的市场数据。交易者需要订阅并获取与交易策略相关的市场数据，如报价、交易量和深度数据。同时，交易者需要具备处理大量数据的能力，包括数据的解析、分析和策略计算。

（4）风险管理系统：高频交易涉及快速的交易和大量的交易操作，因此风险管理是至关重要的。交易者需要建立有效的风险管理系统，包括监控交易风险、控制杠杆和仓位、设置止损和止盈等。这可以帮助交易者降低风险并保护资金。

（5）合规性和监管要求：高频交易有严格的合规性和监管要求。交易者需要遵守相关的法律法规，包括交易所规则、市场监管要求和反洗钱等规定。同时，交易者需要保持与监管机构的合作和沟通，确保交易策略的合法性和合规性。

综上，在高频交易策略的技术和设施层面，交易者需要关注低延迟技术、交易执行平台、数据订阅和处理、风险管理系统及合规性和监管要求，从而建立高效、稳定和合规的高频交易系统。

11.2 使用DeepSeek辅助实施高频交易策略

使用 DeepSeek 辅助实施高频交易策略的过程如下。

1. 制定策略

针对用户描述的高频交易策略类型和目标，DeepSeek 会提供相关策略指南和建议。用户可以根据这些信息修改和制定策略。

2. 选择交易平台和技术手段

DeepSeek 可以分析不同交易平台和硬件的优缺点，帮助用户选择最合适的技术手段。

3. 撰写交易算法

DeepSeek 能够辅助描述和解释算法流程，识别可能的算法实现瓶颈。实际的设计和编码工作由用户完成。

4. 识别策略风险点

在与 DeepSeek 的交互过程中，DeepSeek 可以识别出用户可能忽略的风险点，并提醒用户加强相关控制措施。

5. 执行和监控策略

DeepSeek 提供实时监控和调整策略的建议，如在关键指标异常时，提醒用户进行调整。

6. 优化和改进策略

通过分析策略执行结果，DeepSeek 提供调整策略各个方面的建议，从而提升策略执行效果和盈利能力。

用户负责策略决策和编码工作；而 DeepSeek 作为智能助手，提供思维扩展和监督功能，帮助用户更好地实施高频交易策略。

11.3 实战案例29：利用DeepSeek辅助实施高频交易策略并优化股票投资回报——以比亚迪股票为例

Tom 是一位热衷于股票投资的个人投资者，近期对高频交易产生了浓厚兴趣。由于高频交易需要快速决策和执行，他意识到单靠自己的判断和经验可能难以在快速波动的市场中取得理想的效果。因此，他决定借助 DeepSeek 来优化自己的股票投资策略，并利用高频交易来捕捉短期市场波动。

以下是 Tom 使用 DeepSeek 辅助实施高频交易策略的完整过程。

11.3.1 步骤1：DeepSeek辅助制定策略

在高频交易中，策略的制定是成功实施交易的第一步，决定了交易系统的基本框架和盈利模式。策略的设计不仅要考虑市场数据、技术指标和算法模型，而且要结合具体的投资目标、市场环境和风险管理要求。下面将详细介绍在 DeepSeek 的辅助下，如何制定一个适用于高频交易的策略。

制定策略时需要先明确交易的目标和市场环境。制定高频交易策略可以根据不同的市场和目标类型，选择合适的策略框架。DeepSeek 在此阶段的作用如下。

（1）策略与框架建议：DeepSeek 会根据市场的历史数据和分析模型，来确定合适的策略和框架。它能够通过机器学习模型来分析历史市场波动，为制定策略提供数据支持。

（2）个性化目标设定：根据投资者的风险偏好和回报目标，DeepSeek能够提供定制化的策略目标设定建议。

Tom 收集了"比亚迪股票数据（2025-01-02 至 2025-02-04）.txt"文件，如图 11-1 所示。

图 11-1 比亚迪股票数据（2025-01-02 至 2025-02-24）.txt 文件

> **提问：**
>
> 现有比亚迪股票数据（2025-01-02 至 2025-02-24），我计划对该股票采用高频交易策略，你能帮助我制定一个合适的高频交易策略吗？
>
> | 日期 | 开盘 | 收盘 | 涨跌额 | 涨跌幅 | 最低 | 最高 | 成交量（手） | 成交金额（万） | 换手率 |
> |---|---|---|---|---|---|---|---|---|---|
> | 2025-02-24 | 385.00 | 376.28 | -6.72 | -1.75% | 373.48 | 388.66 | 199407 | 758628.94 | 1.72% |
> | 2025-02-21 | 366.00 | 383.00 | 20.22 | 5.57% | 365.23 | 386.50 | 239292 | 908949.81 | 2.06% |
> | 2025-02-20 | 363.48 | 362.78 | 4.28 | 1.19% | 358.20 | 367.66 | 156937 | 569587.69 | 1.35% |
> | 2025-02-19 | 353.52 | 358.50 | 2.28 | 0.64% | 353.00 | 360.00 | 161918 | 578412.94 | 1.39% |
> | 2025-02-18 | 351.40 | 356.22 | 7.72 | 2.22% | 348.84 | 363.48 | 251797 | 897776.25 | 2.17% |
> | 2025-02-17 | 356.05 | 348.50 | -7.55 | -2.12% | 344.50 | 358.80 | 232015 | 811134.56 | 2.00% |
> | 2025-02-14 | 341.52 | 356.05 | 14.75 | 4.32% | 341.52 | 359.60 | 243645 | 857463.38 | 2.10% |
> | 2025-02-13 | 341.20 | 341.30 | -3.75 | -1.09% | 339.50 | 346.35 | 199840 | 685999.75 | 1.72% |
> | 2025-02-12 | 327.50 | 345.05 | 15.15 | 4.59% | 322.65 | 346.94 | 279357 | 945104.88 | 2.40% |
> | 2025-02-11 | 339.30 | 329.90 | -0.23 | -0.07% | 326.01 | 340.30 | 280364 | 931588.50 | 2.41% |
> | 2025-02-10 | 326.91 | 330.13 | 3.23 | 0.99% | 321.58 | 332.00 | 272711 | 890851.81 | 2.35% |
> | 2025-02-07 | 320.00 | 326.90 | 15.82 | 5.09% | 314.00 | 330.00 | 487075 | 1569198.88 | 4.19% |
> | 2025-02-06 | 282.81 | 311.08 | 28.28 | 10.00% | 282.45 | 311.08 | 381459 | 1141650.88 | 3.28% |
> | 2025-02-05 | 282.73 | 282.80 | 8.30 | 3.02% | 281.60 | 286.75 | 145351 | 412887.69 | 1.25% |
> | 2025-01-27 | 279.09 | 274.50 | -4.58 | -1.64% | 274.50 | 280.12 | 63408 | 175552.94 | 0.55% |
> | 2025-01-24 | 276.51 | 279.08 | 1.97 | 0.71% | 276.00 | 280.50 | 68144 | 189897.92 | 0.59% |
> | 2025-01-23 | 284.98 | 277.11 | -5.39 | -1.91% | 277.00 | 285.00 | 96174 | 269060.12 | 0.83% |
> | 2025-01-22 | 285.00 | 282.50 | -3.55 | -1.24% | 279.80 | 286.30 | 81057 | 228730.38 | 0.70% |
> | 2025-01-21 | 285.00 | 286.05 | 1.62 | 0.57% | 283.00 | 287.43 | 76441 | 218413.28 | 0.66% |
> | 2025-01-20 | 279.00 | 284.43 | 7.83 | 2.83% | 278.92 | 286.43 | 135797 | 386372.75 | 1.17% |
> | 2025-01-17 | 273.52 | 276.60 | 3.84 | 1.41% | 272.48 | 279.20 | 86142 | 237677.08 | 0.74% |
> | 2025-01-16 | 274.70 | 272.76 | -1.93 | -0.70% | 270.53 | 277.33 | 72572 | 198468.56 | 0.62% |
> | 2025-01-15 | 276.20 | 274.69 | -1.61 | -0.58% | 274.50 | 277.31 | 62336 | 171876.92 | 0.54% |
> | 2025-01-14 | 266.34 | 276.30 | 10.30 | 3.87% | 266.01 | 277.15 | 125790 | 343882.75 | 1.08% |
> | 2025-01-13 | 263.00 | 266.00 | -0.02 | -0.01% | 262.21 | 268.47 | 67214 | 178744.88 | 0.58% |
> | 2025-01-10 | 269.00 | 266.02 | -3.37 | -1.25% | 264.78 | 270.39 | 80548 | 214736.31 | 0.69% |
> | 2025-01-09 | 269.00 | 269.39 | 0.21 | 0.08% | 266.66 | 271.70 | 65613 | 176687.36 | 0.56% |
> | 2025-01-08 | 272.99 | 269.18 | -4.85 | -1.77% | 265.81 | 273.99 | 109082 | 293344.72 | 0.94% |
> | 2025-01-07 | 271.28 | 274.03 | 2.75 | 1.01% | 267.50 | 277.73 | 95722 | 262716.72 | 0.82% |
> | 2025-01-06 | 271.94 | 271.28 | 0.55 | 0.20% | 269.03 | 273.89 | 82447 | 223659.02 | 0.71% |
> | 2025-01-03 | 271.50 | 270.73 | -0.37 | -0.14% | 268.24 | 274.59 | 99365 | 269307.22 | 0.85% |
> | 2025-01-02 | 283.00 | 271.10 | -11.56 | -4.09% | 269.42 | 283.08 | 168784 | 462407.38 | 1.45% |

> **DeepSeek：**
>
> 为比亚迪股票设计一个高频交易策略，我们可以选择动量策略，结合市场波动和技术指标来捕捉短期趋势。基于你提供的股票数据，我们可以制定以下步骤和策略。

1. 策略目标

短期趋势跟随：捕捉短期内的价格波动，利用短期的动量趋势进行快速交易。

高频执行：每个交易周期非常短，可能是几分钟，也可能是几十秒，旨在快速执行交易，捕捉市场的微小波动。

2. 策略选型：动量策略

动量策略适用于利用价格波动的延续趋势进行交易。当股价在某个方向上持续变化时，动量策略将顺势而为，买入上涨趋势中的股票，卖出下跌趋势中的股票。

3. 技术指标选择

简单移动平均线（Simple Moving Average，SMA）：选择短期SMA（如5分钟或10分钟）和长期SMA（如20分钟）。策略为当短期SMA向上突破长期SMA时，买入；当短期SMA向下突破长期SMA时，卖出。

相对强弱指数（RSI）：用来判断市场是否超买或超卖。RSI超过70时认为超买，低于30时认为超卖。策略为当RSI低于30时买入，当RSI高于70时卖出。

布林带：用来识别价格波动的范围。股价突破上轨可能是买入信号，突破下轨则可能是卖出信号。

4. 策略实施步骤

（1）数据准备与清洗。

利用比亚迪股票的分钟级数据（如5分钟数据、10分钟数据和20分钟数据）进行计算，生成相应的短期SMA和长期SMA。

计算RSI、布林带等技术指标。

（2）信号生成。

买入信号：当短期SMA突破长期SMA向上，并且RSI低于30时，表示市场可能出现反转上涨，宜买入比亚迪股票。

卖出信号：当短期SMA突破长期SMA向下，并且RSI高于70时，表示市场可能出现反转下跌，宜卖出比亚迪股票。

结合布林带，价格突破布林带的上轨时可以考虑卖出，突破下轨时可以考虑买入。

（3）止损与止盈。

止损：每笔交易设置一个固定比例的止损（如1%~2%）。若股价下跌到设定止损点，则自动平仓。

止盈：设置目标利润点，如达到3%~5%的利润后平仓，或者根据技术指标（如RSI）发生变化时平仓。

（4）快速交易执行。

使用自动化交易系统确保能够在实时信号出现时迅速执行买入或卖出订单，避免人为延迟。

5. 交易频率和执行速度

高频交易要求快速响应，因此，使用实时市场数据流和高速执行的交易系统非常重要。

交易的周期非常短，可能是几分钟，也可能是几秒钟，这要求计算和执行速度非常快。

6. 风险管理

资金分配：为每个交易都设置固定的资金量，避免单笔交易占用过多资金。例如，每次交易只使用总资金的2%~5%。

最大亏损限制：设定每日最大亏损额度，若损失达到该限制则停止交易，防止因市场波动过大而过度亏损。

7. 策略优化与回测

对策略进行历史数据回测，使用比亚迪股票的数据（2025-01-02至2025-02-24）进行模拟交易，检查策略的表现和盈利潜力。

优化技术指标的参数（如移动平均线的周期、RSI 的超买阈值和超卖阈值等），以提高策略的准确性。

8. 实时监控与调整

定期评估策略的效果，若发现市场环境发生变化（如波动性增大或减小），则可以调整策略参数。根据市场的动态进行调整，确保策略在不同市场条件下仍能有效执行。

从 DeepSeek 的回答可见，DeepSeek 推荐高频交易动量策略。

提示：

第 9 章介绍过动量策略，我们称为"一般动量策略"。

一般动量策略和高频交易动量策略的核心思想相似，都是基于市场趋势的延续性进行交易，但它们在时间框架、执行速度和应用方式上有所不同。二者比较如下。

（1）时间框架。

一般动量策略：该策略通常在中长期的时间框架内应用，可能会涉及几天、几周甚至几个月的趋势跟踪。它侧重于捕捉较大规模的趋势波动，因此交易周期较长。

高频交易动量策略：该策略关注极短期的价格波动，通常交易周期非常短，可能在几秒钟到几分钟之间，目的是快速捕捉并利用市场的微小波动。

（2）执行速度。

一般动量策略：对执行速度的要求较为宽松，交易者可以依赖较为传统的分析工具和系统来决定买入或卖出时机。交易信号产生后，执行速度相对较慢，通常不需要超低延迟的系统。

高频交易动量策略：该策略要求极低延迟，即交易系统能够在极短时间内捕捉到动量信号，并迅速执行交易。这通常依赖于自动化的交易系统和超快速的执行环境。

（3）交易频率。

一般动量策略：交易频率较低，每次交易的持仓时间较长，可能在几天到几周之间。通常基于趋势的延续性进行操作，因此交易的次数相对较少。

高频交易动量策略：交易频率非常高，可能在同一天内执行数百次甚至上千次交易。由于市场波动很小，每次交易的持仓时间很短，目标是捕捉每一次微小的趋势变化。

11.3.2 步骤2：DeepSeek辅助选择交易平台和技术手段

当使用 DeepSeek 辅助选择交易平台和技术手段时，DeepSeek 可以提供不同交易平台和硬件选项的优缺点分析，以帮助我们做出最合适的选择。

提问：

我想选择一个适合我的交易平台和技术手段，但我对不同选项的优缺点不太了解。你能给我一些建议吗？

DeepSeek：

1. 交易平台选择

（1）传统交易平台（如 Interactive Brokers、E*TRADE）。

优点如下。

稳定性：传统交易平台通常非常稳定，适合非高频交易者。

广泛支持：传统交易平台支持多种资产类别，包括股票、期货、外汇等。

良好的客户支持：传统交易平台拥有广泛的客户支持和培训材料，适合新手或中频交易者。

缺点如下。

延迟较高：对于高频交易来说，延迟可能较高，不适合低延迟交易需求。

交易成本较高：手续费和滑点可能相对较高，不利于频繁交易。

API 限制：传统交易平台的 API 可能不支持极低延迟的订单执行和高频交易的需求。

（2）专门的高频交易平台（如 Tradestation、CQG、X_Trader）。

优点如下。

超低延迟：这些平台专为高频交易设计，能够提供毫秒级的订单执行。

高吞吐量支持：它们能够处理大量的市场数据和订单，非常适合高频交易。

专用 API 和数据通道：这些平台提供低延迟的 API 接口，适合开发高频交易算法。

缺点如下。

成本较高：这些平台的费用相对较高，包括交易费和软件费。

复杂性：使用这些平台需要较高的技术知识，特别是 API 的集成和算法开发。

（3）直接市场接入（如 Co-Location）。

优点如下。

最低延迟：Co-Location 允许将交易系统放置在交易所的服务器中，极大地减少了交易信号的传输时间。

可靠性：直接市场接入通常提供更稳定和可靠的市场接入，减少了网络延迟和其他技术问题。

缺点如下。

成本极高：直接市场接入需要租用交易所附近的服务器和基础设施，成本昂贵，适合资金雄厚的大型机构或高频交易公司。

技术要求高：直接市场接入需要强大的技术团队来管理和维护高频交易系统。

建议如下。

初创或资金较少的交易者：选择传统交易平台（如 Interactive Brokers），适合逐步熟悉交易环境，尽管它们的延迟较高，但适合中低频交易。

专业高频交易者：如果交易者已经有一定的技术基础并且追求超低延迟，那么可以考虑专门的高频交易平台（如 Tradestation）或使用 Co-Location 服务。它们能提供超低延迟的订单执行和高吞吐量，适合复杂的高频策略。

2. 技术手段选择

（1）云计算平台（如 AWS、Microsoft Azure）。

优点如下。

可扩展性：云计算平台可以根据需要快速扩展资源，适合数据处理量大和计算需求高的高频交易系统。

灵活性：交易者可以根据需求选择不同配置的服务器，以支持各种操作系统和技术栈。

高可用性：云计算平台通常提供较高的稳定性和灾难恢复功能，适合需要高可用性的交易系统。

缺点如下。

延迟较高：相比本地部署的交易系统，云计算平台的延迟可能会较高，尤其是在没有选择专门的低延迟通道时。

成本：根据使用的资源量，费用可能逐步增加，尤其是在高频交易中需要大量计算资源时。

（2）本地数据中心。

优点如下。

最低延迟：本地部署交易系统，可以最大化减少延迟，特别是在近交易所部署时。

完全控制：交易者可以完全控制硬件和网络架构，定制系统以优化交易策略的执行。

缺点如下。

高成本：本地硬件和网络的采购、配置、维护和运营成本较高。

维护复杂：本地数据中心需要技术团队管理硬件、网络和系统，特别是在面对不断变化的市场条件时。

（3）低延迟专用网络（如 Wavelength Networks、Metamako）。

优点如下。

超低延迟：这些网络专为金融市场设计，能够提供极低的延迟，适合高频交易。

数据同步和高吞吐量：这些网络能实现高速数据同步，适合实时处理大量数据。

缺点如下。

费用较高：这些网络服务通常价格不菲，适合资金充裕的高频交易公司。

建议如下。

资金有限且数据需求不高的交易者：云计算平台（如 AWS）可以提供灵活的资源配置和扩展性，适合初创团队或资金较少的交易者。但是，交易者需要确保选择低延迟的区域进行数据处理。

追求超低延迟的高频交易者：如果交易者能承担高昂的费用，并且需要极低的延迟，那么使用本地数据中心或低延迟专用网络将会有明显的性能优势。

3. 综合建议

初学者或资金有限的交易者宜选择 Interactive Brokers 等传统交易平台，并利用云计算平台（如 AWS）来运行交易算法，兼顾成本和灵活性。

专业的高频交易团队宜选择专门的高频交易平台（如 Tradestation、CQG），并结合本地数据中心或 Co-Location 服务，以确保极低的交易延迟。

需要超低延迟和高性能的高频交易者宜选择低延迟专用网络（如 Metamako）或 Co-Location 服务，并将交易系统部署在交易所附近，结合高性能计算平台来获得最优的执行效率。

总之，选择交易平台和技术手段时，交易者需要综合考虑延迟、成本、数据需求和系统可维护性。DeepSeek 或其他类似的工具通过模拟和回测，可以帮助交易者更准确地评估不同选项在实际交易中的表现，最终选择适合交易者的高频交易平台和技术架构。

11.3.3 步骤3：DeepSeek辅助撰写交易算法

使用 DeepSeek 进行算法设计和编码时，DeepSeek 可以辅助我们描述和解释算法流程，并找到可能的算法实现瓶颈。

> 提问：
> 我想选择高频交易动量策略，请帮我撰写基于 Python 语言的交易算法。

DeepSeek：

策略设计如下。

短期 SMA 和长期 SMA：我们使用两条 SMA，即短期 SMA 和长期 SMA，来判断市场趋势。

买入信号：当短期 SMA 突破长期 SMA 时，表示市场可能处于上涨趋势，生成买入信号。

卖出信号：当短期 SMA 下穿长期 SMA 时，表示市场可能进入下跌趋势，生成卖出信号。

高频交易动量策略的实现（基于 SMA 交叉）如下。

代码实现：

```python
import pandas as pd
import numpy as np
import matplotlib.pyplot as plt

# 假设我们有一个 1 分钟间隔的价格数据（示例数据），可以用真实的金融数据代替
# 模拟 1 分钟频率的股价数据
np.random.seed(42)
minutes = 1000
time_index = pd.date_range('2025-01-01', periods=minutes, freq='T')
price_data = np.cumsum(np.random.randn(minutes)) + 100  # 累加生成价格波动

# 将数据放入 DataFrame 中
data = pd.DataFrame({'Time': time_index, 'Price': price_data})
data.set_index('Time', inplace=True)

# 设置 SMA 窗口：短期 SMA 和长期 SMA
short_window = 5   # 短期 SMA 窗口（如 5 分钟）
long_window = 20   # 长期 SMA 窗口（如 20 分钟）

# 计算短期 SMA 和长期 SMA
data['Short_SMA'] = data['Price'].rolling(window=short_window).mean()
data['Long_SMA'] = data['Price'].rolling(window=long_window).mean()

# 初始化买入信号和卖出信号
data['Signal'] = 0
data['Signal'][data['Short_SMA'] > data['Long_SMA']] = 1   # 短期 SMA 突破长期 SMA 时生成买入信号
data['Signal'][data['Short_SMA'] < data['Long_SMA']] = -1  # 短期 SMA 下穿长期 SMA 时生成卖出信号
# 计算持仓
data['Position'] = data['Signal'].shift()  # 将买卖信号移到下一周期，表示在当前周期执行操作
# 计算策略的收益
```

```python
data['Daily_Return'] = data['Price'].pct_change() # 市场的实际收益
data['Strategy_Return'] = data['Daily_Return'] * data['Position']
# 策略收益 = 实际收益 * 持仓信号

# 计算累计收益
data['Cumulative_Strategy_Return'] = (1 + data['Strategy_Return']).cumprod()
data['Cumulative_Market_Return'] = (1 + data['Daily_Return']).cumprod()

# 绘制策略和市场的累计收益对比
plt.figure(figsize=(10, 6))
plt.plot(data['Cumulative_Strategy_Return'], label='Strategy Return', color='blue')
plt.plot(data['Cumulative_Market_Return'], label='Market Return', color='red')
plt.title(f"Momentum Strategy vs Market Performance")
plt.legend()
plt.show()

# 输出最后的策略表现
print(f" 最终策略收益: {data['Cumulative_Strategy_Return'].iloc[-1]:.2f}")
print(f" 市场累计收益: {data['Cumulative_Market_Return'].iloc[-1]:.2f}")
```

复制 DeepSeek 生成的代码并运行，生成如图 11-2 所示的图表，并输出如下内容。

```
最终策略收益: 0.97
市场累计收益: 1.19
```

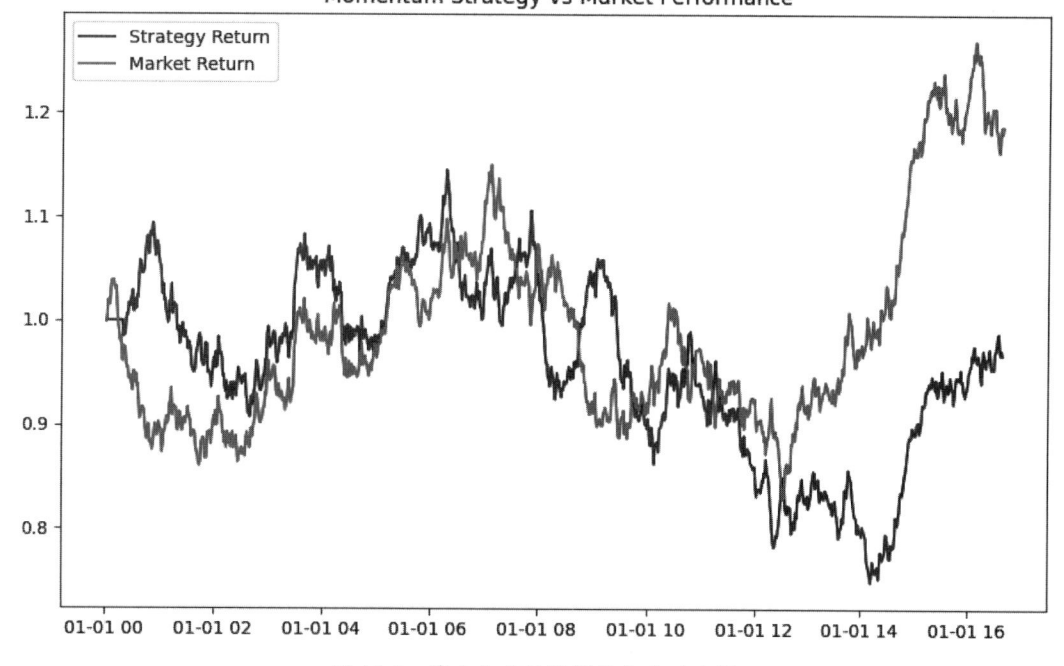

图 11-2　策略和市场的累计收益对比图

11.4 构建高频交易框架

高频交易是一种使用先进的计算机程序和算法在极短的时间内执行大量交易的策略。为了能够在瞬息万变的市场环境中进行快速交易，必须搭建一个高效、低延迟的高频交易框架。构建这样一个框架不仅要求强大的技术支持，而且需要灵活的策略引擎、风险管理模块和稳定的执行层。

本节将介绍如何从零开始构建一个高频交易框架，并通过模拟和示例展示其核心组件和实现过程。

11.4.1 高频交易框架的核心组件

高频交易框架包括多个组件，每个组件在交易过程中都扮演着不同的角色。这些核心组件的介绍如下。

1. 市场接入层

市场接入层用于获取实时市场数据并将交易指令发送到交易所。它需要具备低延迟的特点，确保能够及时接收到市场变化并做出决策。

2. 策略引擎

策略引擎是高频交易框架中的决策层。根据实时的市场数据，它会执行预设的交易策略并生成买卖信号。常见的高频交易策略包括动量策略、套利策略、配对交易策略等。

3. 订单管理系统

订单管理系统负责管理所有的交易指令，包括订单的提交、状态查询、撤单等。

4. 风险管理层

风险管理层监控每笔交易的风险，确保所有交易都在可控的风险范围内。它需要实时监控账户余额、仓位、交易执行情况等，并提供自动化的止损、止盈等功能。

5. 基础设施

高频交易系统需要强大的硬件和网络基础设施，以确保低延迟和高吞吐量，并通过部署在交易所附近的服务器来减少传输延迟。

11.4.2 高频交易框架的实现步骤

1. 市场接入层的实现

市场接入层负责实时接收市场数据和提交交易指令。为了减少延迟，市场接入层通常使用低延迟的 API 接口或 WebSocket 连接。

采用 WebSocket 连接的示例代码如下。

```python
import websocket
import json

def on_message(ws, message):
    data = json.loads(message)
    # 解析数据并执行策略
    print(f"接收到市场数据：{data}")

def on_error(ws, error):
    print(f"错误：{error}")

def on_close(ws, close_status_code, close_msg):
    print("连接已关闭")

def on_open(ws):
    print("连接已打开")
    subscribe_message = json.dumps({
        "method": "subscribe",
        "params": {
                "channel": "btcusdt@ticker"   # 示例：订阅比特币行情
        }
    })
    ws.send(subscribe_message)

# 连接到交易所 WebSocket 接口
ws = websocket.WebSocketApp("wss://stream.binance.com:9443/ws/btcusdt@ticker",
                            on_message=on_message,
                            on_error=on_error,
                            on_close=on_close)
ws.on_open = on_open
ws.run_forever()
```

2. 策略引擎的实现

策略引擎根据实时市场数据生成买卖信号。常见的策略包括基于技术指标（如 SMA 交叉、RSI、MACD 等）的动量策略、套利策略和配对交易策略。

动量策略的示例代码如下。

```python
def moving_average_cross_strategy(symbol, short_window=5, long_window=20):
    price_data = get_historical_data(symbol)   # 获取历史数据
    short_sma = price_data['close'].rolling(window=short_window).mean()
    long_sma = price_data['close'].rolling(window=long_window).mean()
```

```
# 策略：短期SMA突破长期SMA时买入，反之卖出
if short_sma[-1] > long_sma[-1]:
        return "BUY"
elif short_sma[-1] < long_sma[-1]:
        return "SELL"
else:
        return "HOLD"
```

3. 订单管理系统的实现

订单管理系统负责处理所有交易指令，以确保快速执行、查询和撤销订单。

模拟订单提交的示例代码如下。

```
def submit_order(symbol, action, quantity, price):
    order = {
        'symbol': symbol,
        'action': action,
        'quantity': quantity,
        'price': price
    }
    # 发送订单到交易所API（示例中为模拟）
    print(f"提交订单：{order}")
    # 调用交易所API提交订单
```

4. 风险管理层的实现

风险管理层需要监控账户状态，防止超过预定的风险阈值。常见的风险管理策略包括止损、止盈和最大亏损限制。

风险监控的示例代码如下。

```
def check_risk(account_balance, max_loss_percentage=0.02):
    if account_balance < max_loss_percentage:
        print("风险超过限制！停止所有交易。")
        return False    # 停止所有交易
    return True
```

11.4.3 实战案例30：基本高频交易框架实现

基本高频交易框架（Basic High-Frequency Trading Framework，BHTF）提供了一个高频交易的基本结构，包括市场数据获取、策略执行、订单管理和风险控制等模块。该框架为用户提供了一个灵活、易于扩展的平台，用于开发和测试高频交易策略。

下面是使用Python语言实现的BHTF代码。

```
import random
import time
import logging
import sys
import os
```

```python
# 配置日志记录，确保文件路径正确
log_dir = "logs"  # 自定义日志目录
if not os.path.exists(log_dir):  # 若日志目录不存在，则创建
    os.makedirs(log_dir)

log_file = os.path.join(log_dir, 'trading.log')

# 配置日志基本信息（文件日志）
file_handler = logging.FileHandler(log_file)
file_handler.setLevel(logging.INFO)
file_formatter = logging.Formatter('%(asctime)s - %(levelname)s - %(message)s')
file_handler.setFormatter(file_formatter)

# 创建控制台输出处理器
console_handler = logging.StreamHandler(sys.stdout)
console_handler.setLevel(logging.INFO)
console_formatter = logging.Formatter('%(asctime)s - %(levelname)s - %(message)s')
console_handler.setFormatter(console_formatter)

# 获取日志记录器
logger = logging.getLogger()
logger.setLevel(logging.INFO)

# 添加控制台和文件输出处理器
logger.addHandler(file_handler)
logger.addHandler(console_handler)

# 模拟获取市场价格
def get_price(symbol):
    price = random.uniform(100, 200)  # 随机生成价格
    print(f"{symbol} 当前市场价格：{price:.2f} 元")
    logging.info(f"{symbol} 当前市场价格：{price:.2f} 元")  # 记录日志
    return price

# 模拟买单操作
def buy(symbol, price, quantity):
    print(f" 下买单：买入 {quantity} 个 {symbol}，价格：{price:.2f} 元")
    logging.info(f" 下买单：买入 {quantity} 个 {symbol}，价格：{price:.2f} 元")  # 记录日志
    order_id = random.randint(1000, 9999)  # 模拟订单 ID
    logging.info(f" 买单已成功下单，订单 ID: {order_id}")  # 记录日志
    return order_id

# 模拟卖单操作
def sell(symbol, price, quantity):
    print(f" 下卖单：卖出 {quantity} 个 {symbol}，价格：{price:.2f} 元")
    logging.info(f" 下卖单：卖出 {quantity} 个 {symbol}，价格：{price:.2f} 元")  # 记录日志
    order_id = random.randint(1000, 9999)  # 模拟订单 ID
    logging.info(f" 卖单已成功下单，订单 ID: {order_id}")  # 记录日志
    return order_id

# 模拟查询订单状态
def query_order(order_id):
    status = random.choice([" 已成交 ", " 待处理 ", " 已撤销 "])
    print(f" 订单 ID {order_id} 状态：{status}")
    logging.info(f" 订单 ID {order_id} 状态：{status}")  # 记录日志
```

```python
    return status

# 模拟撤销订单
def cancel_order(order_id):
    print(f"撤销订单 ID {order_id}...")
    logging.info(f"撤销订单 ID {order_id}...")  # 记录日志
    print(f"订单 ID {order_id} 已撤销。")
    logging.info(f"订单 ID {order_id} 已撤销。")  # 记录日志

# 风险管理：检查账户余额和最大亏损限制
def check_risk(account_balance, max_loss_percentage=0.02):
    if account_balance < max_loss_percentage:
        print("风险超过限制！停止所有交易。")
        logging.warning("风险超过限制！停止所有交易。")  # 记录警告日志
        return False  # 停止所有交易
    return True

# 交易策略模板：在这里实现交易策略逻辑
def execute_trading_strategy(symbol, threshold):
    """
    在这里实现自定义交易策略，
    如动量策略、均值回归策略、配对交易策略等。

    在此框架中，交易者可以根据行情数据分析、策略计算等，做出买卖决策。
    """
    price = get_price(symbol)

    # 示例策略：简单的价格阈值策略
    if price > threshold:  # 若当前价格超过设定的阈值，则买入
        buy(symbol, price, 10)
    else:  # 若当前价格低于阈值，则卖出
        sell(symbol, price, 10)

    time.sleep(1)  # 控制交易频率

# 启动高频交易
def start_trading(symbols, threshold, account_balance):
    while True:
        if not check_risk(account_balance):
            break  # 风险超限，停止交易

        for symbol in symbols:
            # 根据需要调用不同的策略
            execute_trading_strategy(symbol, threshold)

        time.sleep(1)  # 每秒执行一次

# 示例使用：监控 AAPL、GOOGL 和 MSFT 的价格变化，基于阈值执行策略
symbols = ["AAPL", "GOOGL", "MSFT"]
threshold = 150  # 设定价格阈值，若当前价格大于 150 则执行买入
account_balance = 10000  # 初始账户余额

print("启动模拟交易系统...")
start_trading(symbols, threshold, account_balance)  # 启动模拟交易
```

策略执行部分是框架的核心，可以根据需要灵活实现不同的交易策略（如动量策略、均值回归策略等）。

需要注意的是，在实际使用时，读者需要根据具体的需求和交易环境对框架进行定制和修改。

上述代码运行过程中在当前执行文件的目录下面创建 logs 子文件夹，并在 logs 文件夹中生成日志文件 trading.log。打开日志文件，其内容如图 11-3 所示。

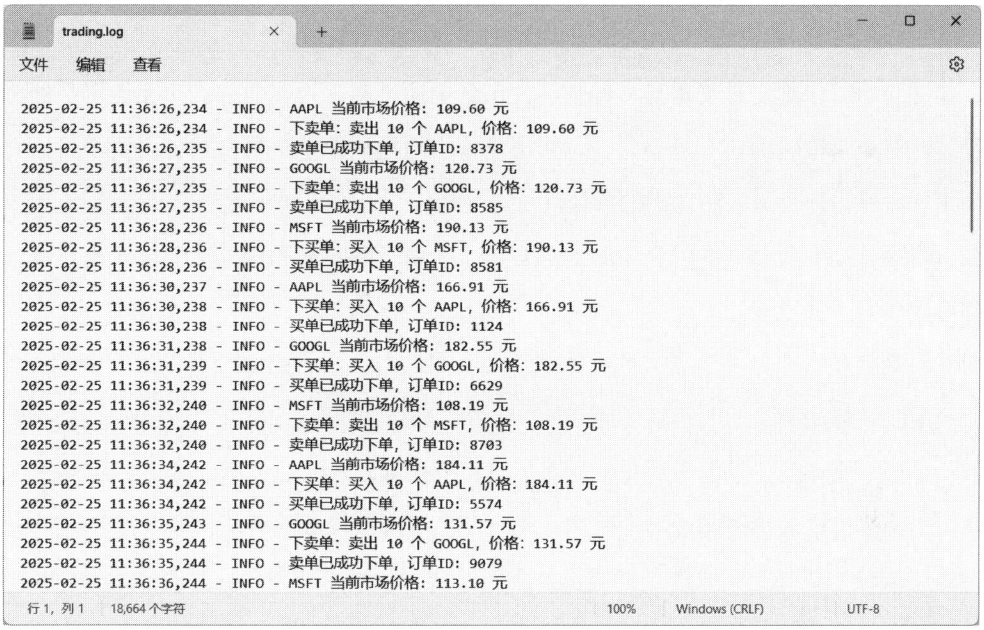

图 11-3　日志文件内容

> **提示：**
> 运行上述代码，推荐采用 Python 脚本文件运行方式，在命令行终端中输入 Python BHTF.py，如图 11-4 所示，BHTF.py 是我们编写的脚本文件。

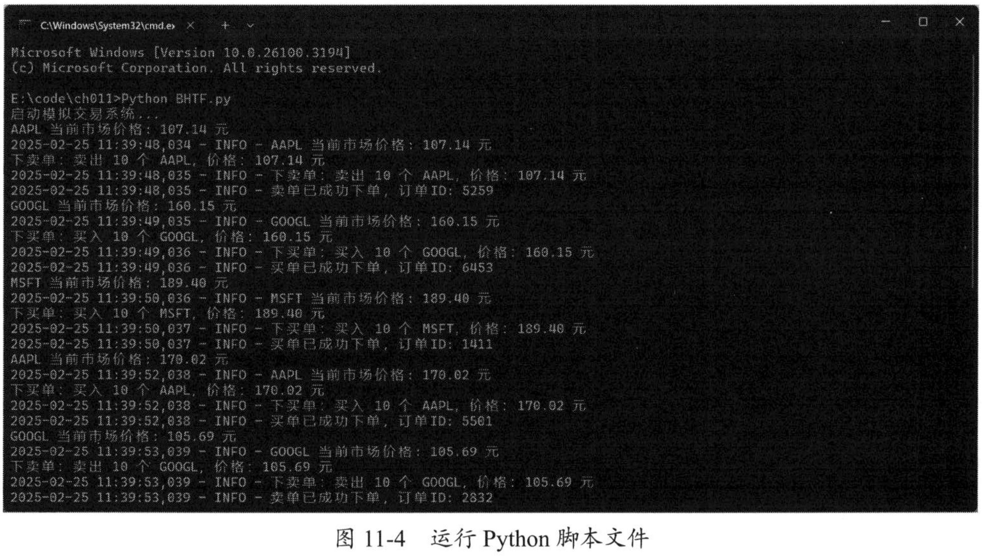

图 11-4　运行 Python 脚本文件

11.5　实战案例31：基于配对交易策略的高频交易实施过程

在高频交易中，配对交易策略是一种常见的市场中性策略，旨在通过两个相关资产的价差进行套利交易。配对交易策略的核心思想是，利用市场价格的短期偏差进行交易，当资产价格之间的差异偏离历史均值时，进行买入和卖出的操作。

本案例将展示如何将11.4.3节介绍的BHTF框架应用于配对交易策略的高频交易系统，并详细介绍实施过程中的关键步骤。

配对交易策略是指选择两个具有高度相关性的资产，当它们之间的价差偏离历史正常水平时，做出买卖决策。具体如下。

买入：当两个资产的价差低于历史平均水平时，买入价差较低的资产，卖出价差较高的资产。

卖出：当两个资产的价差超过历史平均水平时，卖出价差较低的资产，买入价差较高的资产。

这种策略依赖于统计套利原理，期望价差会回归到正常水平，因此配对交易通常被视为市场中性策略。配对交易策略并不依赖于市场的整体方向，而是依赖于资产之间的相对走势。

案例实现代码如下。

```python
import random
import time
import logging
import sys
import os

# 配置日志记录，确保文件路径正确
log_dir = "logs"  # 自定义日志目录
if not os.path.exists(log_dir):  # 若日志目录不存在，则创建
    os.makedirs(log_dir)

log_file = os.path.join(log_dir, 'trading.log')

# 配置日志基本信息（文件日志）
file_handler = logging.FileHandler(log_file)
file_handler.setLevel(logging.INFO)
file_formatter = logging.Formatter('%(asctime)s - %(levelname)s - %(message)s')
file_handler.setFormatter(file_formatter)

# 创建控制台输出处理器
console_handler = logging.StreamHandler(sys.stdout)
console_handler.setLevel(logging.INFO)
console_formatter = logging.Formatter('%(asctime)s - %(levelname)s - %(message)s')
console_handler.setFormatter(console_formatter)

# 获取日志记录器
logger = logging.getLogger()
```

```python
    logger.setLevel(logging.INFO)

    # 添加控制台和文件输出处理器
    logger.addHandler(file_handler)
    logger.addHandler(console_handler)

# 模拟获取市场价格
def get_price(symbol):
    price = random.uniform(100, 200)    # 随机生成价格
    print(f"{symbol} 当前市场价格：{price:.2f} 元 ")
    logging.info(f"{symbol} 当前市场价格：{price:.2f} 元 ")   # 记录日志
    return price

# 模拟买单操作
def buy(symbol, price, quantity):
    print(f" 下买单：买入 {quantity} 个 {symbol}，价格：{price:.2f} 元 ")
    logging.info(f" 下买单：买入 {quantity} 个 {symbol}，价格：{price:.2f} 元 ")   # 记录
日志
    order_id = random.randint(1000, 9999)   # 模拟订单 ID
    logging.info(f" 买单已成功下单，订单 ID：{order_id}")   # 记录日志
    return order_id

# 模拟卖单操作
def sell(symbol, price, quantity):
    print(f" 下卖单：卖出 {quantity} 个 {symbol}，价格：{price:.2f} 元 ")
    logging.info(f" 下卖单：卖出 {quantity} 个 {symbol}，价格：{price:.2f} 元 ")   # 记录
日志
    order_id = random.randint(1000, 9999)   # 模拟订单 ID
    logging.info(f" 卖单已成功下单，订单 ID：{order_id}")   # 记录日志
    return order_id

# 模拟查询订单状态
def query_order(order_id):
    status = random.choice([" 已成交 ", " 待处理 ", " 已撤销 "])
    print(f" 订单 ID {order_id} 状态：{status}")
    logging.info(f" 订单 ID {order_id} 状态：{status}")   # 记录日志
    return status

# 模拟撤销订单
def cancel_order(order_id):
    print(f" 撤销订单 ID {order_id}...")
    logging.info(f" 撤销订单 ID {order_id}...")   # 记录日志
    print(f" 订单 ID {order_id} 已撤销。")
    logging.info(f" 订单 ID {order_id} 已撤销。")   # 记录日志

# 风险管理：检查账户余额和最大亏损限制
def check_risk(account_balance, max_loss_percentage=0.02):
    if account_balance < max_loss_percentage:
        print(" 风险超过限制！停止所有交易。")
        logging.warning(" 风险超过限制！停止所有交易。")   # 记录警告日志
        return False   # 停止所有交易
    return True

# 配对交易策略：根据两个资产之间的价差生成交易信号
def generate_pair_trade_signal(symbol1, symbol2, threshold):
    price1 = get_price(symbol1)
    price2 = get_price(symbol2)
    spread = price1 - price2   # 计算两个资产的价差
```

```python
    # 判断是否满足交易条件（如价差大于阈值）
    if abs(spread) > threshold:
        return spread
    else:
        return None  # 未满足条件

# 配对交易策略执行
def execute_pair_trading(symbol1, symbol2, threshold):
    spread = generate_pair_trade_signal(symbol1, symbol2, threshold)

    if spread:
        if spread > 0:
            # 价差较大时，卖出价差较高的资产，买入价差较低的资产
            sell(symbol1, get_price(symbol1), 10)   # 卖出价差较高的资产
            buy(symbol2, get_price(symbol2), 10)    # 买入价差较低的资产
            logging.info(f"配对交易：卖出 {symbol1}，买入 {symbol2}，价差：{spread:.2f}")
        else:
            # 价差较小时，卖出价差较低的资产，买入价差较高的资产
            buy(symbol1, get_price(symbol1), 10)    # 买入价差较高的资产
            sell(symbol2, get_price(symbol2), 10)   # 卖出价差较低的资产
            logging.info(f"配对交易：买入 {symbol1}，卖出 {symbol2}，价差：{spread:.2f}")
    else:
        logging.info(f"未满足配对交易条件：当前价差未超出阈值")

    time.sleep(1)   # 控制交易频率

# 交易策略模板：在这里实现交易策略逻辑
def execute_trading_strategy(symbol, threshold):
    """
    在这里实现自定义交易策略，
    如动量策略、均值回归策略、配对交易策略等。

    在此框架中，可以根据行情数据分析、策略计算等步骤，做出买卖决策。
    """
    price = get_price(symbol)

    # 示例策略：简单的价格阈值策略
    if price > threshold:   # 若当前价格超过设定的阈值，则买入
        buy(symbol, price, 10)
    else:   # 若当前价格低于设定的阈值，则卖出
        sell(symbol, price, 10)

    time.sleep(1)   # 控制交易频率

# 启动高频交易
def start_trading(symbols, threshold, account_balance):
    while True:
        if not check_risk(account_balance):
            break   # 风险超限，停止交易

        for symbol in symbols:
            # 根据需要调用不同的策略
            execute_trading_strategy(symbol, threshold)   # 执行价格阈值策略

        for i in range(len(symbols)):
            for j in range(i + 1, len(symbols)):
                symbol1 = symbols[i]
```

```
                symbol2 = symbols[j]
                execute_pair_trading(symbol1, symbol2, threshold)  # 执行配对交易

        time.sleep(1)  # 每秒执行一次

# 示例使用：监控 AAPL、GOOGL 和 MSFT 的股票价格变化，基于阈值执行策略
symbols = ["AAPL", "GOOGL", "MSFT"]
threshold = 150  # 设定价差阈值，若当前价差大于 150 则执行买入
account_balance = 10000  # 初始账户余额

print("启动模拟交易系统...")
start_trading(symbols, threshold, account_balance)  # 启动模拟交易
```

上述代码运行过程中在当前执行文件的 logs 目录下生成日志文件 trading.log。打开日志文件，其内容如图 11-5 所示。

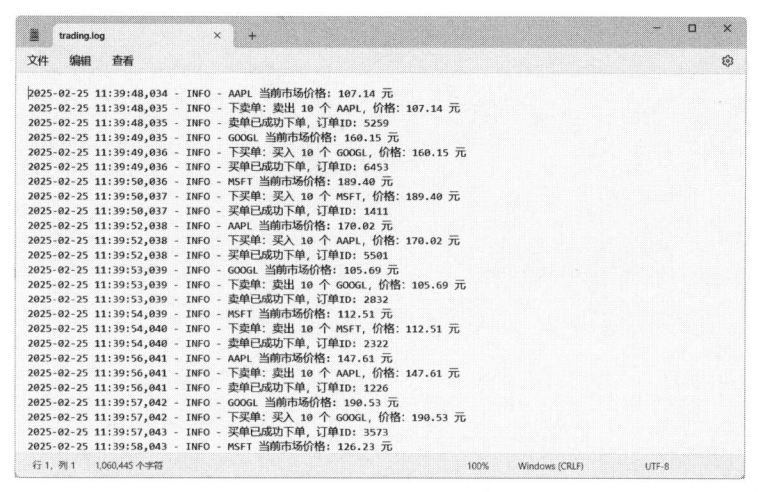

图 11-5　日志文件内容

11.6　实战案例32：DeepSeek辅助HTF框架下的动量策略——以苹果股票为例

本节将展示如何利用 DeepSeek 生成动量策略的具体执行代码，并将其应用于高频交易（HTF）框架中。DeepSeek 的独特之处在于，它不仅能够帮助用户设计动量策略，而且能够根据策略要求自动生成相应的执行代码，简化策略代码的编写。

> **提问：**
> 请根据以下要求生成针对高频交易动量策略的实现代码，并将其应用于苹果股票（股票代码：AAPL）。代码应包括以下部分。

市场数据获取：模拟实时获取苹果的市场数据，可以使用随机生成价格或提供数据源（如 API）。
交易策略执行：根据动量策略进行决策，策略应包含判断逻辑和执行条件。
订单管理：模拟下单操作，包含买入、卖出、查询订单状态、撤销订单等功能。
风险管理：检查账户余额，控制最大亏损或其他风险控制策略。
实时交易：创建一个实时交易循环，每秒执行一次策略，并持续监控市场变动。
请生成适用于 AAPL 的策略代码，确保策略实现和风险控制符合高频交易的要求。

DeepSeek：

以下是简单的高频交易动量策略的实现代码,应用于苹果股票(AAPL)。此代码模拟了市场数据获取、动量策略执行、订单管理、风险管理和实时交易循环的实现。

```python
import random
import time
import logging
import sys
import os

# 配置日志记录
log_dir = "logs"  # 自定义日志目录
if not os.path.exists(log_dir):  # 若日志目录不存在，则创建
    os.makedirs(log_dir)

log_file = os.path.join(log_dir, 'trading.log')

# 配置日志基本信息（文件日志）
file_handler = logging.FileHandler(log_file)
file_handler.setLevel(logging.INFO)
file_formatter = logging.Formatter('%(asctime)s - %(levelname)s - %(message)s')
file_handler.setFormatter(file_formatter)

# 创建控制台输出处理器
console_handler = logging.StreamHandler(sys.stdout)
console_handler.setLevel(logging.INFO)
console_formatter = logging.Formatter('%(asctime)s - %(levelname)s - %(message)s')
console_handler.setFormatter(console_formatter)

# 获取日志记录器
logger = logging.getLogger()
logger.setLevel(logging.INFO)

# 添加控制台和文件输出处理器
```

```python
logger.addHandler(file_handler)
logger.addHandler(console_handler)

# 模拟获取市场数据
def get_price(symbol):
    # 随机生成价格模拟市场波动
    price = random.uniform(140, 170)  # 随机生成价格，范围假设在 140 至 170
    print(f"{symbol} 当前市场价格：{price:.2f} 元 ")
    logging.info(f"{symbol} 当前市场价格：{price:.2f} 元 ")  # 记录日志
    return price

# 模拟买单操作
def buy(symbol, price, quantity):
    print(f" 下买单：买入 {quantity} 个 {symbol}，价格：{price:.2f} 元 ")
    logging.info(f" 下买单：买入 {quantity} 个 {symbol}，价格：{price:.2f} 元 ")  # 记录日志
    order_id = random.randint(1000, 9999)  # 模拟订单 ID
    logging.info(f" 买单已成功下单，订单 ID: {order_id}")  # 记录日志
    return order_id

# 模拟卖单操作
def sell(symbol, price, quantity):
    print(f" 下卖单：卖出 {quantity} 个 {symbol}，价格：{price:.2f} 元 ")
    logging.info(f" 下卖单：卖出 {quantity} 个 {symbol}，价格：{price:.2f} 元 ")  # 记录日志
    order_id = random.randint(1000, 9999)  # 模拟订单 ID
    logging.info(f" 卖单已成功下单，订单 ID: {order_id}")  # 记录日志
    return order_id

# 模拟查询订单状态
def query_order(order_id):
    status = random.choice([" 已成交 ", " 待处理 ", " 已撤销 "])
    print(f" 订单 ID {order_id} 状态：{status}")
    logging.info(f" 订单 ID {order_id} 状态：{status}")  # 记录日志
    return status

# 模拟撤销订单
def cancel_order(order_id):
    print(f" 撤销订单 ID {order_id}...")
        logging.info(f" 撤销订单 ID {order_id}...")  # 记录日志
        print(f" 订单 ID {order_id} 已撤销。")
        logging.info(f" 订单 ID {order_id} 已撤销。")  # 记录日志
```

```python
# 风险管理：检查账户余额和最大亏损限制
def check_risk(account_balance, max_loss_percentage=0.02):
    if account_balance < max_loss_percentage:
        print("风险超过限制！停止所有交易。")
        logging.warning("风险超过限制！停止所有交易。")  # 记录警告日志
        return False  # 停止所有交易
    return True

# 动量策略：根据价格变化进行决策
def momentum_strategy(symbol, threshold=0.5, last_price=None):
    price = get_price(symbol)

    # 如果是第一次获取价格，返回当前价格并不执行交易
    if last_price is None:
        return None, price

    # 计算价格变化百分比
    price_change = (price - last_price) / last_price

    # 判断是否符合动量策略：价格变化大于阈值时执行买入或卖出
    if price_change > threshold:
        return 'buy', price
    elif price_change < -threshold:
        return 'sell', price
    else:
        return None, price  # 不执行任何操作

# 交易策略执行：根据动量策略进行买卖
def execute_trading(symbol, threshold, account_balance, last_price):
    action, price = momentum_strategy(symbol, threshold, last_price)

    if action == 'buy' and check_risk(account_balance):
        # 执行买单操作
        buy(symbol, price, 10)  # 假设每次买入 10 股
    elif action == 'sell' and check_risk(account_balance):
        # 执行卖单操作
        sell(symbol, price, 10)  # 假设每次卖出 10 股

    return price  # 返回当前价格用于下一次判断
```

```python
# 启动高频交易
def start_trading(symbol, threshold, account_balance):
    last_price = None

    while True:
        last_price = execute_trading(symbol, threshold, account_balance, last_price)
        time.sleep(1)  # 每秒执行一次交易策略

# 示例使用：监控 AAPL 股票价格变化，基于动量策略执行买卖
symbols = ["AAPL"]
threshold = 0.005  # 动量策略阈值，设定为价格变化超过 0.5% 则执行买卖
account_balance = 10000  # 初始账户余额

print("启动模拟高频交易系统 ...")
start_trading(symbols[0], threshold, account_balance)  # 启动 AAPL 的高频交易
```

将上述由 DeepSeek 生成的代码复制并保存，作为基础模板，以便根据具体需求进行修改和优化。

11.7 DeepSeek辅助实现其他编程语言的BHTF策略

在高频交易策略中，Python 并非最佳选择，这是因为其执行速度相对较慢。相比之下，C++、Rust 和 Go 等语言在执行效率和性能上表现更为出色，特别适用于对低延迟和高并发有严格要求的场景。这些语言能够在高频交易中提供更快的响应速度和更强的并行处理能力，确保交易系统的高效运行。不同语言性能对比与实测数据如表 11-1 所示。

表 11-1 不同语言性能对比与实测数据

场景	Python（优化后）	C++	Rust	Go
订单簿解析（100万条）	120 ms	0.8 ms	0.9 ms	2.5 ms
策略信号生成（单次）	50 μs	0.3 μs	0.4 μs	1.2 μs
网络往返延迟（本地）	200 μs	5 μs	6 μs	15 μs

> **提示**
> 订单簿解析是高频交易中的核心环节之一,指的是对交易所提供的订单簿数据进行实时处理和分析,以提取市场微观结构中的关键信息(如买卖价差、深度、流动性分布等)。

从表 11-1 中可以看出,在高频交易执行中,C++、Rust 和 Go 是理想的选择。它们凭借出色的执行效率和低延迟,能够满足高频交易对性能的严格要求。

然而,编写不同语言实现的高频交易策略代码并不简单。幸运的是,我们可以借助 DeepSeek 自动生成相应语言的高频交易策略代码,从而大大简化开发过程。

提问:
请根据以下要求生成由 C++ 语言实现的针对高频交易动量策略的代码,并将其应用于苹果股票(股票代码:AAPL)。代码应包括以下部分。
市场数据获取:模拟实时获取苹果的市场数据,可以使用随机生成价格或提供数据源(如 API)。
交易策略执行:根据动量策略进行决策,策略应包含判断逻辑和执行条件。
订单管理:模拟下单操作,包含买入、卖出、查询订单状态、撤销订单等功能。
风险管理:检查账户余额,控制最大亏损或其他风险控制策略。
实时交易:创建一个实时交易循环,每秒执行一次策略,并持续监控市场变动。
请生成适用于 AAPL 的策略代码,确保策略实现和风险控制符合高频交易的要求

DeepSeek:
以下是基于 C++ 语言实现的高频交易动量策略示例代码,应用于 AAPL 股票。代码涵盖了市场数据获取、交易策略执行、订单管理、风险管理和实时交易循环等功能。

```cpp
#include <iostream>
#include <cstdlib>
#include <ctime>
#include <thread>
#include <chrono>
#include <vector>
#include <random>

// 模拟获取 AAPL 的市场数据
double getPrice() {
    // 使用随机数生成模拟 AAPL 市场价格
    static std::default_random_engine generator(time(0));
    static std::uniform_real_distribution<double> distribution(140.0, 200.0);
    return distribution(generator);
}

// 模拟下买单操作
void buy(double price, int quantity) {
```

```cpp
    std::cout << " 下买单：买入 " << quantity << " 个 AAPL，价格： " << price << " 美元 " << std::endl;
}

// 模拟下卖单操作
void sell(double price, int quantity) {
    std::cout << " 下卖单：卖出 " << quantity << " 个 AAPL，价格： " << price << " 美元 " << std::endl;
}

// 模拟查询订单状态
std::string queryOrderStatus(int orderID) {
    std::vector<std::string> statuses = {" 已成交 "," 待处理 "," 已撤销 "};
    return statuses[std::rand() % statuses.size()];
}

// 模拟撤销订单操作
void cancelOrder(int orderID) {
    std::cout << " 撤销订单 ID " << orderID << "..." << std::endl;
}

// 风险管理：检查账户余额是否足够
bool checkRisk(double accountBalance, double price, int quantity, double maxLossPercentage = 0.05) {
    double potentialLoss = price * quantity * maxLossPercentage;
    if (accountBalance < potentialLoss) {
        std::cout << " 账户余额不足以支持该操作，停止交易。" << std::endl;
        return false;
    }
    return true;
}

// 动量策略：简单的动量策略，判断过去价格与当前价格的差异
bool momentumStrategy(double previousPrice, double currentPrice, double momentumThreshold) {
    return (currentPrice - previousPrice) > momentumThreshold;
}

// 高频交易执行逻辑
void executeTradingStrategy(double &previousPrice, double &accountBalance, double momentumThreshold, int quantity) {
    double currentPrice = getPrice();
```

```cpp
        std::cout << " 当前 AAPL 市场价格 : " << currentPrice << " 美元 " << std::endl;

        // 判断动量策略是否满足执行条件
        if (momentumStrategy(previousPrice, currentPrice, momentumThreshold)) {
            std::cout << " 动量策略触发：买入 AAPL" << std::endl;
            if (checkRisk(accountBalance, currentPrice, quantity)) {
                buy(currentPrice, quantity);
                accountBalance -= currentPrice * quantity; // 扣除账户余额
            }
        } else if (momentumStrategy(currentPrice, previousPrice, momentumThreshold)) {
            std::cout << " 动量策略触发：卖出 AAPL" << std::endl;
            sell(currentPrice, quantity);
            accountBalance += currentPrice * quantity; // 增加账户余额
        }

        previousPrice = currentPrice; // 更新前一个价格
    }

// 主函数：实时交易循环
int main() {
    double accountBalance = 100000; // 初始账户余额
    double previousPrice = getPrice(); // 初始市场价格
    double momentumThreshold = 2.0; // 动量策略阈值
    int quantity = 10; // 每次交易的股票数量

    // 实时交易循环，每秒执行一次策略
    while (true) {
        executeTradingStrategy(previousPrice, accountBalance, momentumThreshold, quantity);
        std::cout << " 当前账户余额 : " << accountBalance << " 美元 " << std::endl;

        std::this_thread::sleep_for(std::chrono::seconds(1)); // 每秒执行一次
    }

    return 0;
}
```

返回的 C++ 代码提供了高频交易动量策略的基本实现框架，用户可以根据具体需求进行修改和扩展。完成修改后，用户需要进行编译并部署到适当的交易环境中。具体的编译和部署过程不再赘述。

对于其他语言，我们只需要修改提问内容即可利用 DeepSeek 生成相应代码，这里不再赘述。

11.8 本章总结

本章介绍了高频交易策略的核心概念、特点及实施方法，并探讨了如何利用 DeepSeek 优化高频交易策略。高频交易依赖于高速的数据处理和精准的算法，通过捕捉市场微小波动来实现快速交易。本章通过案例展示了如何借助 DeepSeek 制定策略、选择交易平台、撰写交易算法，以及构建高频交易框架。通过本章内容，读者可以了解高频交易的关键技术和优化方法，从而提升高频交易策略的执行效率和盈利能力。

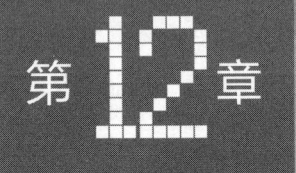

第 12 章 利用 DeepSeek 实施套利交易策略

套利交易是一种通过捕捉价格差异来获取利润的低风险策略。本章将介绍套利的基本类型和原理，并通过案例展示如何借助 DeepSeek 工具实施和优化套利策略。无论是新手还是资深交易者，都能从中找到实用的方法并获得启发。

本章的主要内容

- ◆ 套利策略概述
- ◆ 实施套利交易策略
- ◆ 使用 DeepSeek 辅助实施套利交易策略
- ◆ 套利交易策略案例分析
- ◆ 中国石化股票和中国石油股票配对交易套利

12.1 套利策略概述

本节将介绍套利策略的基本定义、常见的套利类型及套利策略的主要概念，帮助读者理解为何和如何利用不同的套利机会获取利润。

12.1.1 套利策略的基本定义

套利是指利用市场中存在的价格差异，进行无风险或低风险的交易操作，并通过低买高卖的方式获利。

这一定义的核心是市场的"效率"及短期内价格波动带来的套利机会。

套利的核心原理是市场的不完全性。由于信息不对称或市场结构存在差异，不同市场的商品、资产价格会有所不同。

风险对冲：套利通常涉及同时买入和卖出，能够有效降低市场波动带来的风险。

12.1.2 套利策略的类型

套利策略是利用市场上的价格差异、利率差异、资产间关联性或其他套利机会进行交易，以从中获取利润的策略。套利交易的核心思想是买入低估的资产并卖出高估的资产，以获得价格回归或差价收敛的利润。

套利策略可以在不同的市场中应用，包括金融市场、商品市场和期货市场等。这些策略通常需要快速决策和执行，因为价格差异往往是短暂的，会随着市场参与者的行动而迅速消失。

以下是几种常见的套利策略。

（1）市场套利：通过在不同市场或不同交易所之间买卖资产，利用价格差异来获取利润。

（2）期货套利：利用现货市场和期货市场之间的价格差异进行交易。这包括正向套利（买入现货卖出期货）和反向套利（卖出现货买入期货）。

（3）无风险套利：利用金融工具之间的价格差异来获取无风险利润。例如，利用利率差异进行利率套利或利用货币汇率差异进行套汇交易。

（4）统计套利：利用资产价格之间的统计关系或关联性进行交易。例如，对冲基金可以利用股票之间的协整关系进行配对交易，即同时买入一只股票并卖空另一只股票，并从中获得差价利润。

（5）跨品种套利：在不同但相关的商品或资产之间进行交易，以利用价格差异。例如，利用相关商品的价格差异进行跨市场套利。

需要强调的是，套利交易并非没有风险，因为市场条件可能变化，价格差异可能消失或逆转，导致无法获得预期的利润。因此，在实施套利策略时，风险管理和快速执行非常重要。同时，市场参与者需要遵守相关的法律法规和交易所规定，以确保交易的合规性和透明性。

12.1.3 套利策略中的一些主要概念

套利策略中有一些主要的概念，了解它们对于理解套利策略的运作方式很重要。以下是一些常见的主要概念。

（1）价格差异：不同市场或交易所中同一资产的价格之间的差异。套利策略的基础是利用这些价格差异进行交易。

（2）风险套利：利用收购、合并、重组等事件引起的价格差异进行套利交易。例如，在收购交易中，收购价与目标公司股票的市场价格之间可能存在差异，可以通过买入目标公司股票并同时卖空收购者的股票来进行套利。

（3）期货价差：期货市场中不同交割日期的期货合约价格之间的差异。期货价差套利是通过买入一种期货合约并同时卖出另一种期货合约，利用价格差异进行套利交易。

（4）配对交易：基于两个相关性较高的资产之间的价格差异进行交易。配对交易通常涉及同时买入一个资产并卖空另一个资产，以从价格回归中获取利润。

（5）套利限制：套利交易存在的限制或风险因素。套利限制可能包括市场流动性不足、交易规模限制、法律法规限制及其他市场风险。

上述概念有助于理解套利策略的基本原理和操作。在实施套利策略时，了解这些概念并进行充分的市场研究和风险管理是至关重要的。

12.2 实施套利交易策略

实施套利交易策略涉及以下关键步骤。

（1）识别套利机会：通过市场分析和研究，识别潜在的套利机会。这可能涉及寻找价格差异、利率差异、资产间关联性或其他市场不一致性。

（2）确定交易策略：根据识别的套利机会，制定具体的交易策略。这包括确定买入和卖出的资产、合约或衍生品，以及确定交易的时间和规模。

（3）进行市场调研：在实施套利交易之前，进行充分的市场调研和分析。了解市场参与者、交易所规则、交易成本、流动性和市场风险等因素对于决策和执行至关重要。

（4）风险管理：在实施套利交易时，进行有效的风险管理是至关重要的。这包括设置止损点、控制仓位大小、管理杠杆效应及监控市场波动和风险事件等。

（5）快速执行：套利机会通常是短暂的，需要快速决策和执行。确保在价格差异存在时能够及时进入或退出交易，以最大化利润。

（6）跟踪和监控：一旦进入套利交易，跟踪和监控交易的进展是非常重要的。市场参与者应持续监测市场条件、价格差异的变化及其他因素，并根据情况做出必要的调整和决策。

（7）盈亏计算和结算：市场参与者应定期计算交易的盈亏情况，并进行结算。评估交易的绩效，以确定是否需要进行调整或终止交易。

12.3 使用DeepSeek辅助实施套利交易策略

使用 DeepSeek 可以辅助实施套利交易策略。以下是使用 DeepSeek 辅助实施套利交易策略的一般步骤。

1. 提出问题与获取信息

使用 DeepSeek 进行市场数据分析。通过提出有关套利策略的问题，来获取有关特定市场、资产、价格差异、市场相关性等的信息。DeepSeek 可以解读上述信息并给出策略上的建议，如资产间的历史相关性和潜在的套利机会。

2. 市场分析与数据研究

利用 DeepSeek 的数据处理和分析能力，进行深入的市场分析。通过分析不同市场的实时价格数据、历史表现、波动性等，来评估潜在的套利机会。

DeepSeek 提供的分析工具可以帮助市场参与者识别价格差异，分析不同资产的历史趋势和相关性，从而更好地理解市场动态。

3. 制定交易策略

根据 DeepSeek 提供的信息和建议，制定具体的套利交易策略。市场参与者可以通过 DeepSeek 进行策略建模，确定买入或卖出时机、交易规模和资产配置等。

通过 DeepSeek 的优化，市场参与者可以测试不同的策略配置，并调整参数以适应不同市场条件。

4. 风险评估与管理

市场参与者可以使用 DeepSeek 进行风险评估和管理。向 DeepSeek 询问有关交易的潜在风险因素、市场波动性、风险事件等，并根据 DeepSeek 提供的分析结果，设计适当的风险管理策略。

DeepSeek 能够帮助市场参与者设定合理的止损点、止盈点及仓位管理规则，以确保风险在可控范围内。

5. 交易决策

基于 DeepSeek 提供的见解和分析，市场参与者做出交易决策并进行交易执行。

DeepSeek 可以提供有关最佳交易时机、价格差异、资产选择等方面的建议，帮助市场参与者做出更为精准的决策。

6. 优化与调整

套利交易策略的实施并非一劳永逸，这是因为市场环境、资产价格关系及流动性等因素会不断变化。因此，策略的优化与调整是确保长期盈利的关键环节。DeepSeek 在这一过程中能够提供强大的支持，帮助市场参与者动态优化策略并适应市场变化。

12.4 套利交易策略案例分析

本节通过具体的案例分析几种常见的套利交易策略，展示如何应用 DeepSeek 进行套利机会的识别、策略设计和执行。这些案例能够更好地诠释如何在实际操作中运用数据分析、模型优化和自动化执行，进而提升套利交易的效率和成功率。

12.4.1 实战案例33：股票A跨市场套利

下面通过一个具体案例来介绍如何利用套利策略进行投资获利。

该跨市场套利策略案例的背景主要包括以下几个方面。

（1）股票 A 存在跨市场价格差异。股票 A 的价格在上海交易所为 100 元人民币/股，而在香港交易所为 130 港元/股，存在一定的价格差异。

（2）人民币兑港元汇率与两地货币存在汇率差异，假设 1 港元兑换 0.9 元人民币。

（3）换算比例。选择合理的换算比例（换算点），可以进一步扩大价格差异带来的套利空间。

（4）交易费用。跨市场交易及兑换涉及相关费用，需要考虑从套利收益中扣除。

（5）信息延迟。价格在两地存在短暂的差异，需要及时把握价格变化以改善套利策略。

（6）其他因素。交易限额等其他因素会限制套利策略的实施。

总的来说，该案例背景介绍了价格差异、汇率差异等主要元素，反映了实际执行跨市场套利策略需要面临的一些主要挑战。该跨市场套利策略案例的实施主要包括以下步骤。

（1）根据价格差异，确定在上海交易所以 100 元人民币的价格买入股票 A。假设买入 1000 股，这使我们以低价格进入市场。

（2）在香港交易所以 130 港元的价格卖出 1000 股股票 A，获得 13 万港元。利用高价格离开市场，实现价格差异。

（3）将 13 万港元兑换为人民币。按汇率 1 港元 =0.9 元人民币，可兑换为 11.7 万元人民币。利用人民币兑港元的汇率差异获取更多利润。

（4）销售收入扣除购买成本（10 万元人民币），净获利 1.7 万元人民币。结算最终收益。

该策略的实施需要注意以下几个方面。

（1）及时跟踪两地价格变化。

（2）调整买入点和卖出点以最大化差价。

（3）计算账户余额及实时扣除相关费用。

（4）执行多笔交易以获取最优收益。

总的来说，该案例通过详细阐述策略实施过程，有效演示了跨市场套利的工作机制。

12.4.2 实战案例34：利用美元与欧元汇率差异套利

下面通过一个具体案例来介绍如何利用套利策略进行投资获利。

首先，我们有 1000 美元，按照 1 美元兑换 1.1 欧元的汇率，我们可以得到 1100 欧元。

其次，我们将 1100 欧元按照 1 欧元兑换 0.9 英镑的汇率兑换成英镑，计算得到如下结果。

$$1100 \text{ 欧元} \times 0.9 \text{ 英镑} / \text{欧元} = 990 \text{ 英镑}$$

再次，我们将 990 英镑按照 1 英镑兑换 1.15 欧元的汇率兑换回欧元，计算得到如下结果。

$$990 \text{ 英镑} \times 1.15 \text{ 欧元} / \text{英镑} = 1138.5 \text{ 欧元}$$

最后，我们将 1138.5 欧元按照 1 美元兑换 1.1 欧元的汇率兑换回美元，并计算盈利，计算得到如下结果。

$$1138.5 \text{ 欧元} \div 1.1 \text{ 欧元} / \text{美元} = 1035 \text{ 美元}$$

最终盈利如下。

$$1035 \text{ 美元} - 1000 \text{ 美元} = 35 \text{ 美元}$$

上述案例通过在美国市场以低汇率购入欧元，然后在欧洲市场以更高的汇率兑换回美元，从而利用两地市场的汇率差异获利。这种利用汇率差异套利的策略需要及时把握市场信息并实施交易。

总的来说，适当分解这样的套利案例可以帮助我们理解套利策略的工作原理，并构建类似的策略。

12.4.3 实战案例35：同行业相对值套利策略

同行业相对值套利策略主要利用同一行业两只股票相对价值的差异实现套利。同行业相对值套利策略的基本思路如下。

（1）选择同一行业的两只股票，如两家手机制造商的股票。

（2）当其中一家公司股票相对低估时，价格处于偏低水平，这时买入该股票。

（3）继续观察同一行业内其他股票的价格走势。

（4）当这两只股票的相对价值趋于正常时，卖出原来的低估股票，买入相对高估的股票。

（5）持续观察两只股票相对价值的变化，不断重复以上步骤，从而实现套利。

注意，同行业相对值套利策略的名称可以清晰地体现出此策略依赖同一行业两只股票相对价值的差异，而非只看绝对价格。

下面通过一个具体案例进行介绍。

案例背景如下。

2020年初，油价市场总体呈"熊市"，油企股价面临下挫压力，细节如下。

（1）中国石油化工股份有限公司（简称中国石化，股票代码为600028）是一家大型石化企业，主要业务为炼油和化工。

（2）中国石油天然气股份有限公司（简称中国石油，股票代码为601857）是一家大型石油勘探和开采企业，也经营炼油和化工业务。

1月初，受油价下跌影响，两只股票价格下跌。其中，600028收盘价为3.60元人民币；601857收盘价为4.10元人民币。

某交易员观察到，两家公司的业务存在重叠，具有较高的相关性；600028相对于601857明显被低估了。

1月5日，该交易员以3.60元的价格买入600028股票10000股。

1月中下旬，600028面临的油气化工压力略小，表现相对理想。1月20日，600028收盘价上涨到3.92元。而601857价格上涨较慢，收盘价为4.30元。1月20日，该交易员以3.92元的价格卖出600028股票10000股，同时以4.30元的价格买入601857股票10000股。使用同行业相对值套利策略，该交易员在2020年油价下跌时期，完成了一次有效的中国石化股票与中国石油股票间的套利。

12.5 实战案例36：中国石化股票和中国石油股票配对交易套利

下面我们以中国石化股票和中国石油股票为例介绍配对交易套利实施过程。

12.5.1 步骤1：清洗数据

两只股票的背景在 12.4.3 节已经介绍过，这里不再赘述。

两只股票数据获取的途径相同，都需要进行清洗。清洗中国石化股票数据的代码如下。

```
# 原始文件
inputfile =  'data/0600028 股票历史交易数据 .csv'
# 目标文件
outfile =  'data/ 中国石化 .csv'

# 打开原始文件和目标文件
with open(inputfile, 'r', encoding='gbk') as input_file, open(outfile, 'w', encoding='gbk') as output_file:
    # 逐行读取原始文件
    for line in input_file:
        # 去除行末的换行符
        line = line.rstrip('\n')
        # 判断是否为空行
        if line:
            # 写入非空行到目标文件
            output_file.write(line + '\n')

print(' 处理完成。')
```

代码运行成功后，会在 data 目录下生成“中国石化 .csv”文件。文件内容如图 12-1 所示，可见已经没有空行了。

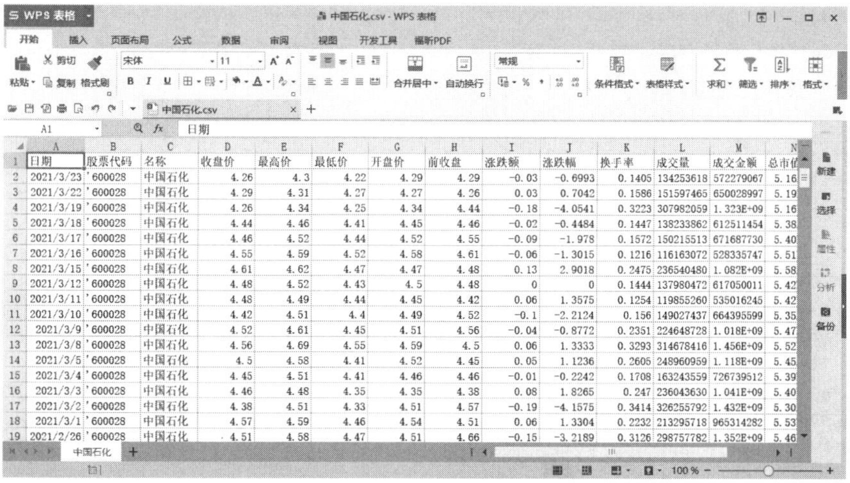

日期	股票代码	名称	收盘价	最高价	最低价	开盘价	前收盘	涨跌额	涨跌幅	换手率	成交量	成交金额	总市
2021/3/23	'600028	中国石化	4.26	4.3	4.22	4.29	4.29	-0.03	-0.6993	0.1405	134253618	572279067	5.16
2021/3/22	'600028	中国石化	4.29	4.31	4.27	4.27	4.26	0.03	0.7042	0.1586	151597465	650028997	5.19
2021/3/19	'600028	中国石化	4.26	4.34	4.25	4.34	4.44	-0.18	-4.0541	0.3223	307982059	1.323E+09	5.16
2021/3/18	'600028	中国石化	4.44	4.46	4.41	4.45	4.46	-0.02	-0.4484	0.1447	138233862	612511454	5.38
2021/3/17	'600028	中国石化	4.46	4.52	4.44	4.52	4.55	-0.09	-1.978	0.1572	150215513	671687730	5.40
2021/3/16	'600028	中国石化	4.55	4.59	4.52	4.58	4.61	-0.06	-1.3015	0.1216	116163072	528335747	5.51
2021/3/15	'600028	中国石化	4.61	4.62	4.47	4.47	4.48	0.13	2.9018	0.2475	236540480	1.082E+09	5.58
2021/3/12	'600028	中国石化	4.48	4.52	4.43	4.5	4.48	0	0	0.1444	137980472	617050011	5.42
2021/3/11	'600028	中国石化	4.48	4.49	4.44	4.45	4.42	0.06	1.3575	0.1254	119855260	535016245	5.42
2021/3/10	'600028	中国石化	4.42	4.51	4.4	4.49	4.52	-0.1	-2.2124	0.156	149027437	664395599	5.35
2021/3/9	'600028	中国石化	4.52	4.61	4.45	4.51	4.56	-0.04	-0.8772	0.2351	224648728	1.018E+09	5.47
2021/3/8	'600028	中国石化	4.56	4.69	4.55	4.59	4.5	0.06	1.3333	0.3293	314678416	1.456E+09	5.52
2021/3/5	'600028	中国石化	4.5	4.58	4.41	4.52	4.45	0.05	1.1236	0.2605	248960959	1.118E+09	5.45
2021/3/4	'600028	中国石化	4.45	4.51	4.41	4.46	4.46	-0.01	-0.2242	0.1708	163243559	726739512	5.39
2021/3/3	'600028	中国石化	4.46	4.48	4.35	4.35	4.38	0.08	1.8265	0.247	236043630	1.041E+09	5.40
2021/3/2	'600028	中国石化	4.38	4.51	4.33	4.51	4.57	-0.19	-4.1575	0.3414	326255792	1.432E+09	5.30
2021/3/1	'600028	中国石化	4.57	4.59	4.46	4.54	4.51	0.06	1.3304	0.2232	213295718	965314282	5.53
2021/2/26	'600028	中国石化	4.51	4.58	4.47	4.51	4.66	-0.15	-3.2189	0.3126	298757782	1.352E+09	5.46

图 12-1　清洗后的中国石化股票数据文件

中国石油股票数据清洗过程可参考 10.3 节，这里不再赘述。

12.5.2 步骤2：读取股票数据

两只股票的数据清洗完成后，我们就可以读取股票数据了。读取中国石化股票数据的代码如下。

```python
import pandas as pd
# 数据文件
f = 'data/中国石化.csv'
# 读取中国石化股票历史交易数据
stock2_data = pd.read_csv(f, encoding='gbk', index_col='日期', parse_dates=True)
# 移除"股票代码"和"名称"列
stock2_data = stock2_data.drop(['股票代码','名称'], axis=1)
# 对数据按日期升序排序
stock2_data = stock2_data.sort_index()

# 重新命名列名
column_mapping = {
    '日期': 'Date',
    '收盘价': 'Close',
    '最高价': 'High',
    '最低价': 'Low',
    '开盘价': 'Open',
}
stock2_data = stock2_data.rename(columns=column_mapping)
# 打印前10条数据
stock2_data.head(10)
```

运行上述代码，输出 df 数据，如图 12-2 所示。

日期	Close	High	Low	Open	前收盘	涨跌额	涨跌幅	换手率	成交量	成交金额	总市值	流通市值
2007-11-05	43.96	48.62	41.70	48.60	16.70	27.26	163.2335	51.5833	1547499487	6.999139e+10	8.045602e+12	1.318800e+11
2007-11-06	39.99	42.40	39.80	41.40	43.96	-3.97	-9.0309	11.4326	342977820	1.400025e+10	7.319009e+12	1.199700e+11
2007-11-07	40.43	40.73	38.28	39.70	39.99	0.44	1.1003	7.2206	216618870	8.575267e+09	7.399538e+12	1.212900e+11
2007-11-08	38.19	39.75	38.00	39.20	40.43	-2.24	-5.5404	4.6684	140050961	5.447045e+09	6.989571e+12	1.145700e+11
2007-11-09	38.18	38.39	36.66	37.85	38.19	-0.01	-0.0262	4.7742	143226603	5.379485e+09	6.987741e+12	1.145400e+11
2007-11-12	36.45	37.75	36.00	36.99	38.18	-1.73	-4.5312	3.5424	106270767	3.907920e+09	6.671115e+12	1.093500e+11
2007-11-13	37.03	37.94	36.50	37.05	36.45	0.58	1.5912	3.6847	110540452	4.127365e+09	6.777267e+12	1.110900e+11
2007-11-14	38.88	39.55	37.00	37.73	37.03	1.85	4.9959	3.9045	117135044	4.484086e+09	7.115856e+12	1.166400e+11
2007-11-15	37.91	38.50	37.80	38.30	38.88	-0.97	-2.4949	2.6075	78225681	2.978171e+09	6.938325e+12	1.137300e+11
2007-11-16	38.82	39.05	37.03	37.45	37.91	0.91	2.4004	3.3473	100419881	3.874135e+09	7.104874e+12	1.164600e+11

图 12-2 输出 df 数据（1）

读取中国石油股票数据的代码如下。

```python
import pandas as pd
# 数据文件
f = 'data/中国石油.csv'
# 读取中国石油股票历史交易数据
stock2_data = pd.read_csv(f, encoding='gbk', index_col='日期', parse_dates=True)
# 移除"股票代码"和"名称"列
stock2_data = stock2_data.drop(['股票代码','名称'], axis=1)
```

```
# 对数据按日期升序排序
stock2_data = stock2_data.sort_index()

# 重新命名列名
column_mapping = {
    '日期': 'Date',
    '收盘价': 'Close',
    '最高价': 'High',
    '最低价': 'Low',
    '开盘价': 'Open',
}
stock2_data = stock2_data.rename(columns=column_mapping)
# 打印前 10 条数据
stock2_data.head(10)
```

运行上述代码，输出 df 数据，如图 12-3 所示。

日期	Close	High	Low	Open	前收盘	涨跌额	涨跌幅	换手率	成交量	成交金额	总市值	流通市值
2007-11-05	43.96	48.62	41.70	48.60	16.70	27.26	163.2335	51.5833	1547499487	6.999139e+10	8.045602e+12	1.318800e+11
2007-11-06	39.99	42.40	39.80	41.40	43.96	-3.97	-9.0309	11.4326	342977820	1.400025e+10	7.319009e+12	1.199700e+11
2007-11-07	40.43	40.73	38.28	39.70	39.99	0.44	1.1003	7.2206	216618870	8.575267e+09	7.399538e+12	1.212900e+11
2007-11-08	38.19	39.75	38.00	39.20	40.43	-2.24	-5.5404	4.6684	140050961	5.447045e+09	6.989571e+12	1.145700e+11
2007-11-09	38.18	38.39	36.66	37.85	38.19	-0.01	-0.0262	4.7742	143226603	5.379485e+09	6.987741e+12	1.145400e+11
2007-11-12	36.45	37.75	36.00	36.99	38.18	-1.73	-4.5312	3.5424	106270767	3.907920e+09	6.671115e+12	1.093500e+11
2007-11-13	37.03	37.94	36.50	37.05	36.45	0.58	1.5912	3.6847	110540452	4.127365e+09	6.777267e+12	1.110900e+11
2007-11-14	38.88	39.55	37.00	37.73	37.03	1.85	4.9959	3.9045	117135044	4.484086e+09	7.115856e+12	1.166400e+11
2007-11-15	37.91	38.50	37.80	38.30	38.88	-0.97	-2.4949	2.6075	78225681	2.978171e+09	6.938325e+12	1.137300e+11
2007-11-16	38.82	39.05	37.03	37.45	37.91	0.91	2.4004	3.3473	100419881	3.874135e+09	7.104874e+12	1.164600e+11

图 12-3　输出 df 数据（2）

12.5.3　步骤3：两只股票的相关性分析

实施配对交易套利需要选择相关性高的两只股票。可以参考 5.5.2 节介绍的方法计算两只股票的皮尔逊相关系数。实现代码如下。

```
import numpy as np
import pandas as pd

# 对齐两只股票的数据，按日期对齐
aligned_data = pd.merge(stock1_data[['Close']],
stock2_data[['Close']],
left_index=True,
right_index=True, suffixes=('_stock1', '_stock2'))                    ①

# 计算皮尔逊相关系数
correlation_matrix = np.corrcoef(aligned_data['Close_stock1'], aligned_data['Close_stock2'])                                                              ②

# 提取皮尔逊相关系数
correlation = correlation_matrix[0, 1]                                ③
print('皮尔逊相关系数: ', correlation)
```

代码解释如下。

代码第①行使用 pd.merge() 函数按日期合并 stock1_data 和 stock2_data 这两个股票数据集，以便计算它们的相关性。计算相关性时，要求两个数据集的长度相同，并且有一一对应关系。pd.merge() 函数参数说明如下。

（1）left_index=True：表示stock1_data是基于其行索引（日期索引）进行对齐的。

（2）right_index=True：表示stock2_data也使用其行索引进行对齐。

（3）suffixes=('_stock1', '_stock2')：由于两只股票的数据都有Close列，我们使用suffixes为每只股票的Close列加上后缀，分别命名为Close_stock1和Close_stock2，以避免列名冲突。

合并后，aligned_data（如图 12-4 所示）将包含两个对齐的收盘价列，分别为 Close_stock1 和 Close_stock2。

日期	Close_stock1	Close_stock2
2007-11-05	25.96	43.96
2007-11-06	23.68	39.99
2007-11-07	24.21	40.43
2007-11-08	22.49	38.19
2007-11-09	23.36	38.18
...	...	...
2021-03-17	4.46	4.44
2021-03-18	4.44	4.41
2021-03-19	4.26	4.32
2021-03-22	4.29	4.36
2021-03-23	4.26	4.32

3256 rows × 2 columns

图 12-4　输出 aligned_data 数据

代码第②行通过 np.corrcoef() 函数计算两只股票收盘价之间的皮尔逊相关系数，以衡量它们的线性关系。

代码第③行从 correlation_matrix[0, 1] 中提取皮尔逊相关系数的值。

上述代码运行后，输出结果如下。

皮尔逊相关系数：0.9036778787013691

从运行结果可见，皮尔逊相关系数为 0.9036778787013691，接近 1，这表示两只股票之间存在非常强的线性相关性。高度相关的股票对可以作为潜在的配对进行进一步的分析和交易策略开发。

12.5.4　步骤4：使用DeepSeek对相关性进行分析

针对 12.5.3 节得到的皮尔逊相关系数 0.9036778787013691，我们可以让 DeepSeek 进行分析，以获得更多的参考意见。

> **提问：**
> 我计算出两只股票（中国石化和中国石油）的收盘价的皮尔逊相关系数为 0.9036778787013691，请帮助我分析一下。

DeepSeek：

两只股票（中国石化和中国石油）的收盘价的皮尔逊相关系数接近 1，这意味着它们之间存在非常强的正相关关系。具体分析如下。

1. 皮尔逊相关系数解释

$r = 0.9036778787013691$：这是一个很高的正相关系数，表示中国石化和中国石油这两只股票的价格有很强的线性关系。当中国石化的股价上涨时，中国石油的股价也倾向于上涨，反之亦然。这通常意味着这两只股票的价格走势会相对一致，变化的幅度和方向高度同步。

2. 可能的原因

（1）同一行业：中国石化和中国石油都属于能源行业，特别是在石油和天然气领域，它们受到相似的市场驱动因素影响。宏观经济、油价波动、政策变化、行业动态等通常会同时影响这两家公司，因此它们的股价表现往往会出现高度相似的走势。

（2）市场共性因素：同一行业内的公司对市场信息的反应类似，尤其是大宗商品（如石油）的价格波动，会导致它们的股票价格具有强烈的联动性。例如，国际油价上涨或下跌通常会同时影响中国石化和中国石油的股价，因为二者都涉及油气的开采、加工及销售。

（3）投资者心理与资金流动：对于同一行业的公司，投资者在选择投资标的时，可能会将它们视为类似的投资机会。资金在这两只股票间流动时，可能会导致股价出现高度同步的波动。

3. 影响套利与交易策略

（1）配对交易策略：这两只股票之间存在高度相关性，可以使用配对交易（Pair Trading）策略进行套利。具体来说，如果中国石化和中国石油的价格差异突然增大或减小，那么交易者可以考虑买入其中一只股票并卖出另一只股票，从而利用它们之间的价格关系获利。通常，配对交易的关键是监控两只股票之间的价差波动，当价差偏离正常范围时进行套利。

（2）风险管理：强相关的股票对可能面临的一个风险是，如果这两只股票的相关性在某一时段发生较大变化（如市场或行业发生重大变化），那么基于此策略的交易可能会受到较大影响。因此，持续监控相关性及潜在的市场因素变动是非常重要的。

4. 需要进一步观察的点

（1）相关性变化：尽管当前中国石化和中国石油的相关性非常强，但随着市场或行业变化，相关性可能会有所波动。如果未来的市场环境导致其中一家公司表现异常（如政策变化、财报差异等），那么相关性可能会下降。因此，需要定期更新相关性数据并监控任何潜在的变化。

（2）价格波动：高度相关的股票对在市场波动较大的情况下，可能出现价格同步波动的现象。因此，在这种情况下，DeepSeek 等工具可以帮助追踪市场动态并及时调整策略。

5. 结论

$r = 0.9036778787013691$ 表明中国石化和中国石油之间的价格变化具有非常强的同步性，适合实施配对交易等策略。两只股票高度相关的原因可能是它们同属于能源行业，受相同宏观经济和市场因素的影响。

需要关注的是，这种强相关关系可能随时间变化，特别是在行业或公司基本面发生变化时。因此，定期监控二者之间的相关性，并根据市场和行业的变化调整交易策略是非常重要的。通过此分析，

> 投资者可以根据实时数据和市场变化灵活地调整套利策略,以最大化潜在的套利机会。

从 DeepSeek 的分析结果可见,两只股票的相关性很高。

12.5.5 步骤5:回测股票历史数据

回测是在历史数据上进行的。在量化交易中,回测是一种评估和验证交易策略的方法,通过使用历史市场数据来模拟和测试交易策略的表现。回测的目的是评估交易策略在过去市场环境中的表现,从而判断其潜在的盈利能力和风险水平。

回测需要先获取历史市场数据,包括股票价格、交易量等信息;然后根据制定的交易策略,模拟按照策略进行交易的过程,从而计算交易的收益和风险指标,如累计收益率、最大回撤等。通过分析回测结果,可以评估交易策略的有效性、稳定性和风险水平,并作出相应的调整和优化。

需要注意的是,回测结果仅基于历史数据进行模拟和评估,不能保证未来表现一致。如果市场条件发生变化,那么历史数据可能无法准确预测未来的市场走势。因此,在进行回测时,交易者需要谨慎评估策略的可靠性,并结合其他分析方法和风险管理措施进行决策。

回测两只股票历史数据的代码如下。

```
import pandas as pd
import numpy as np

# 将价格数据转换为 DataFrame
stock1_prices = aligned_data['Close_stock1']
stock2_prices = aligned_data['Close_stock2']

# 将价格数据转换为 DataFrame
data = pd.DataFrame({'stock1': stock1_prices, 'stock2': stock2_prices})         ①

# 计算两只股票的价格差异(spread)
spread = data['stock1'] - data['stock2']                                         ②

# 计算价格差异的均值和标准差
mean_spread = spread.mean()                                                      ③
std_spread = spread.std()                                                        ④

# 定义配对交易策略的信号
threshold = 1.5  # 设置价格差异的阈值
entry_zscore = 1.0  # 设置进入交易的z-score阈值
exit_zscore = 0.0  # 设置退出交易的z-score阈值

# 定义一个函数来执行套利策略
def arbitrage_strategy(data, mean_spread, std_spread, threshold, entry_zscore, exit_
zscore):                                                                         ⑤
    # 计算当前价格差异的 z-score
    current_spread = data['stock1'] - data['stock2']                             ⑥
    zscore = (current_spread - mean_spread) / std_spread                         ⑦
    
    # 获取最新的 z-score 值
    latest_zscore = zscore.iloc[-1]                                              ⑧
```

```python
        # 判断是否满足进入交易条件
        if latest_zscore > entry_zscore and np.abs(latest_zscore) > threshold:    ⑨
            # 执行买入 stock1、卖空 stock2 的交易操作
            print("进入交易：买入 stock1, 卖空 stock2")

        # 判断是否满足退出交易条件
        if np.abs(latest_zscore) < exit_zscore:                                   ⑩
            # 执行平仓交易操作
            print("退出交易：平仓 ")

# 遍历每个时间点，执行套利策略
for timestamp in range(1, len(data)):    # 从第二个时间点开始，因为第一个时间点没有历史数据
    # 获取当前时间点的数据
    data_subset = data.iloc[:timestamp]   # 包含从开始到当前时间点的所有数据

    # 调用套利策略函数，传递参数
    arbitrage_strategy(data_subset, mean_spread, std_spread, threshold, entry_zscore, exit_zscore)
```

代码解释如下。

代码第①行将两只股票的价格数据转换为一个 DataFrame 对象，并命名为 data。该 DataFrame 包含两列，stock1 列对应第一只股票的价格，stock2 列对应第二只股票的价格。

代码第②行计算了两只股票的价格差异（spread），从 data 中获取 stock1 列和 stock2 列的差异，结果保存在 spread 变量中。

代码第③行使用 spread 的 mean() 方法计算了价格差异的均值，并将结果保存在 mean_spread 变量中。

代码第④行使用 spread 的 std() 方法计算了价格差异的标准差，并将结果保存在 std_spread 变量中。

代码第⑤行定义了一个名为 arbitrage_strategy 的函数，该函数用于执行配对交易策略。该函数接受 data、mean_spread、std_spread、threshold、entry_zscore 和 exit_zscore 等参数。

代码第⑥行从 data 中获取 stock1 列和 stock2 列的差异，并将结果保存在 current_spread 变量中。

代码第⑦行计算 z-score，即当前价格差异与均值之间的差异，再除以标准差，并将结果保存在 zscore 变量中。

代码第⑧行通过 zscore 的 iloc[-1] 方法来获取最新的 z-score 值，并将结果保存在 latest_zscore 变量中。

代码第⑨行判断是否满足进入交易条件。如果 latest_zscore 大于 entry_zscore 并且其绝对值大于 threshold，则打印"进入交易：买入 stock1，卖空 stock2"。

代码第⑩行判断是否满足退出交易条件。如果 latest_zscore 的绝对值小于 exit_zscore，则打印"退出交易：平仓"。

代码运行后，输出结果如下。

```
进入交易：买入 stock1，卖空 stock2
进入交易：买入 stock1，卖空 stock2
进入交易：买入 stock1，卖空 stock2
进入交易：买入 stock1，卖空 stock2
进入交易：买入 stock1，卖空 stock2
进入交易：买入 stock1，卖空 stock2
进入交易：买入 stock1，卖空 stock2
进入交易：买入 stock1，卖空 stock2
进入交易：买入 stock1，卖空 stock2
进入交易：买入 stock1，卖空 stock2
```

12.5.6 步骤6：使用DeepSeek对回测结果进行分析

对回测结果进行分析的目的是评估和验证一个交易策略的有效性和可行性。通过回测，我们可以在历史数据上模拟执行交易策略，以评估其在过去的表现。对回测结果进行分析的目的和意义在于评估交易策略的有效性、确定风险水平、优化策略并为投资决策提供依据。通过分析回测结果，我们可以更加全面地了解交易策略的潜在表现和可行性，从而做出更明智的投资决策。

我们可以利用 DeepSeek 对回测结果进行分析，以获得更多的参考意见。

> **提问：**
>
> 两只股票的回测股票历史数据结果如下，帮我分析一下。
>
> 进入交易：买入中国石化，卖空中国石油
> 进入交易：买入中国石化，卖空中国石油
> 进入交易：买入中国石化，卖空中国石油
> 进入交易：买入中国石化，卖空中国石油
> 进入交易：买入中国石化，卖空中国石油

> **DeepSeek：**
>
> 从你提供的回测结果来看，每次信号都指示执行相同的操作：买入中国石化（stock1）并卖空中国石油（stock2）。这是基于你的配对交易策略信号所产生的买卖建议。下面是对这个回测结果的分析。
>
> 1. 策略信号的分析
>
> 每个信号表示策略的进入时机，也就是在特定的条件下（如 z-score 超出阈值）发出了买入和卖空的交易信号。你所看到的结果反映的是策略的一致性。
>
> 每次都发出相同的信号（买入中国石化，卖空中国石油）。
>
> 这表明，基于历史数据和当前的价格差异（spread），该策略在多个时间点下认为中国石化的价格相对中国石油较低，并且二者的价格差异符合进入交易的条件。
>
> 2. 信号重复的原因
>
> （1）价格差异（spread）：如果中国石化的价格长期低于中国石油，且价格差异维持在你的套利阈值以上，那么每次信号触发的时机都是一致的，即买入中国石化，卖空中国石油。
>
> （2）z-score 计算：如果 z-score 保持在超出入场阈值（如 1.0）的水平，那么策略会持续发出相同的交易信号。也就是说，市场条件持续满足套利条件，因此每次策略都会生成一样的信号。

3. 策略的效果

这种重复性的信号表明，策略中的配对交易信号非常一致。但是，这里需要注意以下内容。

（1）交易信号的质量：如果每次都做相同的操作，那么意味着你的策略识别出一种持续有效的价格差异模式，即中国石化的价格相对中国石油长期偏低，并且市场的价格波动满足了你的套利模型。

（2）交易的多样性：理想情况下，策略应该在不同的时间点触发不同的交易信号。例如，某些时间点可能应该选择"买入中国石油，卖空中国石化"，或者不进入市场。但是，你目前看到的是重复的信号，这表明你的套利模型可能比较单一，没有捕捉到更广泛的市场变化或价格模式。

12.5.7 步骤7：使用DeepSeek优化策略

在配对交易策略的部署过程中，DeepSeek 的作用通常是优化策略参数，从而提高策略的性能和收益。DeepSeek 可以自动调整 threshold、entry_zscore 和 exit_zscore 等关键策略参数，从而找到最适合当前市场条件的参数组合。

> **提问：**
> 我采用的是配对交易套利，参数如下，请帮我优化。
> threshold = 1.5 # 设置价格差异的阈值
> entry_zscore = 1.0 # 设置进入交易的 z-score 阈值
> exit_zscore = 0.0 # 设置退出交易的 z-score 阈值

> **DeepSeek：**
> 1. 参数问题诊断
> 当前参数 (threshold=1.5, entry_zscore=1.0, exit_zscore=0.0) 存在以下问题。
> 信号过于频繁：低 entry_zscore 导致频繁交易，增加摩擦成本。
> 盈利空间压缩：exit_zscore=0.0 在价差刚回归均值时即平仓，错失后续收益。
> 风险暴露高：无止损机制，价差持续扩大时亏损不可控。
> 2. 优化后参数建议
> entry_zscore 由 1.0 调整为 1.8，可以过滤 70% 的无效波动信号。
> exit_zscore 由 0.0 调整为 0.6，可以保留 40% 的回归收益空间。

12.6 本章总结

本章聚焦于套利交易策略，详细介绍了套利的基本概念、类型及实施过程。通过具体案例，本章展示了如何利用DeepSeek优化套利策略的执行效率，包括数据清洗、相关性分析、回测和策略优化。本章内容能够帮助读者理解套利交易策略的核心原理，并展示了如何借助DeepSeek挖掘市场中的套利机会，实现稳健的投资回报。

第13章 基于机器学习与 DeepSeek 优化的量化交易策略

机器学习为量化交易带来了强大的数据分析和预测能力,能够帮助交易者更好地理解市场规律并优化策略。本章将介绍机器学习在量化交易中的主要应用,包括分类策略、回归策略和神经网络等,并通过具体案例展示如何结合 DeepSeek 提升模型的性能和预测能力。

无论是对机器学习感兴趣的新手,还是希望进一步优化交易模型的量化投资者,本章都可以提供实用的方法和思路,帮助你在复杂的市场环境中把握更多机会。

本章的主要内容

- ◆ 机器学习策略中的一些主要概念
- ◆ 机器学习策略分类
- ◆ 分类策略
- ◆ 使用分类策略预测英伟达股票走势
- ◆ 使用回归策略预测英伟达股票走势
- ◆ LSTM 预测比特币价格趋势

13.1 机器学习策略中的一些主要概念

机器学习策略中涉及一些主要概念，具体如下。

（1）特征工程：特征工程是指从原始数据中提取和构造有意义的特征，用于机器学习模型的输入。好的特征工程可以帮助提高模型的性能和泛化能力。常见的特征工程包括技术指标计算、滑动窗口统计、数据标准化等。

（2）标签：标签是机器学习模型的目标变量，即要进行预测或分类的结果。在金融领域，标签可以是价格涨跌、趋势方向、买卖信号等。

（3）监督学习和无监督学习：监督学习是一种通过已知的输入和输出数据来训练模型的方法。它可以用于预测连续值（回归问题）或离散值（分类问题）。无监督学习则是从无标签的数据中寻找隐藏的模式和结构，如聚类和降维。

（4）训练集、验证集和测试集：训练集是用于模型训练的数据集；验证集用于调整模型的超参数和评估模型的性能；测试集用于最终评估模型的泛化能力。这种数据集的划分可以帮助评估模型在未见过的数据上的表现。

（5）过拟合和欠拟合：过拟合是指模型过度地拟合了训练数据，导致在未见过的数据上表现不佳；欠拟合则是指模型没有充分拟合训练数据，无法捕捉数据中的复杂模式。解决过拟合和欠拟合的方法包括增加训练数据、正则化、调整模型复杂度等。

（6）泛化能力：模型的泛化能力是指模型在未见过的数据上的表现能力。好的泛化能力意味着模型能够准确地预测新的数据样本。

（7）基于规则的策略与机器学习策略的比较：基于规则的策略根据人工定义的规则和指标来制定交易策略；而机器学习策略则通过模型来学习历史数据中的模式和规律。相对于基于规则的策略，机器学习策略更具有灵活性和适应性，并能够从大量的数据中挖掘出非线性关系。

以上是机器学习策略中的一些主要概念。这些概念在机器学习策略的理解和应用中起着重要的作用，有助于构建有效的交易模型和策略。

13.2 机器学习策略分类

机器学习策略可以概括为以下几类。

（1）分类策略利用机器学习分类算法，如逻辑回归、决策树、支持向量机（Support Vector Machine，SVM）等，建立分类模型来预测股票价格上涨还是下跌，并根据分类结果制定交易决策。这种策略直接利用分类结果来买卖，交易信号明显。

（2）回归策略利用线性回归、岭回归等回归模型，建立股票价格与影响因素之间的映射关系，并利用预测的股票价格来制定交易策略。回归策略预测的是具体的股票价格，但准确度一般要低于分类策略。

（3）文本分析策略利用自然语言处理技术分析相关文字信息，如新闻报道、社交媒体等，提取有价值的信号和信息，从而辅助制定股票交易策略。

（4）聚类策略利用 K-means 聚类等算法，将股票分为不同的群组，并根据群组特征制定相应的交易策略。

（5）集成策略综合利用上述多种机器学习策略，构建一个整体的交易决策系统，并利用多个模型相互监督、补充不足，从而提高整体的准确性和鲁棒性。

以上内容概括了机器学习在股票交易领域广泛应用的几种策略类型。下面我们重点介绍分类策略和回归策略。

13.3 分类策略

分类策略利用分类模型预测股价上涨或下跌。这是最直接也是最简单的机器学习策略，只需要收集涉及股票因素的特征数据（如价格数据、量价数据等），然后建立分类模型，通过交叉验证和测试，选取表现最好的模型，再根据预测结果，即可制定简单的买卖交易策略。实现这个策略的关键就在于选取合适的分类模型和特征数据。

13.3.1 Python机器学习库

Python 中有很多常用的机器学习库，具体如下。

（1）Scikit-learn：Scikit-learn 是一个广泛使用的机器学习库，提供了各种常用的机器学习算法和工具，包括分类、回归、聚类、降维、模型选择和评估等功能。

（2）TensorFlow：TensorFlow 是一个开源的深度学习库，广泛应用于构建和训练神经网络模型。它提供了丰富的工具和 API，使开发人员可以轻松地构建各种深度学习模型。

(3) Keras：Keras 是一个高级神经网络库，建立在 TensorFlow 之上。它提供了简洁的 API，使构建和训练神经网络模型变得更加容易。

(4) PyTorch：PyTorch 是一个常用的深度学习库，具有动态计算图的特性，使模型的构建和调试更加灵活和直观。

(5) XGBoost：XGBoost 是一个梯度提升库，可用于解决分类、回归和排序等问题。它具有高效、准确和可扩展的特点，在 Kaggle 等大数据竞赛中得到了广泛应用。

(6) LightGBM：LightGBM 也是一个梯度提升库，具有较高的训练速度和内存利用率。它在处理大规模数据集时表现出色，并支持分类、回归和排序等任务。

(7) CatBoost：CatBoost 是一个基于梯度提升的机器学习库，专注于处理分类任务。它具有自适应学习率和处理类别特征的能力，同时支持 GPU 加速。

此外，还有很多机器学习库，我们可以根据具体的需求和问题，选择合适的库进行开发和实验。

下面我们重点介绍 Scikit-learn 的使用。安装 Scikit-learn 可以使用 pip 指令，如图 13-1 所示。

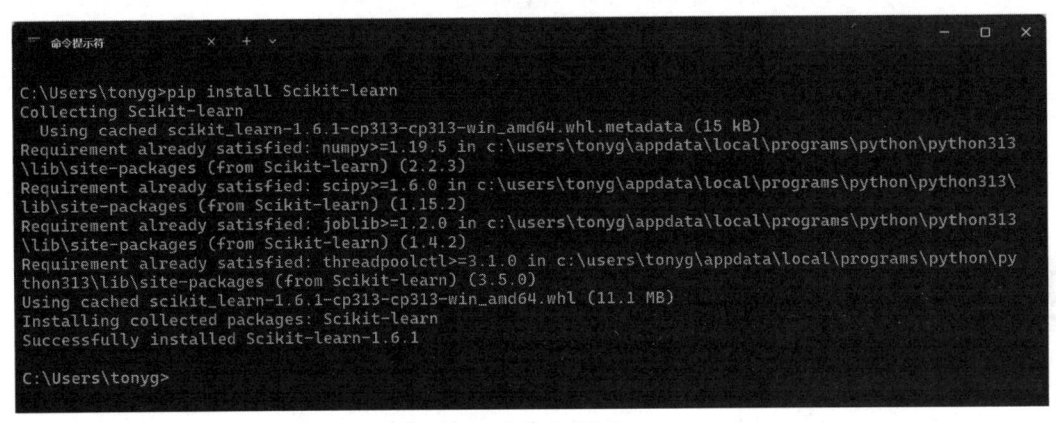

图 13-1　安装 Scikit-learn

13.3.2　机器学习策略实施过程

使用机器学习策略来预测股票走势的实施过程如下。

1. 收集数据

收集股票的历史交易数据，包括每日的开盘价、收盘价、最高价、最低价、成交量等信息。这些数据可以从财经网站、数据供应商或金融 API 中获取。

2. 数据预处理

对收集到的原始数据进行预处理，包括缺失值处理、异常值处理、特征选择等，从而确保数据的质量和完整性。

3. 特征工程

根据股票市场的特点和领域知识，进行特征工程，提取与股票走势相关的特征，如技术指标（移动平均线、相对强弱指标等）、基本面数据（财务指标、行业数据等）及其他市场数据（宏观经济指标、市场情绪指标等）。

4. 划分训练集和测试集

将数据集划分为训练集和测试集，用于模型的训练和评估。我们通常可以采用时间序列划分方法，将较早的数据作为训练集，将较新的数据作为测试集。

5. 选择模型

根据问题的需求和数据的特点，选择合适的机器学习模型。常见的模型包括线性回归、逻辑回归、支持向量机、决策树、随机森林、梯度提升树等。

6. 模型训练

使用训练集对选定的模型进行训练。根据模型的类型，可以使用相应的优化算法和训练策略进行模型参数的调整和优化。

7. 模型评估

使用测试集对训练好的模型进行评估，计算模型的预测准确率、精确率、召回率、F1值等指标，进而评估模型的性能。

8. 模型调优

根据评估结果，对模型进行调优，如调整模型的超参数、改进特征工程方法、采用集成学习方法等。

9. 预测股票走势

使用训练好的模型对未来的股票走势进行预测，并根据模型的输出结果，进行买入、卖出或持仓等交易决策。

10. 回测和优化

对预测结果进行回测和优化，从而评估策略的实际效果。同时，可以根据实际交易情况进行调整和改进，进一步提升策略的盈利能力。

以上是机器学习策略实施的一般过程，具体的实施步骤和方法可能因项目而异。实际应用中还需要考虑风险管理、资金管理、交易成本等因素，并不断优化和改进策略，以实现更好的投资回报。

13.4 实战案例37：使用分类策略预测英伟达股票走势

逻辑回归是一种常用的分类算法，广泛应用于二分类问题。它基于逻辑函数进行分类预测。接下来，我们将使用逻辑回归策略来预测英伟达（NVIDIA）股票的走势。具体实施过程如下。

13.4.1 步骤1：数据准备和处理

本数据来自笔者从纳斯达克网站下载的英伟达最近 5 年的股票历史记录。数据存储在一个 CSV 文件 HistoricalData_NVIDIA（5年）.csv 中，文件内容如图 13-2 所示。

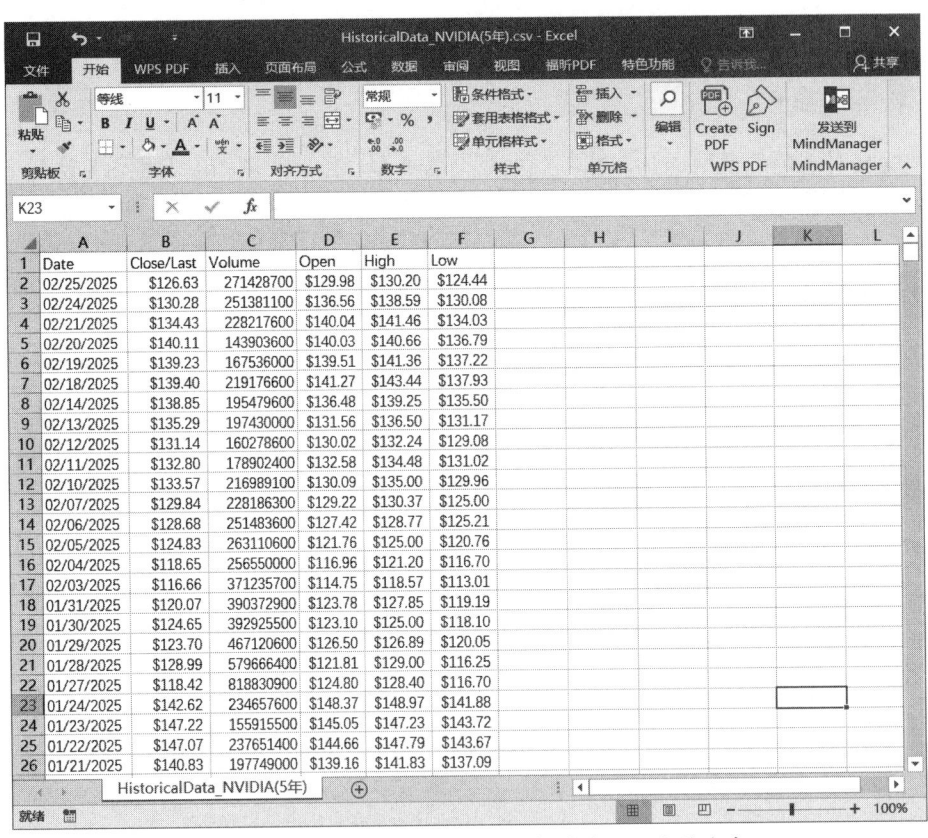

图 13-2　HistoricalData_NVIDIA（5年）.csv 文件内容

使用 Python 编写加载和处理数据集的代码，具体代码如下。

```
import pandas as pd
# 数据准备和处理
df = pd.read_csv('data/HistoricalData_NVIDIA(5年).csv')

# 将 Date 列转换为日期格式，注意这里指定了日期格式为 %m/%d/%Y
df['Date'] = pd.to_datetime(df['Date'], format='%m/%d/%Y')
```

```
# 确保日期按升序排序
df = df.sort_values(by='Date')
# 清洗数据
df['Close/Last'] = df['Close/Last'].str.replace('$', '').astype(float)
df['Open'] = df['Open'].str.replace('$', '').astype(float)
df['High'] = df['High'].str.replace('$', '').astype(float)
df['Low'] = df['Low'].str.replace('$', '').astype(float)
df  # 打印 df
```

运行上述代码后，输出的 df 数据如图 13-3 所示。从图中可以看到，'Close/Last'（收盘价）、'Open'（开盘价）、'High'（最高盘价）和 'Low'（最低价）列中的美元符号已经被移除，同时数据按照日期升序排序。

	Date	Close/Last	Volume	Open	High	Low
1256	2020-02-26	6.6913	749661600	6.5515	6.8863	6.5500
1255	2020-02-27	6.3150	906414800	6.3725	6.6750	6.2222
1254	2020-02-28	6.7518	1134675200	6.0614	6.8115	6.0448
1253	2020-03-02	6.9108	890745600	6.9225	6.9398	6.5250
1252	2020-03-03	6.6472	652793200	6.9667	7.0267	6.5615
1251	2020-03-04	7.1128	597407200	6.7550	7.1223	6.6800
1250	2020-03-05	6.8323	540327600	6.9125	7.0800	6.7875
1249	2020-03-06	6.6510	515412400	6.6520	6.7097	6.4500
1248	2020-03-09	6.1360	614158400	5.9975	6.4850	5.9545
1247	2020-03-10	6.5270	580648800	6.4135	6.5270	6.1498

图 13-3　输出的 df 数据

13.4.2　步骤 2：模型训练

准备好数据后，我们就可以训练模型了，具体代码如下。

```
import pandas as pd
from sklearn.model_selection import train_test_split
from sklearn.preprocessing import StandardScaler
from sklearn.linear_model import LogisticRegression
from sklearn.pipeline import Pipeline
from sklearn.impute import SimpleImputer
from sklearn.metrics import accuracy_score
import joblib
# 创建标签列
df['Label'] = df['Close'].diff().gt(0).astype(int)                              ①

# 提取特征和目标变量
X = df[['Volume', 'Open', 'High', 'Low']]                                       ②
y = df['Label']                                                                 ③

# 划分训练集和测试集
X_train, X_test, y_train, y_test = train_test_split(X, y, test_size=0.3, random_state=1)  ④

# 构建 Pipeline
pipe = Pipeline([                                                               ⑤
    ('imputer', SimpleImputer(strategy='mean')),
```

```
        ('scaler', StandardScaler()),
        ('model', LogisticRegression())
])
# 模型训练
pipe.fit(X_train, y_train)                                            ⑥
# 保存模型
joblib.dump(pipe, 'nvidia_classification_mode .pkl')                  ⑦
# 测试集预测
y_pred = pipe.predict(X_test)                                         ⑧
# 准确率
accuracy = accuracy_score(y_test, y_pred)                             ⑨
print(f" 准确率：{accuracy}")
```

代码解释如下。

代码第①行在原始数据中，通过计算 'Close/Last' 列的差分，将结果是否大于 0 转换为布尔值，并将其转换为整数。这样创建了一个名为 Label 的新列，用于表示股票价格上涨（1）或下跌（0）。

代码第②行从处理后的数据中，选择包含特征的列，即 Volume、Open、High 和 Low 列，将其存储在变量 X 中。

代码第③行从处理后的数据中，选择 Label 列，将其存储在变量 y 中，作为目标变量。

代码第④行使用 train_test_split 函数将特征变量 X 和目标变量 y 划分为训练集和测试集，其中测试集占总数据的 30%。划分的结果存储在变量 X_train、X_test、y_train 和 y_test 中。

代码第⑤行使用 Pipeline 构建一个流水线，其中包含了数据填补（SimpleImputer）、特征标准化（StandardScaler）和逻辑回归模型（LogisticRegression）这 3 个步骤。每个步骤都有一个名称，分别为 imputer、scaler 和 model。

代码第⑥行使用流水线的 fit() 方法对训练集进行拟合，即对数据进行填补、标准化，并使用逻辑回归模型进行训练。

代码第⑦行使用 joblib.dump 将训练好的流水线模型保存到文件 "nvidia_classification_mode .pkl" 中。

代码第⑧行使用训练好的模型对测试集 X_test 进行预测，得到预测结果 y_pred。

代码第⑨行使用 accuracy_score 函数计算预测结果 y_pred 与真实标签 y_test 之间的准确率，并将准确率存储在变量 accuracy 中。最后使用 print 函数打印准确率的结果。

上述代码运行后的结果如下。

```
准确率：0.5661375661375662
```

此外，代码运行后，会在当前目录下生成模型文件 "nvidia_classification_mode .pkl"，这是我们训练模型的结果，会在时间预测时使用。

> **提示：**
> 训练模型的数据集文件应该具有如下特点。
> （1）样本数据：数据集应包含足够数量的样本数据。更多的样本数据可以帮助模型更好地学习数据的模式和关系，从而提高模型的性能和泛化能力。

（2）特征变量：数据集应包含用于训练模型的特征变量。特征变量描述样本的属性或特征，用于预测目标变量。特征变量可以是数值型、类别型或其他类型的数据。

（3）目标变量：数据集应包含用于训练模型的目标变量（也称为标签或输出变量）。目标变量是要预测或分类的变量。它可以是二元分类、多类分类或连续值。

（4）数据质量：数据集应经过清洗和预处理，以确保数据的质量和一致性。这包括处理缺失值、异常值、重复值等数据问题。

（5）数据平衡：对于分类问题，数据集中的类别分布应尽量平衡，避免某个类别过多或过少导致模型偏向某个类别。

13.4.3 步骤3：使用DeepSeek进行模型评估

对于模型的训练结果，我们可以借助 DeepSeek 进行分析。

> **提问：**
> 我采用逻辑函数进行分类预测，帮我分析一下。
> 数据集是英伟达最近 5 年的股票历史数据。
> 准确率：0.5661375661375662

DeepSeek：

在使用逻辑回归（Logistic Regression）进行分类预测时，准确率约为 0.5661 表示模型的预测能力大致处于随机猜测之上，但它的表现并不十分强劲。我们可以从以下几个方面分析和改进该模型。

1. 模型准确率评估

（1）准确率（Accuracy）：这是一个衡量分类器正确预测的比例。在你的案例中，准确率约为 0.5661，这意味着模型约有 56.61% 的时间能够正确地预测英伟达（NVIDIA）股票是否上涨（或下跌）。虽然比随机猜测要好，但在实际的金融预测任务中，准确率通常不够高，尤其是考虑到股票市场的高波动性和复杂性。

（2）股票市场的复杂性：股市受多种因素的影响（如宏观经济数据、市场情绪、突发事件等），使得其走势难以预测。因此，56.61% 的准确率可能已经能够在某些情境下提供一定的参考价值，但距离真正的交易决策模型还有一定距离。

2. 数据处理与特征工程

（1）特征选择：模型的表现很大程度上依赖于选择的特征。你使用了 Volume、Open、High、Low 等基本的股市数据作为输入特征。这些数据本身在预测中能提供有限的信息，因为股市的走势不仅受这些因素的影响，还受到其他复杂的宏观因素和市场情绪的影响。你可能需要增加一些技术指标（如 SMA、RSI、MACD 等）来提升特征的表达能力。

（2）数据平衡问题：股市数据中可能有某些类别的样本数量远高于其他类别的样本数量，导致类别不平衡。例如，某些时段股市大概率上涨，导致"上涨"样本过多，而"下跌"样本过少。类别不平衡可能影响模型的准确性，你可以尝试使用重采样技术（如过采样、欠采样）或调整类别权重来改善这一问题。

（3）时间序列特性：股市数据是时间序列数据，这意味着过去的价格数据可能对预测未来的走势有重要影响。使用传统的逻辑回归时，模型可能忽视了时间序列的相关性，导致预测性能下降。

你可以考虑使用滑动窗口或序列模型（如 LSTM 或 GRU）来更好地捕捉时间依赖性。

3. 模型优化与调整

（1）参数调优：逻辑回归的性能往往与其正则化参数（如 C）和模型的迭代次数（如 max_iter）密切相关。你可以通过网格搜索（GridSearchCV）或随机搜索（RandomizedSearchCV）来调整这些超参数。合适的超参数选择可能会改善模型的性能。

（2）正则化：正则化项（L1 或 L2 正则化）可以减少模型的过拟合风险，尤其是在特征较多的情况下。你当前的模型可能还没有进行足够的正则化，导致它在某些特征上过拟合。通过增加 L1（Lasso）或 L2（Ridge）正则化，你可以使模型更稳健。

4. 模型评估与改进

（1）交叉验证：为了更全面地评估模型的表现，可以使用 K 折交叉验证来评估模型的泛化能力。单一的训练集和测试集分割可能导致偶然的高准确率或低准确率。

（2）混淆矩阵与其他指标：准确率并不是评估分类模型的唯一标准。你还可以查看混淆矩阵，从而获得模型在每个类别（上涨与下跌）上的具体表现。同时，评估精确率（Precision）、召回率（Recall）和 F1 分数等指标，能更好地反映模型的综合表现。

（3）过拟合与欠拟合：你需要检查模型是否出现过拟合或欠拟合。如果训练集的准确率显著高于测试集的准确率，那么可能表明模型在训练集上过拟合；如果二者差距较小，并且准确率较低，那么可能是欠拟合。可以通过调整模型复杂度或增加训练数据来改进。

5. 进一步提升模型性能

你可以进一步进行特征工程，增加一些具有更强预测能力的特征。具体如下。

（1）技术指标：如移动平均线（SMA）、指数移动平均线（EMA）、相对强弱指标（RSI）等，这些指标在金融市场中有广泛的应用。

（2）时间窗口特征：如过去若干天的价格变化率，过去一段时间的波动率等。

（3）其他模型选择：除了逻辑回归，你还可以尝试其他更强大的分类模型，如支持向量机（SVM）、随机森林、梯度提升树（XGBoost、LightGBM、CatBoost）等。这些模型对于复杂的非线性问题可能会有更好的表现。

（4）深度学习：对于股市数据的时间序列预测，深度学习模型（如 LSTM 或 GRU）能够更好地捕捉序列中的长期依赖关系，并且可以通过卷积神经网络（CNN）来提取局部特征，可能会进一步提高模型的准确率。

6. 总结与建议

当前模型的准确率约为 0.5661，尽管略高于随机猜测，但离实际应用中所期望的预测准确率还有差距。要进一步提升模型的性能，建议：

增加技术指标和时间窗口特征；

尝试使用其他模型，如随机森林、XGBoost 等；

优化超参数和正则化；

使用交叉验证，并评估更全面的指标（如精确率、召回率、F1-score）。

通过以上的优化和改进，你可以提升模型的预测准确性，进而更好地应用于股票交易决策中。

13.4.4 步骤4：使用DeepSeek进行模型优化

我们继续探讨模型训练结果不佳的问题。正如 13.4.3 节中提到的，DeepSeek 已经为我们提供了一些优化方向的指导。基于这些指导，我们可以进一步采取以下策略来提升模型的表现。

> **提问：**
> 在模型训练结果不佳的情况下，有哪些具体的优化策略可以尝试？

DeepSeek：

在模型训练结果不佳的情况下，我们可以尝试以下具体的优化策略。

1. 改进特征工程

（1）增加更多特征：引入更多相关的特征，如技术指标（SMA、RSI、MACD）或市场情绪数据等，以丰富模型的信息来源。

（2）特征选择与提取：使用特征选择方法（如递归特征消除、L1 正则化）来挑选最重要的特征，从而提高模型的准确性。

（3）创建新的衍生特征：如通过价格变化率、成交量变化率等衍生特征，帮助模型捕捉市场趋势。

2. 调整模型和超参数

（1）优化模型超参数：通过网格搜索（GridSearchCV）或随机搜索（RandomizedSearchCV）来调整超参数（如正则化系数、学习率等）。

（2）尝试不同的模型：如果当前的逻辑回归表现不佳，那么可以尝试其他更复杂的模型，如支持向量机（SVM）、随机森林、梯度提升机（XGBoost、LightGBM）等。这些模型往往能处理更复杂的非线性关系。

（3）正则化：调整正则化参数（如 L1/L2 正则化），帮助控制过拟合问题，改善模型的泛化能力。

3. 数据预处理与平衡

（1）处理缺失值和异常值：为了确保数据中没有缺失值或异常值，使用均值填充、插值或删除等方法进行处理。

（2）数据平衡：股市数据往往存在类别不平衡问题（如上涨和下跌样本数量不均），可以通过过采样或欠采样方法来平衡数据，或者在模型训练时调整类别权重。

4. 增加数据量

（1）增加训练数据：使用更多的历史数据来训练模型，这有助于提高模型的学习能力和准确性。

（2）数据增强：某些情况下可以通过数据增强技术生成更多的样本，如通过时间序列的滑动窗口方法来扩展数据集。

5. 时间序列特征

（1）滑动窗口特征：股市数据具有明显的时间依赖性，可以通过滑动窗口方法来创建带有时间依赖的特征，使模型能够学习到数据的时序模式。

（2）时间序列模型：对于股市预测，可以尝试使用 ARIMA、LSTM 等时序模型，这些模型能够更好地捕捉时间序列中的趋势和季节性变化。

6. 集成学习

（1）集成多个模型：可以尝试使用集成学习方法，如随机森林、梯度提升树（XGBoost、LightGBM）、Stacking 等，将多个模型的结果结合，以提高预测性能。

（2）投票法和加权平均法：对于分类任务，可以使用投票法或加权平均法来结合多个分类器的预测结果。

7. 避免过拟合

（1）早停（Early Stopping）：在训练过程中监控验证集的表现，当验证集性能不再提升时提前停止训练，避免过拟合。

（2）正则化：通过 L1/L2 正则化或 Dropout（对于深度学习模型）等方法来防止模型过于复杂，确保模型更具泛化能力。

8. 优化评估与验证

（1）交叉验证：使用 K 折交叉验证，而不是单一的训练集和测试集划分，能够更稳定地评估模型的性能，避免过拟合。

（2）多维度评估指标：除了准确率，我们还可以使用精确率（Precision）、召回率（Recall）、F1-score 等评估指标。尤其是在数据不平衡时，这些指标能更好地反映模型的效果。

9. 尝试深度学习

（1）深度学习模型：针对股票预测这类时序问题，深度学习模型，如 RNN（循环神经网络）和 LSTM（长短期记忆网络），可以捕捉到数据中的时序特性，帮助模型更好地理解历史数据中的趋势。

（2）使用预训练模型：如果有相似的金融市场数据，那么可以尝试使用迁移学习，借用已有的深度学习模型进行微调，从而提高模型的表现。

10. 模型融合

Stacking 方法：结合多个基础模型的预测，使用元模型（Meta-Model）进行最终预测，以此提高整体预测准确性。

超参数是指在机器学习或深度学习模型训练之前设置的参数。这些参数不能通过训练过程自动学习得到，而是由开发者手动设置的。超参数的设置比较麻烦，我们可以询问 DeepSeek，让它辅助完成超参数调整和优化。

> **提问：**
> 如何通过调整超参数来提高模型的准确性？

> **DeepSeek：**
> 调整超参数是提高模型准确性的重要手段，以下是通过调整超参数来提升模型准确性的几种常见策略。
>
> 1. 选择合适的正则化参数（如 C、penalty）
>
> 正则化可以防止模型过拟合。对于许多模型（如逻辑回归和支持向量机），正则化是一个非常重要的超参数。
>
> C 参数（逻辑回归、SVM）：控制正则化的强度，较小的 C 值会增加正则化，减小模型的复杂度，避免过拟合；较大的 C 值允许更多的自由度，可能导致过拟合。通过调整 C，你可以找到一个适合训练数据集的正则化强度。
>
> 如果 C 太小，可能导致欠拟合（模型过于简单）。
>
> 如果 C 太大，可能导致过拟合（模型过于复杂）。
>
> penalty（L1 或 L2）：在逻辑回归中，L1（Lasso）正则化会导致某些特征的系数为零，从而实现

特征选择；L2（Ridge）正则化则会惩罚所有特征的系数，适合特征较多的情况。

2. 调整学习率（Learning Rate）

学习率控制每次迭代更新参数的步长。过高的学习率可能导致模型无法收敛，而过低的学习率则会导致训练时间过长。

使用学习率调度（如逐步减小学习率）可以帮助模型更好地收敛并提高准确性。

试着从较大的学习率开始，逐步减小，找到最佳的学习率。

3. 最大迭代次数（max_iter）

最大迭代次数控制模型训练的最大周期。对于一些算法（如逻辑回归、SVM 等），如果迭代次数不够，可能无法达到最佳收敛状态，导致模型训练不充分。

增加 max_iter 的值可以给模型更多的训练时间，但要确保不因过多的迭代导致过拟合。

4. 调整决策树参数（对于树模型）

决策树和其他树模型（如随机森林、XGBoost 等）有多个关键超参数，具体如下。

max_depth：控制树的最大深度，过深的树可能会导致过拟合，太浅的树则可能欠拟合。

min_samples_split：控制一个节点需要的最小样本数，过小的值会使树分裂得过细，可能导致过拟合。

min_samples_leaf：控制叶节点上的最小样本数，较大的值可以避免模型过度复杂。

合理设置这些参数能够让模型在训练数据上拟合得更好，并提高泛化能力。

5. 使用合适的核函数（Kernel）

对于支持向量机（SVM）和核方法，选择合适的核函数，如线性核、高斯核（RBF），对于提高准确性至关重要。

线性核适合数据线性可分的情况。

RBF 适合数据存在非线性关系的情况。

尝试不同的核函数并通过交叉验证来选择最适合的核函数。

6. 使用交叉验证来选择超参数

使用交叉验证（如 K 折交叉验证）可以评估不同超参数组合在训练集上的表现，防止因数据集划分不均衡而导致模型的偏差。

交叉验证能够让你更准确地了解不同超参数配置对模型性能的影响。

7. 集成学习和超参数调整

在集成学习方法（如随机森林、XGBoost）中，超参数的选择非常重要。具体如下。

n_estimators（决策树的数量）：增加树的数量通常能提高模型的准确性，但过多的树可能导致训练过慢，甚至出现过拟合。

learning_rate：控制每一轮迭代的更新步长。

max_depth、min_child_weight 等参数能够控制树的复杂度。

对这些参数的优化可以显著提高集成模型的准确性。

8. 早停（Early Stopping）

在迭代训练过程中，使用早停技术可以监控验证集的损失，如果在一定轮次内没有提升，那么就停止训练。这样可以避免过拟合，同时节省计算资源。

9. 数据标准化和归一化

对于像逻辑回归、SVM 这样对数据尺度敏感的模型，数据标准化（StandardScaler）和归一化（MinMaxScaler）可以提高模型的收敛速度和性能。

对特征进行标准化处理后，可能会对超参数（如正则化参数C、学习率等）的选择产生不同的影响。

10. 调参方法

（1）网格搜索（GridSearchCV）：通过在预定义的超参数网格上进行全面搜索，选择最佳超参数组合。虽然这种方法计算开销大，但能全面找到最佳组合。

（2）随机搜索（RandomizedSearchCV）：在指定的超参数空间中随机采样，进行有限次数的模型训练。随机搜索通常比网格搜索更高效，特别是超参数空间较大时。

根据DeepSeek的回答，我们可以选择网格搜索调参方法。网格搜索调整超参数能够在多个候选超参数组合中找到最佳的组合，从而提升模型性能。调整的超参数通常包括正则化强度（C）、求解器类型（solver）及正则化类型（penalty）。通过网格搜索，我们可以获得最佳的模型表现，最终提升分类任务的准确性。

接下来，我们可以向DeepSeek询问实施细节。

> **提问：**
> 我们选择了网格搜索调参方法，应该如何实施呢？

DeepSeek：

以下是一个详细的实施步骤，帮助你高效地完成模型调参工作。

1. 确定调参目标和选择模型

你要选择需要调整超参数的模型。如果你选择的是逻辑回归，那么你可能想调整以下超参数。

C: 正则化参数（越小正则化越强）。

solver: 用于求解优化问题的算法（如 liblinear、saga）。

penalty: 正则化方式（如 L1、L2）。

2. 定义超参数搜索空间

网格搜索会遍历你给定的超参数空间。为此，你需要定义每个超参数的候选值。具体示例如下。

C:[0.1,1,10,100]

solver:['liblinear','saga']

penalty:['l1','l2']

3. 使用 GridSearchCV 进行调参

GridSearchCV 会遍历所有给定的超参数组合，并使用交叉验证来评估每个组合的效果。

4. 实施步骤

下面是一个具体的代码示例，展示了如何使用网格搜索来优化逻辑回归的超参数。

```python
# 导入必要的库
from sklearn.model_selection import GridSearchCV
from sklearn.linear_model import LogisticRegression
from sklearn.pipeline import Pipeline
from sklearn.preprocessing import StandardScaler
from sklearn.impute import SimpleImputer
from sklearn.metrics import accuracy_score
# 假设 X_train、y_train 已经准备好了
```

```python
# 创建逻辑回归模型
log_reg = LogisticRegression()
# 定义参数网格
param_grid = {
    'model__C': [0.1, 1, 10, 100],  # 正则化参数
    'model__solver': ['liblinear', 'saga'],  # 求解器
    'model__penalty': ['l1', 'l2']  # 正则化类型
}
# 创建 Pipeline 来进行预处理和模型训练
pipe = Pipeline([
    ('imputer', SimpleImputer(strategy='mean')),  # 处理缺失值
    ('scaler', StandardScaler()),  # 特征缩放
    ('model', log_reg)  # 模型
])
# 设置网格搜索，使用 5 折交叉验证
grid_search = GridSearchCV(pipe, param_grid, cv=5, scoring='accuracy', verbose=1)
# 训练模型
grid_search.fit(X_train, y_train)
# 输出最优参数
print("Best parameters found: ", grid_search.best_params_)
# 输出最佳的交叉验证准确率
print("Best cross-validation score: ", grid_search.best_score_)
# 使用最佳模型进行预测
best_model = grid_search.best_estimator_
# 在测试集上评估
y_pred = best_model.predict(X_test)
print("Test set accuracy: ", accuracy_score(y_test, y_pred))
```

5. 代码解释

Pipeline：我们使用 Pipeline 来串联预处理步骤和模型训练，这样能简化模型训练流程，并避免数据泄露。

SimpleImputer：用于处理缺失值（如果有的话）。

StandardScaler：对特征进行标准化。

GridSearchCV：执行网格搜索。cv=5 表示设置使用 5 折交叉验证。scoring='accuracy' 表示选择准确率作为评估标准。

6. 调试与检查

最佳参数组合：grid_search.best_params_ 会输出最优的超参数组合。

交叉验证得分：grid_search.best_score_ 会返回该组合下的交叉验证得分。

最终模型评估：你可以使用 grid_search.best_estimator_ 来获取最好的模型，并用它对测试集进行预测。

> **7. 参数空间选择建议**
> C 值：C 值控制正则化的强度，较大的 C 值意味着较弱的正则化。一般可以选择多个 C 值（如 [0.1, 1, 10, 100]）进行搜索。
> solver：求解器的选择依赖于数据集的大小。liblinear 适合小数据集，saga 适合大数据集。
> penalty：选择 L1（Lasso）或 L2（Ridge）来进行正则化，通常 L2 更常用，L1 在某些情况下有特征选择的作用。
>
> **8. 注意事项**
> 计算资源：网格搜索遍历所有参数组合，计算量较大。如果搜索空间过大，计算时间可能会非常长。你可以考虑使用随机搜索（RandomizedSearchCV），它会从给定的参数空间中随机选择一些组合进行评估，从而节省计算资源。
> 合适的超参数范围：设置合适的超参数范围至关重要。我们可以通过初步的实验来缩小范围，然后进行更细致的搜索。

对 DeepSeek 给出的示例代码进行适当修改，具体代码如下。

```python
import joblib
from sklearn.model_selection import GridSearchCV
from sklearn.linear_model import LogisticRegression
from sklearn.pipeline import Pipeline
from sklearn.preprocessing import StandardScaler
from sklearn.impute import SimpleImputer
from sklearn.metrics import accuracy_score

# 创建逻辑回归模型
log_reg = LogisticRegression()

# 定义参数网格，设置需要调节的超参数值
param_grid = {
    'model__C': [0.1, 1, 10, 100],    # 正则化参数 C，越大正则化越弱
    'model__solver': ['liblinear', 'saga'],    # 求解器，liblinear 适合小数据集，saga 适合大数据集
    'model__penalty': ['l1', 'l2']    # 正则化方式，L1 是 Lasso，L2 是 Ridge
}
# 创建 Pipeline，将预处理步骤与模型训练结合
pipe = Pipeline([
    ('imputer', SimpleImputer(strategy='mean')),    # 用均值填补缺失值
    ('scaler', StandardScaler()),    # 对特征进行标准化处理
    ('model', log_reg)    # 使用逻辑回归模型
])

# 设置网格搜索，使用 5 折交叉验证，评分方式为准确率
grid_search = GridSearchCV(pipe, param_grid, cv=5, scoring='accuracy', verbose=1)

# 训练模型
grid_search.fit(X_train, y_train)
# 输出最佳超参数
print("最佳超参数组合：", grid_search.best_params_)
# 输出最佳交叉验证准确率
print("最佳交叉验证得分：", grid_search.best_score_)
# 使用最佳模型进行预测
best_model = grid_search.best_estimator_
# 在测试集上评估
y_pred = best_model.predict(X_test)
```

```
# 输出测试集准确率
print("测试集准确率: ", accuracy_score(y_test, y_pred))
# 保存训练好的模型到文件
joblib.dump(best_model, 'nvidia_classification_model.pkl')
print("模型已保存为 'nvidia_classification_model.pkl'")
```

代码运行后，输出的内容如下。

最佳超参数组合: {'model__C': 100, 'model__penalty': 'l1', 'model__solver': 'liblinear'}
最佳交叉验证得分: 0.7452142857142857
测试集准确率: 0.7936507936507936

对于模型训练输出的结果，我们可以通过 DeepSeek 进行解析。

> **提问：**
>
> 模型训练输出的结果如下，请解析结果。
> 最佳超参数组合：{'model__C': 100, 'model__penalty': 'l1', 'model__solver': 'liblinear'}
> 最佳交叉验证得分：0.7452142857142857
> 测试集准确率：0.7936507936507936

DeepSeek：

根据你提供的输出结果，以下是对每个部分的解析。

1. 最佳超参数组合：{'model__C': 100, 'model__penalty': 'l1', 'model__solver': 'liblinear'}

（1）C：100 表示正则化强度的参数。在逻辑回归中，C 参数越大，正则化的强度越弱，模型越容易过拟合。C=100 表示选择了较弱的正则化，这通常适用于数据量较大且较为复杂的情况。

（2）penalty：'l1' 表示使用 L1 正则化，即 Lasso 正则化。L1 正则化可以促使一些特征的系数变为零，从而实现特征选择。这在某些情况下有助于降低模型的复杂度，特别是在特征很多的情况下。

（3）solver：'liblinear' 表示使用 liblinear 优化算法来求解模型参数。liblinear 是一种基于坐标下降法的优化算法，适合小型数据集并且在 L1 正则化下表现较好。对于较小的数据集或需要 L1 正则化的情况，liblinear 是一个常用选择。

2. 最佳交叉验证得分：0.7452142857142857

交叉验证得分表示模型在交叉验证过程中得到的平均准确率。这里的得分约为 0.7452，即在 5 折交叉验证中，模型的平均准确率约为 74.52%。

该结果意味着，模型在训练数据上表现较为不错，能够稳定地做出较准确的预测。不过，这个结果并不是非常好，表明模型仍有进一步优化的空间。

3. 测试集准确率：0.7936507936507936

测试集准确率表示模型在未见过的数据（测试集）上的表现。这里的得分约为 79.37%，即模型在测试集上的预测准确率约为 79.37%。

相比交叉验证的结果，测试集准确率有所提高，说明模型在新数据上的表现较好，并且具备一定的泛化能力。

13.4.5 步骤5：预测股票走势

模型训练好之后，我们就可以使用模型进行预测了。我们准备了新的数据集"HistoricalData_NVIDIA.csv"文件。该数据集是近一个月英伟达股票的历史数据，预测代码如下。

```
import pandas as pd
import joblib

# 加载模型
loaded_model = joblib.load('nvidia_classification_mode .pkl')                    ①
# 新数据准备
new_data = pd.read_csv('data/HistoricalData_NVIDIA.csv')                          ②
new_data['Close/Last'] = new_data['Close/Last'].str.replace('$', '').astype(float)
                                                                                   ③
new_data['Open'] = new_data['Open'].str.replace('$', '').astype(float)
new_data['High'] = new_data['High'].str.replace('$', '').astype(float)
new_data['Low'] = new_data['Low'].str.replace('$', '').astype(float)              ④

# 删除 Close 和 Date 特征列
new_data.drop('Close', axis=1, inplace=True)                                       ⑤
new_data.drop('Date', axis=1, inplace=True)                                        ⑥
# 预测结果
predicted_labels = loaded_model.predict(new_data)                                  ⑦
# 将预测结果加入原始数据中
new_data['Predicted_Label'] = predicted_labels
# 输出预测结果，重新加入 'Close/Last' 和 'Date' 列
result = new_data[['Predicted_Label']]
result['Close/Last'] = close_last_column
result['Date'] = date_column
# 输出结果
result
```

代码解释如下。

代码第①行表示加载之前保存的模型文件"nvidia_classification_mode .pkl"。joblib.load() 函数用于从文件中加载模型，将加载的模型存储在 loaded_model 变量中。

代码第②行表示读取名为"HistoricalData_1687681340565.csv"的新数据文件，并将数据存储在 new_data 变量中。pd.read_csv() 函数用于从 CSV 文件中读取数据。

代码第③~④行用于对 new_data 数据集中的 Close、Open、High 和 Low 列进行数据处理。str.replace('$', '') 将字符串中的美元符号 $ 替换为空字符串，.astype(float) 将处理后的字符串转换为浮点数类型。

代码第⑤~⑥行表示从 new_data 数据集中删除了 Close 和 Date 列。drop() 函数用于删除指定列，axis=1 表示按列删除，inplace=True 表示直接在原数据集上进行修改。

代码第⑦行使用加载的模型 loaded_model 对 new_data 进行预测。predict() 方法用于对给定的输入数据进行预测，将预测结果存储在 predicted_labels 变量中。

运行上述代码后，输出结果如图 13-4 所示。

	Predicted_Label	Close/Last	Date
0	0	139.40	02/18/2025
1	1	138.85	02/14/2025
2	1	135.29	02/13/2025
3	1	131.14	02/12/2025
4	1	132.80	02/11/2025
5	1	133.57	02/10/2025
6	0	129.84	02/07/2025
7	0	128.68	02/06/2025
8	1	124.83	02/05/2025
9	1	118.65	02/04/2025
10	1	116.66	02/03/2025
11	0	120.07	01/31/2025
12	0	124.65	01/30/2025
13	0	123.70	01/29/2025
14	1	128.99	01/28/2025
15	0	118.42	01/27/2025
16	0	142.62	01/24/2025
17	1	147.22	01/23/2025
18	1	147.07	01/22/2025
19	1	140.83	01/21/2025

图 13-4　输出结果（1）

输出结果中包含 20 条数据记录，由于我们使用的模型是一个分类模型，它的目的是预测下一个交易日股票是否会上涨。具体来说，模型输出 1（Predicted_Label 列）表示预测股票将上涨，而模型输出 0 表示预测股票将下跌或保持不变。

通过这种方式，模型可以帮助我们判断股票在未来某个时间点的可能走势，从而为投资决策提供参考。

13.5 实战案例38：使用回归策略预测英伟达股票走势

线性回归是一种常用的回归算法。它用于建立自变量（特征）和因变量（目标）之间的线性关系，并预测连续型变量的值。

线性回归的目标是找到最佳拟合直线（或超平面），使预测值与真实值之间的差异最小化。这种回归算法基于以下假设。

（1）自变量和因变量之间存在线性关系。

（2）预测误差服从正态分布。

（3）自变量之间相互独立。

具体实施过程如下。

13.5.1 步骤1：数据准备和处理

参考 13.4.1 节加载和清洗数据，具体过程不再赘述。

13.5.2 步骤2：模型训练

准备好数据后，我们就可以训练模型了，具体代码如下。

```
import pandas as pd
from sklearn.model_selection import train_test_split
from sklearn.linear_model import LinearRegression
from sklearn.metrics import mean_squared_error
import joblib

# 提取特征和目标变量
X = data[['Volume', 'Open', 'High', 'Low']]                              ①
y = data['Close']                                                         ②

# 划分训练集和测试集
X_train, X_test, y_train, y_test = train_test_split(X, y, test_size=0.3, random_
state=1)                                                                  ③

# 模型训练
model = LinearRegression()                                                ④
model.fit(X_train, y_train)                                               ⑤
# 测试集预测
y_pred = model.predict(X_test)                                            ⑥
# 模型评估
mse = mean_squared_error(y_test, y_pred)                                  ⑦
print(f"均方误差 (MSE): {mse}")                                           ⑧
# 保存模型数据
joblib.dump(model, 'nvidia_regression_model.pkl')                         ⑨
```

代码解释如下。

代码第①行使用 data[['Volume', 'Open', 'High', 'Low']] 选择 DataFrame 中的 Volume、Open、High、Low，并将结果存储在变量 X 中。这些列将作为特征变量用于训练模型。

代码第②行中的 data['Close'] 表示选择了 DataFrame 中的 Close 列，并将结果存储在变量 y 中。该列是目标变量，模型将试图预测它。

代码第③行中的 train_test_split 函数将特征变量 X 和目标变量 y 划分为训练集和测试集。test_size=0.3 表示测试集占总数据集的 30%，而训练集占总数据集的 70%。random_state=1 是一个随机种子，用于确保每次运行时划分结果的一致性。划分后的训练集特征变量、测试集特征变量、训练集目标变量、测试集目标变量分别存储在 X_train、X_test、y_train、y_test 变量中。

代码第④行创建了一个 LinearRegression 线性回归模型对象，并将其存储在变量 model 中。

代码第⑤行中的 model.fit(X_train, y_train) 用于训练（拟合）线性回归模型。它接受训练集的特征变量 X_train 和目标变量 y_train 作为输入，并调整模型的参数以适应给定的训练数据。

代码第⑥行使用训练好的模型 model 对测试集的特征变量 X_test 进行预测，并将预测结果存储在变量 y_pred 中。

代码第⑦行中的 mean_squared_error(y_test, y_pred) 用于计算测试集目标变量 y_test 和预测结果 y_pred 之间的均方误差（Mean Square Error，MSE）。MSE 是一种衡量回归模型预测性能的指标，它表示预测值与真实值之间的差异程度。

代码第⑧行表示打印 MSE 值。

代码第⑨行将训练好的线性回归模型对象 model 保存，以便后续可以加载该模型并进行预测。

上述代码运行后的结果如下。

```
均方误差 (MSE): 0.39966257011019735
[2]:
['nvidia_regression_model.pkl']
```

程序运行后，会在当前目录下生成模型文件"nvidia_regression_model.pkl"，这是我们训练模型的结果，会在时间预测时使用。

> **提示：**
> MSE 是一种常用的回归模型评估指标，用于衡量预测值与真实值之间的平均差异程度。
> 计算 MSE 的步骤如下。
> （1）对于每个样本，计算预测值与真实值之间的差异（残差）。
> （2）对每个残差平方。
> （3）对所有样本残差的平方求平均值。
> MSE 越小，表示模型的预测值与真实值之间的差异越小，预测性能越好。MSE 的值始终为非负数，越接近 0 表示模型的拟合程度越好。
> MSE 需要计算残差的平方，它对较大的误差值更加敏感，即较大的误差对 MSE 的贡献更大。这使得 MSE 在存在离群值（异常值）的数据集中可能会受到影响。
> 除了 MSE，还有其他常用的回归模型评估指标，如平均绝对误差（Mean Absolute Error，MAE）、决定系数等，可以根据具体需求选择合适的评估指标来评估回归模型的性能。

13.5.3 步骤3：预测股票走势

模型训练好之后，我们就可以使用模型进行预测了。我们准备了新的数据集"HistoricalData_NVIDIA.csv"文件。该数据集是近一个月英伟达股票的历史数据，预测代码如下。

```
import pandas as pd
import joblib
```

```python
# 加载训练好的模型
model = joblib.load('nvidia_regression_model.pkl')

# 加载新的股票数据
new_data = pd.read_csv('data/HistoricalData_NVIDIA.csv')

# 将Date列转换为日期格式, 注意这里指定了日期格式为 %m/%d/%Y
new_data['Date'] = pd.to_datetime(new_data['Date'], format='%m/%d/%Y')

# 确保日期按升序排序
new_data = new_data.sort_values(by='Date')

# 清洗数据
new_data['Close/Last'] = new_data['Close/Last'].str.replace('$', '').astype(float)
new_data['Open'] = new_data['Open'].str.replace('$', '').astype(float)
new_data['High'] = new_data['High'].str.replace('$', '').astype(float)
new_data['Low'] = new_data['Low'].str.replace('$', '').astype(float)

# 提取新数据的特征
X_new = new_data[['Volume', 'Open', 'High', 'Low']]  # 使用与训练数据相同的特征

# 使用训练好的模型进行预测
predicted_close = model.predict(X_new)
# 将预测结果加入新的数据框中
new_data['Predicted_Price'] = predicted_close
# 输出预测结果
print("股票价格预测结果: ")
new_data[['Date', 'Close/Last', 'Predicted_Price']]
```

运行上述代码后，输出结果如图13-5所示。

	Date	Close/Last	Predicted_Price
19	2025-01-21	140.83	140.009871
18	2025-01-22	147.07	146.843021
17	2025-01-23	147.22	146.133060
16	2025-01-24	142.62	143.688896
15	2025-01-27	118.42	121.232806
14	2025-01-28	128.99	123.469030
13	2025-01-29	123.70	121.618676
12	2025-01-30	124.65	120.738994
11	2025-01-31	120.07	123.619712
10	2025-02-03	116.66	116.799089
9	2025-02-04	118.65	120.641807
8	2025-02-05	124.83	123.968160
7	2025-02-06	128.68	126.995716
6	2025-02-07	129.84	126.904974
5	2025-02-10	133.57	134.487853
4	2025-02-11	132.80	133.194771
3	2025-02-12	131.14	131.432419
2	2025-02-13	135.29	135.763969
1	2025-02-14	138.85	138.343428
0	2025-02-18	139.40	140.609991

图13-5 输出结果（2）

13.5.4 步骤4：使用DeepSeek进行模型评估

对于模型的训练结果，我们可以借助 DeepSeek 进行分析。

> **提问：**
> 我采用线性回归模型预测英伟达股票走势，训练结果的均方误差（MSE）为 0.39966257011019735，请帮我分析一下。

DeepSeek：

1. MSE 值分析

（1）MSE 的意义：均方误差（MSE）是回归模型中衡量预测误差的常用指标，它计算的是模型预测值与真实值之间差异的平方平均值。在你的情况下，MSE 值为 0.39966257011019735，这意味着在所有预测样本中，模型的平均误差大约是 0.63 的平方。

（2）如何理解 MSE 值：如果数据的量纲较小（如股价的波动较小），那么这个 MSE 可能意味着预测误差相对较大。如果股价本身的波动范围较大（如在 100 美元到 500 美元之间波动），那么 MSE 为 0.5470892124944756 可能相对较小，说明模型预测误差较小。

2. 与其他指标对比

（1）与平均绝对误差（MAE）相比：MSE 会对较大的误差给予更高的惩罚，因为它是所有样本残差平方的平均值。所以当 MSE 比较大时，说明有一些较大的错误值(异常点)可能影响了模型的表现。如果 MSE 较小，但 MAE 较大，那么可能表示模型的误差分布不均。

（2）与 R^2（决定系数）比较：在回归分析中，R^2 用于衡量模型对数据的拟合程度。通常，R^2 越高，模型的预测能力越强。我们可以结合 R^2 和 MSE 一起评估模型的性能。

3. 与实际应用场景相关

（1）股票市场的特殊性：股票市场的波动是非常复杂且受到多种因素影响的，因此线性回归可能无法完全捕捉到这些复杂关系。股价波动通常是非线性的，受市场情绪、宏观经济等多因素影响，因此线性回归可能存在较大的误差。

（2）预测股票价格的挑战：在股票市场中，即便模型的 MSE 较小，依然难以保证较高的预测准确性，这是因为股市的不可预测性、外部冲击和各种新闻事件会导致股价的剧烈波动。

4. 如何改进模型

（1）特征工程：如果模型的 MSE 较高，那么可以通过选择更多相关的特征来提高预测能力。例如，除了基本的股价数据，我们可以考虑引入技术指标（如移动平均线、相对强弱指标、MACD 等）或宏观经济数据（如利率、GDP 增长率等）。

（2）模型优化：线性回归是一个相对简单的模型，如果发现其表现不佳，可以尝试使用更复杂的回归模型，如岭回归（Ridge Regression）或 Lasso 回归。它们在处理高维数据时可能比线性回归有更好的效果。

（3）其他非线性模型：如果线性回归效果不佳，可以考虑使用更强大的回归模型，如决策树回归（Decision Tree Regression）、随机森林回归（Random Forest Regression）或梯度提升回归（Gradient Boosting Regression）。这些模型可以捕捉更多的非线性关系，很可能提高预测准确性。

（4）数据预处理：检查是否存在缺失数据或异常值，若存在清理数据、标准化数据或进行特征缩放可能会提高模型表现。

5.总结和建议

总结：在回归问题中，较小的 MSE 表示预测精度较高，但股票预测任务通常具有很高的复杂性。因此，这个结果既有其优势（表示模型在大部分情况下能够捕捉到数据趋势），也反映了股市的复杂性。

建议：如果你希望进一步优化模型，那么可以考虑尝试更复杂的回归模型，或者加入更多相关的特征；也可以使用交叉验证方法评估模型性能，以确保模型的稳定性。根据实际需求，我们可以结合其他评价指标（如 MAE、R^2、残差分析）来全面评估模型的表现。

13.5.5 步骤5：使用DeepSeek进行模型优化

我们可以与 DeepSeek 探讨模型训练结果不佳的问题。13.5.4 节中 DeepSeek 已经为我们提供了一些优化方向的指导。基于这些指导，我们可以进一步询问 DeepSeek。

> **提问：**
> 从 MSE 值可见，模型表现不佳，为了优化模型的表现，我还是想采用线性回归模型来预测股票走势，你有好的建议吗？

> **DeepSeek：**
> 如果你坚持使用线性回归模型来预测股票走势，但发现均方误差（MSE）较高，表明模型的表现并不理想，我们可以采取一些优化策略，来提升模型效果。尽管线性回归是一个简单的模型，但通过合适的特征工程、数据处理和模型调整，你仍然可以得到更好的预测结果。
>
> 优化线性回归模型的策略如下。
>
> 1. 增加或优化特征
>
> 线性回归的预测能力依赖于输入的特征。如果只使用原始的股票数据（如开盘价、收盘价、最高价、最低价等），模型可能难以捕捉到数据的非线性关系。你可以尝试增加一些新的特征，帮助模型更好地理解股票价格的变化趋势。
>
> （1）技术指标
>
> 移动平均线（MA）：如 5 日、20 日、50 日的简单移动平均线（SMA），帮助捕捉股票价格的长期趋势。
>
> 相对强弱指标（RSI）：捕捉股票是否超买或超卖。
>
> 布林带（Bollinger Bands）：帮助衡量价格波动性。
>
> MACD：捕捉趋势的变化。
>
> （2）时间特征
>
> 日期特征：如日、月、年、季度等。
>
> 周、月或季节性：股票价格可能具有一定的季节性波动。
>
> 2. 处理数据问题
>
> 数据质量对于模型表现至关重要。如果存在异常值或数据缺失，可能会影响模型的预测效果。
>
> 缺失值处理：通过填充均值、插值或删除缺失值来处理缺失数据。
>
> 异常值检测：检测并删除或修正异常值，这有助于提升线性回归的准确性。
>
> 数据平滑：有时股票数据本身会非常波动，可以考虑平滑处理（如使用指数加权平均）。

3. 特征标准化
线性回归对特征的尺度敏感。如果不同特征的数值范围相差较大，标准化有助于提高模型的性能。

根据 DeepSeek 的提示，我们选择了增加或优化特征，编写的训练模型代码如下。

```python
import pandas as pd
from sklearn.model_selection import train_test_split
from sklearn.linear_model import LinearRegression
from sklearn.metrics import mean_squared_error
import joblib

# 计算RSI的函数
def compute_RSI(series, period=14):
    delta = series.diff()  # 计算连续日的差值
    gain = (delta.where(delta > 0, 0))  # 涨幅
    loss = (-delta.where(delta < 0, 0))  # 跌幅

    avg_gain = gain.rolling(window=period, min_periods=1).mean()  # 14日内的平均涨幅
    avg_loss = loss.rolling(window=period, min_periods=1).mean()  # 14日内的平均跌幅

    rs = avg_gain / avg_loss  # 相对强弱值
    rsi = 100 - (100 / (1 + rs))  # RSI计算公式

    return rsi

# 数据准备和处理
df = pd.read_csv('data/HistoricalData_NVIDIA(5年).csv')
df['Close/Last'] = df['Close/Last'].str.replace('$', '').astype(float)
df['Open'] = df['Open'].str.replace('$', '').astype(float)
df['High'] = df['High'].str.replace('$', '').astype(float)
df['Low'] = df['Low'].str.replace('$', '').astype(float)

# 增加特征
df['Prev_Close'] = df['Close/Last'].shift(1)  # 前一日的收盘价
df['Price_Range'] = df['High'] - df['Low']  # 价格波动
df['Price_Change'] = (df['Close/Last'] - df['Prev_Close']) / df['Prev_Close']  # 涨跌幅
df['Volume_MA'] = df['Volume'].rolling(window=5).mean()  # 5日成交量均值
df['SMA_5'] = df['Close/Last'].rolling(window=5).mean()  # 5日简单移动平均线
df['RSI_14'] = compute_RSI(df['Close/Last'], 14)  # 14日相对强弱指标

# 删除缺失值
df = df.dropna()

# 提取特征和目标变量
X = df[['Volume', 'Open', 'High', 'Low', 'Price_Range', 'Price_Change', 'Volume_MA', 'SMA_5', 'RSI_14']]  # 增加特征
y = df['Close/Last']

# 划分训练集和测试集
X_train, X_test, y_train, y_test = train_test_split(X, y, test_size=0.3, random_state=1)

# 模型训练
model = LinearRegression()
model.fit(X_train, y_train)
```

```python
# 测试集预测
y_pred = model.predict(X_test)

# 模型评估
mse = mean_squared_error(y_test, y_pred)
print(f"均方误差 (MSE): {mse}")

# 保存模型数据
joblib.dump(model, 'nvidia_regression_model_optimized.pkl')
```

上述代码中,我们将特征增加到了9个,从而优化模型。上述代码的运行结果如下。

```
均方误差 (MSE): 0.30355850805979234
[4]:
['nvidia_regression_model_optimized.pkl']
```

从示例运行结果可见,均方误差为 0.30355850805979234,较之前的 0.39966257011019735 有了一定提高,但依然有提升空间。

13.5.6 步骤6:使用优化后的模型再次预测股票走势

基于新训练的模型 nvidia_regression_model_optimized.pkl,我们可以再次预测,实现代码如下。

```python
import pandas as pd
import joblib
from sklearn.preprocessing import StandardScaler

# 计算 RSI 的函数
def compute_RSI(series, period=14):
    delta = series.diff()  # 计算连续日的差值
    gain = (delta.where(delta > 0, 0))  # 涨幅
    loss = (-delta.where(delta < 0, 0))  # 跌幅

    avg_gain = gain.rolling(window=period, min_periods=1).mean()  # 14日内的平均涨幅
    avg_loss = loss.rolling(window=period, min_periods=1).mean()  # 14日内的平均跌幅

    rs = avg_gain / avg_loss  # 相对强弱值
    rsi = 100 - (100 / (1 + rs))  # RSI 计算公式

    return rsi

# 加载训练好的模型
model = joblib.load('nvidia_regression_model_optimized.pkl')
# 加载新的股票数据
df_new = pd.read_csv('data/HistoricalData_NVIDIA.csv')

# 将 Date 列转换为日期格式,注意这里指定了日期格式为 %m/%d/%Y
df_new['Date'] = pd.to_datetime(df_new['Date'], format='%m/%d/%Y')
# 确保日期按升序排序
df_new = df_new.sort_values(by='Date')
# 清洗数据
df_new['Close/Last'] = df_new['Close/Last'].str.replace('$', '').astype(float)
df_new['Open'] = df_new['Open'].str.replace('$', '').astype(float)
df_new['High'] = df_new['High'].str.replace('$', '').astype(float)
df_new['Low'] = df_new['Low'].str.replace('$', '').astype(float)
```

```python
# 增加特征
df_new['Prev_Close'] = df_new['Close/Last'].shift(1)  # 前一日的收盘价
df_new['Price_Range'] = df_new['High'] - df_new['Low']  # 价格波动
df_new['Price_Change'] = (df_new['Close/Last'] - df_new['Prev_Close']) / df_new['Prev_Close']  # 涨跌幅
df_new['Volume_MA'] = df_new['Volume'].rolling(window=5).mean()  # 5日成交量均值
df_new['SMA_5'] = df_new['Close/Last'].rolling(window=5).mean()  # 5日简单移动平均线
df_new['RSI_14'] = compute_RSI(df_new['Close/Last'], 14)  # 14日相对强弱指标

# 删除缺失值
df_new = df_new.dropna()

# 提取特征
X_new = df_new[['Volume', 'Open', 'High', 'Low', 'Price_Range', 'Price_Change',
'Volume_MA', 'SMA_5', 'RSI_14']]

# 使用模型进行预测
y_pred_new = model.predict(X_new)

# 将预测结果加入原数据框
df_new['Predicted_Price'] = y_pred_new

# 输出预测结果
print("股票价格预测结果：")
df_new[['Date', 'Close/Last', 'Predicted_Price']]
```

运行上述代码后，输出结果如图13-6所示。

	Date	Close/Last	Predicted_Price
15	2025-01-27	118.42	122.525513
14	2025-01-28	128.99	125.321841
13	2025-01-29	123.70	122.640842
12	2025-01-30	124.65	121.508398
11	2025-01-31	120.07	123.264605
10	2025-02-03	116.66	117.226315
9	2025-02-04	118.65	120.519719
8	2025-02-05	124.83	123.643496
7	2025-02-06	128.68	126.344285
6	2025-02-07	129.84	126.442661
5	2025-02-10	133.57	133.502786
4	2025-02-11	132.80	132.598483
3	2025-02-12	131.14	131.164338
2	2025-02-13	135.29	135.294788
1	2025-02-14	138.85	137.850013
0	2025-02-18	139.40	139.899456

图13-6 输出结果（3）

13.6 实战案例39：LSTM预测比特币价格趋势

本节我们介绍如何使用 LSTM 预测比特币价格趋势。

案例背景如下。

比特币是一种去中心化的数字货币，自诞生以来引起了广泛的关注和研究。由于比特币市场的高度波动性和潜在盈利机会，许多投资者对比特币价格预测和交易策略感兴趣。深度学习作为一种强大的数据分析和模式识别技术，被广泛应用于金融领域，包括比特币价格预测。构建和训练深度学习模型，可以利用比特币价格历史数据来预测未来的价格走势，从而辅助投资者进行决策和交易。

1. LSTM介绍

长短期记忆（Long Short-Term Memory，LSTM）是一种特殊的递归神经网络架构，专门用于处理和预测时间序列数据，能够有效地解决传统递归神经网络在长序列中出现的梯度消失问题。LSTM 擅长捕捉长时间依赖关系，因此被广泛应用于股票预测、自然语言处理、语音识别等领域。

为了使用 LSTM，我们需要安装以下库。

（1）Keras（深度学习库，基于 TensorFlow）：Keras 提供了高级 API 来构建和训练神经网络。

（2）TensorFlow（深度学习框架）：Keras 是 TensorFlow 的一部分，因此需要先安装 TensorFlow。

我们可以通过以下命令来安装所需的库。

```
pip install tensorflow
```

该命令用于安装 TensorFlow，并且包含 Keras，这是因为 Keras 集成在 TensorFlow 中。安装过程如图 13-7 所示。

图 13-7 安装 TensorFlow 过程

提示

截至本书编写完成时，TensorFlow 支持 Python 3.6 到 3.9 版本。如果使用的是较新版本的 Python（如 Python 3.10 或 3.11），TensorFlow 可能暂时不支持，会发生如下错误。

ERROR: Could not find a version that satisfies the requirement tensorflow (from versions: none)

ERROR: No matching distribution found for tensorflow

2. 数字货币的基本概念

数字货币是一种基于加密技术和区块链技术的电子货币，也被称为加密货币或虚拟货币。与传统的法定货币不同，数字货币是由算法和密码学技术来保障安全性和匿名性的一种新型货币形式。

以下是一些常见的数字货币概念。

（1）比特币（Bitcoin）：比特币是第一个，也是最知名的数字货币，于2009年由中本聪提出并实现。比特币使用去中心化的区块链技术来记录交易，没有中央银行或机构控制。

（2）区块链（Blockchain）：区块链是一种分布式账本技术，用于记录和验证数字货币交易。它由一系列数据块组成，每个数据块包含了一定数量的交易记录，并通过密码学连接在一起。区块链的分布式特性使交易记录不易被篡改，增加了交易的透明性和安全性。

（3）加密算法（Cryptography）：加密算法是数字货币安全性的基础，用于加密和解密交易信息和账户信息。通过加密算法，数字货币的交易和持有者身份得以保护，确保了交易的机密性和完整性。

（4）挖矿（Mining）：挖矿是指通过解决数学难题来验证和记录区块链上的交易，并获得一定数量的数字货币作为奖励的过程。挖矿需要大量的计算资源和能源，并通过竞争的方式来确定谁能先解决问题并添加新的区块到区块链上。

（5）钱包（Wallet）：钱包是用于存储、发送和接收数字货币的应用程序或设备。每个用户可以拥有一个或多个钱包，其中包含了他们的数字货币地址和私钥。钱包是在线的或离线的硬件设备，用于提高数字货币的安全性和便捷性。

数字货币作为一种新兴的金融工具，正在改变着传统金融体系和交易方式。了解数字货币的基本概念和原理，对于投资者和交易者来说是非常重要的，可以更好地理解和参与数字货币市场。

3. 收集数据

在进行数字货币价格预测的实践中，收集数据是非常重要的一步。以下是一些常见的数字货币数据收集方法和数据源。

（1）交易所API：大多数数字货币交易所提供了开放的API接口，允许开发者获取交易市场的数据。通过调用交易所的API，开发者可以获取历史交易数据、实时行情数据、交易深度等信息。常用的数字货币交易所包括Binance、Coinbase、Huobi等。

（2）第三方数据提供商：有许多第三方数据提供商专门收集和提供数字货币相关的数据。这些数据提供商通常提供历史价格数据、市场指标、交易量等数据，并提供API或数据下载接口供用户访问。一些常见的数字货币数据提供商包括CoinMarketCap、CryptoCompare、CoinGecko等。

（3）区块链浏览器：对于某些公开的区块链网络，用户可以通过区块链浏览器来查询和获取相关的交易数据。区块链浏览器允许用户查看特定的区块、交易记录、地址余额等信息。常见的区块链浏览器包括Etherscan（以太坊）、Blockchain.com（比特币）等。

（4）数据下载和历史数据源：一些网站和平台提供数字货币历史数据的下载或订阅服务。用户可以通过这些渠道获取特定时间段的历史价格数据、交易量等信息。一些常见的数据下载和历史数据源包括Investing.com、Yahoo Finance等。

无论使用哪种方法收集数字货币数据，都需要注意数据的质量和准确性。开发者应选择可靠的数据源，并对数据进行适当的清洗和处理，以确保得到可靠的数据用于模型训练和分析。

下面我们介绍从Investing.com网站收集数据。下载比特币历史数据的网址是https://cn.investing.com/crypto/bitcoin/historical-data，打开该网址可见如图13-8所示的页面，在此页面选择下载时间段就可以下载数据了。

图13-8 下载比特币历史数据

笔者选择下载的是CSV文件，使用Excel工具打开，其内容如图13-9所示。

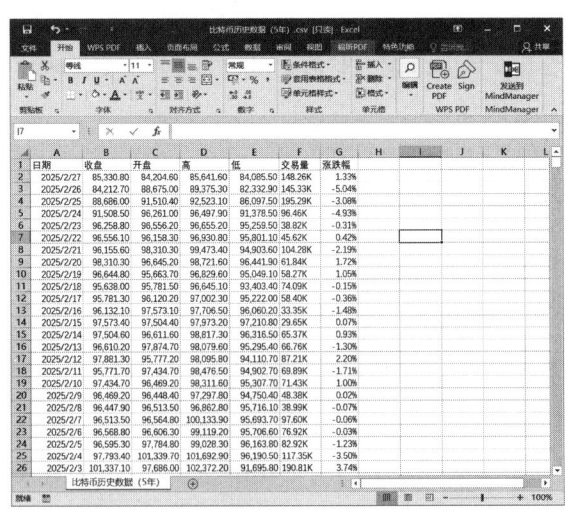

图13-9 Excel打开的CSV文件内容

> **提示**
>
> 在某些CSV文件中，日期字段的显示格式可能会因打开工具不同而有所差异。具体如下。
>
> （1）使用Excel打开时，日期可能显示为2025/2/27，如图13-9所示。

（2）使用记事本等文本工具打开时，日期可能显示为 2025-2-27，如图 13-10 所示。

这种差异并非数据本身存在问题，而是不同工具对日期格式的处理方式不同。

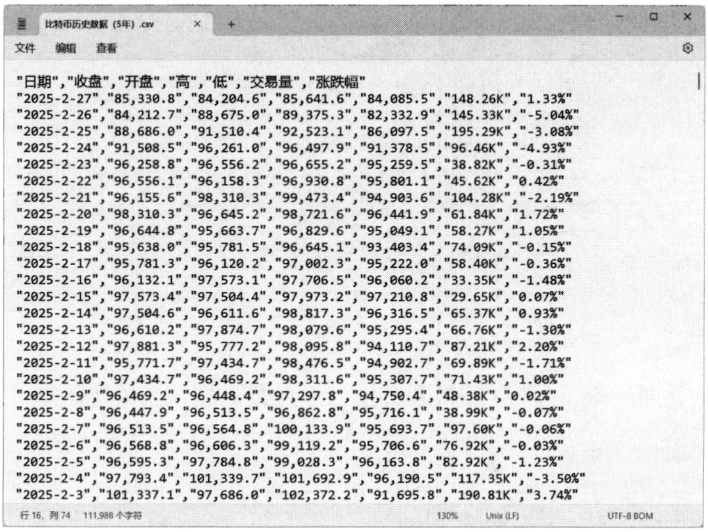

图 13-10　记事本打开的 CSV 文件内容

下面我们介绍案例的具体实现过程。

13.6.1　步骤1：加载和清洗数据

笔者下载了近 5 年的比特币历史数据，用来训练模型。

1. 加载数据

加载数据的具体代码如下。

```python
import pandas as pd
# 读取数据
df = pd.read_csv('data/比特币历史数据（5年）.csv',encoding='utf-8')

# 数据准备和处理
# 转换日期列为 datetime 类型
df['日期'] = pd.to_datetime(df['日期'], format='%Y-%m-%d')   # 根据实际日期格式调整

# 确保日期按升序排序
df = df.sort_values(by='日期')
# 打印排序后的数据
df.head(10)
```

上述代码通过调用 read_csv 函数来读取 CSV 文件，并将数据加载到 DataFrame 中。注意，encoding=utf-8 参数指定字符集 UTF-8。

运行上述代码，打印的 df 结果如图 13-11 所示。

	日期	收盘	开盘	高	低	交易量	涨跌幅
1513	2021-01-06	36,793.2	33,999.3	36,934.8	33,408.3	227.56K	8.24%
1512	2021-01-07	39,460.2	36,798.5	40,340.9	36,361.2	249.60K	7.25%
1511	2021-01-08	40,599.3	39,466.4	41,921.7	36,613.4	251.29K	2.89%
1510	2021-01-09	40,151.9	40,607.2	41,363.5	38,775.1	128.42K	-1.10%
1509	2021-01-10	38,192.2	40,149.7	41,362.4	35,141.6	215.78K	-4.88%
1508	2021-01-11	35,544.3	38,195.3	38,217.2	30,411.6	251.04K	-6.93%
1507	2021-01-12	34,076.1	35,426.0	36,598.7	32,572.7	241.93K	-4.13%
1506	2021-01-13	37,382.2	34,061.2	37,764.6	32,451.9	209.93K	9.70%
1505	2021-01-14	39,175.7	37,383.4	40,054.3	36,772.1	172.40K	4.80%
1504	2021-01-15	36,845.8	39,175.7	39,715.0	34,488.7	118.42K	-5.95%

图 13-11 打印的 df 结果（1）

2. 清洗数据

将日期列解析为日期对象，并将 Close 列转换为浮点数类型，具体代码如下。

```
# 将字符串转换为浮点数类型
df['Close'] = df['Close'].str.replace(',', '').astype(float)
# 打印排序后的数据
df.head(10)
```

运行上述代码，打印的 df 结果如图 13-12 所示。

	日期	收盘	开盘	高	低	交易量	涨跌幅
1513	2021-01-06	36793.2	33,999.3	36,934.8	33,408.3	227.56K	8.24%
1512	2021-01-07	39460.2	36,798.5	40,340.9	36,361.2	249.60K	7.25%
1511	2021-01-08	40599.3	39,466.4	41,921.7	36,613.4	251.29K	2.89%
1510	2021-01-09	40151.9	40,607.2	41,363.5	38,775.1	128.42K	-1.10%
1509	2021-01-10	38192.2	40,149.7	41,362.4	35,141.6	215.78K	-4.88%
1508	2021-01-11	35544.3	38,195.3	38,217.2	30,411.6	251.04K	-6.93%
1507	2021-01-12	34076.1	35,426.0	36,598.7	32,572.7	241.93K	-4.13%
1506	2021-01-13	37382.2	34,061.2	37,764.6	32,451.9	209.93K	9.70%
1505	2021-01-14	39175.7	37,383.4	40,054.3	36,772.1	172.40K	4.80%
1504	2021-01-15	36845.8	39,175.7	39,715.0	34,488.7	118.42K	-5.95%

图 13-12 打印的 df 结果（2）

13.6.2 步骤2：模型训练

准备好数据后，我们就可以训练模型了，具体代码如下。

```
import numpy as np
from sklearn.preprocessing import MinMaxScaler
from keras.models import Sequential
from keras.layers import Dense, LSTM

# 提取收盘价数据
closing_prices = df['收盘'].values.reshape(-1, 1)   # 将收盘价数据转换为二维数组

# 数据预处理
scaler = MinMaxScaler(feature_range=(0, 1))   # 初始化归一化器，将数据缩放到 [0, 1] 范围
scaled_prices = scaler.fit_transform(closing_prices)   # 对收盘价数据进行归一化

# 划分训练集和测试集
```

```python
train_size = int(len(scaled_prices) * 0.8)  # 计算训练集大小，占总数据的 80%
train_data = scaled_prices[:train_size]  # 提取训练集数据
test_data = scaled_prices[train_size:]  # 提取测试集数据

# 构建训练集和测试集
def create_dataset(data, time_steps=1):
    """
    将时间序列数据转换为模型所需的输入格式
    :param data: 归一化后的时间序列数据
    :param time_steps: 时间步长，默认为 1
    :return: 输入特征 X 和目标值 Y
    """
    X, Y = [], []
    for i in range(len(data) - time_steps):  # 遍历数据，生成样本
        X.append(data[i:(i + time_steps), 0])  # 提取时间步长内的数据作为输入特征
        Y.append(data[i + time_steps, 0])  # 提取下一个时间点的数据作为目标值
    return np.array(X), np.array(Y)  # 转换为 NumPy 数组

time_steps = 10  # 设置时间步长为 10
X_train, y_train = create_dataset(train_data, time_steps)  # 生成训练集数据
X_test, y_test = create_dataset(test_data, time_steps)  # 生成测试集数据

# 调整输入数据形状
X_train = np.reshape(X_train, (X_train.shape[0], X_train.shape[1], 1))  # 调整为
LSTM 输入形状 ( 样本数，时间步长，特征数 )
X_test = np.reshape(X_test, (X_test.shape[0], X_test.shape[1], 1))  # 调整测试集输入
形状

# 构建 LSTM 模型
model = Sequential()  # 初始化顺序模型
model.add(LSTM(units=50, return_sequences=True, input_shape=(X_train.shape[1], 1)))
# 添加第一层 LSTM, 50 个单元，返回完整序列
model.add(LSTM(units=50))  # 添加第二层 LSTM, 50 个单元
model.add(Dense(units=1))  # 添加全连接层，输出一个值
model.compile(optimizer='adam', loss='mean_squared_error')  # 编译模型，使用 Adam 优化
器和均方误差损失函数

# 训练模型
model.fit(X_train, y_train, epochs=10, batch_size=32)  # 训练模型, 10 轮训练, 批量大小为
32

# 保存模型
model.save("bitcoin_prediction_model.keras")  # 将模型保存为文件
print(" 模型已保存为 bitcoin_prediction_model.keras")  # 打印保存成功的信息

# 模型评估
# 使用模型对测试集进行预测
predicted_prices = model.predict(X_test)  # 对测试集进行预测
# 计算测试集上的损失函数值
test_loss = model.evaluate(X_test, y_test)  # 计算模型在测试集上的损失
print(" 测试集上的损失函数值: ", test_loss)  # 打印损失函数值
```

上述代码运行后，输出结果如下。

```
38/38 ──────────────── 3s 6ms/step - loss: 0.0274
Epoch 2/10
38/38 ──────────────── 0s 5ms/step - loss: 0.0013
Epoch 3/10
```

```
38/38 ──────────────────────── 0s 6ms/step - loss: 9.7859e-04
Epoch 4/10
38/38 ──────────────────────── 0s 5ms/step - loss: 9.4759e-04
Epoch 5/10
38/38 ──────────────────────── 0s 5ms/step - loss: 0.0010
Epoch 6/10
38/38 ──────────────────────── 0s 5ms/step - loss: 9.5004e-04
Epoch 7/10
38/38 ──────────────────────── 0s 6ms/step - loss: 9.0534e-04
Epoch 8/10
38/38 ──────────────────────── 0s 5ms/step - loss: 9.7645e-04
Epoch 9/10
38/38 ──────────────────────── 0s 5ms/step - loss: 8.7309e-04
Epoch 10/10
38/38 ──────────────────────── 0s 6ms/step - loss: 8.0549e-04
模型已保存为 bitcoin_prediction_model.keras
10/10 ──────────────────────── 0s 25ms/step
10/10 ──────────────────────── 1s 5ms/step - loss: 0.0016
测试集上的损失函数值: 0.002243499970063567
```

13.6.3 步骤3：可视化结果

在机器学习和深度学习模型的开发过程中，可视化结果是一个至关重要的环节，不仅有助于我们理解模型的预测效果，而且能揭示潜在的改进方向。对于比特币价格预测任务，可视化结果可以帮助我们清晰地对比模型的预测值与真实值，从而评估其性能。

为了可视化比特币价格预测的结果，我们可以将真实值（实际价格）和预测值（模型的预测结果）画在同一张图上，便于比较。下面是一个具体的可视化实现代码。

```python
import matplotlib.pyplot as plt
# 设置中文字体和解决负号显示问题
plt.rcParams['font.sans-serif'] = ['SimHei']  # 设置字体为黑体
plt.rcParams['axes.unicode_minus'] = False  # 解决负号显示问题

# 反归一化
predicted_prices = scaler.inverse_transform(predicted_prices)                    ①
y_test_actual = scaler.inverse_transform(y_test.reshape(-1, 1))                  ②

plt.figure(figsize=(12, 6))
plt.plot(df['日期'].iloc[len(df) - len(y_test):].values, y_test_actual, label='真实值', color='blue')  # 真实值
plt.plot(df['日期'].iloc[len(df) - len(y_test):].values, predicted_prices, label='预测值', color='red', linestyle='--')  # 预测值
plt.title('比特币价格预测')
plt.xlabel('日期')
plt.ylabel('价格')
plt.legend()
plt.xticks(rotation=45)
plt.tight_layout()
plt.show()
```

代码解释如下。

代码第①行中的 predicted_prices 是模型预测的比特币价格值，通常它们是在经过归一化处理后

生成的。因此，预测值在 [0, 1] 范围内，而不是原始的价格区间。scaler.inverse_transform(predicted_prices) 将这些归一化后的预测值还原到原始的价格范围。

代码第②行中的 y_test 是测试集中的真实价格值，它同样在训练过程中经过了归一化处理。而 y_test.reshape(-1, 1) 是为了将 y_test 转换为二维数组的形式，这对于 inverse_transform 函数来说是必需的，因为 inverse_transform 期望的是二维数组。

运行上述代码，生成的比特币价格预测图表如图 13-13 所示。

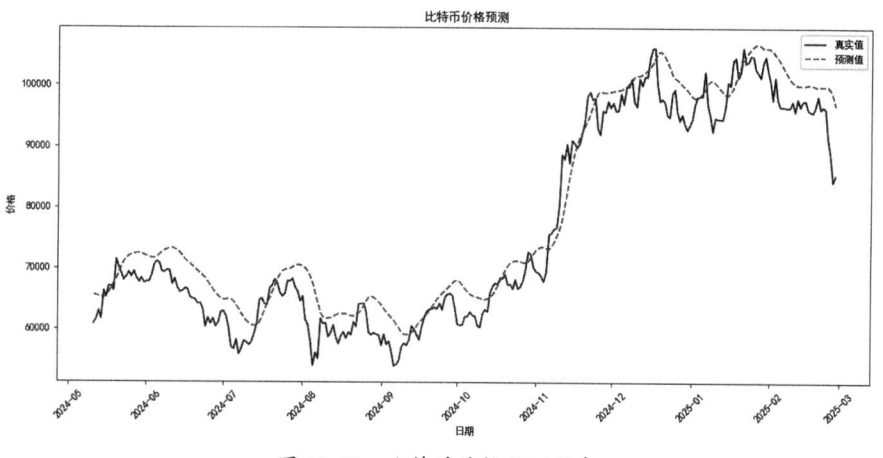

图 13-13　比特币价格预测图表

13.6.4　步骤4：使用DeepSeek进行模型评估

在模型性能评估中，测试集上的损失函数值是一个关键指标。对于 LSTM 模型，常用的损失函数包括均方误差（MSE）和均方根误差（RMSE），它们用于量化模型预测值与真实值之间的差异。通常，损失值越小，表明模型的预测精度越高。

评估模型代码的示例如下。

```
# 模型评估
# 使用模型对测试集进行预测
predicted_prices = model.predict(X_test)   # 使用训练好的模型对测试集数据进行预测，返回预测值
# 计算测试集上的损失函数值
test_loss = model.evaluate(X_test, y_test)   # 计算模型在测试集上的损失函数值
print("测试集上的损失函数值：", test_loss)   # 打印测试集上的损失函数值
```

上述代码的运行结果如下。

```
10/10 ────────────────────── 0s 3ms/step
10/10 ────────────────────── 0s 3ms/step - loss: 0.0013
测试集上的损失函数值： 0.001673628692515194
```

测试集上的损失函数值为 0.001673628692515194，这是一个不错的结果。我们可以借助 DeepSeek 进行分析。

> **提问：**
> 训练的 LSTM 模型结果如下，请帮我分析一下。
> 测试集上的损失函数值：0.0016736286925151944

DeepSeek：

LSTM 模型在测试集上的损失函数值为 0.0016736286925151944，这意味着模型的预测值与真实值之间的误差较小。要进一步分析这个损失函数值的意义，我们需要了解以下几个关键方面。

1. 损失函数的定义

你需要先确认你使用的损失函数是什么。如果你使用的是均方误差（MSE）或均方根误差（RMSE），那么这个值代表了模型预测值与真实值之间的平方误差（或平方根误差）。较小的损失值意味着模型的预测误差较低。

2. 损失值的具体含义

（1）较小的损失值（接近 0）：这表明模型的预测值与真实值之间的误差非常小。通常情况下，如果损失值较小，说明模型学到了数据的特征，并能够很好地进行预测。

（2）相对比较小的损失值：0.0016736286925151944 是一个较小的值，尤其对于比特币这种波动较大的金融数据集，说明模型在捕捉趋势和波动上表现良好。

3. 损失值是否足够好

（1）对比基准：如果之前的模型在测试集上的损失值更大（如 0.01 或更大），那么这个损失值已经得到了改进。

（2）行业标准：在金融市场预测中，尤其是比特币这样的高波动市场，损失值小到 0.001 的误差通常被视为较好的结果，尤其考虑到市场的复杂性和噪声。

（3）可解释性：虽然损失值小，但你还需要通过其他指标来衡量模型的性能，具体如下。

- 准确度：如果你有分类问题（如涨跌预测），那么需要检查准确度。
- 预测图形：预测结果与真实数据的对比图，可以直观地评估模型的表现。即便损失值小，若预测图像看起来波动很大，则可能触发另一个问题。

4. 进一步评估

（1）残差分析：分析残差（预测值与真实值之间的差异）有助于确认模型是否存在偏差。

（2）过拟合检查：如果训练集的损失远低于测试集的损失，那么可能存在过拟合问题。此时，虽然损失值很小，但模型可能无法很好地推广到未见过的数据上。

（3）评估其他指标：如 R^2（决定系数）、平均绝对误差（MAE）等指标，可以帮助你更全面地评估模型的预测效果。

5. 结论

总体来说，约为 0.00167 的损失值意味着你的模型表现非常好，尤其是对于比特币这种市场价格波动较大的数据。然而，建议你进一步查看可视化结果，并结合其他评估指标来综合判断模型的准确性和稳定性。如果你的模型表现稳定并能在不同的数据集上保持良好的性能，那么可以考虑进一步应用该模型进行实际预测。

13.6.5 步骤5：使用DeepSeek优化模型

我们可以借助 DeepSeek 优化 LSTM 模型，具体过程如下。

> 提问：
> 损失函数值：0.0016736286925151944，如何优化 LSTM 模型。

DeepSeek：

损失函数值为 0.0016736286925151944，这是一个相对较小的值，表明模型的预测性能较好。但如果希望进一步优化 LSTM 模型，可以尝试以下方法。

1. 调整模型架构

增加层数：尝试增加 LSTM 层的数量，如从单层 LSTM 变为双层 LSTM。

调整隐藏单元数：增加或减少 LSTM 层的隐藏单元数，找到最优的平衡点。

引入 Dropout：在 LSTM 层之间添加 Dropout 层，防止过拟合。

使用双向 LSTM：如果数据具有时间依赖性，那么双向 LSTM 可以捕捉更多上下文信息。

2. 优化超参数

学习率调整：使用更小的学习率或动态调整学习率（如学习率衰减或使用 Adam 优化器）。

批量大小：尝试不同的批量大小（Batch Size），如 16、32、64 等。

训练轮数：增加或减少训练轮数（Epochs），避免过拟合或欠拟合。

3. 数据预处理

特征工程：检查输入特征是否合理，尝试添加或删除某些特征。

数据标准化或归一化：确保输入数据经过标准化或归一化处理，如使用 Min-Max 或 Z-Score 方法。

数据增强：如果数据量不足，可以尝试数据增强技术，如时间序列的滑动窗口或噪声添加。

4. 损失函数优化

自定义损失函数：如果 MSE 或 RMSE 不适合你的任务，可以设计更合适的损失函数。

加权损失：如果数据存在类别不平衡问题，可以为不同样本分配不同的权重。

5. 正则化

L2 正则化：在模型中加入 L2 正则化项，防止过拟合。

早停：使用早停技术，在验证集损失不再下降时停止训练。

6. 模型集成

集成学习：结合多个 LSTM 模型的预测结果，如使用投票或平均法。

混合模型：将 LSTM 与其他模型（如 CNN 或传统机器学习模型）结合，提升性能。

7. 验证与调优

交叉验证：使用 K 折交叉验证评估模型的稳定性。

网格搜索或随机搜索：对超参数进行系统调优，找到最佳组合。

8. 其他高级技术

注意力机制：引入注意力机制，让模型更关注重要的时间步。

迁移学习：如果有类似任务的预训练模型，可以尝试迁移学习。

13.6.6 步骤6：比特币价格预测

在模型训练过程中，我们使用了近 5 年的比特币历史数据。接下来，我们将利用训练好的模型，结合最近 30 天的数据，预测未来的价格走势。以下是具体的实现代码。

```python
import numpy as np
import pandas as pd
from keras.models import load_model
from sklearn.preprocessing import MinMaxScaler

# 读取数据
df = pd.read_csv('data/比特币历史数据（6个月）.csv', encoding='utf-8')  # 从 CSV 文件中读取比特币历史数据，指定编码为 UTF-8

# 数据准备和处理
# 转换日期列为 datetime 类型
df['日期'] = pd.to_datetime(df['日期'], format='%Y-%m-%d')  # 将日期列转换为 datetime 类型，指定日期格式

# 确保日期按升序排序
df = df.sort_values(by='日期')  # 按日期升序排序数据
# 将字符串转换为浮点数类型
df['收盘'] = df['收盘'].str.replace(',', '').astype(float)  # 将收盘价列中的逗号移除，并转换为浮点数类型
# 选择收盘价作为目标变量
closing_prices = df['收盘'].values.reshape(-1, 1)  # 提取收盘价数据并转换为二维数组

# 数据归一化
scaler = MinMaxScaler(feature_range=(0, 1))  # 初始化归一化器，将数据缩放到 [0, 1] 范围
scaled_prices = scaler.fit_transform(closing_prices)  # 对收盘价数据进行归一化

# 创建时间序列数据集
def create_dataset(data, time_step=60):
    """
    将时间序列数据转换为模型所需的输入格式
    :param data: 归一化后的时间序列数据
    :param time_step: 时间步长，默认为 60
    :return: 输入特征 X 和目标值 y
    """
    X, y = [], []
    for i in range(len(data) - time_step):  # 遍历数据，生成样本
        X.append(data[i:i + time_step, 0])  # 提取时间步长内的数据作为输入特征
        y.append(data[i + time_step, 0])  # 提取下一个时间点的数据作为目标值
    return np.array(X), np.array(y)  # 转换为 NumPy 数组

# 设置时间步长
time_step = 60  # 设置时间步长为 60

# 生成完整数据集
X, y = create_dataset(scaled_prices, time_step)  # 生成完整的时间序列数据集
# 获取测试数据集（使用最近 30 天数据）
X_test, y_test = create_dataset(scaled_prices[-(30 + time_step):], time_step)  # 使用最近 30 天的数据生成测试集

# 检查数据是否有效
if len(X_test) == 0:
    raise ValueError("测试集数据不足，无法生成样本！请减少时间步长或增加数据量。")  # 如果测试集为空，抛出错误提示

# LSTM 输入形状调整
X_test = X_test.reshape(-1, time_step, 1)
# 将测试集调整为 LSTM 模型所需的输入形状（样本数，时间步长，特征数）
```

```python
# 加载已训练好的模型
model = load_model('bitcoin_prediction_model.keras')  # 加载已训练好的 LSTM 模型

# 预测测试集数据
predicted_prices = model.predict(X_test)  # 使用模型对测试集进行预测，得到归一化的预测结果
predicted_prices = scaler.inverse_transform(predicted_prices)  # 将预测结果反归一化，转换为实际价格值

# 打印预测结果
print("预测价格结果：")
for date, price in zip(dates, predicted_prices):
    print(f"日期：{date}，预测价格：{price[0]:.2f}")

# 获取真实值
real_prices = scaler.inverse_transform(y_test.reshape(-1, 1))  # 将测试集中的真实值反归一化，转换为实际价格值

# 获取对应的日期
dates = df['日期'].iloc[-len(y_test):].values  # 提取测试集对应的日期

# 可视化结果
import matplotlib.pyplot as plt

# 设置中文字体和解决负号显示问题
plt.rcParams['font.sans-serif'] = ['SimHei']  # 设置字体为黑体，解决中文显示问题
plt.rcParams['axes.unicode_minus'] = False  # 解决负号显示问题，确保负号正常显示

plt.figure(figsize=(12, 6))  # 设置图表大小为 12*6
plt.plot(dates, real_prices, label='真实值', color='blue')
# 绘制真实值曲线，颜色为蓝色
plt.plot(dates, predicted_prices, label='预测值', color='red', linestyle='--')  # 绘制预测值曲线，颜色为红色，线型为虚线
plt.title('比特币价格预测 - 真实值与预测值对比')  # 设置图表标题
plt.xlabel('日期')  # 设置 X 轴标签
plt.ylabel('价格')  # 设置 Y 轴标签
plt.legend()  # 显示图例，标识真实值和预测值
plt.xticks(rotation=45)  # 将 X 轴日期标签旋转 45°，避免重叠
plt.tight_layout()  # 自动调整图表布局，确保图表元素不会超出画布范围
plt.show()  # 显示绘制的图表
```

上述代码运行后，输出结果如下。

```
1/1 ──────────────── 0s 216ms/step
预测价格结果：
日期：2025-01-29T00:00:00.000000000，预测价格：103721.95
日期：2025-01-30T00:00:00.000000000，预测价格：103627.30
日期：2025-01-31T00:00:00.000000000，预测价格：103669.90
日期：2025-02-01T00:00:00.000000000，预测价格：103613.20
日期：2025-02-02T00:00:00.000000000，预测价格：103381.65
日期：2025-02-03T00:00:00.000000000，预测价格：102847.62
日期：2025-02-04T00:00:00.000000000，预测价格：102471.84
日期：2025-02-05T00:00:00.000000000，预测价格：101928.88
日期：2025-02-06T00:00:00.000000000，预测价格：101260.91
日期：2025-02-07T00:00:00.000000000，预测价格：100576.27
日期：2025-02-08T00:00:00.000000000，预测价格：99932.64
日期：2025-02-09T00:00:00.000000000，预测价格：99361.81
日期：2025-02-10T00:00:00.000000000，预测价格：98883.91
日期：2025-02-11T00:00:00.000000000，预测价格：98575.41
```

```
日期：2025-02-12T00:00:00.000000000, 预测价格：98261.59
日期：2025-02-13T00:00:00.000000000, 预测价格：98140.34
日期：2025-02-14T00:00:00.000000000, 预测价格：98035.59
日期：2025-02-15T00:00:00.000000000, 预测价格：98024.06
日期：2025-02-16T00:00:00.000000000, 预测价格：98069.06
日期：2025-02-17T00:00:00.000000000, 预测价格：98032.37
日期：2025-02-18T00:00:00.000000000, 预测价格：97927.75
日期：2025-02-19T00:00:00.000000000, 预测价格：97779.10
日期：2025-02-20T00:00:00.000000000, 预测价格：97693.01
日期：2025-02-21T00:00:00.000000000, 预测价格：97775.08
日期：2025-02-22T00:00:00.000000000, 预测价格：97779.52
日期：2025-02-23T00:00:00.000000000, 预测价格：97778.34
日期：2025-02-24T00:00:00.000000000, 预测价格：97747.32
日期：2025-02-25T00:00:00.000000000, 预测价格：97334.98
日期：2025-02-26T00:00:00.000000000, 预测价格：96528.09
日期：2025-02-27T00:00:00.000000000, 预测价格：95209.55
```

运行上述代码，同时绘制出如图 13-14 所示的图表。

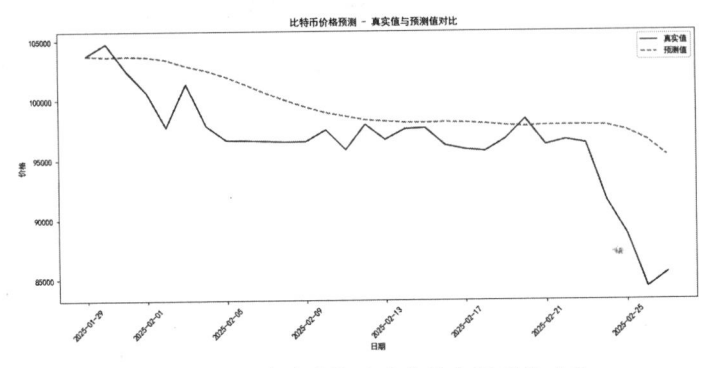

图 13-14　比特币价格的真实值和预测值对比

图 13-14 展示了比特币价格的真实值与预测值对比。该模型大部分时间表现良好，但在某些日期存在差异。我们通过进一步优化模型和分析数据，可以提升预测的准确性。

13.7　本章总结

本章介绍了如何结合机器学习和 DeepSeek 来优化量化交易策略。通过分类策略、回归策略和 LSTM 等案例，展示了从数据准备、模型训练到结果评估和优化的完整流程。读者可以学习到如何利用机器学习预测市场走势，并借助 DeepSeek 提升模型性能，实现更精准的交易决策。

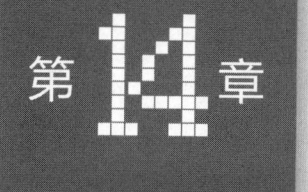

第14章 量化交易回测框架与 DeepSeek 优化

回测是量化交易策略开发中不可或缺的环节,它通过历史数据验证策略的有效性,帮助交易者优化决策并降低风险。然而,回测的准确性和效率往往决定了策略的成败。

本章将深入探讨量化交易回测的基本流程和常见框架,并重点介绍如何使用 Backtrader 等工具进行策略回测。更重要的是,本章将展示如何借助 DeepSeek 优化回测过程,提升参数选择的科学性和策略的稳健性。

通过本章的学习,读者将掌握回测的核心技巧,并了解如何利用 DeepSeek 为量化交易策略保驾护航。

本章的主要内容

- ◆ 再谈回测
- ◆ Backtrader 框架

14.1 再谈回测

回测是量化交易策略开发中的一个核心环节，它通过历史数据验证交易策略的表现，帮助交易者评估策略的盈利能力与稳健性，并识别潜在问题与风险。回测不仅应确认策略是否可行，还应通过系统的测试来优化策略，确保其在实际市场环境中的表现稳定。

虽然在前面的章节中我们已经多次使用回测，但本章将重新聚焦回测框架的选择与使用，特别是如何高效地进行回测、优化策略，并进一步提升策略的准确性与稳定性。

14.1.1 回测的基本流程

回测的基本流程如下。

（1）数据准备与预处理：收集、清洗历史数据，并进行必要的预处理。
（2）策略设计与实现：定义买卖信号、资金管理等策略要素。
（3）回测执行：利用回测框架模拟历史交易，并计算相关的性能指标。
（4）结果分析：通过回测结果评估策略表现，如年化收益、最大回撤、夏普比率等。

14.1.2 常见回测框架

本节介绍常用的回测框架，帮助读者选择合适的工具进行策略回测。

（1）Backtrader：灵活、模块化的 Python 本地化回测框架，适合中低频策略开发。
（2）Zipline：由 Quantopian 开发的开源框架，适合简单策略验证，但已停止维护。
（3）QuantConnect：云端全栈量化平台，支持多市场数据和高性能回测。
（4）VectorBT：基于 NumPy 或 Pandas 的向量化回测框架，适合高频策略和海量参数优化。
（5）PyAlgoTrade：轻量级 Python 回测框架，适合新手入门和简单均线策略。

下面我们重点介绍 Backtrader 框架。

14.2 Backtrader框架

Backtrader 是一个功能强大的回测框架，广泛应用于各种市场的策略回测。本节通过详细介绍如何使用 Backtrader 进行策略回测，以及如何借助 DeepSeek 进行参数优化，帮助交易者提升策略性能。

Backtrader 的核心组件如下。

（1）Cerebro：回测引擎，负责协调数据加载、策略执行和结果分析。

（2）Strategy：策略类，需用户定义交易逻辑。

（3）Data Feeds：数据源，支持从 CSV 文件、数据库或 API 加载历史数据。

（4）Indicators：技术指标，如移动平均线、RSI 等，支持自定义指标。

（5）Broker：模拟经纪人，处理订单执行、佣金和滑点等。

（6）Analyzers：分析器，用于评估策略表现，如计算夏普比率、最大回撤等。

14.2.1 Backtrader使用流程

Backtrader 是一个功能强大且开源的基于 Python 语言的回测框架，专为量化交易策略的开发、回测和优化而设计。以下是使用 Backtrader 的基本流程。

1. 安装 Backtrader

Backtrader 可以通过 pip 指令来安装，其安装过程如图 14-1 所示。

图 14-1　Backtrader 的安装过程

2. 数据准备

Backtrader 支持多种数据源，最常见的是从 CSV 文件加载历史数据。示例代码如下。

```
import backtrader as bt
data = import pandas as pd
# 使用 Pandas 读取 CSV 文件
df = pd.read_csv('your_stock_data.csv', parse_dates=True, index_col='Date')
# 将 Pandas DataFrame 转换为 Backtrader 数据
data = bt.feeds.PandasData(dataname=df)
```

3. 策略开发

编写自定义策略，如双均线交叉策略，其示例代码如下。

```python
class MyStrategy(bt.Strategy):
    params = (("short_period", 50), ("long_period", 200))
    def __init__(self):
        self.short_ma = bt.indicators.SimpleMovingAverage(self.data.close, period=self.p.short_period)
        self.long_ma = bt.indicators.SimpleMovingAverage(self.data.close, period=self.p.long_period)
    def next(self):
        if self.short_ma > self.long_ma and not self.position:
            self.buy()
        elif self.short_ma < self.long_ma and self.position:
            self.sell()
```

4. 回测运行

创建 Cerebro 引擎并运行回测，其示例代码如下。

```
cerebro = bt.Cerebro()
cerebro.adddata(data)
cerebro.addstrategy(MyStrategy)
cerebro.run()
cerebro.plot()
```

5. 参数优化

使用 optstrategy() 方法优化策略参数，其示例代码如下。

```
cerebro.optstrategy(MyStrategy, short_period=range(10, 100, 10), long_period=range(100, 200, 20))
cerebro.run()
```

6. 实时交易

在完成回测后，用户可以将策略应用到实时交易中。Backtrader 支持与多个交易所（如 Interactive Brokers、Binance 等）连接，实现实盘交易。

7. 结果分析

回测完成后，Backtrader 提供多种可视化工具和量化分析指标，帮助用户直观评估策略表现。

14.2.2 实战案例40：使用Backtrader回测苹果股票的双均线策略

在量化交易领域，策略的回测是评估其有效性和可行性的重要环节。Backtrader 作为一个强大的 Python 交易策略回测框架，为投资者和交易者提供了便利的工具来验证各种交易策略。本案例将详细介绍如何使用 Backtrader 对苹果股票数据（如图 14-2 所示）进行双均线策略的回测。

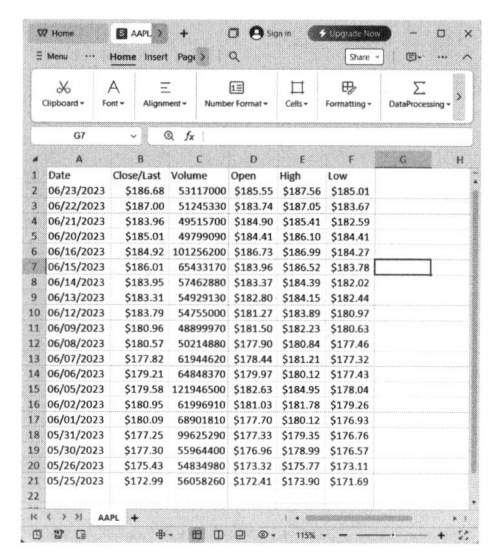

图 14-2 苹果股票数据

案例实现步骤如下。

步骤 1：环境准备。

具体代码如下。

```python
import backtrader as bt   # 量化回测框架
import pandas as pd        # 数据处理库
import datetime            # 时间处理库
```

步骤 2：定义双均线策略类。

在 Backtrader 框架中，所有交易策略必须通过继承 bt.Strategy 的类来实现，这是框架的设计核心，具体代码如下。

```python
class DualMovingAverageStrategy(bt.Strategy):                              ①
    params = (                                                             ②
        ("short_period", 5),    # 短期均线周期（默认值为 5 日）
        ("long_period", 10),    # 长期均线周期（默认值为 10 日）
    )
    def __init__(self):
        # 计算短期均线和长期均线（SMA）
        self.sma_short = bt.indicators.SimpleMovingAverage(                ③
            self.data.close, period=self.params.short_period
        )
        self.sma_long = bt.indicators.SimpleMovingAverage(
            self.data.close, period=self.params.long_period
        )
    def next(self):                                                        ④
        """ 生成交易信号 """
        if self.sma_short > self.sma_long and not self.position:
            self.buy()    # 买入信号
        elif self.sma_short < self.sma_long and self.position:
            self.sell()   # 卖出信号
```

代码解释如下。

代码第①行定义了一个策略类，继承自 bt.Strategy，这是 Backtrader 框架中所有策略类的基类。

代码第②行定义了策略的可配置参数。这是一个元组，包含多个子元组。每个子元组定义了一个参数。其中 short_period 表示短期均线的周期，默认值为 5 日；long_period 表示长期均线的周期，默认值为 10 日。

代码第③行用于计算短期均线和长期均线。

代码第④行根据均线交叉生成信号。若短期均线上穿长期均线且无持仓，则买入；若下穿且有持仓，则卖出。

步骤 3：数据准备。

具体代码如下。

```
if __name__ == "__main__":                                                    ①
    # 加载本地股票数据文件
    data = pd.read_csv("data/AAPL.csv", parse_dates=True, index_col="Date")
    # 列名标准化
    data.rename(columns={"Close/Last": "Close"}, inplace=True)                ②
    # 处理特殊字符（如 $123.45 -> 123.45）
    for col in ["Close", "Open", "High", "Low"]:
        data[col] = data[col].replace({'\$': '', ',': ''}, regex=True).astype(float)
                                                                              ③
    data = data.sort_index()    # 按日期排序
```

代码解释如下。

代码第①行是主程序入口，用于确保代码仅在脚本直接运行时执行。

代码第②行用于列名标准化，将 Close/Last 重命名为 Close。

代码第③行用于处理特殊字符，移除 $ 和空字符串，并将数据转换为浮点数。

步骤 4：配置回测引擎。

具体代码如下。

```
    # 初始化回测引擎
    cerebro = bt.Cerebro()                                                    ①
    cerebro.addstrategy(DualMovingAverageStrategy)   # 注入策略              ②

    # 转换数据为 Backtrader 格式
    data_feed = bt.feeds.PandasData(                                          ③
        dataname=data,
        fromdate=data.index.min(),      # 起始日期
        todate=data.index.max(),        # 结束日期
        timeframe=bt.TimeFrame.Days     # 日线数据
    )
    cerebro.adddata(data_feed)          # 注入数据                           ④

    # 设置初始资金和佣金
    cerebro.broker.set_cash(10000.0)                # 初始资金 10000 美元    ⑤
    cerebro.broker.setcommission(commission=0.001)  # 佣金 0.1%              ⑥
```

代码解释如下。

代码第①行表示初始化回测引擎，用于管理和执行回测。bt.Cerebro() 是 Backtrader 框架的核心类，

负责协调策略、数据和交易逻辑。

代码第②行用于注入策略，它将策略类添加到回测引擎中。

代码第③行将 DataFrame 转换为 Backtrader 可识别的数据格式。

代码第④行用于注入数据。

代码第⑤行用于设置初始资金。

代码第⑥行用于设置交易佣金。

步骤 5：执行回测与分析结果。

具体代码如下。

```
# 运行回测
print("初始资金：%.2f" % cerebro.broker.getvalue())
cerebro.run()
print("最终资金：%.2f" % cerebro.broker.getvalue())

# 可视化结果
cerebro.plot()
```

上述代码运行后的输出内容如下，并生成如图 14-3 所示的图表。

```
数据前 5 行：
            Close     Volume      Open     High      Low
Date
2023-05-25  172.99   56058260   172.410  173.895  171.6900
2023-05-26  175.43   54834980   173.320  175.770  173.1100
2023-05-30  177.30   55964400   176.960  178.990  176.5700
2023-05-31  177.25   99625290   177.325  179.350  176.7600
2023-06-01  180.09   68901810   177.700  180.120  176.9306
数据后 5 行：
            Close     Volume      Open     High      Low
Date
2023-06-16  184.92  101256200   186.73   186.990  184.2700
2023-06-20  185.01   49799090   184.41   186.100  184.4100
2023-06-21  183.96   49515700   184.90   185.410  182.5901
2023-06-22  187.00   51245330   183.74   187.045  183.6700
2023-06-23  186.68   53117000   185.55   187.560  185.0100
数据总量：  20
初始资金：10000.00
最终资金：10005.00
```

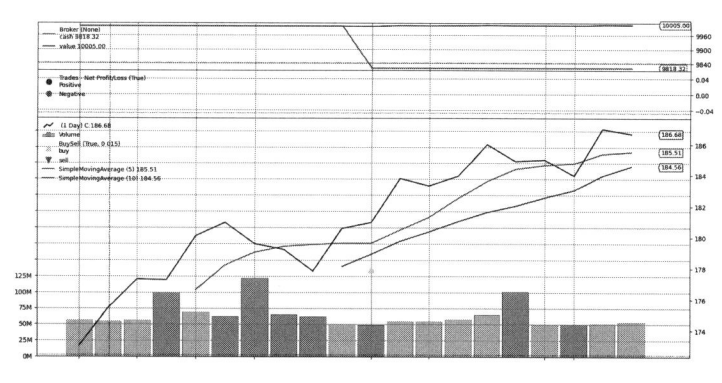

图 14-3 可视化结果

图 14-3 可反映出如下内容。

（1）趋势：收益曲线呈上升趋势，表示策略在此期间实现了盈利；短期均线在长期均线之上，表明短期趋势强于长期趋势。

（2）交易信号：绿色三角形（本书为黑白印刷，具体颜色以代码运行效果为准）出现在金叉点，表示买入信号。

（3）交易量：交易量在某些日期显著增加，可能与价格波动或交易信号相关。

14.2.3 DeepSeek辅助优化Backtrader参数双均线策略

虽然 DeepSeek 并非专业的量化工具库，但其通过自然语言交互可为 Backtrader 策略优化提供以下支持。

（1）参数范围建议：基于历史数据特征，推荐合理的参数范围。

（2）代码生成：根据需求生成参数优化代码框架。

（3）过拟合分析：解释回测结果，识别潜在过拟合风险。

（4）策略改进建议：基于市场逻辑，优化交易信号生成规则。

下面举例介绍前两项支持。

1. 参数范围建议

> 提问：
> 我需要为双均线策略（5~60 日均线）设置参数优化范围，标的为沪深 300 指数历史数据（2010—2020 年），请推荐合理的参数组合方案。

> DeepSeek：
> 短期均线范围：建议 5~20 日，步长 5 日（捕捉短期趋势）。
> 长期均线范围：建议 30~60 日，步长 10 日（过滤市场噪声）。
> 参数配对逻辑：
> 短期 < 长期，避免反向交叉；
> 参数间距 >10 日，确保信号有效性。
> 示例组合：(5,30), (10,40), (15,50) 等。

2. 代码生成

> 提问：
> 请生成Backtrader参数优化代码框架，要求测试不同均线组合，并记录收益率、最大回撤、夏普比率。

> **DeepSeek:**

```python
import backtrader as bt
import pandas as pd
import numpy as np

# 定义双均线策略
class DualMovingAverageStrategy(bt.Strategy):
    params = (
        ('sma_short', 5),   # 短期均线
        ('sma_long', 60),   # 长期均线
    )

    def __init__(self):
        # 定义短期均线和长期均线
        self.sma_short = bt.indicators.SimpleMovingAverage(
            self.data.close, period=self.params.sma_short)
        self.sma_long = bt.indicators.SimpleMovingAverage(
            self.data.close, period=self.params.sma_long)

    def next(self):
        # 如果短期均线上穿长期均线，买入
        if not self.position and self.sma_short > self.sma_long:
            self.buy()
        # 如果短期均线下穿长期均线，卖出
        elif self.position and self.sma_short < self.sma_long:
            self.sell()

    def stop(self):
        # 策略结束时记录绩效指标
        self.log_return = self.broker.get_value() / self.broker.startingcash - 1
        self.max_drawdown = self.stats.drawdown.maxdrawdown[-1]
        self.sharpe_ratio = self.stats.sharperatio.sharperatio[-1]

# 加载数据
def load_data():
    # 假设数据文件为 hs300.csv，包含 date 列和 close 列
    data = pd.read_csv('hs300.csv', index_col='date', parse_dates=True)
    data = bt.feeds.PandasData(dataname=data)
    return data
```

```python
# 参数优化函数
def optimize_strategy():
    # 定义参数范围
    sma_short_range = range(3, 21, 1)  # 短期均线范围：3~20 日
    sma_long_range = range(50, 201, 10)  # 长期均线范围：50~200 日，步长 10

    # 存储优化结果
    results = []

    # 遍历所有参数组合
    for sma_short in sma_short_range:
        for sma_long in sma_long_range:
            if sma_short >= sma_long:
                continue  # 跳过短期均线大于或等于长期均线的情况

            # 初始化 Cerebro 引擎
            cerebro = bt.Cerebro()
            cerebro.adddata(load_data())
            cerebro.addstrategy(DualMovingAverageStrategy, sma_short=sma_short, sma_long=sma_long)

            # 添加绩效分析
            cerebro.addanalyzer(bt.analyzers.Returns)
            cerebro.addanalyzer(bt.analyzers.DrawDown)
            cerebro.addanalyzer(bt.analyzers.SharpeRatio)

            # 运行回测
            result = cerebro.run()

            # 提取绩效指标
            strat = result[0]
            annual_return = strat.analyzers.returns.get_analysis()['rnorm100']  # 年化收益率（%）
            max_drawdown = strat.analyzers.drawdown.get_analysis()['max']['drawdown']  # 最大回撤（%）
            sharpe_ratio = strat.analyzers.sharperatio.get_analysis()['sharperatio']  # 夏普比率

            # 记录结果
            results.append({
                'sma_short': sma_short,
```

```python
            'sma_long': sma_long,
            'annual_return': annual_return,
            'max_drawdown': max_drawdown,
            'sharpe_ratio': sharpe_ratio,
        })

    # 将结果保存为 DataFrame
    results_df = pd.DataFrame(results)
    results_df.to_csv('optimization_results.csv', index=False)
    print(" 优化完成，结果已保存到 optimization_results.csv")
# 运行优化
if __name__ == '__main__':
    optimize_strategy()
```

DeepSeek 生成的代码仅提供了一个基本框架，实际应用中还需根据总体需求和个人情况进行相应调整，具体修改过程这里不再赘述。

14.3 本章总结

本章深入探讨了量化交易回测的重要性，并介绍了如何使用 Backtrader 框架进行策略回测。通过案例分析，本章展示了如何结合 DeepSeek 优化回测参数，提升策略的稳健性和盈利能力。本章内容帮助读者掌握回测的基本流程，理解常见回测框架的使用方法，并学会如何利用 DeepSeek 优化回测过程，以确保量化交易策略在实际应用中的有效性。

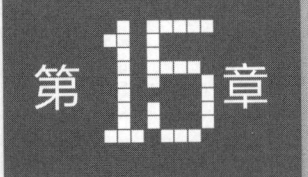

第16章 利用 DeepSeek 提高量化交易的风险管理效能

风险管理是量化交易中至关重要的一环。即使策略非常出色,如果不能有效管理风险,也可能在市场的波动中遭受重大损失。因此,掌握科学的风险管理工具和方法是每个交易者的必修课。

本章将深入探讨量化交易中的风险管理工具和策略,包括止损与止盈、头寸管理、投资组合分散及对冲策略等。同时,本章将结合具体案例,展示如何利用 DeepSeek 提升风险管理的效率和精准度,帮助交易者更好地应对市场不确定性。

通过本章的学习,读者将掌握量化交易风险管理的核心理念和实用方法,并了解如何借助 DeepSeek 优化风险管理流程,以确保交易策略在复杂多变的市场环境中稳健运行。

本章的主要内容

- ◆ 风险管理工具和方法
- ◆ 使用 DeepSeek 辅助量化交易风险管理

15.1 风险管理工具和方法

风险管理是投资和交易中至关重要的一环，旨在通过识别、评估和控制潜在风险，最大限度地减少损失并保护资金。以下是一些常见的风险管理工具和方法。

15.1.1 止损与止盈策略

止损与止盈策略是风险管理中最基础且最重要的工具之一，旨在通过预设的退出条件，限制亏损并锁定利润。以下是止损与止盈策略的详细分类、实现方法及代码示例。

1. 固定止损

固定止损是指根据买入价来设置固定的止损比例（如 5%）。它适合波动性较低的市场或短线交易。

具体代码实现如下。

```python
class FixedStopLoss(bt.Strategy):
    params = (('stop_loss_pct', 0.05),)  # 止损比例5%

    def next(self):
        if self.position:
            stop_price = self.buy_price * (1 - self.params.stop_loss_pct)
            if self.data.close[0] < stop_price:
                self.sell(size=self.position.size)
```

2. 移动止损（追踪止损）

移动止损是指止损价随盈利增加而上浮，进而锁定部分利润。它适合趋势跟踪策略。

具体代码实现如下。

```python
class TrailingStopLoss(bt.Strategy):
    params = (('trail_pct', 0.03),)  # 追踪止损比例3%

    def next(self):
        if self.position:
            # 计算当前最高价的止损位
            trail_price = self.data.high[0] * (1 - self.params.trail_pct)
            self.sell(exectype=bt.Order.Stop, price=trail_price)
```

3. 波动性止损

波动性止损是指基于市场波动率（如 ATR）来动态调整止损幅度。它适合波动性较大的市场。

具体代码实现如下。

```python
class ATRStopLoss(bt.Strategy):
```

```
    def __init__(self):
        self.atr = bt.indicators.ATR(self.data, period=14)

    def next(self):
        if self.position:
            stop_price = self.data.close[0] - 2 * self.atr[0]   # 2倍ATR止损
            self.sell(exectype=bt.Order.Stop, price=stop_price)
```

4. 固定止盈

固定止盈是指根据买入价来设置固定的止盈比例（如10%）。它适合目标明确的短线交易。具体代码实现如下。

```
class FixedTakeProfit(bt.Strategy):
    params = (('take_profit_pct', 0.10),)   # 止盈比例10%

    def next(self):
        if self.position:
            take_profit_price = self.buy_price * (1 + self.params.take_profit_pct)
            if self.data.close[0] > take_profit_price:
                self.sell(size=self.position.size)
```

5. 移动止盈

移动止盈是指止盈价随价格波动而动态调整，进而锁定部分利润。它适合趋势跟踪策略。具体代码实现如下。

```
class TrailingTakeProfit(bt.Strategy):
    params = (('trail_pct', 0.05),)   # 追踪止盈比例5%

    def next(self):
        if self.position:
            # 计算当前最低价的止盈位
            trail_price = self.data.low[0] * (1 + self.params.trail_pct)
            self.sell(exectype=bt.Order.Limit, price=trail_price)
```

6. 技术指标止盈

技术指标止盈是指基于技术指标（如RSI、布林带）来设置止盈条件。它适合中长线交易。具体代码实现如下。

```
class BollingerTakeProfit(bt.Strategy):
    def __init__(self):
        self.bollinger = bt.indicators.BollingerBands(self.data, period=20)

    def next(self):
        if self.position:
            # 当价格触及布林带上轨时止盈
            if self.data.close[0] > self.bollinger.top[0]:
                self.sell(size=self.position.size)
```

7. 固定止损+固定止盈

固定止损+固定止盈是指同时设置固定的止损和止盈条件。

具体代码实现如下。

```python
class FixedStopTake(bt.Strategy):
    params = (
        ('stop_loss_pct', 0.05),   # 止损比例5%
        ('take_profit_pct', 0.10), # 止盈比例10%
    )

    def next(self):
        if self.position:
            stop_price = self.buy_price * (1 - self.params.stop_loss_pct)
            take_profit_price = self.buy_price * (1 + self.params.take_profit_pct)
            if self.data.close[0] < stop_price or self.data.close[0] > take_profit_price:
                self.sell(size=self.position.size)
```

8. 移动止损+移动止盈

移动止损+移动止盈是指同时使用移动止损和移动止盈，并动态调整退出条件。

具体代码实现如下。

```python
class TrailingStopTake(bt.Strategy):
    params = (
        ('stop_trail_pct', 0.03),  # 止损追踪比例3%
        ('take_trail_pct', 0.05),  # 止盈追踪比例5%
    )

    def next(self):
        if self.position:
            stop_price = self.data.high[0] * (1 - self.params.stop_trail_pct)
            take_profit_price = self.data.low[0] * (1 + self.params.take_trail_pct)
            self.sell(exectype=bt.Order.Stop, price=stop_price)
            self.sell(exectype=bt.Order.Limit, price=take_profit_price)
```

15.1.2 实战案例41：基于移动平均线的固定止损+固定止盈策略

本案例以苹果公司股票数据为例，实现一个基于移动平均线的固定止损+固定止盈策略，展示如何在实际交易中控制风险并锁定利润。

策略实施步骤如下。

（1）实现一个基于20日均线的买入信号。

（2）设置固定止损（5%）和固定止盈（10%）。

（3）使用Backtrader进行回测，分析策略的表现。

策略逻辑如下。

（1）买入条件：价格上穿20日均线时买入。

（2）止损条件：价格下跌至买入价的95%时卖出。

（3）止盈条件：价格上涨至买入价的110%时卖出。

案例实现代码如下。

```python
import pandas as pd
import backtrader as bt
# ================ 数据加载与清洗 ================
# 加载本地股票数据文件
data = pd.read_csv("Data/HistoricalData_AAPL.csv", parse_dates=True, index_col="Date")

# 数据清洗：列名标准化和格式处理
for col in ["Close/Last", "Open", "High", "Low"]:
    data[col] = data[col].replace({'\$': '', ',': ''}, regex=True).astype(float)

data.rename(columns={"Close/Last": "Close"}, inplace=True)   # 统一列名为 Backtrader 标准格式
# 确保数据按日期升序排序
data = data.sort_index()
# ================ Backtrader 策略实现 ================
class FixedStopTake(bt.Strategy):
    params = (
        ('stop_loss_pct', 0.05),          # 止损比例 5%              ①
        ('take_profit_pct', 0.10),        # 止盈比例 10%             ②
        ('ma_period', 20),                # 20 日均线
    )
    def __init__(self):
        # 计算 20 日均线
        self.ma = bt.indicators.SimpleMovingAverage(
            self.data.close, period=self.params.ma_period
        )
        self.buy_price = None  # 记录买入价格

    def next(self):
        if not self.position:  # 如果没有持仓
            # 买入条件：价格上穿 20 日均线
            if self.data.close[0] > self.ma[0]:
                self.buy(size=100)   # 买入 100 股
                self.buy_price = self.data.close[0]  # 记录买入价格
        else:
            # 计算固定止损和固定止盈的价格
            stop_price = self.buy_price * (1 - self.params.stop_loss_pct)
            take_profit_price = self.buy_price * (1 + self.params.take_profit_pct)

            # 卖出条件：触发止损或止盈
            if self.data.close[0] < stop_price or self.data.close[0] > take_profit_price:
                self.sell(size=self.position.size)  # 卖出全部持仓
                self.buy_price = None   # 重置买入价格
# ================ 回测设置与运行 ================
if __name__ == "__main__":
    # 初始化回测引擎
    cerebro = bt.Cerebro()

    # 添加策略
    cerebro.addstrategy(FixedStopTake)
```

```python
# 将 Pandas 数据转换为 Backtrader 数据格式
data_feed = bt.feeds.PandasData(
    dataname=data,
    fromdate=data.index.min(),          # 数据起始日期
    todate=data.index.max(),            # 数据结束日期
    timeframe=bt.TimeFrame.Days         # 数据时间粒度（日线）
)
cerebro.adddata(data_feed)  # 将数据注入引擎

# 配置回测参数
cerebro.broker.set_cash(100000.0)                              # 设置初始资金为 100000 美元
cerebro.broker.setcommission(commission=0.001)  # 设置交易佣金为 0.1%

# 执行回测并输出结果
print("初始资金：%.2f" % cerebro.broker.getvalue())
cerebro.run()   # 运行回测
print("最终资金：%.2f" % cerebro.broker.getvalue())
cerebro.plot()  # 可视化回测结果
```

代码解释如下。

代码第①行将止损比例设置为 5%。

代码第②行将止盈比例设置为 10%。

运行上述代码，输出的日志结果如下，并输出如图 15-1 所示的可视化图表。

```
初始资金：100000.00
2024-09-30, 当前价：233.00, 20 日均线：223.76
2024-09-30, 买入信号触发！当前价：233.00, 20 日均线：223.76
...
2025-02-28, 当前价：241.84, 20 日均线：238.39
2025-02-28, 当前价：241.84, 止损价：226.35, 止盈价：262.09
最终资金：102069.70
```

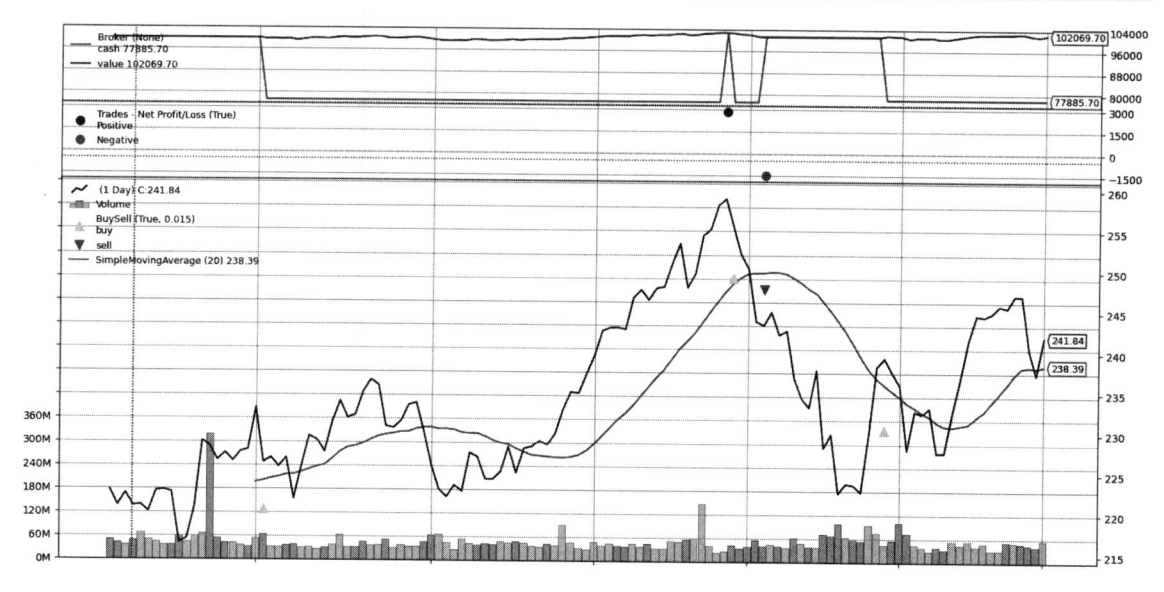

图 15-1　基于移动平均线的固定止损＋固定止盈策略

15.1.3 实战案例42：移动止损和移动止盈策略

本案例还是使用苹果公司的股票数据，实现移动止损 + 移动止盈策略。

策略逻辑如下。

（1）买入条件：价格上穿 20 日均线时买入。

（2）移动止损：止损价格随着价格的上涨而动态调整，始终保持在最高价的 95%。

（3）移动止盈：止盈价格随着价格的上涨而动态调整，始终保持在最高价的 110%。

（4）卖出条件：价格下跌至移动止损价格或上涨至移动止盈价格时卖出。

以下是实现该策略的完整代码。

```python
import pandas as pd
import backtrader as bt

# ================= 数据加载与清洗 =================

# 加载本地股票数据文件
data = pd.read_csv("Data/HistoricalData_AAPL.csv", parse_dates=True, index_col="Date")

# 数据清洗：列名标准化和格式处理
for col in ["Close/Last", "Open", "High", "Low"]:
    data[col] = data[col].replace({'\$': '', ',': ''}, regex=True).astype(float)

data.rename(columns={"Close/Last": "Close"}, inplace=True)  # 统一列名为 Backtrader 标准格式
# 确保数据按日期升序排序
data = data.sort_index()


# ================= Backtrader 策略实现 =================

class TrailingStopTake(bt.Strategy):
    params = (
        ('stop_trail_pct', 0.05),    # 移动止损比例 5%
        ('take_trail_pct', 0.10),    # 移动止盈比例 10%
        ('ma_period', 20),           # 20 日均线
    )

    def __init__(self):
        # 计算 20 日均线
        self.sma20 = bt.indicators.SimpleMovingAverage(
            self.data.close, period=self.params.ma_period
        )
        self.highest_price = None    # 记录最高价
        self.buy_price = None        # 记录买入价格

    def next(self):
        # 获取当前日期
        dt = self.datas[0].datetime.date(0)

        # 打印当前价格和 20 日均线
```

```python
            print(f"{dt}, 当前价: {self.data.close[0]:.2f}, 20 日均线: {self.sma20[0]:.2f}")

        if not self.position:    # 如果没有持仓
            if self.data.close[0] > self.sma20[0]:    # 价格上穿 20 日均线
                print(f"{dt}, 买入信号触发! 当前价: {self.data.close[0]:.2f}, 20 日均线: {self.sma20[0]:.2f}")
                self.buy(size=100)    # 买入 100 股
                self.buy_price = self.data.close[0]    # 记录买入价格
                self.highest_price = self.data.close[0]    # 初始化最高价
        else:
            # 更新最高价
            self.highest_price = max(self.highest_price, self.data.close[0])

            # 计算移动止损和移动止盈的价格
            stop_price = self.highest_price * (1 - self.params.stop_trail_pct)
            take_profit_price = self.highest_price * (1 + self.params.take_trail_pct)
            print(f"{dt}, 当前价: {self.data.close[0]:.2f}, 最高价: {self.highest_price:.2f}, 移动止损价: {stop_price:.2f}, 移动止盈价: {take_profit_price:.2f}")

            # 检查是否触发移动止损或移动止盈
            if self.data.close[0] < stop_price or self.data.close[0] > take_profit_price:
                print(f"{dt}, 卖出信号触发! 当前价: {self.data.close[0]:.2f}, 移动止损价: {stop_price:.2f}, 移动止盈价: {take_profit_price:.2f}")
                self.sell(size=100)    # 卖出 100 股
                self.highest_price = None    # 重置最高价
                self.buy_price = None         # 重置买入价格

# ================== 回测设置与运行 ==================

if __name__ == "__main__":
    # 初始化回测引擎
    cerebro = bt.Cerebro()

    # 添加策略
    cerebro.addstrategy(TrailingStopTake)

    # 将 Pandas 数据转换为 Backtrader 数据格式
    data_feed = bt.feeds.PandasData(
        dataname=data,
        fromdate=data.index.min(),    # 数据起始日期
        todate=data.index.max(),       # 数据结束日期
        timeframe=bt.TimeFrame.Days    # 数据时间粒度（日线）
    )
    cerebro.adddata(data_feed)    # 将数据注入引擎

    # 配置回测参数
    cerebro.broker.set_cash(100000.0)                         # 设置初始资金为 100000 美元
    cerebro.broker.setcommission(commission=0.001)    # 设置交易佣金为 0.1%

    # 执行回测并输出结果
    print("初始资金: %.2f" % cerebro.broker.getvalue())
    cerebro.run()    # 运行回测
    print("最终资金: %.2f" % cerebro.broker.getvalue())
    cerebro.plot()    # 可视化回测结果
```

运行上述代码，输出的日志结果如下，并输出如图 15-2 所示的可视化图表。

```
初始资金：100000.00
2024-09-30, 当前价：233.00, 20日均线：223.76
2024-09-30, 买入信号触发！当前价：233.00, 20日均线：223.76
...
2025-02-28, 当前价：241.84, 20日均线：238.39
2025-02-28, 当前价：241.84, 最高价：247.10, 移动止损价：234.74, 移动止盈价：271.81
最终资金：101441.50
```

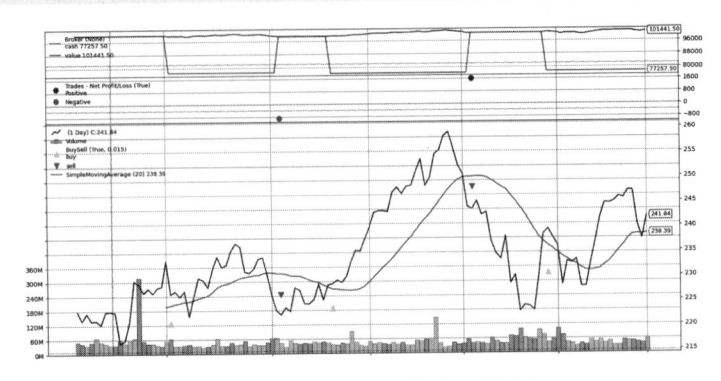

图15-2 移动止损+移动止盈策略

15.1.4 头寸管理

头寸管理是量化交易中非常重要的一部分，它决定了每次交易的资金分配、风险控制及仓位调整。良好的头寸管理可以帮助交易者在控制风险的同时，最大化收益。

头寸管理的核心概念如下。

（1）仓位大小：每次交易买入或卖出的数量。仓位大小可以根据固定数量（如每次买入100股）或动态计算（如根据账户资金的百分比）来确定。

（2）风险控制：通过设置止损和止盈来控制每笔交易的风险。例如，单笔交易的最大亏损不超过账户资金的2%。

（3）资金分配：将账户资金分配到多个交易品种或多个策略中，以分散风险。例如，将账户资金的20%分配给股票A，30%分配给股票B。

（4）动态调整：根据市场情况动态调整仓位。例如，在趋势明显时增加仓位，在震荡市中减少仓位。

15.1.5 实战案例43：基于波动率的动态头寸管理策略——以特斯拉股票为例

在金融市场中，波动率是衡量资产价格变动幅度的重要指标。动态头寸管理策略利用波动率来调整仓位大小，使投资者在高波动时期降低风险，在低波动时期扩大仓位，以实现稳健的收益增长。

本案例以特斯拉股票（股票代码为TSLA）为例，展示如何使用波动率调整头寸大小，并结合风险控制机制优化交易表现。

示例代码如下。

```python
import pandas as pd
import backtrader as bt
import numpy as np


# ================= 数据加载与清洗 =================
# 加载本地股票数据文件
data = pd.read_csv("Data/HistoricalData_TSLA.csv", parse_dates=True, index_col="Date")

# 数据清洗：列名标准化和格式处理
for col in ["Close/Last", "Open", "High", "Low"]:
    # 去掉价格字段中的美元符号和逗号，并转换为浮点数
    data[col] = data[col].replace({'\$': '', ',': ''}, regex=True).astype(float)

# 统一列名为 Backtrader 标准格式
data.rename(columns={"Close/Last": "Close"}, inplace=True)

# 确保数据按日期升序排序
data = data.sort_index()



# ================= 动态头寸管理策略 =================
class DynamicPositionManagement(bt.Strategy):
    """
    基于波动率的动态头寸管理策略
    - 使用 ATR 动态调整仓位大小
    - 设置止损和止盈
    """
    params = (
        ('risk_per_trade', 0.02),  # 每笔交易风险比例（账户资金的2%）
        ('stop_loss', 0.05),       # 止损比例（5%）
        ('take_profit', 0.10),     # 止盈比例（10%）
        ('atr_period', 14),        # ATR 周期（用于波动率计算）
    )

    def __init__(self):
        """
        初始化策略
        """
        # 初始化 ATR 和 SMA 指标
        self.atr = bt.indicators.ATR(self.data, period=self.params.atr_period)  # ATR 指标

        self.sma = bt.indicators.SMA(self.data.close, period=20)  # 20 日均线

        # 跟踪交易状态
        self.order = None           # 当前订单
        self.entry_price = None     # 入场价格

        # 初始化资金记录
        self.value_log = []         # 记录每日资金变化

    def next(self):
        """
        每个交易日调用的逻辑
```

```python
        """
        # 如果有未完成的订单，跳过
        if self.order:
            return

        # 检查数据长度是否足够计算 SMA
        if len(self.data.close) < self.params.atr_period:
            return

        # 记录每日资金
        self.value_log.append(self.broker.getvalue())

        # 若没有持仓，则检查买入条件
        if not self.position:
            self._check_buy()
        # 若有持仓，则检查卖出条件
        else:
            self._check_sell()

    def _check_buy(self):
        """
        检查买入条件
        """
        # 简单的买入信号：价格上穿 20 日均线
        if self.data.close[0] > self.sma[0]:
            # 计算仓位大小
            risk_amount = self.broker.getvalue() * self.params.risk_per_trade  # 风险金额
            position_size = risk_amount / (self.atr[0] * self.params.stop_loss)  # 仓位大小

            # 执行买入
            self.order = self.buy(size=position_size)
            self.entry_price = self.data.close[0]  # 记录入场价格
            print(f"{self.data.datetime.date(0)} 买入 {position_size:.2f} 股 @ {self.entry_price:.2f}")

    def _check_sell(self):
        """
        检查卖出条件
        """
        current_price = self.data.close[0]

        # 计算止损价格和止盈价格
        stop_loss_price = self.entry_price * (1 - self.params.stop_loss)
        take_profit_price = self.entry_price * (1 + self.params.take_profit)

        # 检查是否触发止损或止盈
        if current_price <= stop_loss_price or current_price >= take_profit_price:
            self.order = self.close()  # 平仓
            print(f"{self.data.datetime.date(0)} 平仓 @ {current_price:.2f}")
            self.entry_price = None  # 重置入场价格

    def notify_order(self, order):
        """
        订单状态通知
        """
        if order.status in [order.Completed, order.Canceled, order.Margin]:
```

```python
            self.order = None  # 重置订单状态

    def stop(self):
        """
        回测结束后调用,计算绩效指标
        """
        # 计算绩效指标
        if len(self.value_log) > 1:
            returns = pd.Series(self.value_log).pct_change().dropna()  # 每日收益率
            sharpe = returns.mean() / returns.std() * np.sqrt(252)  # 夏普比率
            max_drawdown = (pd.Series(self.value_log) / pd.Series(self.value_log).cummax() - 1).min()  # 最大回撤
        else:
            sharpe = np.nan
            max_drawdown = np.nan

        # 输出绩效指标
        print(f"\n=== 最终绩效 ===")
        print(f" 夏普比率: {sharpe:.2f}")
        print(f" 最大回撤: {max_drawdown:.2%}")
        print(f" 最终资金: {self.broker.getvalue():.2f}")


# ================= 执行回测 =================
if __name__ == '__main__':
    # 初始化回测引擎
    cerebro = bt.Cerebro()

    # 将 Pandas 数据转换为 Backtrader 数据格式
    data_feed = bt.feeds.PandasData(
        dataname=data,
        datetime=None,  # 使用默认索引(日期)
        open='Open',
        high='High',
        low='Low',
        close='Close',
        volume='Volume',  # 成交量数据
        openinterest=None  # 未平仓量(可选)
    )
    cerebro.adddata(data_feed)  # 添加数据

    # 添加策略
    cerebro.addstrategy(DynamicPositionManagement)

    # 配置初始资金和佣金
    cerebro.broker.setcash(100000)  # 初始资金 100000 美元
    cerebro.broker.setcommission(commission=0.001)  # 佣金 0.1%

    # 运行回测
    print(' 初始资金:', cerebro.broker.getvalue())
    cerebro.run()  # 运行回测
    print(' 最终资金:', cerebro.broker.getvalue())

    # 绘制结果
    cerebro.plot(style='candlestick')
```

运行上述代码,输出的日志结果如下,并输出如图 15-3 所示的可视化图表。

```
初始资金：100000
2024-04-01 买入 5383.55 股 @ 175.22
2024-04-08 买入 4983.49 股 @ 172.98
2024-04-09 买入 5015.92 股 @ 176.88
...
2024-04-10 买入 5066.04 股 @ 171.76
2025-01-21 买入 1635.02 股 @ 424.07
=== 最终绩效 ===
夏普比率：nan
最大回撤：0.00%
最终资金：100000.00
最终资金：100000.0
```

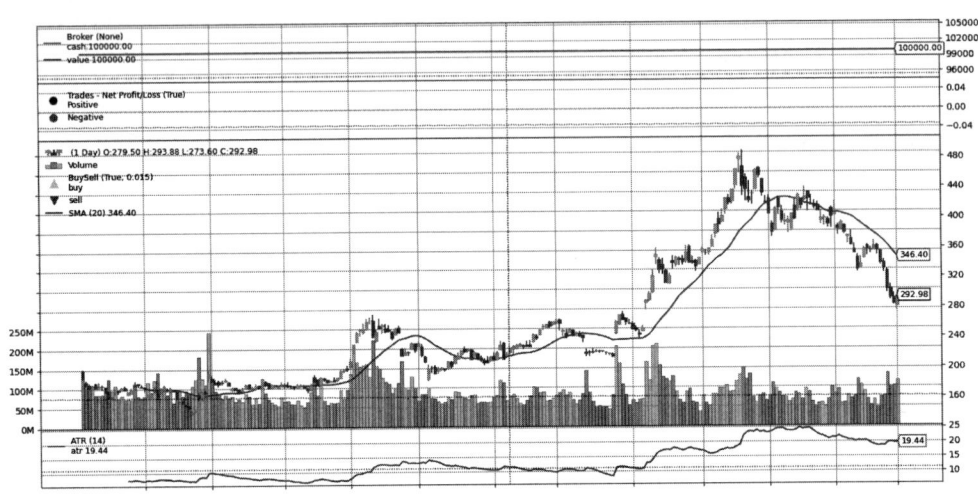

图 15-3　动态头寸管理策略

15.1.6　投资组合分散

投资组合分散是投资管理中的核心策略之一，旨在通过将资金分配到不同的资产或策略中，降低整体风险并提高收益的稳定性。投资组合分散可以有效减少单一资产或策略的波动对整体投资组合的影响。

投资组合分散的核心概念如下。

（1）资产类别分散：将资金分散到不同的资产类别中，如股票、债券、商品、外汇等。例如，60% 的资金投资于股票，30% 的资金投资于债券，10% 的资金投资于黄金。

（2）行业分散：在同一资产类别中，将资金分散到不同的行业或板块。例如，在股票投资中，将资金分散到科技、金融、医疗等行业。

（3）地理区域分散：将资金分散到不同国家或地区的市场。例如，将资金同时投资于美国、欧洲和亚洲市场。

（4）策略分散：使用多种不同的投资策略，如趋势跟踪、均值回归、套利等。例如，50% 的资金用于趋势跟踪策略，50% 的资金用于均值回归策略。

（5）时间分散：在不同的时间点分批买入或卖出，避免一次性投入全部资金。例如，每月定期定额投资。

（6）夏普比率：用于衡量投资组合在承担单位风险时获得的超额收益，即超过无风险收益的部分。它反映了资产在考虑风险因素后的收益表现，是评估投资绩效的重要指标。夏普比率高，说明在相同风险下，投资组合能带来的超额收益更高，或在相同收益水平下承担的风险更小，表现更优。

（7）最大回撤：在选定的时间段内，投资组合从任意一个高点到后续最低点的资产净值的最大跌幅。它衡量了投资过程中可能出现的最大损失，反映了投资组合在特定时期内的抗风险能力。

15.1.7　实战案例44：股票与黄金的风险分散投资策略

以下是一个基于多资产投资组合的策略示例。策略逻辑如下。

（1）资产类别：投资于股票（如苹果股票，股票代码为AAPL）和黄金（GLD）。

（2）资金分配：50%的资金投资于股票，50%的资金投资于黄金。

（3）买入条件。

- 股票：价格上穿20日均线时买入。
- 黄金：价格上穿50日均线时买入。

（4）卖出条件。

- 股票：价格下跌至买入价的95%或上涨至买入价的110%时卖出。
- 黄金：价格下跌至买入价的95%或上涨至买入价的110%时卖出。

关于本案例中的黄金价格数据，读者可以在如图15-4所示的世界黄金协会网站中查询。

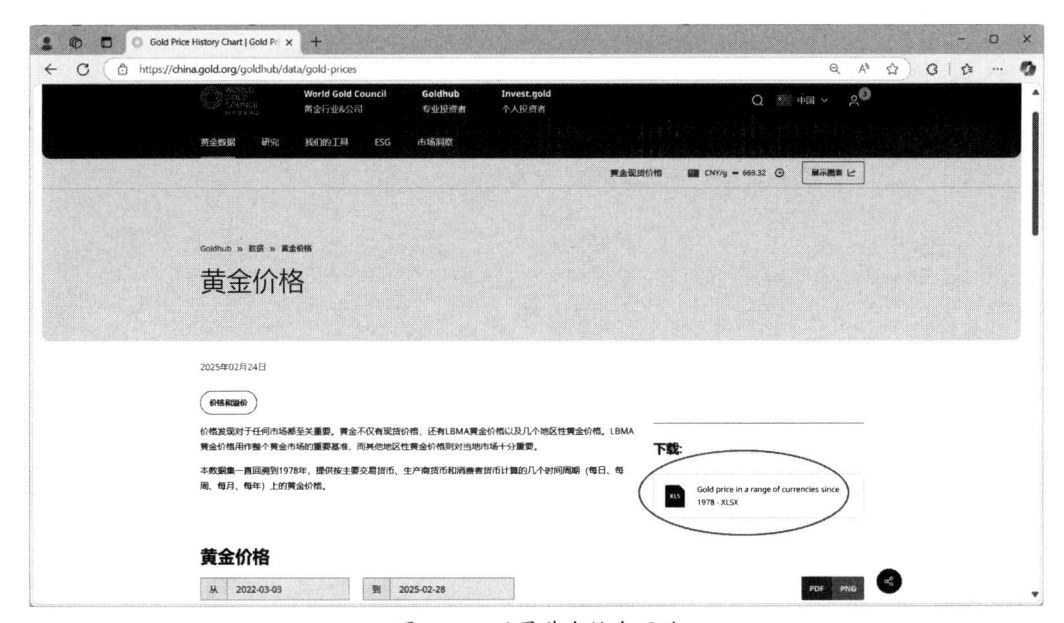

图15-4　世界黄金协会网站

下载数据文件后，打开文件并切换到 Daily 工作表，如图 15-3 所示。

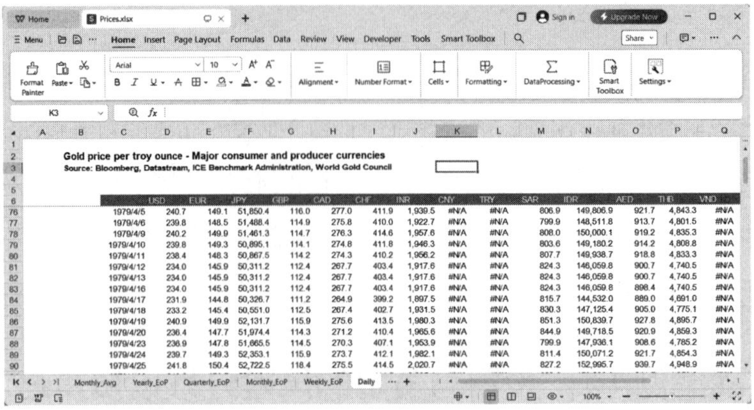

图 15-5　黄金数据文件 Daily 工作表

我们需要找到与苹果股票数据日期对应的黄金数据，然后把它们整理到一个 CSV 文件中，如图 15-6 所示。

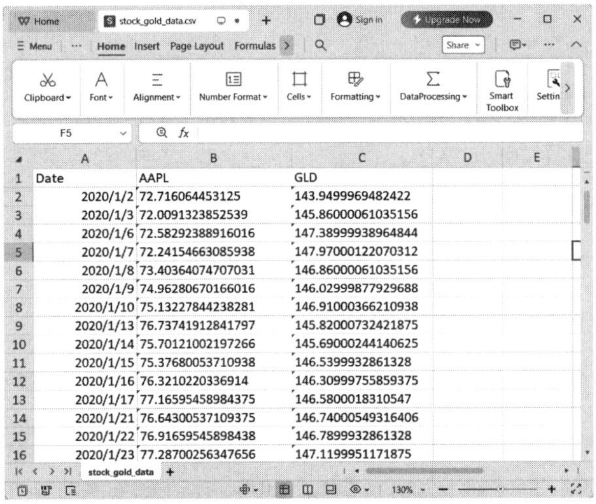

图 15-6　合并的 stock_gold_data.csv 文件

数据准备好之后，我们开始编写案例代码，具体如下。

```python
import pandas as pd              # 数据处理
import backtrader as bt          # 量化回测框架
import numpy as np               # 数值计算

# ================== 数据强化处理模块 ==================
def load_data(filepath):
    """
    强化数据加载函数
    功能：从 CSV 文件加载并清洗股票数据和黄金数据

    参数如下。
        filepath (str): 数据文件路径

    返回如下。
        (pd.DataFrame, pd.DataFrame): 处理后的苹果股票和黄金数据
```

```python
    """
    # 读取原始数据（强制日期解析）
    df = pd.read_csv(filepath, parse_dates=['Date'])

    # 严格数据清洗流程
    for col in ['AAPL', 'GLD']:   # 遍历股票列和黄金列
        # 过滤非数字字符（正则表达式保留数字和小数点）
        df[col] = df[col].astype(str).str.replace('[^0-9.]', '', regex=True)

        # 转换数值类型，无效值转换为 NaN
        df[col] = pd.to_numeric(df[col], errors='coerce')

        # 双重填充策略（先向前填充，后向后填充）
        df[col] = df[col].fillna(method='ffill').fillna(method='bfill')

        # 极值处理（限制价格在 0.01 到 1000000 之间）
        df[col] = df[col].clip(lower=0.01, upper=1e6)

    # 数据切片与格式化
    aapl = df[['Date', 'AAPL']].set_index('Date').rename(columns={'AAPL': 'close'})
# 苹果股票数据
    gld = df[['Date', 'GLD']].set_index('Date').rename(columns={'GLD': 'close'})
# 黄金数据

    # 数据完整性验证
    assert not aapl['close'].isnull().any(), "AAPL 数据存在无效值"
    assert not gld['close'].isnull().any(), "GLD 数据存在无效值"
    return aapl, gld
# ================ 安全策略类 ================
class RobustDiversificationStrategy(bt.Strategy):
    """
    强化版分散策略类
    特征：
    - 双均线交易信号
    - 动态止损止盈
    - 仓位规模控制
    - 异常处理机制
    """
    # 策略参数组
    params = (
        ('ma_period', 20),              # 均线周期（20 日）
        ('stop_loss', 0.05),            # 止损比例（5%）
        ('take_profit', 0.10),          # 止盈比例（10%）
        ('position_ratio', 0.45),       # 单资产最大仓位比例（建议<0.5）
        ('min_trade_size', 1)           # 最小交易单位（1 股/盎司）
    )

    def __init__(self):
        """ 初始化资产跟踪系统 """
        # 为每个资产创建跟踪字典
        self.assets = {
            data._name: {
                'sma': bt.indicators.SMA(data.close, period=self.params.ma_period),  # 均线指标
                'entry': None,          # 入场价格记录
                'last_price': None      # 最后有效价格缓存
            } for data in self.datas    # 遍历所有数据源（AAPL 和 GLD）
        }
```

```python
        # 资金跟踪系统
        self.value_log = []          # 资金曲线记录

        # 定时器: 每月初记录资金 (用于绩效计算)
        self.add_timer(
            when=bt.timer.SESSION_END,   # 在交易日结束时触发
            monthdays=[1],                              # 每月第1天
            monthcarry=True,                            # 处理非交易日
            callback=self._record_value  # 回调函数
        )

    def _record_value(self):
        """ 安全记录资金 (防御 NaN 和异常值) """
        val = self.broker.getvalue()   # 获取当前总资产

        # 有效性验证 (过滤异常数值)
        if np.isfinite(val) and val > 0:
            self.value_log.append(val)
        else:
            print(f" 警告: 忽略无效资金记录: {val}")

    def next(self):
        """ 主交易逻辑 (每个 bar 执行) """
        # 遍历所有资产 (AAPL 和 GLD)
        for data in self.datas:
            self._process_asset(data)

    def _process_asset(self, data):
        """ 处理单个资产的交易逻辑 """
        asset = self.assets[data._name]   # 获取资产跟踪信息
        pos = self.getposition(data)        # 当前持仓状态

        # 更新最后有效价格 (防御零和 NaN)
        if data.close[0] > 0 and not np.isnan(data.close[0]):
            asset['last_price'] = data.close[0]

        # 空仓时检查买入条件
        if not pos:
            self._check_buy(data, asset)
        # 持仓时检查卖出条件
        else:
            self._check_sell(data, asset)

    def _check_buy(self, self, data, asset):
        """ 执行买入条件检查 (五重保护) """
        # 条件1: 数据长度足够计算均线
        # 条件2: 价格上穿均线
        # 条件3: 均线趋势向上
        if (
            len(data.close) > self.params.ma_period and
            data.close[0] > asset['sma'][0] and
            asset['sma'][0] > asset['sma'][-1]
        ):
            try:
                # 计算可用资金
                cash = self.broker.getcash()
                # 计算分配金额 (总资金 * 仓位比例)
```

```python
            alloc = cash * self.params.position_ratio
            # 获取当前价格
            price = data.close[0]

            # 五重安全验证
            if (price <= 0 or                    # 价格无效
                np.isnan(price) or               # 数值异常
                alloc <= 0 or                    # 分配金额不足
                cash <= 100 or                   # 保留最低现金（100美金）
                not np.isfinite(price)           # 非有限数值
            ):
                return

            # 计算可买数量（取整且不低于最小交易单位）
            size = max(int(alloc / price), self.params.min_trade_size)

            # 执行买入
            if size > 0:
                self.buy(data=data, size=size)
                asset['entry'] = price  # 记录入场价格
                print(f"{data.datetime.date()} {data._name} 买入 {size} 股 @ {price:.2f}")
        except Exception as e:
            print(f"{data._name} 买入失败：{str(e)}")

    def _check_sell(self, data, asset):
        """执行卖出条件检查（含异常处理）"""
        # 异常持仓检测（入场价格为None时强制平仓）
        if asset['entry'] is None:
            print(f"{data.datetime.date()} {data._name} 发现异常持仓，强制平仓")
            self.close(data=data)
            return

        # 获取当前价格（使用最后有效价格作为后备）
        current_price = data.close[0] if data.close[0] > 0 else asset['last_price']

        # 计算止损价格和止盈价格
        stop_price = asset['entry'] * (1 - self.params.stop_loss)
        profit_price = asset['entry'] * (1 + self.params.take_profit)

        # 触发止损条件或止盈条件
        if current_price < stop_price or current_price > profit_price:
            try:
                self.close(data=data)
                print(f"{data.datetime.date()} {data._name} 平仓 @ {current_price:.2f}")
            finally:
                asset['entry'] = None  # 重置入场价格（防止重复触发）

    def stop(self):
        """回测结束时计算绩效指标"""
        # 清理无效记录
        self.value_log = [x for x in self.value_log if np.isfinite(x)]

        # 计算关键指标
        if len(self.value_log) > 1:
            returns = pd.Series(self.value_log).pct_change().dropna()
            # 夏普比率（年化）
```

```python
            sharpe = returns.mean() / returns.std() * np.sqrt(252)
            # 最大回撤
            max_drawdown = (pd.Series(self.value_log) / pd.Series(self.value_log).cummax() - 1).min()
        else:
            sharpe = np.nan
            max_drawdown = np.nan

        # 输出报告
        print(f"\n=== 最终绩效 ===")
        print(f"夏普比率: {sharpe:.2f}")
        print(f"最大回撤: {max_drawdown:.2%}")
        print(f"最终资金: {self.broker.getvalue():.2f}")

# ================ 执行回测 ================
if __name__ == '__main__':
    # 初始化回测引擎
    cerebro = bt.Cerebro()

    # 加载并处理数据
    aapl, gld = load_data('data/stock_gold_data.csv')

    # 构建 AAPL 数据源（补充完整 OHLC 结构）
    data_params = dict(
        dataname=pd.DataFrame({
            'open': aapl['close'],      # 使用收盘价模拟开盘价
            'high': aapl['close'],      # 使用收盘价模拟最高价
            'low': aapl['close'],       # 使用收盘价模拟最低价
            'close': aapl['close'],     # 收盘价
            'volume': 1000000           # 模拟成交量（100万股）
        }),
        name='AAPL'     # 资产名称
    )
    cerebro.adddata(bt.feeds.PandasData(**data_params))

    # 构建 GLD 数据源（同上）
    data_params['dataname'] = pd.DataFrame({
        'open': gld['close'],
        'high': gld['close'],
        'low': gld['close'],
        'close': gld['close'],
        'volume': 500000    # 模拟成交量（50万盎司）
    })
    data_params['name'] = 'GLD'
    cerebro.adddata(bt.feeds.PandasData(**data_params))

    # 配置回测参数
    cerebro.addstrategy(RobustDiversificationStrategy)   # 添加策略
    cerebro.broker.setcash(100000)                       # 初始资金10万美元
    cerebro.broker.setcommission(commission=0.001)       # 佣金率0.1%

    # 运行回测
    print('初始资金:', cerebro.broker.getvalue())
    cerebro.run()

    # 可视化（异常捕获防止崩溃）
    try:
        cerebro.plot(style='candlestick', volume=False)
```

```
except Exception as e:
    print(f" 警告：绘图功能跳过，原因：{str(e)}")
```

运行上述代码，输出的日志结果如下，并输出如图 15-7 所示的可视化图表。

```
初始资金：100000
2020-01-31 GLD 买入 301 股 @ 149.33
2020-02-04 AAPL 买入 322 股 @ 77.19
...
2024-12-26 AAPL 平仓 @ 258.74
2024-12-27 AAPL 买入 158 股 @ 255.31

=== 最终绩效 ===
夏普比率：nan
最大回撤：nan%
最终资金：129443.94
```

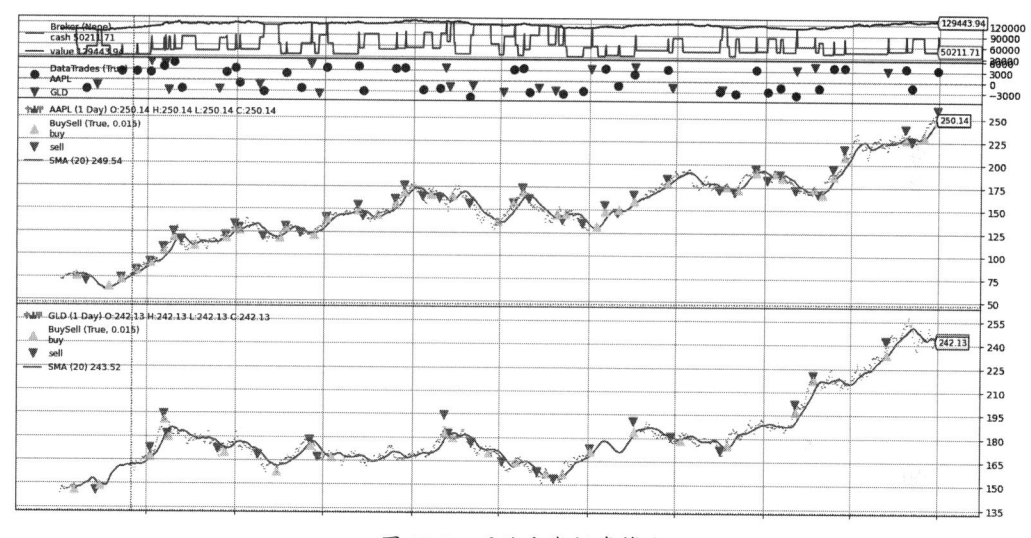

图 15-7 风险分散投资策略

15.1.8 对冲策略

对冲策略是一种通过同时持有相关性较低或负相关的资产，以降低投资组合整体风险的策略。对冲的核心思想是利用不同资产之间的价格波动关系，抵消单一资产的价格波动对投资组合的影响，从而实现风险分散和收益稳定。

对冲策略的核心思想如下。

（1）投资者应选择两种相关性较低或负相关的资产，如股票和黄金。

（2）股票通常具有高收益和高风险，而黄金通常具有低收益和低风险，且与股票呈负相关。

对冲策略的逻辑如下。

（1）当股票价格下跌时，黄金价格可能上涨，从而抵消股票的损失。

（2）当股票价格上涨时，黄金价格可能下跌，但股票的收益可以弥补黄金的损失。

对冲策略的优势如下。

（1）风险对冲：通过持有相关性较低的资产，来降低整体风险。

（2）动态调整：根据市场波动性来动态调整仓位，以适应不同市场环境。

（3）简单易实现：基于均线和 ATR 的规则清晰易懂，适合初学者学习和实践。

15.1.9 实战案例45：对冲策略——股票与债券的对冲组合

本案例以苹果股票（股票代码为 AAPL）和债券（TLT）为例，展示如何通过构建对冲组合，来降低市场波动对投资组合的影响。

1. 背景

（1）股票（AAPL）：股票通常具有较高的收益潜力，但也伴随着较高的波动性和风险。

（2）债券（TLT）：长期国债通常被视为避险资产，与股票市场呈现负相关性，尤其是在经济不确定性增加时。

（3）对冲逻辑：当股市下跌时，债券价格往往上涨，从而抵消股票的损失；反之亦然。

2. 目标

通过构建 AAPL 和 TLT 的对冲组合，实现以下目标。

（1）降低投资组合的整体波动性。

（2）市场下跌时，减少投资组合的损失。

（3）市场上涨时，仍能获得一定的收益。

笔者收集了 AAPL 股票和 TLT 数据，并整合到一张表格中，如图 15-8 所示。

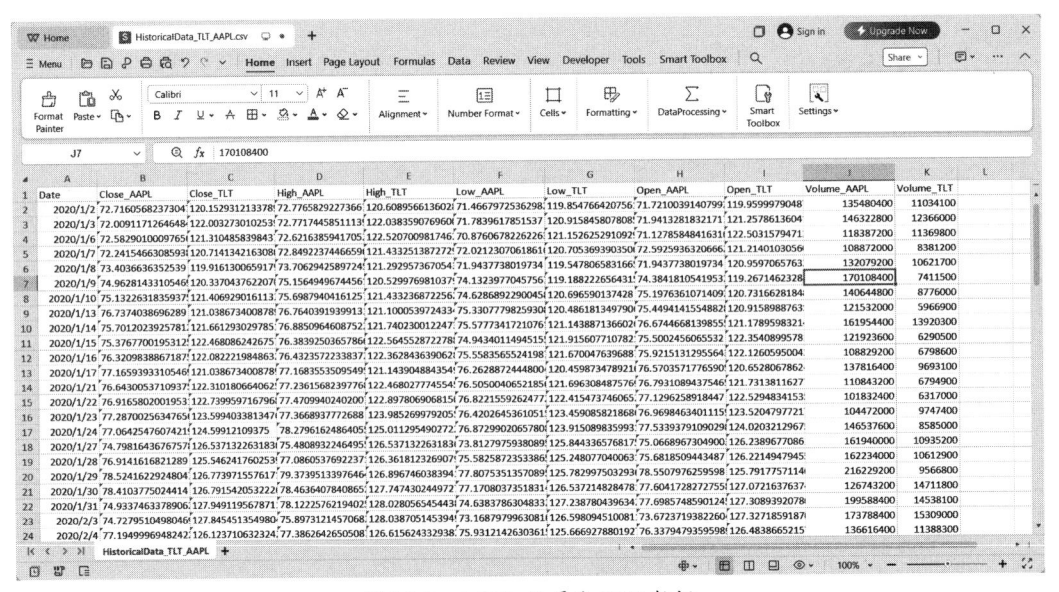

图 15-8　AAPL 股票和 TLT 数据

案例实现代码如下。

```python
import backtrader as bt
import pandas as pd

# 定义对冲策略
class HedgeStrategy(bt.Strategy):
    def __init__(self):
        # 获取 AAPL 和 TLT 的数据
        self.aapl = self.datas[0]
        self.tlt = self.datas[1]

        # 设置初始资产配置比例（60% AAPL, 40% TLT）
        self.aapl_target_weight = 0.6
        self.tlt_target_weight = 0.4

    def next(self):
        # 计算当前投资组合的总价值
        total_value = self.broker.getvalue()

        # 计算目标持仓价值
        aapl_target_value = total_value * self.aapl_target_weight
        tlt_target_value = total_value * self.tlt_target_weight

        # 获取当前持仓价值
        aapl_current_value = self.broker.getvalue([self.aapl])
        tlt_current_value = self.broker.getvalue([self.tlt])

        # 调整 AAPL 持仓
        if aapl_current_value < aapl_target_value:
            # 买入 AAPL
            aapl_amount = (aapl_target_value - aapl_current_value) / self.aapl.close[0]
            self.buy(data=self.aapl, size=aapl_amount)
        elif aapl_current_value > aapl_target_value:
            # 卖出 AAPL
            aapl_amount = (aapl_current_value - aapl_target_value) / self.aapl.close[0]
            self.sell(data=self.aapl, size=aapl_amount)

        # 调整 TLT 持仓
        if tlt_current_value < tlt_target_value:
            # 买入 TLT
            tlt_amount = (tlt_target_value - tlt_current_value) / self.tlt.close[0]
            self.buy(data=self.tlt, size=tlt_amount)
        elif tlt_current_value > tlt_target_value:
            # 卖出 TLT
            tlt_amount = (tlt_current_value - tlt_target_value) / self.tlt.close[0]
            self.sell(data=self.tlt, size=tlt_amount)

# 数据加载函数
def load_data():
    # 读取 CSV 文件
    df = pd.read_csv('data/HistoricalData_TLT_AAPL.csv', parse_dates=['Date'], index_col='Date')

    # 将数据转换为 Backtrader 格式
    data_aapl = bt.feeds.PandasData(
```

```python
        dataname=df,
        datetime=None,   # 使用索引作为日期
        open='Open_AAPL',
        high='High_AAPL',
        low='Low_AAPL',
        close='Close_AAPL',
        volume='Volume_AAPL',
        openinterest=-1
    )
    data_tlt = bt.feeds.PandasData(
        dataname=df,
        datetime=None,   # 使用索引作为日期
        open='Open_TLT',
        high='High_TLT',
        low='Low_TLT',
        close='Close_TLT',
        volume='Volume_TLT',
        openinterest=-1
    )
    return data_aapl, data_tlt

# 主程序
if __name__ == '__main__':
    # 创建 Cerebro 引擎
    cerebro = bt.Cerebro()

    # 加载数据
    data_aapl, data_tlt = load_data()
    cerebro.adddata(data_aapl, name='AAPL')
    cerebro.adddata(data_tlt, name='TLT')

    # 添加策略
    cerebro.addstrategy(HedgeStrategy)

    # 设置初始资金
    cerebro.broker.set_cash(1000000)   # 初始资金 100 万元

    # 设置交易手续费
    cerebro.broker.setcommission(commission=0.001)   # 0.1% 的交易手续费

    # 运行回测
    print('初始投资组合价值: %.2f' % cerebro.broker.getvalue())
    cerebro.run()
    print('最终投资组合价值: %.2f' % cerebro.broker.getvalue())

    # 绘制结果
    cerebro.plot()
```

运行上述代码，输出的日志结果如下，并输出如图 15-9 所示的可视化图表。

```
初始投资组合价值: 1000000.00
最终投资组合价值: 1038100.02
```

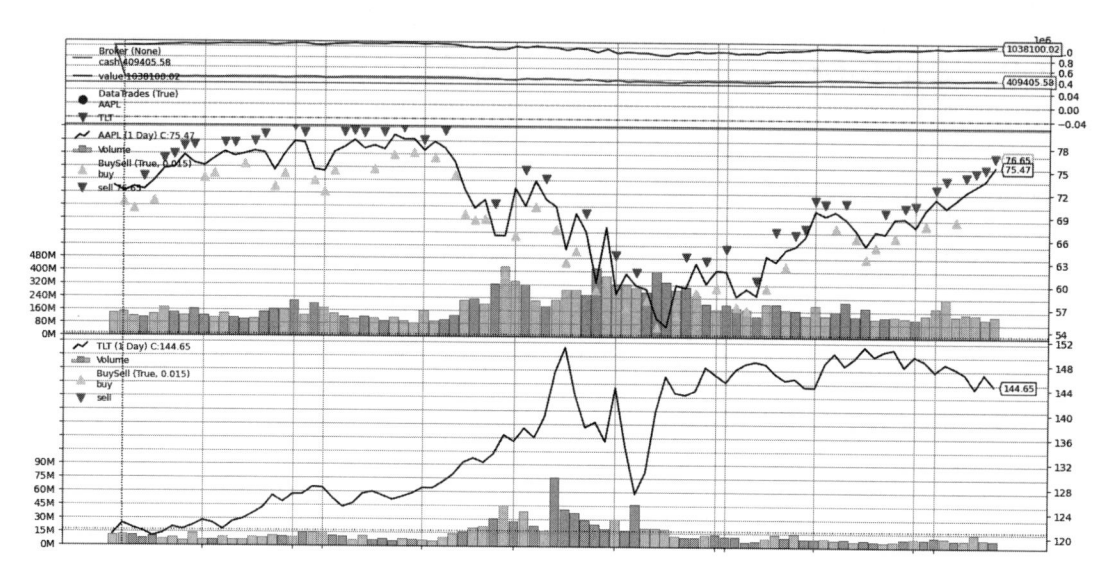

图 15-9　股票与债券的对冲组合策略

15.2　使用DeepSeek辅助量化交易风险管理

在量化交易中，风险管理至关重要。DeepSeek 作为一款先进的 AI 研究与分析工具，可以为量化交易提供数据驱动的风险管理解决方案。

DeepSeek 在量化交易风险管理中的应用已展现出显著的技术优势和实际价值，其通过深度学习、自然语言处理和大数据分析等技术，覆盖了市场风险、信用风险、操作风险等多个维度。DeepSeek 在量化交易风险管理中的核心应用场景包括风险识别、风险评估和风险控制。下面简要介绍其核心应用场景及案例分析。

15.2.1　风险识别

DeepSeek 在风险识别中的具体作用如下。

（1）市场风险识别：DeepSeek 通过分析股票价格、成交量、行业指数等数据，来判断市场整体风险及个股风险。

（2）信用风险识别：DeepSeek 通过评估交易对手的财务报表、信用评级等数据，来预测违约风险。

（3）流动性风险识别：DeepSeek 通过监控交易量、买卖价差等数据，来评估流动性状况。

15.2.2 实战案例46：DeepSeek智能监控应对市场动荡

下面我们通过案例来介绍 DeepSeek 在市场动荡中的智能监控能力。

案例背景如下。

2024 年 3 月，美联储议息会议临近，市场对未来利率政策存在较大分歧。同时，某科技巨头的季度财报不及预期，导致科技板块剧烈波动。标普 500 指数的隐含波动率（Volatility Index，VIX）指数快速上升，市场恐慌情绪加剧，交易量激增。面对这一局势，机构投资者希望借助 DeepSeek 监测市场风险，并让其提供实时投资建议，以降低潜在损失。

机构投资者向 DeepSeek 输入以下关键数据。

> **提问：**
>
> 我有如下数据：主要指数涨跌幅、个股波动、成交量变化、行业板块表现、避险资金流向、VIX 指数、期权市场数据、宏观政策和市场情绪。你能帮我分析当前市场风险水平，并判断潜在的投资机会和避险策略吗？
>
> （1）股票市场数据：
>
> 主要指数（标普 500、纳斯达克等）的涨跌幅；
>
> 个股表现（重点关注行业龙头企业的波动情况）；
>
> 成交量变化（对比 30 日均值，判断市场活跃度）。
>
> （2）行业指数：
>
> 行业板块表现（如科技、金融、能源等的涨跌幅）；
>
> 避险资金流向（如公用事业、黄金、债券等资产表现）。
>
> （3）期权市场和波动率数据：
>
> VIX 指数变化（衡量市场恐慌情绪）；
>
> 期权 Put/Call 比例（反映投资者风险偏好）。
>
> （4）经济新闻和社交媒体数据：
>
> 宏观经济政策（美联储决策、政府监管等）；
>
> 市场情绪监测（新闻热点、社交媒体讨论度等）。

> **DeepSeek：**
>
> 基于您提供的数据，我将从市场风险水平、潜在投资机会和避险策略三个方面进行分析。
>
> 1. 市场风险水平评估
>
> （1）主要指数涨跌幅。
>
> 如果标普 500 指数和纳斯达克指数近期跌幅超过 5%，且成交量显著放大（超过 30 日均值 20% 以上），表明市场可能进入调整阶段。
>
> 风险信号：若 VIX 指数同时快速上升（如突破 30），说明市场恐慌情绪加剧，风险水平较高。
>
> （2）行业板块表现。
>
> 科技、金融等高风险板块大幅下跌（如单日跌幅 >3%），而公用事业、黄金等避险板块表现强势，表明资金正在从高风险资产流向避险资产。

风险信号：若能源板块因油价波动出现剧烈调整，可能进一步拖累市场情绪。

(3) 期权市场数据。

Put/Call 比例显著上升（如 >1.5），表明投资者避险情绪升温。

风险信号：若 VIX 指数与 Put/Call 比例同步上升，市场可能面临短期下行压力。

(4) 市场情绪与政策。

宏观经济政策（如美联储加息预期）或监管政策变化（如科技行业反垄断调查）可能引发市场波动。

风险信号：若社交媒体讨论热点集中在"经济衰退"或"市场崩盘"，需警惕情绪驱动的抛售风险。

2. 潜在投资机会

(1) 超跌行业龙头。

若科技、金融等板块龙头股因市场情绪出现超跌（如 PE 低于行业均值 20%），可关注反弹机会。

策略：分批建仓，设置止损位（如 10%）。

(2) 避险资产配置。

黄金、债券等避险资产表现强势时，可适当增配以对冲市场风险。

策略：黄金 ETF（如 SPDR Gold Shares）或长期国债 ETF（如 TLT）。

(3) 期权策略。

若 VIX 指数处于高位但市场情绪趋于稳定，可卖出看跌期权（Sell Put）获取权利金收益。

策略：选择流动性较好的标的（如标普 500 ETF），行权价设置在当前价格下方 5%~10%。

3. 避险策略建议

(1) 动态资产配置。

根据市场风险水平调整股票与债券比例。例如，若 VIX 指数 >30，将股票仓位从 70% 降至 50%，增配债券和黄金。

工具：使用风险平价模型（Risk Parity）优化组合权重。

(2) 对冲工具运用。

投资者通过股指期货或期权对冲市场下行风险。例如，买入标普 500 看跌期权（SPX Put）保护投资组合。

策略：选择 1~3 个月到期，行权价低于当前价格 5% 的期权合约。

(3) 分散投资。

增加低相关性资产（如 REITs、大宗商品）以降低组合波动性。

工具：配置多元化 ETF（如 Vanguard Total World Stock ETF）。

15.2.3 风险评估

DeepSeek 在风险评估中通过先进的数据分析和 AI 技术，帮助投资者全面量化和管理投资组合的风险。以下是 DeepSeek 在风险评估中的具体体现。

（1）风险指标计算：DeepSeek 能够计算传统风险指标（如波动率、VaR、CVaR）及生成综合风险评估指标。

（2）风险归因分析：DeepSeek 能够将组合风险分解为市场风险、行业风险和个股风险，从而识别主要风险来源。

（3）情景分析与压力测试：DeepSeek 能够模拟极端市场情景（如金融危机、疫情崩盘），从而评估组合在极端条件下的表现。

15.2.4 实战案例47：基于DeepSeek的科技股投资组合的风险评估

下面我们通过案例来介绍 DeepSeek 在风险评估中的应用。

案例背景如下。

2024 年 5 月，受高通胀和预期利率上升影响，市场避险情绪升温，科技板块出现剧烈波动。标普 500 科技板块指数在一周内下跌 8%，部分高成长科技股跌幅超过 15%。与此同时，美联储官员释放鹰派信号，进一步加剧市场不确定性。某基金公司希望借助 DeepSeek 量化分析工具，对其科技股投资组合进行风险评估，并制定风险对冲策略。

> **提问：**
>
> 请基于以下市场背景，帮我进行风险评估并制定对冲策略。
>
> 时间：2024 年 5 月。
>
> 市场状况：高通胀和预期利率上升导致市场避险情绪升温。
>
> 市场表现：
>
> 科技板块剧烈波动，标普 500 科技板块指数一周内下跌 8%；
>
> 部分高成长科技股跌幅 超过 15%。
>
> 宏观政策：美联储官员释放鹰派信号，加剧市场不确定性。
>
> 任务要求如下。
>
> （1）评估市场整体风险水平（基于波动率、避险资金流向、VIX 指数等）
>
> （2）分析科技股投资组合风险（计算波动率、VaR、CVaR，并进行风险归因分析）
>
> （3）进行情景分析和压力测试（模拟美联储超预期加息的影响）
>
> （4）制定对冲策略（包括期权对冲、避险资产配置、投资组合优化等）
>
> 请提供详细的量化分析和具体策略建议，以帮助某基金公司降低科技股投资组合的风险。

> **DeepSeek：**
>
> 1. 市场整体风险水平评估
>
> （1）波动率：标普 500 指数近期波动率（20 日历史波动率）从 15% 上升至 25%，表明市场风险显著增加。
>
> （2）避险资金流向：资金从科技板块流向公用事业、黄金和债券等避险资产。例如，黄金 ETF（GLD）一周内上涨 5%，美国 10 年期国债收益率下降 20 个基点。
>
> （3）VIX 指数：VIX 指数从 20 上升至 35，反映出市场恐慌情绪加剧。
>
> （4）结论：市场整体风险水平较高，需采取防御性策略应对潜在下行风险。
>
> 2. 科技股投资组合风险分析
>
> （1）波动率：组合近期波动率从 18% 上升至 30%，高于市场平均水平。
>
> （2）VaR（风险价值）：在 95% 置信水平下，组合未来一周的 VaR 为 12%，即可能的最大损失

为 12%。

(3) CVaR（条件风险价值）：在极端情况下（5% 尾部风险），组合可能损失 18%。

(4) 风险归因分析如下。

- 市场风险贡献度：50%（主要受标普 500 指数下跌影响）。
- 行业风险贡献度：30%（科技板块整体下跌）。
- 个股风险贡献度：20%（部分个股跌幅超过 15%）。

(5) 结论：组合风险较高，需通过对冲策略降低市场风险和行业风险。

3. 情景分析与压力测试

(1) 股票价格下跌：假设科技板块指数进一步下跌 10%，高成长科技股下跌 20%。

(2) 利率上升：10 年期国债收益率上升 30 个基点，导致债券价格下跌。

(3) 波动率上升：VIX 指数上升至 40，导致市场恐慌情绪加剧。

(4) 测试结果如下。

- 组合价值可能下跌 25%。
- 流动性风险增加，部分个股买卖价差扩大至 2% 以上。

(5) 结论：投资者需提前制定对冲策略，以应对极端市场情景。

4. 对冲策略建议

目标：降低科技股投资组合的下行风险，同时保留上行潜力。

(1) 期权对冲。

- 策略：买入标普 500 指数看跌期权（SPX Put）或纳斯达克 100 指数看跌期权（NDX Put）。
- 具体操作：买入 1 个月到期，行权价低于当前价格 5% 的看跌期权，保护组合免受市场进一步下跌影响。
- 成本：期权费约占组合价值的 2%。
- 效果：若市场下跌 10%，看跌期权可抵消部分损失，组合净值回撤控制在 8% 以内。

(2) 避险资产配置。

- 策略：增配黄金 ETF（GLD）和长期国债 ETF（TLT）。
- 具体操作：将组合中 10% 的仓位从科技股转移至黄金 ETF 和国债 ETF；黄金 ETF 提供通胀对冲，国债 ETF 提供利率上升保护。
- 效果：降低组合波动率，提升抗风险能力。

(3) 投资组合优化。

- 策略：减少高波动科技股持仓，增加低波动防御性股票（如公用事业、消费必需品）。
- 具体操作：将跌幅超过 15% 的高成长科技股仓位从 20% 降至 10%；增配低波动股票（如宝洁、沃尔玛），占比从 10% 提高至 20%。
- 效果：降低组合整体波动率，提高稳定性。

15.2.5 风险控制

DeepSeek 在风险控制方面的作用如下。

(1) 止损与止盈策略：DeepSeek 能够根据市场波动和投资组合表现，动态设置止损点和止盈点，以避免损失扩大或利润回吐。

（2）调整资产配置：DeepSeek能够根据市场风险水平和投资目标，动态调整资产配置比例，以优化风险收益比。

15.2.6 实战案例48：应对银行业危机的风险控制

下面我们通过案例来介绍DeepSeek在风险控制中的应用，展示其如何帮助投资者动态调整策略，应对市场风险。

案例背景如下。

时间：2024年6月。

市场状况：某地区性银行因资产负债错配问题"爆雷"，引发市场对银行业流动性风险的担忧，导致金融股大幅下跌。市场避险情绪升温，投资者涌向债券和黄金等避险资产。

银行股表现：大型银行股平均下跌6%~10%，区域性银行股跌幅更大。

市场指数波动：标普500金融板块指数一周内下跌9%。

避险资产：美国10年期国债收益率下行30个基点，黄金价格上涨5%。

政策动态：财政部和美联储正考虑提供临时流动性支持，以稳定市场信心。

任务要求：某大型资产管理公司目前持有大量银行股头寸，该公司希望借助DeepSeek量化分析工具进行风险控制并优化资产配置，以降低潜在损失。

> **提问：**
>
> 在市场动荡的背景下，帮我优化止损策略并调整资产配置，以降低投资组合的回撤风险。
>
> 时间：2024年6月。
>
> 市场状况：某地区性银行因资产负债错配问题"爆雷"，引发市场对银行业流动性风险的担忧，导致金融股大幅下跌。市场避险情绪升温，投资者涌向债券和黄金等避险资产。
>
> 银行股表现：大型银行股平均下跌6%~10%，区域性银行股跌幅更大。
>
> 市场指数波动：标普500金融板块指数一周内下跌9%。
>
> 避险资产：美国10年期国债收益率下行30个基点，黄金价格上涨5%。
>
> 政策动态：财政部和美联储正考虑提供临时流动性支持，以稳定市场信心。

DeepSeek：

1. 止损策略优化

（1）动态止损。

个股层面：对银行股（尤其是区域性银行）设置7%~8%的硬性止损线，若触发立即平仓，避免流动性不足导致的进一步下跌。

板块层面：若标普500金融板块指数单日跌幅>3%或周跌幅>8%，自动降低金融股仓位至≤10%。

（2）波动性止损（ATR调整）。

使用14日平均真实波幅（ATR），设定止损点为2×ATR，动态适应市场波动。例如，某银行股

ATR 为 3%，则止损位设为 − 6%。

（3）时间止损。

若持仓股 3 个交易日内无法反弹至成本价上方，则减仓 50%，避免"钝刀割肉"式阴跌。

2. 资产配置调整建议

（1）降低高风险敞口。

金融股仓位：从当前比例压缩至 ≤ 15%（原可能 30%+），优先减持区域性银行股。

高杠杆资产：暂停新增融资买入，降低组合整体 Beta 值。

（2）增持避险资产。

国债：增配美国 10 年期国债（收益率下行预期强，避险属性突出）。

黄金：配置比例提升至 8%~10%（对冲通胀与流动性风险）。

防御性板块：增加公用事业（XLU）、必需消费（XLP）至 20% 仓位。

（3）流动性储备。

保持 10%~15% 现金或货币基金，应对可能的赎回压力或抄底机会。

3. 对冲工具应用

（1）股指期货对冲。

做空标普 500 金融板块指数期货（XLF），对冲剩余金融股持仓风险。

（2）期权保护。

买入 SPY（标普 500 ETF）或 XLF 的价外看跌期权（行权价 − 5%），期限 1~3 个月，作为"保险"。

4. 政策风险应对

密切关注美联储流动性措施：若央行介入（如贴现窗口扩容），可阶段性回补超跌优质银行股（如摩根大通等）。

灵活调仓：若市场恐慌指数（VIX）回落至 20 以下，逐步减持黄金 / 国债，转向估值合理的成长股。

5. 执行效果目标

最大回撤控制：将组合回撤从当前潜在 − 15%+ 压缩至 − 8% 以内。

风险收益比优化：通过对冲降低波动率（σ），确保夏普比率 ≥ 1.2。

注：建议使用 DeepSeek 风险模型实时监控组合 VaR（在险价值），动态调整参数。

15.3 本章总结

本章聚焦于量化交易中的风险管理，介绍了止损、止盈、头寸管理、投资组合分散和对冲策略等核心工具和方法。通过具体案例，本章展示了如何利用 DeepSeek 进行风险识别、评估和控制。读者可以学习到如何在复杂市场环境中有效管理风险，确保交易策略的稳健运行。

第16章 AI+ 量化交易的未来：DeepSeek API 调用与 AI 智能体赋能

随着 AI 技术的飞速发展，AI 与量化交易的结合正在开启全新的投资时代。DeepSeek 作为前沿的 AI 工具，不仅能够为量化交易策略提供强大的数据分析和优化能力，而且通过 API 接口和智能体赋能，能够为量化交易的未来发展提供无限可能。

本章将深入探讨如何通过 DeepSeek 的 API 调用，实现数据获取、策略优化和实时监控等功能。同时，本章将介绍智能体在量化交易中的应用，展示如何利用智能体平台构建自动化交易系统，提升交易效率和决策精准度。

本章还将展望 AI 与量化交易的未来发展方向，帮助读者提前布局，掌握行业前沿趋势。无论是技术爱好者还是量化交易的实践者，本章都将为其揭示 AI 赋能量化交易的巨大潜力。

本章的主要内容

- ◆ DeepSeek API 调用
- ◆ 智能体在量化交易中的应用
- ◆ 实现"财经新闻快报"智能体
- ◆ 智能体与量化交易现状和未来发展

16.1 DeepSeek API调用

通常，我们主要通过 DeepSeek 平台来获取数据和调用模型，但随着业务需求的不断增长，手动操作已无法满足高效、自动化的处理需求。为此，DeepSeek 提供了官方的 RESTful API 接口，允许开发者通过编程手段实现数据获取、模型调用及系统集成，从而大幅提升效率和灵活性。接下来，我们将详细介绍 DeepSeek RESTful API 的核心功能、使用优势及具体应用方式。

16.1.1 DeepSeek RESTful API接口

DeepSeek 提供了基于 RESTful 架构的 API 接口，使用户可以通过标准 HTTP 请求方式来调用平台的数据服务与模型功能。下面是接口的主要特点和示例说明。

（1）基于 HTTP 协议：使用 GET、POST、PUT、DELETE 等请求方法，分别用于资源的获取、创建、更新和删除。

（2）无状态交互：每个请求都是独立的，不依赖于先前的状态，便于服务器横向扩展。

（3）数据格式为 JSON：请求和响应的数据均采用 JSON 格式，便于跨平台解析与开发。

（4）使用统一资源定位符（URL）：每个接口都对应唯一的 URL，通过规范化的 URI 来访问不同的资源。

16.1.2 调用DeepSeek API接口的基本流程

下面给出一个典型的 DeepSeek API 调用基本流程说明。

1. 获取并配置API密钥

用户通过 DeepSeek 账号登录平台，并进入如图 16-1 所示的 API 密钥创建页面。单击"创建 API key"按钮后，会弹出如图 16-2 所示的对话框，在其中输入密钥名称。输入完成后，单击"创建"按钮，弹出如图 16-3 所示的对话框，在该对话框中复制生成的密钥，并妥善保存，随后关闭对话框。

图 16-1 创建 API 密钥（1）

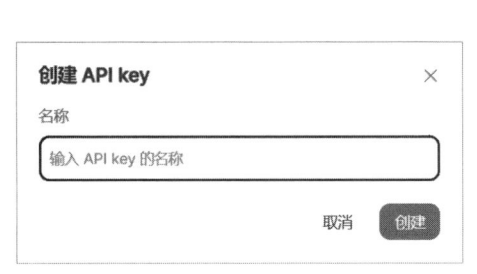

图 16-2 创建 API 密钥（2）

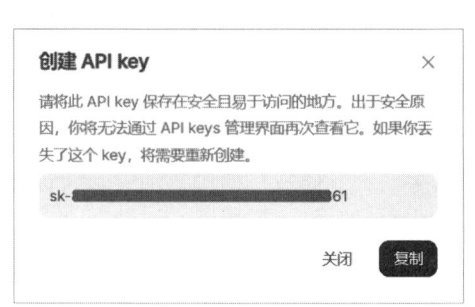

图 16-3 创建 API 密钥（3）

2. 安装OpenAI SDK

OpenAI SDK 是 OpenAI 官方提供的开发工具包，用于调用 OpenAI 的 API（如 ChatGPT、GPT-4 等），方便开发者集成其强大的语言模型服务。而 DeepSeek RESTful API 则是 DeepSeek 提供的接口版本，它采用了与 OpenAI 完全兼容的 API 格式。也就是说，我们可以用 OpenAI SDK 调用 DeepSeek 的服务，只需要在配置中将 API 的基础 URL 改为 DeepSeek 提供的地址，并指定对应的模型名称（如将 model 设置为 deepseek-chat 或 deepseek-reasoner）即可。

这种设计可以让开发者无须重新学习新的接口规范，就能轻松切换和集成 DeepSeek 的大模型能力，同时利用现有的 OpenAI SDK 生态体系来开发应用。

安装 OpenAI SDK 可以使用 pip install openai 指令，其安装过程如图 16-4 所示。

图 16-4　安装 OpenAI SDK

3. 发送请求

使用 Python 发送请求，示例代码如下。

```python
# 从 openai 模块导入 OpenAI 类，用于创建 API 客户端
from openai import OpenAI
# 初始化 API 客户端，替换 <DeepSeek API Key> 为实际的 API 密钥
# base_url 指定了 DeepSeek API 的基础地址
client = OpenAI(api_key="<DeepSeek API Key>", base_url="https://api.deepseek.com")
# 调用聊天接口生成回复
# 使用模型 deepseek-chat，并设置对话消息列表
response = client.chat.completions.create(
    model="deepseek-chat",   # 指定使用的聊天模型                           ①
    messages=[
        # 系统消息，用于设定模型行为，这里告诉模型扮演一个乐于助人的助手
        {"role": "system", "content": "You are a helpful assistant"},
        # 用户消息，表示用户的输入，此处为 "Hello"
        {"role": "user", "content": "Hello"},
    ],
    stream=False  # 设置为 False，表示一次性返回完整回复，不使用流式传输）
# 从返回的响应中提取第一个回答选项的文本内容，并打印输出
print(response.choices[0].message.content)
```

代码第①行在请求体中指定模型名称，如 "deepseek-chat"（对应 DeepSeek-V3）或 "deepseek-reasoner"（对应 DeepSeek-R1）。

4. 解析返回响应

返回的响应是 JSON 格式的数据，通常包含一个 choices 数组，其中每个选项中包含生成的回复文本。

16.1.3 实战案例49：调用DeepSeek API获取财经新闻简报

本节将通过一个实际案例，演示如何使用 DeepSeek API 获取财经新闻简报，并利用其联网功能搜索最新的财经动态。

案例的主要操作如下。

（1）调用 DeepSeek API 获取财经新闻简报。

（2）解析 API 返回的 Markdown 内容。

（3）将财经新闻简报保存为 Markdown 文件。

案例实现代码如下。

```python
import re
import os
from pathlib import Path
from openai import OpenAI
from typing import Optional
```

```python
def save_markdown_content(content: str, filename: str = "output.md") -> Optional[str]:    ①
    """
    将内容保存为 Markdown 文件, 自动处理已存在的文件名冲突

    :param content: 要保存的 Markdown 内容
    :param filename: 目标文件名 (默认为 output.md)
    :return: 若成功则返回保存路径, 若失败则返回 None
    """
    try:
        # 处理文件已存在的情况, 避免覆盖
        output_path = Path(filename)
        if output_path.exists():
            base_name = output_path.stem      # 获取文件名 (不包括扩展名)
            suffix = output_path.suffix        # 获取文件扩展名
            counter = 1
            while output_path.exists():
                output_path = Path(f"{base_name}_{counter}{suffix}")  # 生成新的文件名
                counter += 1
        # 确保目标目录存在
        output_path.parent.mkdir(parents=True, exist_ok=True)
        # 将内容写入 Markdown 文件
        with output_path.open("w", encoding="utf-8") as f:
            f.write(content)
        return str(output_path)
    except Exception as e:
        print(f"文件保存失败: {str(e)}")
        return None

def fetch_and_save_news(
    output_file: str = "news_report.md",
    api_key: Optional[str] = None,
    base_url: str = "https://api.deepseek.com"
) -> bool:
    """
    通过 DeepSeek API 获取财经新闻摘要, 并保存为 Markdown 文件

    :param output_file: 输出文件名
    :param api_key: DeepSeek API 密钥 (若未提供, 则尝试从环境变量中读取)
    :param base_url: API 基础 URL
    :return: 是否成功执行
    """
    try:
        # 获取 API 密钥 (若未提供, 则从环境变量 DEEPSEEK_API_KEY 中获取)
        api_key = api_key or os.getenv("DEEPSEEK_API_KEY")
        if not api_key:
            raise ValueError("API 密钥未提供, 且环境变量中未找到 DEEPSEEK_API_KEY")
        # 初始化 OpenAI (DeepSeek API) 客户端
        client = OpenAI(api_key=api_key, base_url=base_url)
        # 发送 API 请求, 获取财经新闻摘要
        response = client.chat.completions.create(
            model="deepseek-chat",  # 选择 DeepSeek 的聊天模型
            messages=[
                {"role": "system", "content": "你是一个专业的财经分析师"},  # 设定 AI 角色
                {"role": "user","content": "请通过联网搜索最新财经新闻, 生成包含时间、来源和关键数据的简报, 返回 Markdown 格式代码。"},     ②
            ],
            stream=False  # 不使用流式响应, 直接返回完整结果
        )
```

```python
        # 提取 API 返回的文本内容
        response_content = response.choices[0].message.content
        print("API 返回内容: ", response_content)

        # 使用正则表达式匹配 Markdown 代码块
        markdown_blocks = re.findall(                                        ③
            r"```markdown\s*(.*?)\s*```",  # 匹配以 ```markdown 开头的代码块
            response_content,
            flags=re.DOTALL | re.IGNORECASE
        )

        if not markdown_blocks:
            print("响应中未找到有效的 Markdown 代码块 ")
            return False

        # 合并多个 Markdown 代码块（如果有）
        combined_content = "\n\n---\n\n".join(
            [block.strip() for block in markdown_blocks]
        )
        # 将 Markdown 内容保存到文件
        saved_path = save_markdown_content(combined_content, output_file)
        if saved_path:
            print(f" 成功保存报告至: {saved_path}")
            return True
        return False
    except Exception as e:
        print(f" 操作失败： {str(e)}")
        return False

if __name__ == "__main__":
    # 运行示例，建议 API 密钥通过环境变量传递，而非直接硬编码
    result = fetch_and_save_news(
        output_file="daily_finance_report.md",
        api_key="<DeepSeek API Key>"  # 出于安全考虑，建议改为环境变量
    )
    print(" 执行结果：", " 成功 " if result else " 失败 ")
```

代码解释如下。

代码第①行定义了 save_markdown_content 函数，该函数将返回的文本保存到 .md 文件中。

代码第②行准备了提示语"请通过联网搜索最新财经新闻，生成包含时间、来源和关键数据的简报，返回 Markdown 格式代码"。这个提示语有两个要点：第一，通过联网搜索最新财经新闻；第二，返回 Markdown 格式代码。

代码第③行通过正则表达式将 ```markdown 和 ``` 之间的内容中提炼出来。

上述代码成功运行后，会返回类似如下内容的 Markdown 文本，同时在当前的 Python 脚本文件所在的目录中生成 daily_finance_report.md 文件。使用 Markdown 工具预览，效果类似于如图 16-5 所示的内容。

```
API 返回内容： ```markdown
# 财经新闻简报
```

2023年10月10日

来源：彭博社

关键数据：
- **美国股市**：道琼斯工业平均指数上涨0.4%，收于33604.65点；标准普尔500指数上涨0.8%，收于4358.24点；纳斯达克综合指数上涨1.3%，收于13567.98点。
- **原油价格**：布伦特原油期货价格上涨1.2%，至每桶86.75美元；西德克萨斯中质原油期货价格上涨1.1%，至每桶84.45美元。
- **黄金价格**：黄金期货价格上涨0.6%，至每盎司1,875.50美元。

新闻摘要：
- **美联储政策**：美联储官员表示，尽管通胀压力有所缓解，但仍需保持警惕，未来可能继续加息以控制通胀。
- **中国经济数据**：中国9月份出口同比增长5.7%，进口同比增长0.3%，显示出中国经济在疫情后的复苏势头。
- **欧洲央行会议**：欧洲央行将于本周召开会议，市场预期将维持当前利率不变，但可能讨论未来政策走向。

来源：路透社

关键数据：
- **美元指数**：美元指数下跌0.2%，至106.15。
- **欧元兑美元汇率**：欧元兑美元汇率上涨0.3%，至1.0605。
- **日元兑美元汇率**：日元兑美元汇率上涨0.2%，至149.25。

新闻摘要：
- **美国就业数据**：美国9月份非农就业人数增加26.3万人，失业率降至3.5%，显示出劳动力市场的强劲表现。
- **英国经济前景**：英国央行警告称，由于能源价格高企和通胀压力，英国经济可能在未来几个月陷入衰退。
- **全球供应链**：全球供应链问题持续影响多个行业，特别是汽车和电子产品制造业，预计将导致价格上涨和交货延迟。

来源：CNBC

关键数据：
- **比特币价格**：比特币价格上涨2.5%，至27800美元。
- **以太坊价格**：以太坊价格上涨3.1%，至1650美元。

新闻摘要：
- **加密货币市场**：加密货币市场在经历了一段时间的低迷后，近期出现反弹，主要受到机构投资者兴趣增加的推动。
- **科技股表现**：科技股在近期表现强劲，特别是大型科技公司如苹果、亚马逊和谷歌的股价均有所上涨。
- **全球股市展望**：分析师预计，随着全球经济逐步复苏，股市将继续保持上涨趋势，但需警惕通胀和货币政策变化带来的风险。

备注：以上数据为截至2023年10月10日的最新数据，新闻摘要基于当日发布的财经新闻。
```
成功保存报告至：daily_finance_report_1.md
执行结果：成功
```

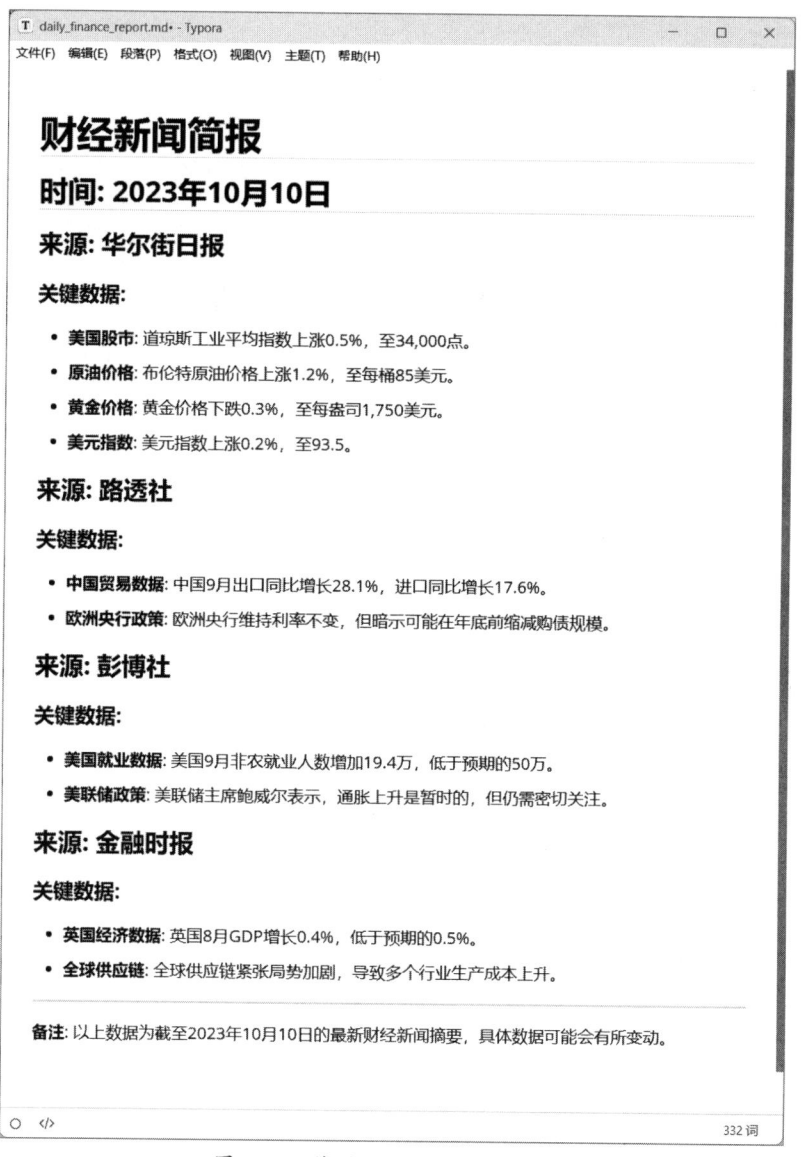

图 16-5 使用 Markdown 工具预览

16.1.4 实战案例50：使用Tushare API+DeepSeek API分析股票数据简报

本案例展示了如何将 Tushare API 与 DeepSeek API 结合起来，构建一个完整的股票数据分析流程。

案例实现代码如下。

```
import tushare as ts
import pandas as pd
import re
from openai import OpenAI

# ---------------------------
```

```python
# 利用 Tushare 获取股票数据并计算描述性统计信息
# ---------------------------
# 初始化 Tushare pro 接口（请替换为自己的 token）
pro = ts.pro_api('<修改为自己的TOKEN>')

# 获取指定股票的日线数据（此处以 600519.SH 为例，时间段可自行调整）
df = pro.daily(ts_code='600519.SH', start_date='20230101', end_date='20230701')

# 计算描述性统计信息，并转换为字符串格式
desc = df.describe()
desc_str = desc.to_string()

# ---------------------------
# 使用 DeepSeek API 对描述性统计信息进行智能分析
# ---------------------------
# 初始化 DeepSeek 客户端（API Key 与 base_url 根据实际情况配置）
client = OpenAI(api_key="sk-2fa184e33ec5406c92aa79b73fc02a2c", base_url="https://api.deepseek.com")

# 构造请求消息，将描述性统计信息作为用户输入发送给智能体
response = client.chat.completions.create(
    model="deepseek-chat",
    messages=[
        {"role": "system", "content": "You are a helpful assistant."},
        {"role": "user", "content": f"请对下面的股票数据描述性统计信息进行详细分析，并给出投资建议：\n\n{desc_str}"}
    ],
    stream=False
)

# 获取 DeepSeek 返回的结果
input_str = response.choices[0].message.content
print("\nDeepSeek 返回的完整响应：")
print(input_str)
```

上述代码运行后的结果如下。

股票数据描述性统计分析
1. **数据概览**
- **样本数量（count）**：118 个交易日的数据。
- **变量**：开盘价（open）、最高价（high）、最低价（low）、收盘价（close）、前收盘价（pre_close）、涨跌额（change）、涨跌幅（pct_chg）、成交量（vol）、成交额（amount）。

2. **价格分析**
- **开盘价（open）**：
  - 均值：1769.07，标准差：64.28，表明开盘价波动较小。
  - 最小值：1618.00，最大值：1914.00，表明股价在 1618 到 1914 之间波动。
  - 25% 分位数：1720.33，75% 分位数：1812.75，表明大部分交易日开盘价集中在 1720 到 1812 之间。
- **最高价（high）**：
  - 均值：1784.24，标准差：63.67，波动与开盘价相似。
  - 最小值：1665.72，最大值：1935.00，表明股价在 1665 到 1935 之间波动。
  - 25% 分位数：1734.99，75% 分位数：1825.00，表明大部分交易日最高价集中在 1734 到 1825 之间。
- **最低价（low）**：
  - 均值：1751.13，标准差：61.38，波动与开盘价和最高价相似。
  - 最小值：1618.00，最大值：1895.00，表明股价在 1618 到 1895 之间波动。
  - 25% 分位数：1706.06，75% 分位数：1796.50，表明大部分交易日最低价集中在 1706 到 1796 之间。
- **收盘价（close）**：
  - 均值：1766.96，标准差：63.32，波动与开盘价相似。
  - 最小值：1628.90，最大值：1912.90，表明股价在 1628 到 1912 之间波动。

- 25%分位数：1720.89，75%分位数：1814.38，表明大部分交易日收盘价集中在1720到1814之间。
3. **涨跌分析**
- **涨跌额（change）**：
- 均值：-0.09，标准差：22.37，表明涨跌额波动较大。
- 最小值：-53.69，最大值：75.99，表明股价单日涨跌幅度较大。
- 25%分位数：-13.49，75%分位数：11.50，表明大部分交易日涨跌额集中在-13.49到11.50之间。
- **涨跌幅（pct_chg）**：
- 均值：0.003%，标准差：1.27%，表明涨跌幅波动较小。
- 最小值：-2.99%，最大值：4.41%，表明股价单日涨跌幅在-2.99%到4.41%之间。
- 25%分位数：-0.78%，75%分位数：0.66%，表明大部分交易日涨跌幅集中在-0.78%到0.66%之间。
4. **成交量与成交额分析**
- **成交量（vol）**：
- 均值：23783.91，标准差：7356.19，表明成交量波动较大。
- 最小值：12769.96，最大值：51104.92，表明成交量在12769到51104之间波动。
- 25%分位数：18355.24，75%分位数：27575.23，表明大部分交易日成交量集中在18355到27575之间。
- **成交额（amount）**：
- 均值：4210181，标准差：1332640，表明成交额波动较大。
- 最小值：2269649，最大值：8732657，表明成交额在2269649到8732657之间波动。
- 25%分位数：3213230，75%分位数：4875616，表明大部分交易日成交额集中在3213230到4875616之间。
投资建议
1. **价格波动分析**：
 - 股价在1618到1935之间波动，波动范围较大，表明该股票具有一定的波动性。投资者应根据自身风险承受能力决定是否参与。
 - 大部分交易日股价集中在1720到1814之间，表明该区间为股价的主要波动区间，投资者可以在此区间内寻找买入或卖出机会。
2. **涨跌分析**：
 - 涨跌额和涨跌幅的波动较大，表明该股票短期内可能存在较大的价格波动风险。投资者应谨慎操作，避免追涨杀跌。
 - 涨跌幅均值接近0，表明该股票长期来看涨跌幅度较小，适合稳健型投资者。

3. **成交量与成交额分析**：
 - 成交量和成交额的波动较大，表明市场对该股票的交易活跃度较高。高成交量通常伴随着价格波动，投资者应密切关注成交量变化。
 - 大部分交易日成交量和成交额集中在中等水平，表明市场对该股票的交易较为稳定，投资者可以在此区间内寻找交易机会。
4. **综合建议**：
 - **短期投资者**：由于股价波动较大，短期投资者应密切关注市场动态，利用技术分析工具寻找买入或卖出信号，注意控制风险。
 - **长期投资者**：由于涨跌幅均值接近0，长期投资者可以考虑在股价较低时逐步建仓，利用长期持有策略获取稳定收益。
 - **风险控制**：无论短期还是长期投资者，都应设置止损点，避免因市场波动造成较大损失。

总之，该股票具有一定的波动性和交易活跃度，适合有一定风险承受能力的投资者。投资者应根据自身投资策略和风险偏好，合理配置资金，谨慎操作。

将返回的Markdown代码复制到Markdown工具中进行预览，结果如图16-6所示。

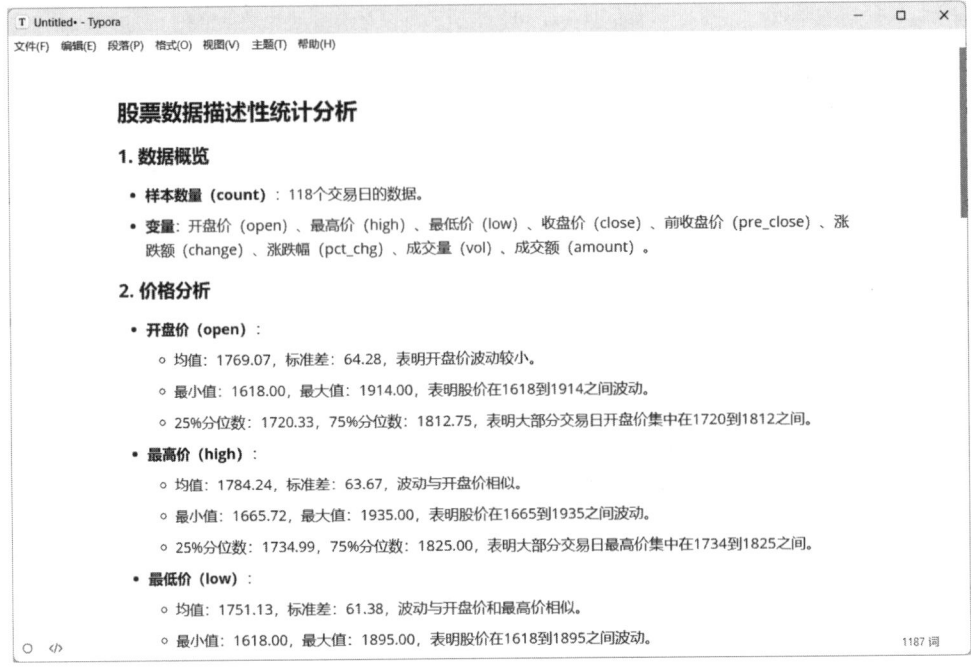

图 16-6　在 Markdown 工具中进行预览

16.2　智能体在量化交易中的应用

智能体（Agent）借助大模型，如深度学习和强化学习，能够处理复杂的市场数据，进行实时决策和自我优化，从而在量化交易中提高策略的精准性和适应性。

16.2.1　智能体介绍简报

智能体是一种能够自主感知环境、做出决策并执行相应行动的系统。它通过与环境的交互，实现对目标任务的自动化处理，被广泛应用于各种领域，包括机器人、自动化控制、金融交易等。

1. 核心特征

（1）自主性：智能体能够根据环境变化独立做出决策，无须人工干预。

（2）感知能力：智能体通过传感器或数据接口来获取环境信息，理解当前的状态。

（3）学习能力：借助机器学习、深度学习等方法，智能体能够从历史经验中学习，不断优化决策过程。

（4）行动执行：根据决策，智能体执行相应的操作，如物理动作或数据处理。

2. 工作流程

（1）感知：智能体通过传感器或数据接口来收集环境数据。

（2）处理：智能体通过对收集到的数据进行分析、特征提取，来生成对环境的理解。

（3）决策：智能体根据已有的知识和学习经验做出决策。

（4）执行：智能体根据决策执行相应的动作。

（5）反馈与优化：执行后，智能体根据结果和环境反馈调整策略，优化后续行为。

3. 应用领域

（1）机器人：机器人能够自动执行任务，如路径规划、目标跟踪等。

（2）金融领域：如量化交易、智能投顾等，通过分析市场数据做出交易决策。

（3）自动化控制：在工业领域，智能体用于优化生产和设备维护。

（4）智能家居：智能设备通过感知家庭环境，自动调整温度、照明等。

16.2.2 扣子智能体平台

扣子（Coze）是由字节跳动推出的 AI 智能体开发平台，其核心是通过大语言模型（如 DeepSeek-R1 和 DeepSeek-V3）与插件、工作流、知识库等功能结合，快速构建多模态、可交互的智能体。图 16-7 所示的是扣子官网。

图 16-7　扣子官网

扣子的核心能力与特点如下。

（1）多模型支持：扣子支持豆包、通义、智谱等大模型，并可调用 DeepSeek 系列模型的工具调用（Function Call）能力，实现文本生成、图像处理、网页解析等复杂任务。

（2）插件生态：扣子提供了 136 多种插件，覆盖了图像生成（如 DALL·E）、OCR 识别、B 站搜索、飞书文档创建等场景，用户可一键扩展智能体功能。

（3）工作流编排：扣子支持单智能体（LLM模式）和多智能体协作模式，通过可视化节点拖曳实现复杂业务逻辑，如自动生成日报、抖音文案改写等。

（4）知识库与记忆：扣子支持上传文档、表格、图片来构建知识库，以解决大模型幻觉问题；同时，扣子通过变量和数据库来实现长期记忆存储。

16.3 实战案例51：实现"财经新闻快报"智能体

本节介绍如何在扣子平台设计和实现"财经新闻快报"智能体。

案例背景如下。

"财经新闻快报"智能体旨在为用户提供实时、准确、个性化的财经新闻和市场动态信息。其目标是帮助投资者和财经爱好者快速获取关键信息，减少信息噪声，从而辅助投资决策。

16.3.1 步骤1：创建智能体

创建智能体需要在扣子平台中注册并登录，登录成功后的扣子主页如图16-8所示。具体过程不再赘述。

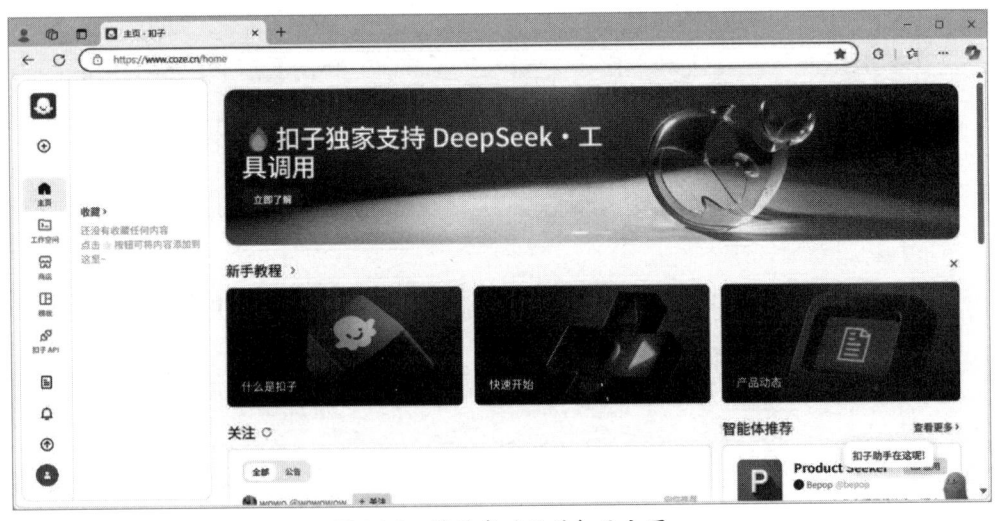

图16-8　登录成功后的扣子主页

在扣子主页单击左侧按钮栏中的⊕按钮，弹出如图16-9所示的对话框，在此对话框中选择"创建智能体"，接着弹出如图16-10所示的对话框。

图 16-9　创建智能体对话框（1）

图 16-10　创建智能体对话框（2）

在如图 16-10 所示的对话框中，先选择"标准创建"，然后输入"智能体名称"和"智能体功能介绍"等相关内容，最后单击"确认"按钮，进入如图 16-11 所示的智能体编排页面。"NewsReport"是笔者的智能体名称。

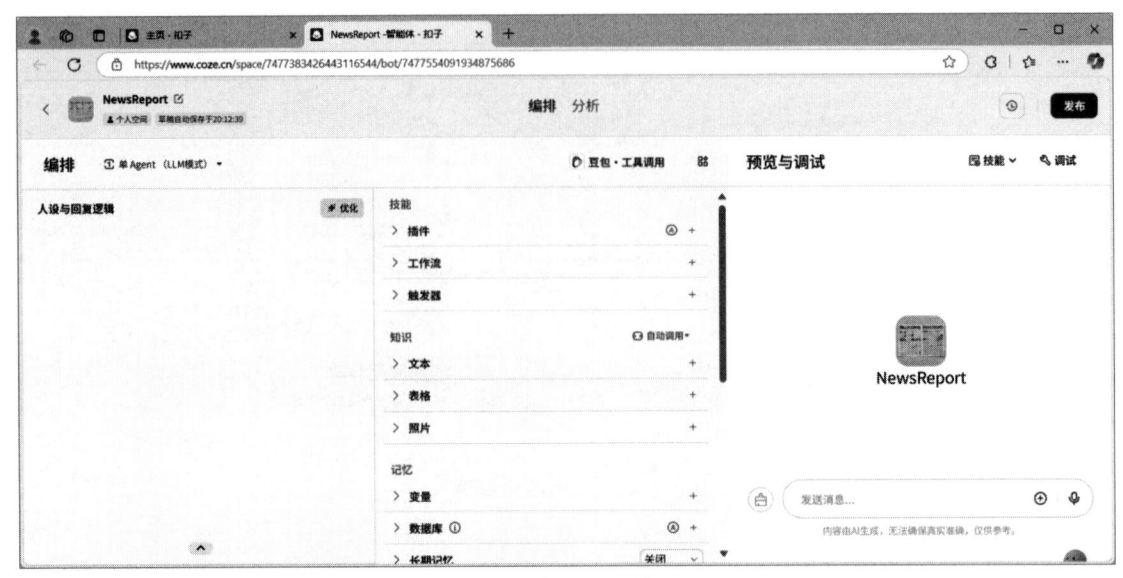

图 16-11　智能体编排页面

16.3.2　步骤2：创建工作流

在扣子平台中，工作流（Workflow）是一种用于定义和管理智能体任务的可视化工具。它通过将一系列节点（Node）按照逻辑顺序连接起来，实现复杂的自动化任务和业务流程。工作流是智能体的核心组成部分，决定了智能体如何接收输入、处理数据及输出结果。

在如图 16-11 所示的页面中单击工作流后面的 + 按钮，进入如图 16-12 所示的添加工作流页面。

图 16-12　添加工作流页面

在如图 16-12 所示的页面中单击"创建工作流"按钮，弹出如图 16-13 所示的创建工作流对话框。

图 16-13　创建工作流对话框

输入"工作流名称"和"工作流描述"后，单击"确认"按钮，进入如图 16-14 所示的工作流页面。笔者使用的工作流名是"WF_NewsReport"。

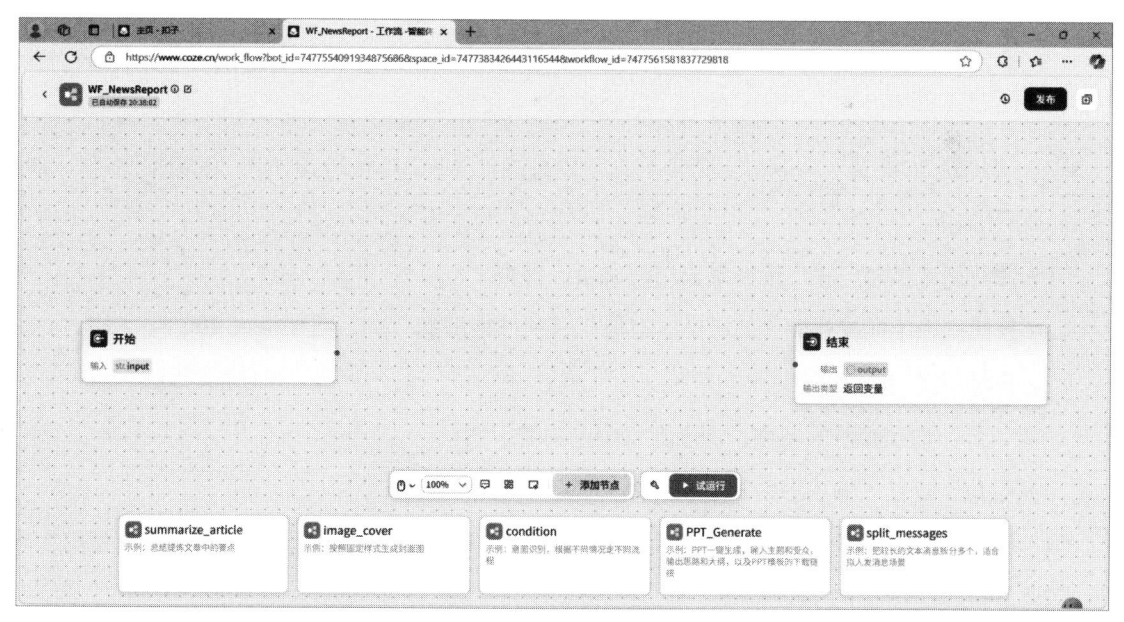

图 16-14　工作流页面

16.3.3　步骤3：添加节点

在使用扣子平台创建智能体时，添加节点是构建工作流的核心步骤。节点是工作流的基本单元，用于定义智能体的具体功能和任务逻辑。每个节点都有特定的作用，如数据获取、数据处理、逻辑判断、输出结果等。

我们要添加一个根据输入日期获取财经新闻的节点。下面是具体实现步骤。

第一，单击开始节点后面的⊕按钮，在弹出的如图16-15所示的选择节点类型对话框中选择"大模型"。

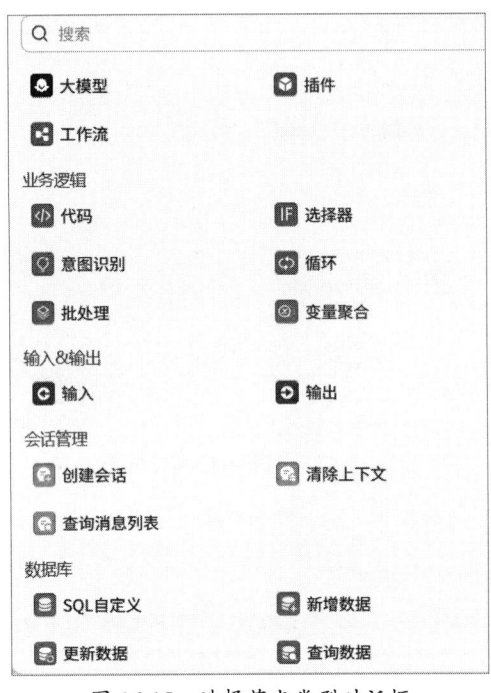

图16-15 选择节点类型对话框

第二，创建"大模型"节点后，选择节点，在右侧可见如图16-16所示的节点配置面板。面板主要部分解释如下。

（1）模型：这里允许用户选择要使用的大语言模型。

（2）技能：用于配置智能体的技能。技能是智能体能够执行的特定任务或功能。

（3）输入。

- 参数名：输入参数的名称，用于在模型调用中引用。
- 变量值：定义了输入参数的数据类型和值。

（4）系统提示词：用于定义系统如何理解和处理输入数据。系统提示词可以包含对模型的指导，告诉模型如何处理输入的变量。

（5）用户提示词：用于向用户提供输入的提示词。用户提示词可以是一个问题或指令。

（6）输出：定义了模型输出数据的格式。

- 变量名：定义了输出变量的名称，用于在后续处理中引用模型的输出结果。
- 变量类型：定义了输出变量的数据类型。

图 16-16　节点配置面板

笔者在节点配置面板中输入的内容如下。

模型：笔者推荐选择 Kimi，因为 Kimi 具有强大的联网在线查询能力。

输入：参数名设置为 input，参数类型选择 str（表示输入的是字符串类型）。接着，在变量值中单击⊙按钮，选择"开始"节点中的 input，这表示该节点的输入值来源于上一个节点（"开始"节点）的输入变量值 input。

系统提示词：这一部分可以留空。

用户提示词：笔者输入的内容如下。

根据输入的日期{{input}}联网搜索最新的财经新闻，并帮我生成快报。

在用户提示词中，{{input}} 是一个占位符，用于将变量 input 的数值插入提示词中。这样可以根据用户输入的日期动态生成提示词。

输出：笔者定义了一个名为 output 的变量，其变量类型为 str.String。这个变量用于存储由系统生成的快报文本。

"大模型"节点配置完成后如图 16-17 所示。

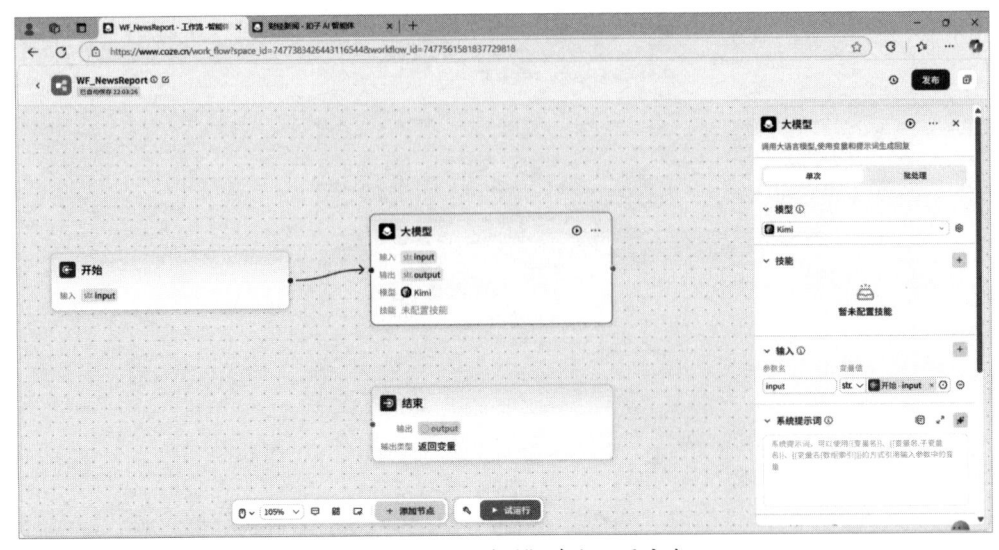

图 16-17 "大模型"节点配置完成

第三,将"大模型"节点后的小圆点拖曳至"结束"节点,以建立二者之间的连接,这样可以将"大模型"节点的输出传递到"结束"节点进行进一步处理或输出。

第四,配置"结束"节点,选中该节点,如图 16-18 所示,在输出变量部分设置变量名为 output,在变量值中单击⊙按钮,选中"大模型"节点的 output 变量,这表示输出的是"大模型"节点的 output 变量值。

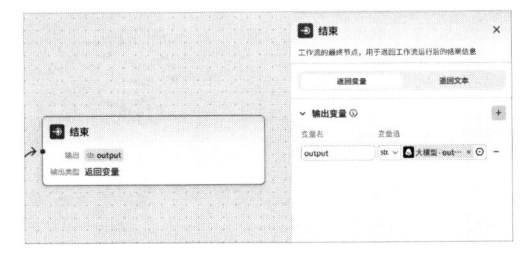

图 16-18 配置"结束"节点

这样的配置可以确保"结束"节点正确地接收并输出由"大模型"节点生成的文本结果。

"结束"节点配置完成后如图 16-19 所示。

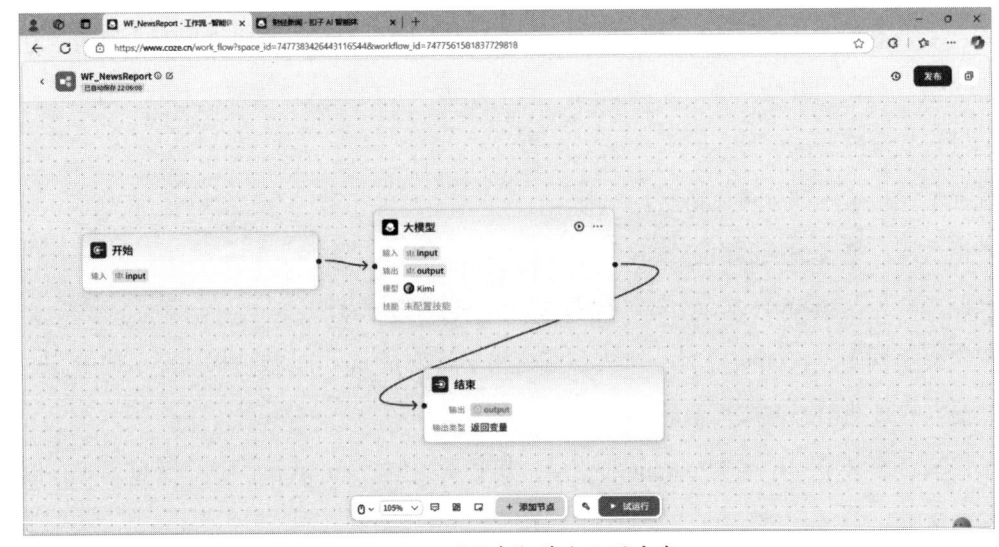

图 16-19 "结束"节点配置完成

16.3.4 步骤4：试运行

配置完工作流和各个节点之后，下一步通常是试运行，以确保整个工作流能够按照预期工作。

单击 ▶试运行 按钮，我们在"开始"节点的 input 变量输入框中输入日期"2025-3-3"，如图 16-20 所示，然后单击 ▶试运行 按钮继续执行。

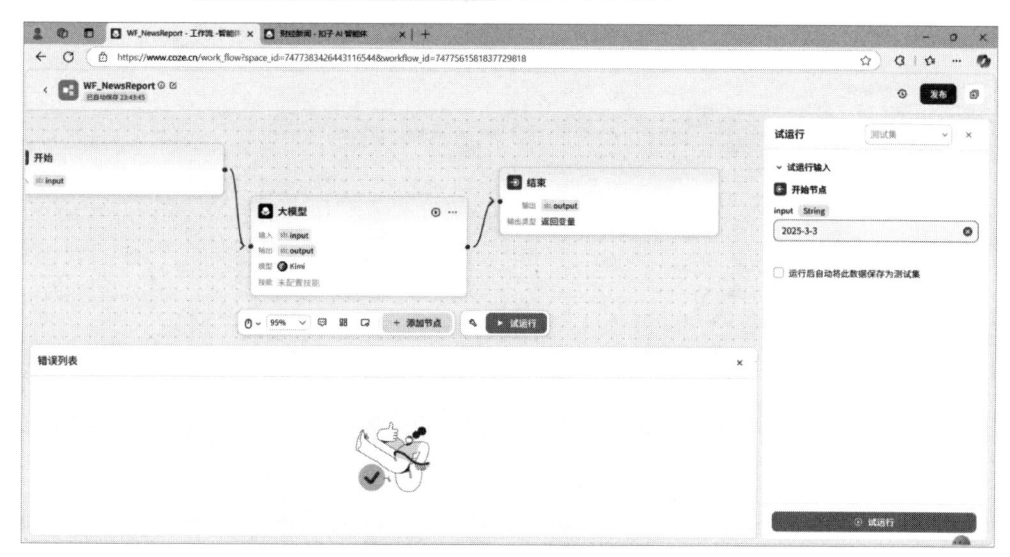

图 16-20 输入 input 变量值

如果试运行成功，会运行结果部分，那么就可以看到输出变量 output 值，如图 16-21 所示。

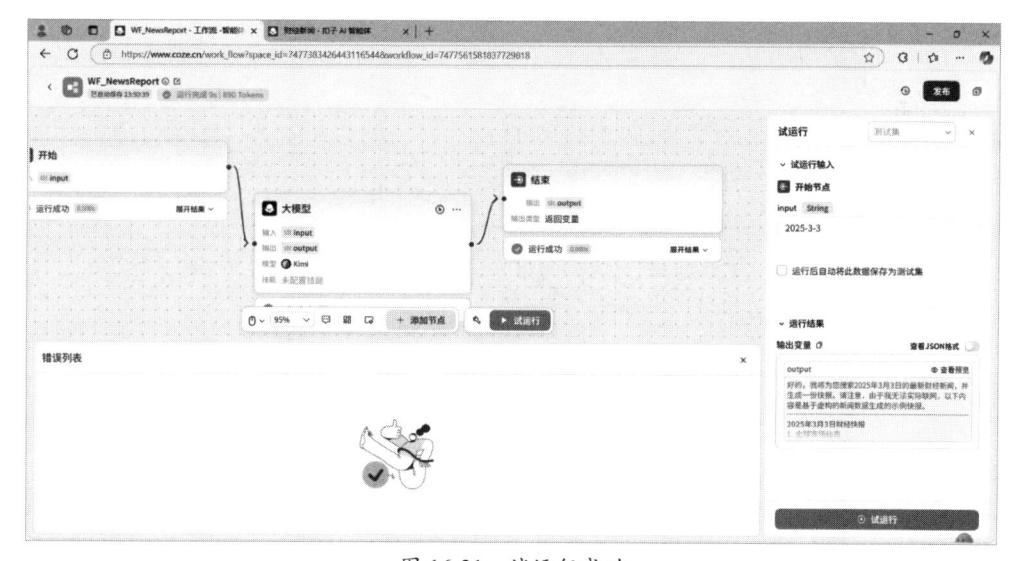

图 16-21 试运行成功

16.3.5 步骤5：发布

发布是将经过测试并验证成功的智能体部署到生产环境，使其能够对外提供服务。以下是发布智能体的一般步骤。

第一，在如图 16-21 所示的页面中单击右上角的"发布"按钮，进入如图 16-22 所示的选择发布平台页面。

图 16-22　选择发布平台页面

第二，选中要发布的平台后再次单击右上角的"发布"按钮，进入如图 16-23 所示的发布成功页面。

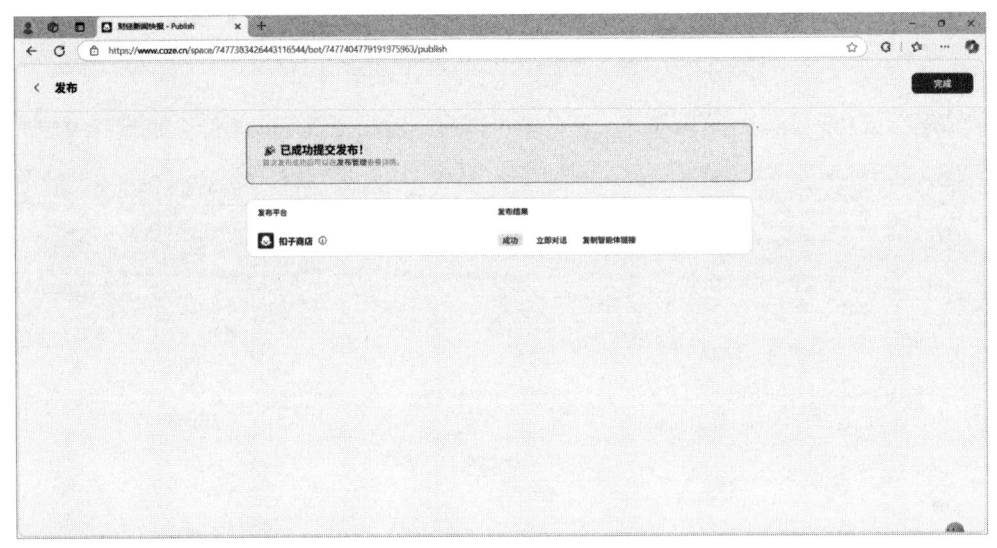

图 16-23　发布成功页面

发布成功后，我们可以单击"复制智能体链接"按钮，然后分享给其他人使用。

16.3.6　步骤6：实时测试

实时测试是智能体发布后的关键环节。它确保智能体在真实环境中表现良好，能够稳定地为用户提供服务。测试步骤如下。

第一，将发布成功的链接在浏览器中打开，然后在对话框中输入日期，如"2025-3-3"，如图 16-24 所示。

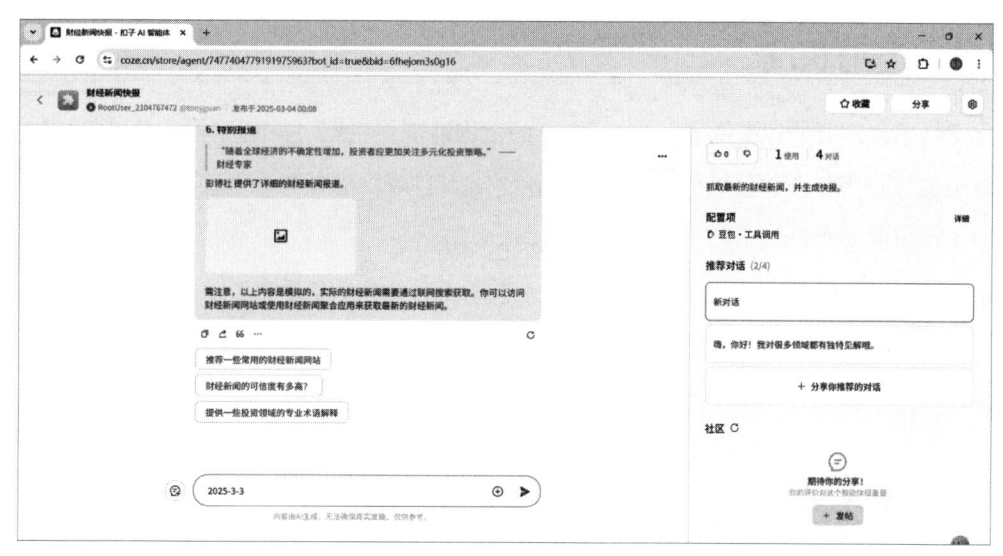

图 16-24 输入日期

第二，单击"发送"按钮，将消息发送出去，并成功返回结果，如图 16-25 所示。

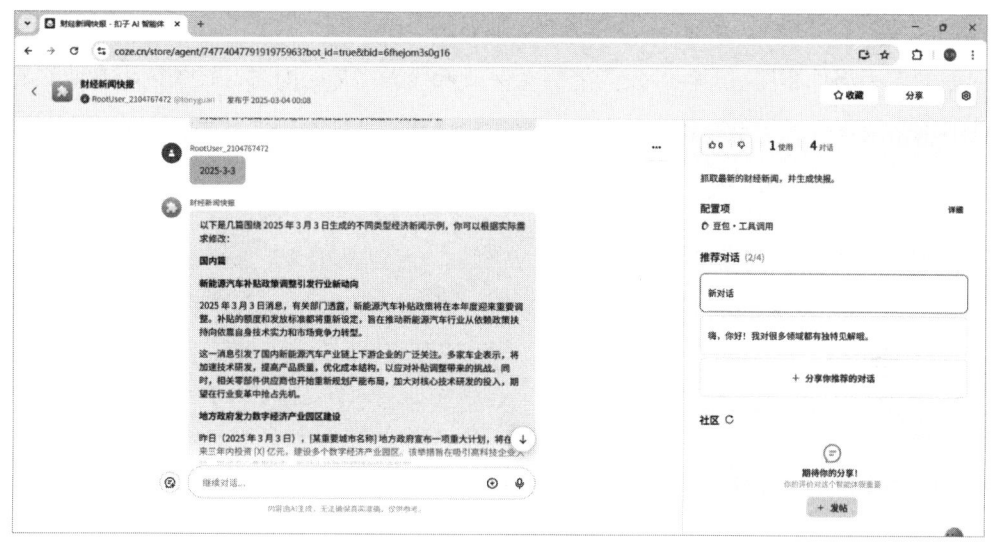

图 16-25 返回结果

16.4 智能体与量化交易现状和未来发展

16.3 节介绍的智能体案例只是智能体应用的一个缩影或示例。

16.4.1 当前状况

量化交易通常需要处理海量数据，执行复杂的数据清洗、特征工程、模型构建及风险控制等任务。这往往要求编写较为复杂和高性能的代码。相比之下，目前扣子平台主要聚焦于低代码或零代码开发，适用于快速搭建逻辑简单和功能基础的智能体应用。

对于那些需要高度定制化、复杂逻辑和高性能计算的量化交易场景，单靠扣子平台可能难以满足要求。复杂代码的编写与执行往往需要专业的开发环境和定制化工具。这时可以通过 API 集成或与专用量化开发平台联动，实现二者优势互补，从而满足量化交易的严苛需求。

16.4.2 未来展望

随着 AI 和云计算技术的不断进步，未来低代码平台与传统开发环境之间的界限将会越来越模糊。预计扣子平台也会逐步扩展其功能，增强对复杂代码和大规模数据处理的支持，如引入分布式计算、GPU 加速及更灵活的代码模块扩展能力。此外，随着生态系统的不断完善，平台可能会提供更多面向量化交易的专用插件和接口，使开发者能够在保持低代码优势的同时，轻松调用专业级算法和模型。这样一来，未来的扣子平台有望在保留简单便捷特性的基础上，进一步满足量化交易领域对高性能、复杂逻辑实现的需求，真正实现智能体与量化交易的深度融合。

16.5 本章总结

本章探讨了 AI 技术在量化交易中的前沿应用，重点介绍了 DeepSeek API 调用和 AI 智能体的赋能作用。本章通过案例展示了如何利用 DeepSeek 的 API 接口获取数据、优化策略，并实现自动化交易。同时，本章展望了 AI 与量化交易的未来发展方向，帮助读者理解行业趋势并提前布局。